四川师范大学学术著作出版基金资助

教育部人文社会科学研究项目基金资助（09YJC880076）

中国高等教育发展路径研究

ZHONGGUO GAODENG JIAOYU

FAZHAN LUJING YANJIU

张烨 ◎ 著

人民出版社

责任编辑：虞　晖　陈鹏鸣

封面设计：徐　晖

图书在版编目（CIP）数据

中国高等教育发展路径研究／张烨 著．－北京：人民出版社，2012.12

ISBN 978－7－01－011157－5

I. ①中…　II. ①张…　III. ①高等教育－发展－研究－中国

　IV. ① G649.21

中国版本图书馆 CIP 数据核字（2012）第 197725 号

中国高等教育发展路径研究

ZHONGGUO GAODENG JIAOYU FAZHAN LUJING YANJIU

张　烨　著

人民出版社 出版发行

（100706　北京市东城区隆福寺街 99 号）

环球印刷（北京）有限公司印刷　新华书店经销

2012 年 12 月第 1 版　2012 年 12 月北京第 1 次印刷

开本：700 毫米 ×1000 毫米 1/16　印张：21

字数：330 千字

ISBN 978－7－01－011157－5　定价：45.00 元

邮购地址 100706　北京市东城区隆福寺街 99 号

人民东方图书销售中心　电话（010）65250042　65289539

目　录

序言　读张烨新作有感

一

如果说，二十年前中国教育学科的研究对象主要是中小学教育，那么，最近二十年，特别是最近十年，中国教育研究最具吸引力的研究对象必然是中国高等教育。可以说，高等教育十多年来的巨大的发展和变革，是最能映照出中国社会的变革路径和景观的；反过来说，三十多年来，我国社会转型轨迹、动力以及刹车和出轨的痕迹都会写实于林林总总、生机勃勃的各类大学或学院的故事中，这其中，最大的背景音乐是新自由主义倡导的全球化市场经济，当然，其主旋律必定是由全体中国人的急促的步伐、追赶的心态、历史的重负以及文化和制度的资源合奏出来的。

张烨同志的专著《中国高等教育发展路径研究》，叙说中国社会转型这个复杂场景中关于高等教育大众化的生动故事。他抓住故事中最重要的线索即"大众化"和"精英化"，列出四方最重要的角色：中央政府、地方政府、高校以及学生（家庭），以变迁情景中的组织社会学理论作为画笔，细细勾勒和描绘各方利益相关者借着合法性、权利、权力、资源等展开的各式各样精彩博弈和变革，在博弈和创新中推进高等教育的快速扩张，在扩张中提升"身份"，即在大众化的潮流中紧紧地抓住"精英化"常青藤，很多无名高校又常常在攀沿中既失了身份，还丢了"个性"，张烨把这些问题命名为"发展性症候"。在故事的讲述中，作者自称为"弱批评者"，我理解张烨：“先不说谁是好人坏人，我把故事讲明白了，我的立场就出来了。”

二

张烨是一位严谨而同时具有整体思维品质的学者。在他的论著中，始终坚持在对整体性政治经济制度以及总体性教育制度把握的基础上，将各种相关行动者作为动态考察的对象，并集中投射在不同类型高等学校组织这一个显形研究载体上，以此考察高等学校组织变革与高等教育发展路径间的关系。

该书是对我国高等教育变革价值观的整体反思，也包含着作者本人对于当今中国高等教育大众化实践的现实关照，以及对于理想的价值选择和实践的改革路径之间张力的进一步思索。张烨在对 60 多年来中国高等教育不同发展阶段的典型变革事件及其典型高校组织进行仔细分析的基础上，勾勒中国高等教育制度变迁脉络。张烨敏锐地看到，今天看似高等教育“大众化”的快速扩展进程，其实延续着早至延安时期以及 1958 年大跃进时期高等教育文化和制度遗产，只是更多地包括着高等教育规模与质量的两难困境，包含着公民权利与国家（高等教育）利益之间的矛盾，包含着个人的教育选择与高等教育组织的教育服务之间的不对称关系，以及高等教育系统的市场化影响以及与教育公益性之间的冲突等。

三

张烨同志的专著，是在博士论文基础上补充、修改、完善而成的。

大概是在 2005 年，还在他做博士论文选题时，作为指导老师的我就一直试图弄清楚张烨为什么对独立学院研究情有独钟，因为，当时学界深入研究者不多，可以说是好利者和好奇者更多。

张烨没有简单地用“利益集团”和阶层分化的说法来解释独立学院的“风生水起”，坚持认为，是不同类型的变革力量相互作用从而推动组织的变革和高等教育的演进。他深入研究并剖析了浙江、湖北以及陕西三地独立学院的发展实际及成长样态，运用市场、文化以及合法性三个维度的分析框架来细致考察具有典型本土创生扩张型组织——独立学院的组织发展图景，并以这种组织为观察点，折射地方政府影响下的独立学院与公立高等学校、民办高等学校的内在关联及其可能存在的发展趋势；他认为，对于独立学院来说，几乎所有的组织变革基本上都是围绕着获得组织合法性，巩固组织合法性而进行的。他深入地思考关于"地方政府如何与高校一起利用制度空间促进本地高等教育发展的，以及国家层面如何面对这些策略行为进行一系列新的选择"等高等教育变革的核心问题。

独立学院的研究，我认为是该书最精彩的部分，就此形成了我国独立学院的生命力最有解释力的理论框架。它突破了已有的研究思路和西方发展路径中"公立"与"私立"的界限：一方面，张烨分析道，独立学院对于优质教育机会的隐性占有，对于弱势受教育群体的潜在排斥，以新富人群为主要受众，用加大了的成本回收额度来滋养母体高校注定是与大众化教育所强调的对弱势受教育人群的纳容有抵触的。另一方面，他也指出，是独立学院背后的高等教育变革思维，以及这种"困境中的选择"所能折射出的变革思维对我国高等教育整体走向具有深刻影响。这些都真实地描述了中国语境和国情中高等教育大众化的主要路径，从某种意义上，也真实地还原了历史唯物主义的基本命题，存在决定意识，教育服务于社会政治经济原理。

四

张烨的研究对应着我国高等教育快速发展的时间节点。正如他自己所说"高等教育发展路径本身就应该具有一种历史感，所以即便是历史中留下的浅浅'大众化教育努力'的脚印，也不应忽视"。张烨在书中，已经预感到我国高等教育发展路径的一些变革：以发展性教育政策模式为主导的变革方式目前正在发生着一些值得期待的变化，补偿性教育政策模式已现端倪。并对此抱有审慎的乐观。

　　在高等教育的发展路径研究中，高等教育的质量和数量，生存与发展、规模与效益、共性和个性等都是核心议题。在书中，张烨就中国高等教育的发展路径有很多给人启迪的论述：

　　在他看来，中国高等教育的发展路径，几乎可以看作是一种外显于"控制"与"扩张"规模的矛盾，而内隐于"大众"与"精英"组织冲突的变革形态。

　　就中国高等教育的发展进程而言，"并非出自大众教育力量的单方推动，也不仅仅体现在政府的改革价值观和政策选择中"。

　　高等教育如同希望民族复兴的我国社会一样，"背负着太多的经济、政治诉求以及既存制度结构潜在而强大的规模渴求，呈现出由强制性制度变迁向典型诱致性制度变迁逐步转移的谱系，并逐渐体现出复合推动的基本特征"。

　　高等教育系统的整体性贫困，并由此引发的各种高等教育组织"以规模换经费，以规模争位阶"为目的的资源争夺活动，在实现着摆脱组织生存危机、寻求组织位阶提升、获取组织合法性等组织变革目标的同时，客观上也在不断推动着高等教育系统规模的扩张。

　　基于这种逻辑展开的组织变革，带来的结果往往是系统规模不可抑制增长与组织变革的同质化倾向。

　　"传统主义质量观——扩张主义规模观指导下的体制外组织强依附发展模式"。概要来说，呈现出由单纯依靠普通公立高校的"内聚式增长"逐步走向引进市场机制做大做强公办高等教育，以及通过公办高校资源的隐性外延式扩张培育新型教育组织的"中间道路"发展趋势。

　　所有这些结论和发现，都会启迪同行，并接受历史的检验。

五

　　张烨始终是我非常尊重的学者，是非常严谨认真的人，他的每一次谈话、文章和著述都是如此。

　　读张烨的新著，不敢妄做序言，因为没有来得及认真静心地通读这本书，至多就是谈谈读书心得。这本书是张烨的心血之作，历时六年，每一个概念，每一个文献梳理，每一个理论工具，每一个案例的描写，都是认认真真、反复推敲和思索过的。它的丰富性、深刻性、系统性和逻辑性决定了它对读者的要求，无论是赞同和批评都应该是认认真真。尽管，该书描述的是一个重大的教育理论和实践议题，但是，可能读者和拥戴者应该是小众。试想：有一群为学的小众认真讨论一本书，一个观点，吸收其精华，去滋养更好的学问，对于一个著书者来说，就应该是最幸运的事情了。

　　张烨同志的书，价值就在于此。

郑　新　蓉
拙笔于北京林萃路京师园
2012 年 11 月小雪时分

摘　要

　　从总体上来说，这是一部关于我国高等教育发展路径整体反思的论著。这种整体反思始终贯穿着对于"精英"和"大众"两种既相互冲突又不断调和的教育变革价值观念在中国的具体体现而展开。即，在对我国高等教育发展路径的研究中，要始终关注其中若隐若现、时而潜藏时而勃发的大众教育取向，以及由此引发的"精英"与"大众"教育观念的冲突与调和。这既是我国高等教育变革发展的阻滞力量，同时又是动力之源，是本研究试图把握的主要线索。因此，本书的研究特点突出体现为"凸显大众教育走向"与"去除大众化标识"兼具的研究，既关注中国高等教育发展路径中的"发展性症候"，又关注其间的"困境性选择"。这种理解理路的转变，在笔者看来，更接近问题的本质。也正是从这层意义上来说，本研究具有重要的理论意义和现实关怀，因而亦具有新意。

　　本研究力图体现论与史的结合，紧扣我国高等教育的发展路径和其中若隐若现的"大众化走向"之间的关系展开，并以 60 多年来中国高等教育不同发展阶段的典型变革事件及其典型高校组织进行仔细分析，以此来勾勒中国高等教育制度变迁脉络。具体来说，通过对 20 世纪 50 年代院系调整时期、1958 年高等教育"大跃进"时期、恢复高考至 1999 年之前的过渡时期，世纪之交大扩招至今的大众化时期的"切片式"阶段分析实现对中国高等教育发展路径的整体梳理与呈现。同时，通过对上述四个阶段中的典型高校组织，比如、单科（专门）院校、半工半读学校、业余红专大学、地区师专院校、中心城市大学、省属大学、独立学院等的组织变革分析来折射在 60 多年的高等教育发展道路中是如何处理和解决"大众"及"精英"两种质量诉求和矛盾冲突的。

本论著对于历史的梳理力图凭借解释框架的搭建而不落于"窠臼",对于现实的考察试图变"宏大叙事"为聚焦于中微观层面的"高等教育组织变革"及"区域高等教育模式"的实证研究。在此基础上展现出高等教育系统中"四类政策行动者(中央政府、地方政府、各类高等教育组织以及学生和家长)——制度变迁的动力系统"理论在中国的现实图景。由此,这种审思自然体现在对于我国高等教育演进的"目标后果"和"自然后果"之间"张力"的分析中,并最终落脚于对制度变迁过程中制度伦理公正的审视与反思。

研究得出以下几点结论:

(1)中国高等教育的发展进程,并非出自大众教育力量的单方推动,也不仅仅体现在政府的改革价值观和政策选择中。总体上来讲,背负着太多的经济、政治诉求以及既存制度结构潜在而强大的规模渴求,总体呈现出由典型强制性制度变迁向诱致性制度变迁逐步转移的谱系,并逐渐体现出复合推动的基本特征。其中,源于高等教育系统的整体性贫困,并由此引发的各种高等教育组织"以规模换经费,以规模争位阶"为目的的资源争夺活动,在实现着摆脱组织生存危机、寻求组织位阶提升、获取组织合法性等组织变革目标的同时,客观上也在不断推动着高等教育系统规模的扩张。基于这种逻辑展开的组织变革,带来的结果往往是系统规模不可抑制增长与组织变革的同质化倾向。

(2)在我国高等教育的发展进程中,地方政府的政策再生产和教育组织本身的实践智慧和变革力量,对于国家高等教育发展路径具有深刻的影响。在高等教育发展的不同阶段,基于变革力量强弱对比所形成的变革方式,客观上呈现为高等教育发展的阶段性特征,并最终形成了高等教育的总体演进路径。

(3)21世纪以来,我国高等教育的发展体现为系统规模扩张基础上的大众化走向,呈现出"传统主义质量观——扩张主义规模观指导下的内聚式增长和体制外组织强依附发展兼具"的扩展模式。具体体现为由单纯依靠普通公立高校的"内聚式增长"逐步走向引入市场机制做大做强公办高等教育，以及通过公办高校资源的隐性外延式扩张培育新型教育组织的"中间道路"发展趋势，其生成的具体教育组织形态隐约显现着路径倚赖的变迁特征。

（4）在近些年来的中国高等教育发展变革进程中，扩大民众受教育机会等方面的确取得了不可否认的实际意义。但是，对个人及家庭负担依存度的加深，以及高额度的银行贷款刺激下的高等教育发展经费支撑模式，对于各类高等教育组织变革以及整个高等教育系统产生着持续且深远的影响。伴随着高等教育整体参与率不均减弱，质量的不均等程度仍然在持续。

（5）总之，中国高等教育的发展路径，是既存制度结构和我国长期秉承的发展性教育政策连动的结果。尽管现今的补偿性政策思维以及"改革主义质量观——调和主义规模观"的改革思维已有体现，但发展性政策的惯性依旧强大。在此基础上所展现出的"意料之外"而又"情理之中"的中国高等教育发展路径，固然需要我们在解释性思维下予以理解，但是，在整体性制度环境逐步彰显出和谐、公平的氛围中，以"体制性的市场化逻辑"展开的"中间道路"必须置于制度伦理公正的审视和考量。

关键词：制度变迁；组织变革；策略空间；高等教育发展路径；高等教育大众化；制度伦理

ABSTRACT

In general, this is a book reflecting China's development path of higher education as a whole. This kind of reflection, which always runs through the education reform values where the two conceptions "the elite" and "the mass" conflict with each other and are constantly mediated, is unfolded in China through their specific expression. Namely, in the research on China's development path of higher education, we must always pay close attention to the indistinctly hidden and eruptive mass education orientation now and again, as well as to the conflict and mediation between the two education concepts of "the elite" and "the mass". This, both China's retarding force and power source of the reform and development of China's higher education, is the main clue this research tries to grasp. Therefore, this book's research characteristics are highly embodied in the study on the "highlight the trend of mass education" and the "remove the mass label"; this book both stresses the "developmental symptom" and the "dilemma choice" of China's development path of higher education. To my view of thinking, this kind of transformation of view path is closer to the essence of the problem. From this very sense, this research takes important theoretical significance and actual concern, so it is original.

This research tried hard to combine the theory with history, spread following closely to the relations between the development path and the indistinct "massification trend" of China's higher education, and carefully analyzed the typical reform events and college and university organizations in different developing stages of China higher education over the 60 years and more so as to draw the outline of China's higher education system innovation. Specifically, this book combed and presented China's development path of higher education by slice-type stage analysis to the adjustment period of colleges and departments in the 1950s, the Great Leap Forward period of higher education in 1958, the transitional period from resuming college entrance examinations to 1999, and the period since the great expansion of higher education at the turn of the century to the current popularization of higher education. At the same time, this book analyzed the organizational change of the typical college and university organizations of the above-mentioned four stages such as specialist colleges, part-work and part-study schools, nonprofessional Red specialist schools, regional normal training colleges, central city colleges, local universities, and independent colleges, and studied the problem how the two kinds of quality appeals and their conflict were treated and solved between the "the mass" and "the elite" along the development path of China's higher education over the past more than 60 years.

This book strived to interpret the frame structure to revive the history in stead of following the "beaten track", and tried to change the "great events" into the empirical researches on medium and micro level, i.e. the "organizational change of higher education" and "regional higher education pattern". Based on this, this book tried to show China's realistic prospect of the dynamical system innovation theory of the four sorts of policy actors (central government, local governments, all kinds of higher education organizations as well as the students and their parents) in the higher education system. From this, the reflection is naturally embodied in the "tension" analysis to the "objective consequences" and "natural consequences" evolved from China's higher education, and will finally stay at the survey and reflection to the system ethics fairness in the process of system innovation.

The researches gained the following several conclusions:

(1) the development process of China's higher education is not impelled by mass education power only, and is not just embodied in the reform values and policy choice of the government. Generally speaking, China's higher education is burden with too much economic and political appeal and the existing institutional structure's potential and powerful scale request, and takes on the ancestry where the mandatory institutional changes moves to the typical induced system innovation gradually and embodies the basic features of compound drive little by little. The integral poverty originating from higher education system, and the caused resources contending activities by all sorts of higher education organizations for the purpose of "gaining funds and ranks by scale", which doesn't only help them get rid of the survival crisis, seek rank promotion, organizational legitimacy and other organizational change goals, but also impel the expansion of the scale of higher education system. The results of the organizational change based on this kind of logic are irresistible growth of system scale and homogenization tendency of organizational change.

(2) In the developing process of China's higher education, policy regeneration of local governments and phronesis and power of reform of the education organizations themselves have profound effects on the national development path of higher education. In different stages of the development of higher education, the mechanism of reform formed based on the power comparison between different reform powers takes on stage characteristics of development of higher education objectively and finally formed the overall evolving path of higher education.

(3) Since the beginning of this century, the development of China's higher education embodies the popular trend based on the scale expansion of system, and takes on the expansion mode of the traditionalist quality view—cohesion type growth and fierce dependency development to the organizations outside the system under the guidance of the scale view of expansionism. The specific embodiment is the development trend where the public higher education is becoming bigger and stronger under the help of introduced market mechanism from the "co-

hesion type growth" simply relying on common public colleges and universities, as well as the development trend of "middle path" by which the new type educational organizations are cultivated via the latent external expansion of resources of public colleges and universities; the specific educational organization forms generated show the path dependent transitional characteristics.

(4) In recent years, in the developmental and reform process of China's higher education, the side like expansion of educational opportunities among the mass indeed has gained undeniable practical significance. However, the higher education development funds supporting pattern depending personal and family support more and more and being stimulated by heavy bank's loan has sustained and far-reaching influence on all sorts of organizational changes and the entire higher education system. Accompanied by the weakening overall participation rate of higher education, the quality unevenness remains to continue.

(5) To sum up, the development path of China's higher education is the joint result of the existing system structure and the development education policy we adheres to for a long time. Although the present compensatory policy thinking and the reform thinking of "reformism quality view—conciliationism scale view" have been reflected in some degree, the development policy inertia remains strong. The unexpected and reasonable development path of higher education shown based on this must be understood under the interpretable thinking, but in the harmonious and fair air gradually created from the integral system environment, the "middle path" of "The Chinese characteristic market logic" must be put under the fair examination and consideration of system ethics.

Key words: institutional changes; organizational change; policy space; development path of higher education; massification of higher education; institutional ethics.

第一章 导 言

一、问题的提出

必须承认，我们确实处在一个"大众化"的时代。在这个时代里，过去的"天之骄子"现在逐渐成为芸芸"大众"；过去稀缺、庄严的高等学府现在大多已改变旧模样，在数量不断增多的同时，规模上也越来越呈现出相似的"大"学模样[①]。在这种高等教育总体规模不断扩展的大环境下，我们似乎并没有迎来曾经"理想化的大众化愿景"。学生在一次又一次地"被大众

---

① 根据 1998—2004 年全国教育事业发展统计公报，我国普通高等学校本专科在校生平均规模，1998 年为 3335 人，1999 年为 3815 人，2000 年为 5289 人，2002 年为 6471 人，2003 年为 7143 人，2004 年为 7704 人。2004 年比 1998 年增长 1.31 倍；具体到本科院校校均规模来看，增长更加显著：1998 年为 4418 人，1999 年为 5275 人，2000 年为 6916 人，2001 年为 8730 人，2002 年为 10454 人，2003 年为 11662，2004 年为 13561 人。2004 年比 1998 年增长 2.07 倍。数据引自教育部发展规划：《中国教育事业统计年鉴》，人民教育出版社 2004 年版；2004 年中国教育事业发展状况，引自《中国教育报》2005 年 3 月 2 日第 1 版；另据张力教授的抽样调查来看，高校规模分布特征是，扩招前万人以下高校占 80%，其中 5000 人以下规模学校比例最大，占 49.6%。扩招后万人以上规模学校的比例提升到 63.4%，其中，1 万—1.5 万人规模的学校比例最大，占 26.8%。参见张力、刘亚荣：《我国高等教育进入大众化阶段后的系统特征分析》，《北京大学教育评论》2005 年第 4 期，第 68—74 页。

化"后，又不得不努力使自己能够"精英"起来①；家长在高等教育扩大规模的欢欣、喜悦还没有完全散去的时候，又开始感受因学生就业压力而面临的"愁楚"；各类高等教育机构一方面在尽可能拓展自己的学科专业、培养层次，使自己具有更大的"大众容量"；另一方面又试图摆脱这种"大众印记"，使自身能够成为少数"精英"中的一分子。还有政府，在顺应民意，推进大众教育进程的时候，它总会下意识地提醒自己，到底应该把精英教育放在何处？这种关乎"精英教育"与"大众教育"根本导向的价值选择，往往也如前者一般，在政府的决策中处于一种关联并冲突着的关系状态之中。并且，正是由于政府以及各类高等教育组织、家长、学生等利益关联者大致类似的变化着并矛盾着的"大众"观念及行为方式，潜在而深刻地影响着过去、现在甚至未来的中国高等教育。而这些，在我看来，都是在大众化语境②中实实在在呈现出来的问题，它和我国高等教育整个变革进程相伴随，交织纠葛、密不可分，并深刻地反映出在高等教育变革由过去到现在难以摆脱而又不得不面对的一些基本问题。

毫无疑问，对于中国高等教育发展历程的深度描述并非易事。我国高等教育的发展进程也远非大众化高等教育所能涵盖。在这些年对高等教育的研习中，笔者也曾对高等教育的不同阶段做过一些较为深入的探讨。笔者感觉到，从新中国成立初期至今的发展历程，包含着太多的曲折。而在这种曲折中，似乎始终都呈现出"大众教育"和"精英教育"瓜葛纠缠的冲突和艰难不懈的调和。这种状态总体上体现在政府的改革价值观和政策的选择中，但

---

① 自1999年扩招以来，研究生招生持续升温，1982年我国研究生招生数仅有1.1万人，2006年已达34.4万人，是1982年的30倍。据报道，在现如今的大学校园，在教室里，操场上，随处可见学子埋头苦读的身影，其中不乏"大五生"。在经历一次挫折之后，他们依执著地选择了考研这条道路，虽然充满信心，但也压力重重。用他们自己的话来说，"只为了心中的未来"。在毕业生就业难的大环境下，考研、考博成为他们增加自身竞争力的不二选择。参见：《多年考研热今呈拐点研究生教育现教育危机》：http://learning.sohu.com/20070124/n247816276.shtml。

② 从广义上来说，高等教育的大众化应该是一个国家高等教育从培养少数精英逐步向培养各行各业专业人才过渡直至社会全体公众普及的发展过程。从狭义上来说，高等教育大众化是指跨入大众化阶段的某个国家高等教育的量和质的特征的总和。所谓大众化语境总体上涵盖上述两个方面。

也经常会因某些力量的潜在影响而使得高等教育的发展路径发生"意料之外"的后果。新中国成立初期民主、科学、大众的教育取向为什么很快被实用思想占主导的院校调整思维所代替？院系调整的政策推进是否一如我们历史书籍中所说的那样顺利？是否带来了满意的高等教育新组织？当1958年两条腿走路的调和思维最终演变为开门办学的"大跃进"思维时，又是什么力量在助推着这样的变革方式，最终导致这场变革异化为一场疯癫的群众运动副产品①？在新中国成立初期那段忽左忽右的高等教育发展变革中，是否所有的推动力量都是基于政府？或者说，对于这段历史的解读是否都可以使用政治决定论来"自圆其说"？

还有，在改革开放后长长的发展进程中，我国高等教育到底经历了怎样的变革与发展？高等教育系统有没有遭遇合法性危机？在我国政府以强大力量重构高等教育系统的过程中，有没有来自政府之外的多方力量的介入参与？在1977—1999年这段看似平淡似水的制度变迁过程中，是否还存在着涌动的暗流甚至激情澎湃的制度建构力量？地方大学、地区师专院校、中心城市大学、民办高校等学校组织在这一过程中经历了怎样的萌生、变革与发展？策略行为、策略空间、资源争夺、位阶爬升等似乎过去很少出现的字眼儿是否在这段历史中能觅其踪迹？

至于对世纪之交大扩招推动下的高等教育大众化进程，我们对其的理解与解释是否可以用"拉动需求"一言以蔽之？对于系统内高校集体增量，独立学院悄然萌生并发展壮大的扩招状况，我们是否仅能将其解释为"中国特色"？在我国正在推进的高等教育变革中，马丁·特罗教授的大众化理论

---

① 1958年，在赶超美、英的社会主义建设事业"大跃进"声中，中共中央、国务院于该年9月19日发布《关于教育工作的指示》，该《指示》指出："大力发展中等教育和高等教育，争取在15年左右的时间内，基本上做到使全国青年和成年，凡是有条件和自愿的，都可以受到高等教育。我们将以15年左右的时间普及高等教育，然后再以15年左右的时间从事提高工作。"在这一政策背景下，我国高等教育从1957年的229所迅速增至1960年的1289所。随后又由于自然灾害和经济承受能力等多种原因，15年普及高等教育的规划只实行3年便不得不进行调整。1961—1963年间，全国共关闭882所高校，占高校总数的68%。这种采取关闭学校、遣散学生、职员的"硬着陆"办法，浪费了大量的人力、财力和物力，大批学生中途辍学，我国高等教育元气大伤。关于1958年高等教育"大跃进"的历史，后文会有详细分析。

是否真的能解释中国高等教育大众化路径？当遍及全国的高等教育扩招带来整个高校系统的"集体膨胀"甚至"不可抑止的增长"时，我们又怎样理解这种"发展性症候"与"困境中的选择"呢？

说的更具体些，对于当前我国这样一个"后发外生型"国家来说，大众化进程是呈现"量的增长带动质的变化"还是"质的不断变化促进量的快速增长"？在我国高等教育大众化进程中，是怎样的一些组织在承载着高等教育规模扩张的主要增量任务？这些增量组织①是怎样被选择的，它们中是否有能真正成长为大众高等教育阶段的大众型教育机构②？它们是出于主动的生成还是出于被动的设计，或者是两种可能的合力产物？在以这些增量组织支撑下的高等教育规模扩张，客观上呈现一种什么样的高等教育扩展模式和大众化发展现状，并体现出怎样的高等教育变革价值观？在这些承载着增量任务并负载着不同功能定位的高等教育组织变革视野中，到底反映出怎样的变革力量，折射出怎样的中国高等教育大众化发展路径？

显然，上述这一连串的问题绝非孤立，也绝不可能在"编年体式"的高等教育发展史中找寻得到。在零碎的、片段式的高等教育事件研究中也恐怕"只见树木、不见森林"。在遮蔽社会政治经济文化变迁的单纯教育语境中去讨论似乎也不太可能有所收获。在笔者看来，基于制度变迁的系统分析似乎才有可能整体性地回答上述问题。

当笔者在广泛仔细阅读中国高等教育的大量史料，包括地方教育史、大学史和尘封很久的旧报纸时，笔者发现原来我国高等教育走过的道路远比我

---

① 从已经实现大众化的很多国家来看，高等教育发展有一个共同特征，即组织变革与大众化相辅相成。我们可以看到，美国的赠地学院、社区学院，日本的五年一贯制高等专门学校和两年制短期大学，韩国、菲律宾、泰国的私立大学，英国的多科技术学院，法国的大学技术学院和高级技术员班等教育组织对于各自国家高等教育大众化进程的重大作用和深刻影响。这些具有大众教育特征原型机构的生成与变革不仅是高等教育大众化的结果，同时更是大众化的手段。没有这些高等教育组织的功能扩展，高等教育大众化几乎不可能实现。

② 高等教育大众化的原型机构，是指在管理方式、专业设置、招生要求、学习年限、毕业资格上都不同于传统的精英型大学。它应具备开放性，能面向大众，自由入学，是一种真正蕴涵"大众性"的高等教育机构。

们想象的复杂和生动。长期以来都存在着地方教育需求的高涨和中央有意无意控制教育规模的斗争；一直都存在着在有限资源和既定规则的约束下，各种形式的高等教育组织，包括正规教育和非正规教育之间，本科院校和专科院校之间，公办院校和民办院校之间形形色色的较量。总之，控制规模和扩大规模两种代表不同发展取向的声音一直在论争着，也一直在影响着政府的决策①。政府也出于多种原因在控制规模和扩大规模之间寻求平衡。并且当政府在做出决策后，各种力量（包括各种高等教育机构和地方政府）往往会通过有利于自己的策略行动去争取更多的教育资源，影响甚至逐步改变着变革的路向。这似乎才是我国高等教育发展道路中的"常态"。所以，当笔者审视现今中国高等教育发展状况时，会不自觉地意识到，在研究我国高等教育现今乃至未来的发展走向时，无论如何也割裂不了那段长长的历史。想要很好的认识清楚现今错综复杂、关联纠葛的高等教育众象，系统反思自20世纪50年代以来中国高等教育的发展路径可能是十分必要的。

将不同时代不同类型的组织变革串联起来审视其内部的变革力量时，我发现这种推动组织生成及变革的力量恰恰也是推动整个高等教育制度变迁的基本因素。在"组织变革"与"制度变迁"之间也许还存在着"制度同形性"不能完全解释的"制约"或者"型构"问题；在高等教育的发展路径的考察中，加上"行动者"、"策略空间及行为"等结构化的理解思维时，中国高等教育发展路径似乎多了一些"情理之中"，少了一些"意料之外"。发展路径的"原来如此"使得我们对于这条长长的变革之路产生了更多的理解性思维，而少了强批判的激情与亢奋。抛开典型的强制性变迁和诱致型变迁的解释框架，完全基于搜寻到的史料及实践调研来感知体会"场域中的高等教育"时，笔者发现，其实对于高等教育发展路径的解释和呈现可以更加多样且丰富。这种丰富性是什么呢？笔者认为这种丰富性可以表现为基于历史制度主义的追根溯源、基于个案的深入挖掘，基于组织区域生态的对比呈现，基于惯常结论的再理解、再阐释、再质疑，等等。

---

① 关于这方面的讨论参见：王建华：《论争与反思——对我国高等教育"前大众化"阶段的思考》，《现代大学教育》2003年第1期，第48—52页。

二、研究的特点

（一）以组织变革与制度变迁相互作用的关系模式为视角

从本质上看，当前我国高等教育的大众化进程是一个因数量规模扩大而引起的系统特征变化和既存制度发生变迁的过程。所以，我们所探讨的现阶段高等教育发展路径可以在高等教育大众化语境中进行探讨，但是对于过去的高等教育发展历史我们又应该以怎样的视角来进行呈现及分析呢？笔者的看法是，编年体式的高等教育发展轨迹的陈述其实不过是承担了一个机械历史整理者的角色，而真正意义上的路径呈现应该是用特定的分析思维或者视角将已经发生的历史真实且丰满地呈现出来。基于这种考虑，笔者对中国高等教育发展路径的呈现，使用的视角是依托于不同阶段的重大教育变革事件，聚焦于阶段事件中的典型组织分析，以中微观的行动者关联分析，呈现一种更加真实、复杂、关联纠葛、持续但有时有又可能是片段式的的高等教育发展路径。总而言之，本书的写作是探讨组织变革与高等教育制度变迁之间的相互形塑关系，并借此透视和反思高等教育的整体发展路径。

1. 先于组织变革的两个问题

基于上述理解思路，在此有必要先交代清楚两个问题。首先，笔者所接受的制度变迁理解维度，需要加深三个方面的认识：第一，制度的性质。制度是一个因变量，而非既定的与已知的自变量。第二，制度变迁是多种行动主体共同推动的。行动主体之间的利益关联状态和价值诉求方向决定着制度变迁的推动力量和发展路径。第三，尽管制度变迁所依赖的具体路径可能是不同的，但是制度变迁所具有的"路径依赖"的性质却是相似的。沿着某条路径，制度的变迁可能进入一个良性互动的状态，即制度有利于发展，发展又巩固和完善了制度；制度变迁也可能被"锁定"，在某条低效率的路径中缓慢地进行，形成发展中的障碍。

因此，笔者将制度变迁并不完全理解为一种效率更高的制度替代效率较低制度的过程。它可能是沿着既定政策目标顺利推行的过程，也有可能是"意料后果"和"意外后果"杂糅的结果。因为，在或平缓或激烈的制度变迁过程中，社会行动者不可能选择一个具有完全替代性的系统。他们行动的起点总是以一个现行的社会文化制度系统为基础的。被嵌入、被制约是一种不可避免的"常态"。这种带有演进特性的制度变迁理解思路，是笔者所坚持的。当然，这种理解思路还需要在考虑对制度变迁类型（强制性制度变迁和诱致性制度变迁①）、制度变迁层次（基础性制度安排和次级制度安排②）以及制度变迁途径（制度移植和制度创新）进行具体化、情景化的修正和创新。

其次，对于行动者的理解是我们理解制度变迁的重点环节之一。笔者同意汤姆·R. 伯恩斯关于行动者的理解。"行动者是社会规则体系和对规则体系的实施十分重要的实践知识的负载者。同时，他们赋予社会规则和行动场景以新的有时是出乎意料的诠释。更为普遍的是，行动者具有创新能力。"③如果我们将这种理解运用到我国高等教育的具体制度变迁中来的话，中央政府（包括教育部）、地方政府（省市级政府和省市教育厅）、各种高等教育组织（各类高校）以及学生与家长就构成了制度变迁的四个基本的集体行动者。在这些集体行动者中，有的是组织化群体，比如高校、政府机构。它们具有某种内在的结构，以制定内部规则并使其具有强制力，进行各种决

---

① 诱致性制度变迁指的是现行制度安排的变更或者替代，或者是新制度安排的创造，它是由个人或者一群人在响应获利机会时自发倡导、组织和实行（林毅夫，1989）。诱致性制度变迁必须由某种在原有制度安排下无法得到的获利机会引起。强制性制度变迁由政府命令和法律引入和实现。与诱致性制度变迁不同，强制性制度变迁可以纯粹因在不同选民集团之间对现有收入进行再分配而发生（科斯等，1991）。强制性制度变迁的主体是国家或者政府，而诱致性制度变迁的主体是个人或者一群人或者一个团体。

② 基础性制度安排（foundament institutional arrangement）是指一系列用来建立生产、交换与分配基础的政治、社会和法律基础规则。基础性制度安排也被称为制度环境，是一国的基础制度规定。而次级制度安排（secondary institutional arrangement）是相对于基础性制度安排而言的概念。参见卢现祥：《论制度变迁中的四大问题》，《湖北经济学院学报》2003 年第4 期，第10 页。

③ ［瑞典］汤姆·R. 伯恩斯等：《结构主义的视野：经济和社会的变迁》，周长城译，社会科学文献出版社 2004 年版，第 173 页。

策，实施有目的的集体行动；有的则是弱关联的利益相关群体，比如学生及家长。他们大体面临相似的选择情景，会因利益的权衡决定行动的方式。因此，虽然并无群体内在结构，但是却可能形成自发性趋同行动。以上四类行动者因拥有的资源与机会是不均等的，所以在相互作用的过程中，其行动和互动的可能性（包括资源控制）在各类行动者之间的分配状况，不仅决定了他们在不断变动的情景中的相对权力，而且决定了他们影响未来发展的能力。总之，上述四种行动者在社会规则形成与变革过程中的制度知识的识读能力（简称制度知识），创造性与能动作用，在社会制度的形成与重建中的策略行为以及相互作用的基本逻辑共同影响着高等教育制度的变迁。

总之，笔者所接受的制度变迁理解思路一定是关联着具有制度知识、创造性、能动性特性的行动者群体的视野下，体现出制约性和使动性共存的吉登斯"结构化"思维特征的[①]。也正因如此，我们对于高等教育发展变革路径的理解首先自然是以贴近事实的实然分析为特点的。这一事实就是，制度变迁的"常态"可能体现为一种政府推动下的"意料后果"，也可能是多种行动者相互作用的"意外后果"，还有可能是两者之间的"中间地带"。这些后果共同造就了中国高等教育持续变革与发展的制度背景，也正是这种制度性背景，潜在而深刻地影响着中国高等教育发展路向。

2. 以组织变革为关注点

正因如此，以组织变革为关注点自然是本书的重要特点。组织，一般包含两个方面的含义：第一，安排分散的人或事物使具有一定的系统性或整体性，作动词使用。第二，按照一定宗旨和系统建立起来的集体[②]，作为名词使用。本书使用的"组织"概念，主要是第二个方面的含义，并特指高等教

---

① 结构化理论认为结构是由规则和资源共同构成，并且认为那些以法律条令、科层规章、游戏规则等言辞表述形式出现的形式化规则并不是规则本身，而只是对于规则的法则化解释。资源则是权力得以实施的媒介，是社会再生产通过具体行为得以实现的常规要素。结构总是同时具有制约性和使动性。这种理解赋予结构中的行动者反思性监控以重要意义。社会系统的结构性特征对于它们反复组织起来的实践来说，既是实践的中介，又是实践的结果。[英]安东尼·吉登斯：《社会的构成》，李康译，生活·读书·新知三联书店1998年版。

② 中国社会科学院语言研究所词典编辑室编：《现代汉语词典》，商务印书馆1985年版，第1546页。

育组织。所谓组织变革，是指在整体性或者分化了的制度环境①的影响下，发生的包括组织创生、组织发展、组织在高等教育系统内的位阶②提升、组织合法性获得等方面的被动或主动的组织努力。组织变革既表现在质的规定性上，主要指高等教育组织承担的社会功能、使命、活动等方面；组织变革还表现在多样性方面，既有宏观高等教育组织系统的调整，又有微观层面高校内部组织机制的转化。由于本书对于高等教育组织和高等学校做了一定程度的区分，因此，所谓"变革"的对象既包含我国高等教育系统内部既存的、具有合法性的各种层次高等学校的组织发展和提升，同时也包含在高等教育发展过程中基于各种因素创生的新型高等教育组织。总之，"以组织变革为关注点"实际上是去考察在高等教育系统内部的一些具有典型代表意义的高等教育组织的创生与发展过程。当然，这种考察同样秉承上文已阐述的"结构化"思路，即，不仅考察单类高等教育组织的发展，而且还要考察多类高等教育组织之间的互动和关联。比如公立高等教育组织资源的外延性扩张、对民办高等教育组织的内聚式吸附以及公、私立高等教育组织之间的关联性依存等形态；不仅关注高等教育组织所处的静态制度环境，包括组织的所属关系、组织的位阶、组织的资源获得渠道，而且也要考察在动态的制度变迁中组织内部规则系统的重组和组织外部位置关系的变动；不仅要考察高等教育组织与外部的其他行动者，比如中央政府、地方政府的关联和互动，而且还要考察上述其他行动者在高等教育组织内部的作用机制之间的相互影响甚至冲突。

这种以"组织变革为关注点"的分析思路，其实具有社会学制度主义的

---

① 哈恩认为，制度环境对于每个（类）组织并非都是一样的。组织地位的不同可能导致它选择的制度环境是不一样的。这样，制度环境可能是分化的。组织会根据自己在不同制度环境中的定位来选择各自"合乎情理"的行为方式。受此启发，笔者认为，由于中国的大国特征以及逐步走向分权的制度特征，不同省域其实也就是一个个分化了的制度环境。身处其中的高等教育组织，往往受到双重制度环境的影响。参见周雪光：《组织社会学十讲》，社会科学文献出版社 2003 年版，第 95—98 页。

② 所谓位阶，指位置和等级。本书所说的组织在高等教育系统内的位阶，意指各种高等学校在具有明显金字塔特征的高等教育系统中所处的位置和层级。在高等教育系统内的不同位阶直接决定着高等教育组织所能获得资源的程度和渠道。

倾向。新制度主义社会学认为，组织是制度因素的排列组合，因此当制度环境发生变化时，组织的构成也会改变，从而带来组织形态的变化。这种"制度和组织实际上是同一个结构"的制度同形性（isomorphism）观点①必然将关注点引向组织与制度相互关联的层面。但是需要说明的是，社会学制度主义的这种观点在本书中只是做了部分吸收。因为在结合我国高等教育组织发展实际进行分析的过程中，固然需要重视制度同形性的现象表征，比如我国精英主义制度化背景下的各类高等教育组织的同质性倾向。同时也需要对制度同形性的异类表征，比如发生在我国高等教育体制外的教育组织地域性差异进行重点关注。因为，制度和组织的同形性表征，固然可以印证制度对于组织形塑的普遍性规律。但是，在组织的非同形性表征中，我们可能还会发现组织在制度环境中如何利用既存空间展开具有能动性的反型塑努力，从而表现出对先在组织形式的突破，从而形成非同形性表征。这种在制度建构下的组织同形性过程，一般来说，是制度被认同继而发挥效力的直接表现。而组织非同形性现象其实预示着既存制度危机的萌生，或者说是制度非均衡的开始。当组织的非同形性影响逐渐扩大，并产生新的同形性迹象时，其实就是制度非均衡到新的均衡的制度变迁过程，或者说是一个旧制度的去制度化过程（deinstitutionalization）和一个新制度的构建与维系过程（construction and maintenance）。所以，在笔者看来，从组织的制度性同形——非同形性——组织的新的制度性同形的循环过程，其实就是制度变迁在组织层面的直接体现。同时需要说明的是，这种循环过程还包含着不同组织的同形性和非同形的共存，并有可能在制度变迁的特定阶段成为"常态"。这也是需要我们在分析高等教育制度变迁时认真考察的。

因此，以组织变革为关注点，其实呈现了一个全新的考察我国高等教育发展道路问题的研究视角。即从以往单纯关注宏观层面的政府行为及政策选择和制度变迁，转向同时关注分化了的（区域）制度环境下，高等教育组织

①　这是保罗·迪玛乔和沃尔特·鲍威尔在《组织领域中的制度同形性与集体理性》中提出的非常著名的一个观点。在他们看来，制度同形性包含三种基本形式：第一，强制同形性；第二，模仿同形性；第三，规范同形性。薛晓源、陈家刚主编：《全球化与新制度主义》，社会科学文献出版社 2004 年版，第 401—414 页。

互动和博弈的中观层面，从而体现出重心下移的分析特点。

（二）解释性思维与弱批判立场

由此，本书从组织变革与制度变迁的关系视角透视我国高等教育发展路径的反思性研究，自然具有与以往众多研究完全不同的研究风格。对其简单概括，可以称为"凸显大众教育走向"与"去除大众化标识"兼具的研究。这种研究似乎存在着一对矛盾，但仔细释义其内在是统一的。具体来说，所谓"凸显大众教育走向"是指在对我国高等教育发展路径的研究中，要始终关注其中若隐若现、时而潜藏时而勃发的大众教育取向，以及由此引发的"精英"与"大众"教育观念的冲突与调和。这既是我国高等教育变革发展的阻滞力量同时又是动力之源，是本研究试图主要把握的线索；所谓"去除大众化标识"是指：其一，将大众化问题研究放在整个高等教育变迁的大背景中进行考察，着力研究大众化进程得以展开的既存制度特征，特别是制度性制约以及其中的高等教育组织类型；其二，对于大众化进程中的增量组织变革的考察，不是仅仅研究扩招后的某一类或某几类组织，而是向前延伸至高等教育不同发展阶段具有重要影响的高校组织的考察，分析其"被选择"的制度性原因，特别是影响其生成和发展的推动力量；其三，将高等教育大众化不仅理解为具有典型大众教育意图和推动力量的变革活动，而且还理解为因其他原因引起的规模扩张和由此导引的高等教育结构系统的"发展性症候"。这种"发展性症候"包括规模与质量的两难困境以及由此展开的公民权利与国家（高等教育）利益之间的矛盾；个人的教育选择与高等教育组织的教育服务问题之间的关联；高等教育系统的市场化影响以及与教育公益性问题的冲突等。而这些矛盾、关联与冲突又是关乎全局性的，绝非高等教育大众化语境中独有的话题。

为了达成上述目标，本研究将突出体现解释性思维和弱批判性立场。所谓解释性思维，即以一种接近事物本原的、实然的而非应然的笔调来理解历史和现实。解释性思维体现为"是什么"，而非"应该是什么"。这种思维要求研究者把尊重客观实际放在首要地位，注意排除各种干扰和主观因素，尤其不能依据个人或上级的价值观念臆造事实。这种思维路径正是前文详加论述的制度变迁理解理路以及以组织变革为关注点的必然要求。而弱批判性立场① 则带有价值分析的特征。它主要针对具体研究对象——我国高等教育发展路径进行价值审思。这种弱批判立场的前提假设是，在人类系统中价值观是所有行动和行为的主要决定因素，由此，对于一个具有特定功能意义的高等教育系统来说，"该系统的偏好是什么？""该系统的偏好是否体现了社会的公正？是否符合制度伦理公正的基本诉求"等问题都是本书所秉承的弱批判立场需要探讨的问题。那么，这里似乎存在一个问题，即在具有实然倾向性的解释性思维和具有价值分析的弱批判性立场之间是否有着可以贯通的桥梁？笔者认为，从解释性思维到弱批判性立场是"自然过程"。因为如果没有对制度变迁过程以及其中的变迁推动者之间的互动关系的深刻理解，就不可能对诸如"该系统的偏好是如何得以体现，是哪些行动者的交互力量的体现？"等问题的回答。同时，这种价值分析立场还能回答"强批判立场"所不能回答的问题，比如"为什么会体现出这样的价值观？""为什么形成这样的价值观念体现形式？"因此，这种带有弱批判立场的价值分析，其实依然是在解释性思维基础上对制度架构是否能体现出公正问题的进一步思考。

三、文献综述

由于本书研究主题的特殊性，从广义上来说，几乎所有关于高等教育的研究文献都与本研究相关。但是，如果从本书研究思路及关注重点来看，其实与本研究相关的文献主要集中在以下几个方面。

---

① 康永久博士认为，弱批判立场是一种"最小价值介入"立场。这种"最小价值介入立场"不是"价值真空"的近似值，即不是在无法做到"价值真空"的实际情况下的一种无奈让步，而是主张从事物内部寻求更为客观的价值标准，避免因过多的价值介入而导致把个人的价值观强加于人，同时也避免完全排斥价值介入而导致陷入庸俗的自然主义、事务主义和技术决定论立场。参见康永久：《教育制度的生成与变革》，教育科学出版社2003年版，第79—80页。

（一）国外相关研究

1. 关于高等教育发展阶段或者路径的研究

美国加州大学伯克利分校教育社会学家马丁·特罗（Martin Trow，1926—）和麦克内（T. R. McConnell）教授等人自 20 世纪六七十年代以来，站在"高等教育发展阶段"的高度，以"高等教育大众化"为题，并将欧美发达国家作为主要对象，从社会学角度对高等教育的规模、观念、功能、招生、管理等做了一系列研究，发表了《从大众高等教育向普及高等教育的思考》（1970）、《高等教育的扩张与转变》（1972）、《从精英向大众高等教育转变中的问题》（1973）等系列长文，创立了高等教育发展的"三阶段论"与"模式论"①，认为高等教育发展路径在历史进程的层面上会经历"精英高等教育—大众高等教育—普及高等教育"三个阶段，并以具体的高等教育毛入学率指标划分了三个阶段，分别是毛入学率低于 15% 为精英教育，高于 15%，低于 50% 为大众教育，高于 50% 为普及教育阶段（马丁·特罗，1999）。这是西方社会中最具代表性和影响力的高等教育发展路径观点。继马丁·特罗之后，各国学者其实也都围绕着高等教育大众化进程展开了以各国国情为基础的高等教育发展路径研究，如 1975 年日本东京大学的清水義弘教授出版《高等教育的大众化》一书，对日本高等教育从精英教育阶段向大众教育阶段转变的进程进行了探讨。另外在英国，E.G. 爱德伍兹（E.G.Edwards）教授出版了《面向每一个人的高等教育》一书，描绘了英国 20 世纪以来的高等教育发展路径。1997 年日本广岛大学有本章教授等发表了《大众化阶段高等教育状况与前景》等论著，着眼于"后大众（post-massification）"阶段高等教育的研究。同年，德国特里尔（Trier）大

---

① 值得注意的是后期的马丁·特罗教授在《从大众高等教育到普及高等教育》一文中又对其阶段论观点结合美国的实例进行了修正，对于新信息技术的发展要求对普及高等教育的本质进行反思，并对其所需条件的认识进行更新，这涉及高等教育制度结构和对待高等教育态度的深刻变革。尽管如此，人们更多的还是对其三阶段划分表现出更大的关注。参见马丁·特罗：《从大众高等教育到普及高等教育》，濮岚澜译，《北京大学教育评论》2003 年第 10 期，第 5—16 页。

学社会科学系鲍尔·卫道夫（Paul Windolf）教授出版了《扩张与结构的变化：德、美、日高等教育，1870—1990》一书，着重研究了美、日、德等国高等教育发展路径及扩张变化的形态。另外，国际著名比较高等教育专家菲利普·G.阿特巴赫著《高等教育变革的国际趋势》在广阔的国际背景下，分析了高等教育的主要发展趋势和所面临的重大挑战。作者通过对大众高等教育、全球化对大学的影响、私立高等教育、研究型大学建设、高等教育国际化、学术职业等核心问题的考察，展现了高等教育的传统与转型之间的互动（马丁·特罗，2003）。该著作见解深刻，全面而深刻地展现了高等教育发展的世界图景，对于理解全球高等教育的发展走势具有十分重要的参考意义。

2.关于制度研究的相关成果

如上文所述，本研究会基于制度变迁与组织变革的关系模式进行我国高等教育发展路径的分析，所以，西方关于制度变迁与组织变革的文献也就构成了本研究的重要文献基础。基于上述文献的丰富与庞杂，在此笔者不做一一呈现与梳理。只是就其中对本研究思想有所启发的文献及作者概要提及。西方制度研究，不论是政治学、经济学还是社会学，尽管存在分析理路的差异，但是对于制度的总体认知与理解有其共通之处，并基于制度内涵及实质的认识差异呈现新、旧制度主义的分野。由于本研究总体来说倾向于从社会学的视角进行分析，故而在此就社会学制度主义的发展路向进行概要梳理。自迪尔凯姆极力倡导制度的功能分析和因果分析以来，他的后继者如布朗、马林诺夫斯基，特别是帕森斯以及他的弟子们经过不懈努力，使功能分析方法成为20世纪前半期最有影响的社会理论。"稳定的社会秩序依赖行动者在行动时遵守规范或规则，规范或规则是社会独立于个人预先决定的，行动者意识中被内化的道德性规范对维持社会秩序至为重要。"（杨善华，1999）这类观点在很长一段时间内一直是制度分析的主流思想。自20世纪60年代以来，包括马克思学派、韦伯学派等的冲突论、布迪厄的实践理论、亚历山大的新功能主义、吉登斯的结构化理论、柯林斯等的新韦伯理论等众多学派从各自的立场对迪尔凯姆和帕森斯功能分析进行了猛烈批评，提出了"将社会制度看作并不外在于行动者的社会建构"以及"在承认社会结构、社会制度对行动有制约性影响的同时强调了行动者的能动作用，认为社会制度是行动者的行动结果，也是行动的媒介，试图将两个方面结合起来"（郭建如、马林霞，2005）等观点，对于制度研究的发展可以说与当今流行一时的新制度主义经济学具有内在的一致性。但是，功能主义分析方法强大的影响力仍然根深蒂固地隐藏于现今许多制度学者的思想深处。特别是当一个国家的政治传统具有极大的中央集权以及严密的科层体系特性时，对制度分析的功能主义倾向就越发表现明显。本研究对于制度及制度变迁的理解总体来说接受结构化的理解思维。但是，在中国特有的制度环境中，或者说在很长一个阶段里，功能主义的分析思维应适当保留。

（二）国内相关研究

1. 与中国高等教育改革与发展路径直接相关的研究文献

国内与高等教育改革与发展路径直接相关的研究不少，比如加拿大著名学者许美德教授以西方学者独特的视角分别从地域空间、性别及知识分布三个维度勾勒了百年中国高等教育发展历程（许美德，2000）。该研究分析框架独到，素材丰富，思维深邃，对于百年中国高等教育发展中的文化冲突引人深思。只是由于这本著作的时间止于 1995 年，对于世纪之交中国的大众化化进程探讨不多。《中国经济转型中高等教育资源配置的制度创新》一书，以丰富的数据及大量的文本解析了中国高等教育制度创新的发展路径，借助于制度经济学分析视角对于近 30 年我国高等教育的发展进行了系统的研究（康宁，2005）。其研究侧重于资源配置与制度变迁的关系研究。而《艰难的日出——中国现代教育的 20 世纪》尽管是以整个教育的发展历程进行的勾画，但在其论述中，高等教育的发展脉络也依稀呈现其中。但总体来讲，对于高等教育的发展路径，过于概略（杨东平，2003）。还有，苏珊娜·佩珀撰写的《新秩序的教育》（载于《剑桥中华人民共和国中国史（1949—1965）》）对于中国高等教育新中国成立初期 16 年的发展进程进行了观点独到的分析，其视角新颖独到，观点引人深思（苏珊娜·佩珀，1990）。

近年来，直接以中国高等教育发展路径或者改革发展为题的著作也有几部，比如，《中国特色高等教育发展道路研究》（王胜今，2010）、《中国特色高等教育发展道路研究》（程祥国，2008）、《中国高等教育改革发展研究》（杨泉明，2009）。三本著作在研究上有其共同之处，作者均为高等教育方面的行政领导或者大学校长，其编写思路大多是基于我国高等教育发展的一些专题进行统合研究，继而对中国特色的高等教育发展道路进行思考及总结。王胜今教授一书思考维度有中国特色高等教育法治化道路研究、论中国特色高等教育价值观、中国高等教育社会保障建设研究、书院办学给现代高等教育的启迪、对中国高等教育经济价值的思考、论 21 世纪中国大学的使命、改革开放以来我国高等教育社会经济价值分析、中国高等教育的区域分布研究、改革开放 30 年我国高等教育政策公平诉求的回顾与展望等方面。程祥国教授一书是作为中国特色社会主义道路 30 年探索研究丛书的成果，主要从理论思考、战略谋划、实践探索等维度就我国高等教育发展价值取向、方式、制度保障、国际化、政治民主化、可持续发展等方面进行了分析和阐述。而杨泉明教授一书主要从本书坚持以中国特色社会主义理论为指导，从人才培养与教育教学改革、科学研究与社会服务、学科建设与高水平大学建设、队伍建设与人事分配制度改革、管理体制与配套改革、高等教育法治化与现代大学制度建设、对外交流与合作、党建与思想政治工作等方面，全面总结了新中国成立以来，特别是改革开放 30 年来中国高等教育的历史进程、显著成就和基本经验。总体看来，上述研究大多以宏观视角进行概括式探讨，有其理论意义和现实价值，但是这些书也都存在一些共同问题，比如，对于中国高等教育的发展路径的呈现不够清晰，过于偏重宏观，对于中微观的高等教育实践关注不够。其研究方法大多为非实证研究方法等。

2. 中国高等教育大众化进程的相关文献

除上述与本研究主题直接相关的文献以外，在最近十来年的高等教育研究中，以高等教育大众化语境展开的诸多研究，其实大多与中国高等教育改革与发展、中国高等教育发展路径具有密切的关系。鉴于其文献的丰富性及与本主题的相关性，接下来笔者将对其做进一步深入评述。

具体来说，我国现有研究中对于高等教育大众化进程的相关研究主要包括高等教育大众化的内涵和价值研究，关于 1999 年扩招相关问题的研究，我国高等教育大众化的实现途径和发展模式研究，从制度视角对高等教育大众化的研究，以及我国高等教育大众化的反思性研究等五个方面。关于高等教育大众化内涵的研究，一直贯穿始终。在逐步深入的研究中，对于高等教育大众化的内涵理解也由过去主要针对于数量的指标转向对高等教育大众化内涵更丰富内涵的扩展（纪宝成，1999）。特别在 2002 年以后，关于内涵的研究取得了丰硕的成果。邬大光教授在这方面做出了重要的贡献。邬教授在与马丁·特罗的对话中，认识到高等教育大众化理论不仅仅是关于高等教育规模扩张的量的理论，而且是关于高等教育教育发展目标的一种预警理论，同时也是描述高等教育活动变化的一种理论。在西方学者眼里，"大众化理论"被认为是一个"学术概念"，而非一个完整的理论体系（邬大光，2003、2004）。这一论断澄清了许多模糊认识，具有重要意义。学者张少雄的研究进一步对西方大众化进程中个人以及政府遭遇的若干困境进行深入系统的概括，对于我国高等教育大众化进程中出现的一系列理论误读进行了很好的分析，继而认为，大众化并不是高等教育发展的理想目标，而是一个自然过程（张少雄，2006）。在笔者看来，这一研究与邬大光教授关于大众化内涵的研究可以看作是国内这方面研究的重要成果。如果说邬教授的研究着意在于对特罗教授的大众化理论进行内涵厘定和理论澄清的话，那么，张少雄的研究则是从西方社会普遍经历的"扩张"与"困境"关系角度来厘清大众高等教育的内涵和实质。可以说，这两份研究，对于本书的研究具有较为重要的帮助。

在世纪之交大扩招的研究中，康宁博士的观点有一定的启发性。由于康宁作为学者和政府官员的双重身份，所以，通过她的分析，一方面，能够对于 1999 年扩招的一些真实原因有一定的了解；另一方面，康宁采取了制度分析的方法，对于政策制定与制度约束的关系，对于扩招中参与制度安排的主体之间的利益冲突与相互制约，信息不对称等因素，以及计划、市场双重制度对改革的影响等方面都进行了具有启发性的探讨（康宁，2000）。可以说，在基于制度供给及政策选择视角研究扩招的文献中，康宁博士的研究具有一定代表性。但是，康宁博士对于双重制度如何诱发政策产生，扩招政策如何与双重制度连动，以及扩招的内部制约因素等问题分析较少。

关于我国高等教育大众化实现途径、发展模式的研究主要集中体现在潘懋元教授的理论论述和两篇博士论文上。潘教授关于高等教育大众化有非常系统的研究，其中他对于我国高等教育的发展进程有一个著名的观点（潘懋元，2001），他认为，对于中国而言，在高等教育尚未达到马丁·特罗教授所说的毛入学率15%的大众化阶段之前，有一个从精英教育向大众教育的"过渡时期"，而在这一"过渡时期"所萌生的一些教育组织往往具备特罗教授所言的大众化阶段甚至普及化阶段的特点。潘教授的"过渡阶段理论"很有见地，对于我们深刻理解中国特色的大众化道路具有重要启发。另外，厦门大学谢作栩博士的《中国高等教育大众化发展道路的研究》以及华中科技大学陈敏博士《中国高等教育大众化进程研究》都是以高等教育大众化进程或发展路径为研究重点的文献。特别是谢作栩博士对于中国高等教育大众化路径及扩展模式的本土化特点进行了分析，认为，中国发展大众化的模式并非特罗教授认为的"量的增长带动质的变化"，而是"质的不断变化促进量的快速增长。"（谢作栩，2000）这一观点本身是否正确，我们可以进一步思考，但是这种对外来大众化理论进行甄别，并结合本土特点的思考，却具有重要意义。与这两篇论文有所不同的是，《高等教育大众化的文化—个性向度》，从整体构思和行文来看，都有别于上述两篇论文。它最为重要的一点是提供了一个观察高等教育大众化的新视角：文化—个性向度，并构成了一种衡量高等教育大众化发展的新维度，即高等教育发展水平应该以个性价值的实现程度作为衡量标尺（王洪才，2001）。这是一种新的文化精神体现，形成了高等教育大众化的新理论。本书对笔者的启发也主要在此。但是对于文化—个性向度在大众高等教育制度中如何体现，如何衡量的论述略显不足。另外，《高等教育大众化——陕西省的经验、问题与前景》是为数不多的以区域高等教育大众化问题为题进行的专题研究（郝瑜，2004）。论文数据充分，地方特色鲜明，但该研究重在现实性描述，在深层的制约因素上触及较少。

总的来说，从关于我国高等教育大众化实现途径、发展模式的已有研究来看，以下几个方面需要注意。比如，从关注层面来看，基本上都倾向于作为整体的国家层面，尽管也有关于区域高等教育大众化的研究，但是对于国家高等教育发展模式和区域高等教育模式差异性和关联性关注不够。另外，由于成文的时间关系，基本上都是具有前瞻性的规范性研究，对于高等教育大众化发展路径作价值分析的很少。王文虽然从文化—个性向度关注高等教育大众化的文化意义，并试图赋予高等教育大众化以文化特性，但是对于中国现实的关注度不够。从研究视角来看，对于高等教育大众化发展道路的研究基本上都侧重于经济、人口、毛入学率指标的数理统计、比较分析，而对于高等教育大众化进程中的国家层面的价值选择，以及制约其选择的制度（特别是非正式制度）影响（正功能、潜功能、负功能）探讨很少。对于在制度变迁大背景下、特别是市场经济和计划经济两种制度体系处于相互影响、交叉制约时，制度和政策的关系模式没有引起足够的重视。

从结构、体制与高等教育大众化的关系研究方面有几篇颇具启发性的论文。比如，孙朝从多学科视角分析了从精英教育向大众化教育转型中的结构性矛盾，并指出，经费原因、质量问题和就业问题均来自与精英教育内在的结构性原因（孙朝，2005）。这一结论十分中肯。对于理解目前我国高等教育大众化进程中规模扩张与同质化倾向做出了理论上的回答。而冯向东教授从制度变迁和路径选择角度出发，认为要顺利推进高等教育大众化，必须建立与大众化入学人数相适应的、符合本国国情的高等教育体系和多元化路径的制度安排，也是非常有见地的（冯向东，2004）。

至于在系统研究制度变迁的思考理路下，旗帜鲜明突出组织变革的论文则非常少。我们知道，在大众化理论中，对于大众化原型机构的关注早已有之，但是对原型机构进行认真、深入考察的并不多见，对我国高等教育大众化中的原型机构的深入分析的则非常少见。其中别敦荣教授的一篇文章对我国大众化进程中的组织变革问题进行了特别关注，列举出在我国高等教育大众化进程中几类承担大众化任务的基本组织类型，体现出对组织变革与高等教育大众化关系的思考（别敦荣，2006）。但是鉴于篇幅，对于组织间的关系以及组织互动与制度变迁的思考较少，且没有将组织变革纳入历史维度之中。

　　近些年来，关于我国高等教育大众化的反思性研究逐渐多了起来，主要集中在三个方面。一方面，对于高等教育系统特征的反思性研究。这类研究大多依据数据资料，从系统特征上反思我国高等教育大众化进程中的问题、现状和意义。其中张力教授的研究对于我们较为全面地了解我国目前的高等教育大众化现状非常有帮助（张力等，2005）。阎凤桥等学者的研究对于我国认识中国高等教育系统特征的变化也启发颇多（阎凤桥，2006）。如果说上述两份研究是在确立相对严格的比较指标的基础上进行的量化分析的话，那么，纪宝成教授在肯定高等教育发展成就的基础上对于存在着的"三个跟不上"和"三个盲目性"①的概括（纪宝成，2006），以及王一兵教授对于目前我国高等教育大众化进程的"四重过渡立交"②的认识（王一兵，2006）都可以视为大众化整体反思的一家之言，对于认识我国高等教育大众化现状具有重要的启发。另外由清华大学教育研究所谢维和教授等研究人员新近完成的《中国高等教育大众化进程中的结构分析——1998—2004的实证研究》，非常客观地呈现了我国高等教育结构上所发生的变化以及一些新的结构特点（谢维和等，2007）。

　　另一方面，关于规模扩大与高等教育公平关系问题的反思性研究。杨东平、丁小浩等学者的研究具有代表性。杨东平教授通过对部分高校不同家庭背景大学生的调查显示，在高等教育扩招之后，高等教育入学机会的阶层差距呈现扩大趋势（杨东平，2006）。丁小浩教授的研究也总体上支持了这一结论，并进一步通过实证分析认为：如果不考虑高等院校内部分层的因素，城镇居民高等教育入学率的均等化在20世纪90年代有了显著的提高；如果

---

　　① 所谓"三个跟不上"，是指经费投入跟不上；办学理念、制度建设和社会心理跟不上；教师队伍建设跟不上。所谓"三个盲目性"，是指高校发展规模与速度的盲目性；学校升格、改名和专业设置盲目性；高校贷款搞建设方面的盲目性。参见纪宝成：《我国高等教育大众化进程中的挑战与对策》，《高等教育研究》2006年第7期。

　　② 所谓四重过渡立交是指，性质上从精英教育向大众化教育过渡，服务对象从不发达的封闭的农业和产品经济向面向全球的外向型经济的过渡，高等学校的地位从社会边缘逐步向社会中心过渡，其赖以生存的体制从中央集权的计划经济体制向适应开放多元的市场经济体制过渡。参见王一兵：《走向四重过渡立交的中国高等教育》，《高等教育研究》2006年第11期。

考虑高等院校内部分层的因素，则优质高等教育资源有更倾向于经济背景较好和社会地位较高的家庭的子女的趋向（丁小浩，2006）。以上研究得出了大体一致的结论：在高等教育规模扩大带来入学机会均等的同时，系统内部基于经济条件和社会地位带来的不均等问题日趋突显。对于大众化进程中公平问题的这种研究走向可以说是对以往类似问题研究"大而全"、"缺乏具体数据及实证的支撑"的突破。但同时，我们也应该看到，这些数据所揭示的结构性公平差异的深层次原因，以及这种深层次结构本身的制度设计和政策选择的根源是什么，则是需要进一步研究的问题。

第三方面，关于精英教育与大众教育两个体系关系的反思研究。两个体系的关系问题，实际上是整个高等教育系统结构问题和质量问题的集中反映。从理论上讲，这一问题在潘懋元教授 2003 年的一份研究中已有基本认识并在学界达成共识，即，在高等教育大众化阶段，精英教育不仅不能减弱，而且还需加强。精英教育机构不应承担大众化任务，精英教育和大众化教育机构应该合理定位（潘懋元，2006）。2005 年之后关于这一问题的思考逐步转变为高校定位问题的研究。尽管邹晓平对于精英和大众两个体系关系的中国建构做了不错的努力（邹晓平，2005），但是这种应然的研究始终不可能对纪宝成教授所言的"三个盲目性"等问题给出很好的解释，倒是冯向东教授从"博弈"的视角做出了贴近实然的尝试性分析（冯向东，2005）。

总体来看，现阶段呈现出来的关于高等教育大众化问题的研究对于我国把握中国自扩招以来的高等教育大众化进程具有重要意义，当然，这也是深入认识我国高等教育发展路径的重要基础。其中诸多文献对于本研究有重要启发意义。但是，若将大众化问题研究放置在我国 60 多年的高等教育发展历程中，现有研究似乎总体又呈现割裂之嫌。

（三）已有文献的整体评价

第一，从研究内容来看，现有文献对于高等教育发展路径的理论与实践意义无可置疑。国外关于高等教育发展路径的整体研究和国别分析对于本研究的整体设计与思考具有重要启发。但就现有的部分研究来说，呈现以下特点。其一，过于宏大的经验总结或者专题统合研究，缺乏中微观层次的实践变革智慧呈现；其二，"编年体式"的路径勾画，缺乏纵深的历史制度主义分析，路径呈现不够清晰。

第二，从研究视角上来看，现有许多研究尽管也会呈现制度视角或者政策选择视角的分析，但是，分析中缺乏制度变迁与政策选择的关联研究，对制度的呈现过于倾向于外在既定而不是生成研究，新制度主义标签下的"旧制度主义"倾向明显。另外有些研究可能过于笼统一些，甚至有些面面俱到，缺乏适切的分析切入点，平面化的研究过多。特别是，在现有的研究中从组织变革视角反思高等教育发展路径的研究总体十分薄弱。毫无疑问，高等教育组织方面的研究十分丰富，诸如名著《高等教育系统——学术组织的跨国研究》对于高等学校组织的经典分析（伯顿·R.克拉克，1994）；西方学者对于大学组织的"有组织的无序状态的"的描述（Cohen M. and James G. March, 1958）；《大学的功用》中对于多元化巨型大学观念、功能和管理的深入阐释（克拉克·克尔，1993）；加拿大学者等编著的《学术权力——七国高等教育管理体制比较》对于学术权力的结构及其变化的思考（约翰·范得格拉夫，2002）；日本学者的《后大众化阶段大学组织结构改革的国际比较研究》运用对比方法揭示大学内部组织变革的研究（有本章，1999）；美国学者在《加利福尼亚公共高等教育》中应用生物学中规模、形状和功能的原理对大学组织结构进行的研究（斯梅勒塞、阿尔门德）。以及国内学者在《识读大学——组织文化的视角》中对于大学组织形态和组织文化的精辟分析（阎光才，2001），《中外大学组织变革》从组织目标、制度、结构、权力和文化变革等维度对于巨型大学组织的详细分析（张慧洁，2005），《中国多校区大学的组织结构与管理》从组织以及组织结构理论对于中国多校区大学组织结构及管理的系统研究（沈曦，2004）等都是高等教育组织分析的重要成果。但是，现有研究中还很少有将研究的重心放置在不同时期、不同类型组织的变革中去探索与宏观高等教育发展路径之间的相互作用关系，继而呈现特定国家高等教育发展的整体路径的研究。

第三，从研究方法上来看，现有研究大多使用文献研究，也有部分研究采用实证的研究方法。尽管研究方法使用中将理论思辨与实证研究相结合的并不是很多，但毕竟有这样的尝试。研究方法的这种变化其实也意味着，关于我国高等教育发展路径的研究已经不仅仅将眼光局限于宏观层面的整体概括，关注中微观层面的研究也逐渐出现。

总之，上述的文献梳理基本上实现了两个目的，其一，对后文将会使用到的相关文献进行概要梳理；其二，在分析、整理我国高等教育发展路径相关文献的基础上，进一步说明从组织变革视角研究我国高等教育发展路径的总体现状及探究意义。

四、研究方法

（一）理论方法

基于上文对于解释性框架的详细阐述，在此，仅做一概要陈述，并对几个未做交代的问题做一补充。

概言之，本书的理论方法呈现于一个解释性框架之中：在对整体性政治经济制度以及总体性教育制度把握的基础上，将各种相关行动者作为动态考察的对象，并集中投射在不同类型高等学校组织这一个显形研究载体上，以此考察高等组织变革与高等教育发展路径间的关系。在这种突出高等学校组织变革的分析设计中，对于其他行动者的分析并未忽略或者弱化，而是做了研究视角的转换。比如，笔者将中央政府这一最为重要的决策者，更多地放置在整体性制度背景中加以分析，其中对政策文本的分析是基本手段；而对地方政府的行为分析则以"政策再生产者"这一概念来概括其行为特征，显而易见包含着"执行"和"再制定"的双重含义；对于具有利益相关性和弱关联性的学生及其家庭则构成了主要的市场推动力，对这类行动者的分析主要寓于制度和政策背景以及组织变革的关联中进行；对于增量组织变革方式的分析主要是在对上述这些重要行动者价值取向和行为方式做基础性分析的同时，以制度变迁情景中的组织社会学理论作为工具。概言之，本书吸纳了吉登斯的结构化理论、伯恩斯的行动者——结构动力学理论以及组织社会学的合理内核，构成了一个将教育政策的制度分析和价值分析统合在一起，并最终指向制度伦理分析的解释性框架①。在这一框架中，不仅政策生成的制度性背景会作为重要考察对象，而且，以各类组织为代表的政策行动者及其策略行为会得到充分的重视。

（二）工具方法

文献研究

由于本书涉及具有一定历史跨度的制度变迁研究，所以，本书首先必须通过对于相关文献进行查阅和分析来发掘事实和解答问题。

案例分析

尽管制度变迁体现的是一种连续性思维，但是从制度的非均衡到制度的均衡再到非均衡而展开的变迁过程，同样需要具有非连续性思维。这种非连续性思维主要体现在对于具有代表性的历史事件（即案例）展开分析。这种分析具有相对的非连续性，即从研究对象中选取特定个体或组织进行深入、细致考察和研究，以客观细致地描述各项事实，检验已有理论，或者建立和发展新的理论假设。

观察法

观察法的目的在于理解我国高等教育的现实情景。在总览高等教育发展走向的基础上，对于当前地方大学和独立学院区域发展图景的实证分析，需

---

① 在对中央政府行动者政策选择进行分析时，需要有一种政策和制度内涵适当区分的分析思维。简单来说，需要对教育政策进行制度分析。本书中的制度分析方法，一方面，关注制度对于政策的影响：（1）制度决定了政府制定和执行政策的能力；（2）制度所提供的机会和限制决定了政策行动者的策略；（3）制度决定了政策行动者之间的权力分配模式；（4）制度界定了行动者的范围或行动者如何认知其利益。总之，制度构成了主要的政治情境，影响着政策的产出；制度可能形成特定的观念和利益，这些观念和利益将使在制度结构之中某个时间点上所作的决策，可能继续影响未来的决策。另一方面，制度分析方法又必须充分重视政策对于制度的作用和功能，注重政策对于制度的保护、修复、建构等方面的功能。关于这部分内容详见拙文：《试论我国教育政策分析的可能范式》，《清华大学教育研究》2006年第2期，第103—108页；《教育政策分析的制度伦理视角》，《清华大学教育研究》2005年第1期，第34—39页；《教育政策的制度分析：必要、框架及限度》，《复旦教育论坛》2006年第6期，第50—55页。

要使用到观察法。

访谈法

由于本书会涉及关于政策选择的原因以及对于政策实施影响的考察，所以，对一些相关人物或者直接当事人进行访谈就必不可少。当然，基于访谈者本人所积累的社会资本有限，所以对这一群体访谈的难度有时会较大。同时，在几类行动者中，学生及家长是最能直接反映教育需求市场的真实信息，以及组织变革进程中利益关联者的真实感受的群体，所以，以访谈的形式获得接近真实的资料，是本书必不可少的一种研究方法。

五、基本概念

按照黑格尔的说法，任何一个定义，都是整个理论的一个浓缩。概念的展开就是全部理论。所以在这里进行的基本概念的界定，只是出于避免不必要误解的目的。

高等教育

本书的高等教育不同于大学的内涵。它主要包括中学后教育中的公立院校和私立院校，既包括传统的各种四年制大学、研究生教育，也包括两年制学院和各种高等职业教育机构。

高等教育发展路径

这是本书基础性概念。"发展"指事物由小到大、由简单到复杂、由低级到高级的变化，是一种趋势性变化。路径，简单理解即"道路"，强调个体或组织在空间活动中的连续轨迹。所以发展路径总体来说，强调的是趋势性的、连续性的、时空间的变化进程。就高等教育发展路径来说，主要是指一个国家推动高等教育由精英教育阶段跨越至大众教育阶段、乃至走向普及教育阶段的总体进程，就中国高等教育发展路径来说，其研究时间跨度是从中华人民共和国成立起至今。在这一总体进程中，主要包括对于普及与提高、公平与效率等多种关系的考察，涵盖着高等教育变革方向、组织形态、发展速度、推动力量以及模式等多个维度。由此，对于高等教育发展路径的研究首先是一种现实描述，是在关注高等教育变革与发展进程时，对其系统中的变革轨迹的实然呈现以及蕴涵的变革思维的总体分析和价值评判。

"制度变迁"与"组织变革"

这对概念是具有密切关联性的基础性概念，正如在前文中曾详细论述的那样，笔者所奉行的制度概念沿袭了新制度主义关于制度的基本内核，强调制度作为因变量的特征。在此基础上，笔者将制度变迁并不完全理解为一种效率更高的制度替代效率较低制度的过程。它可能是沿着既定政策目标顺利推行的过程，也有可能是"意料后果"和"意外后果"杂糅的结果。因为，在或平缓或激烈的制度变迁过程中，社会行动者不可能选择一个具有完全替代性的系统，他们行动的起点总是以一个现行的社会文化制度系统为基础的，被嵌入、被制约是一种不可避免的"常态"。这种带有演进特性的制度变迁理解思路，是笔者所坚持的。当然，这种理解思路还需要在考虑制度变迁类型（强制性制度变迁和诱致性制度变迁）、制度变迁层次（基础性制度安排和次级制度安排）以及制度变迁途径（制度移植和制度创新）时进行具体化、情景化修正。

所谓组织变革，正如前文所述，是指在整体性或者分化了的制度环境的影响下，发生的包括组织创生、组织发展、组织在高等教育系统内的位阶提升、组织合法性获得等方面的被动或主动的组织努力。组织变革既表现在质的规定性上，主要指高等教育组织承担的社会功能、使命、活动等方面；组织变革还表现在多样性方面，既有宏观高等教育组织系统的调整，又有微观层面高校内部组织机制的转化。由于本书对于高等教育组织和高等学校做了一定程度的区分，因此，所谓"变革"的对象既包含我国高等教育系统内部既存的、具有合法性的各种层次高等学校，同时也包含在高等教育发展过程中基于各种因素创生的新型高等教育组织。

"制度"与"政策"

正如前文在阐述理论分析方法时所述，政策在本书中是作为一个动态变量被加以关注的，它是连接制度与行动者之间的重要桥梁。因此，有必要对"制度"和"政策"概念做出区分。正如著名制度经济学家青木昌彦所说，"关于制度的定义不涉及谁对谁错的问题，它取决于分析的目的。"①
许多定义的区别往往是概念外延的大小。我们知道，制度不仅指正式的规
则而且还包括非正式的规则。比如，道德约束、禁忌、习惯和行为准则等。
由于本书主要目标之一是分析我国高等教育发展进程中的相关政策选择、
实施和制度的相互关系，所以，本书的制度不仅指正式规则，而且还包含
非正式规则以及潜规则。特别是在我国改革开放以来的 30 多年的教育实践
中，随着政府逐步放权和教育市场化进程的加快，大量基层学校和地方政
府利用现存的制度空间，而形成的潜在规则系统。同时，为了更为清楚地
理解制度的内涵与外延，在说明"制度是什么"的基础上，对"制度不是
什么"再作一说明：1. 制度并不是一种人和自然之间的关系，甚至也可以
说，不是直接地和专门地调节人和自然的关系才设立的。虽然我们不能说
制度与人—自然之间毫无联系。2. 社会关系离不开制度，但是社会关系本
身并不就是制度。3. 行动者在社会行动或互动过程中所采取的各种策略，
也不是制度。②

政策的定义很多，对于各种定义进行详尽的剖析和分析，不在本书主要
讨论范畴之内。在此仅根据论题分析的需要，强调政策的以下特点：第一，
本书中的政策制定主体，不仅包括国家的权威机关，如中共中央、全国人
大、国务院和教育部，而且还包括省级对应部门。它们以国家强制力为后
盾，以实现利益、资源分配和关系调节为目标，其决定对于管辖范围内的整
个社会具有普遍的效力。第二，政策和制度既有区别又有联系，本书强调两
者之间的区别，其目的在于关注两者的联系。

总之，从时间序列上说，制度是以往政策的沉淀，即历史制度主义所强
调的，一旦政府在某个问题上做出了政策选择，则必然对于以后的政策选择
形成难以逾越的约束。本书对于政策和制度的区别也是以时间序列为主要区
分点的。同时这一区分将会借鉴制度分析和发展分析框架（IAD）中关于规

---

① ［日］青木昌彦：《比较制度分析》，周黎安译，上海远东出版社 2001 年版，第 44 页。

② 此处参见邹吉忠：《自由与秩序——制度价值研究》，北京师范大学出版社 2003 年版，
第 44—47 页。

则层次的分类。①

"策略行为"与"策略空间"

策略行为特指行动者在理解自身的制度性空间——包括制度性约束（什么规则在约束自己）和制度性默许（什么行为并没有在既定约束之内或者规则没有反对）——的基础上为了巧妙利用规则和资源而采取的行为。换句话说，是行动者制度性知识的实践行为。特别说明的是，地方政府执行中央相关政策时根据本省实际情况而制定的实施性政策，我将其看作执行行为的表现，也是笔者所重点关注的一类策略行为。

基于对策略行为的上述理解，我所认为的策略空间可以这样描述。它取决于行动者协商的机会、互动的状态；取决于行动者在特定情景中的利益一致性；取决于对不同类型资源的交换；取决于行动者对于结构规则中的模糊性与可变通性的识读、体悟和践行能力。或者可以这样表述：因识读而生策略，因策略而生互动，因互动而生空间，因空间而获发展。

六、研究思路和写作框架

本篇研究是对我国高等教育发展路径进行反思研究。这种反思始终贯穿着对于"精英"和"大众"两种既相互冲突又不断调和的教育变革价值观念在中国的具体体现而展开的，并集中反映在不同类型高等教育组织的变革中。

本研究力图体现出论与史的结合，紧扣我国高等教育发展路径中若隐若现的"大众化发展走向"和其中的"高等教育组织形态"间关系展开。对于

---

① IAD认为规则主要包含三个层次。操作规则直接影响参与者在任何条件下做出日常决策；集体选择规则通过他们对决定谁是合格人选和用以改变操作规则的具体规则的影响，来影响操作行动和结果；宪法选择规则影响操作行动，它们的影响在于决定谁是合格人员和用以勾画一组集体选择规则，而集体选择规则进而影响一组操作规则。在其他所有这些层次下面甚至还存在一个"元宪法"的层面，这一层次不经常被分析。参见保罗·A.萨巴蒂尔编著：《政策过程理论》，彭宗超译，生活·读书·新知三联书店2004年版，第81—83页。

历史的梳理力图凭借解释框架的搭建而不落于"窠臼"，对于现实的考察试图变"宏大叙事"为聚焦于中观层面的"区域高等教育发展图景"，特别是三地独立学院的实证比较研究，以及西部地方大学的现实考察。在整篇论文的分析中，对于影响组织变革的各类行动者（中央政府、地方政府、各类高等教育组织以及学生和家长）以及制度、政策环境的分析是必不可少的。

在文章的最后，从组织变革的视角考察高等教育的发展路径，并体现在对我国高等教育演进的"目标"和"后果"之间"张力"的分析中，最终落脚于制度伦理公正的审视与反思。

具体来说，论文主要由九章构成：

第 1 章在提出问题并确定研究论域的基础上，通过对已有研究的述评，进一步阐述本研究独特的视角以及在这种视角下探讨我国高等教育发展路径的本土意义。同时，确立"凸显大众教育走向"与"去除大众化标识"兼具的研究思路，并将其概括为一个尝试性的解释性框架。在文献综述的基础上，界定关键概念，为历史回溯研究确定研究的范围和理论依据。最后具体研究方法的介绍也是必要的。

第 2、3 章主要探讨新中国成立后最初 28 年中的高等教育发展路径。具体来说，第 2 章探讨新中国成立初期的院系调整变革实践，第 3 章探讨 1958 年高等教育"大跃进"。选取这两个事件的原因首先在于其均为影响我国高等教育发展进程的重要事件。院系调整不仅对于我国之后的高等教育结构具有重要影响，而且，院系调整本身折射的变革价值观更加引人深思。当然，院系调整带来的高等学校组织变革是直接且深刻的。因此，在本章的写作中，首先基于教育政策借鉴理论来整体呈现院系调整，然后对院系调整中的大学变革进行概括，最后对于新中国成立初期的中国高等教育结构特征变化进行总结。而对于 1958 年高等教育"大跃进"这段历史，作为我国高等教育超常规扩张的重要事件①，主要在借助史料的基础上首先呈现 1958 年高等教育"大跃进"的基本状况，然后，基于政策与制度的背景分析，详细揭示在这一暴风骤雨般的变革进程中各行动者的关系模式以及几种高等教育

---

① 需要特别申明的是，这种显形维度并不意味着笔者同意规模的扩大等同与大众化。

组织（比如"半工半读学校"与"业余红专大学"以及省属大学）的生成变革。最后，对"两条腿走路"的中国高等教育变革道路进行反思。

第4章主要探讨恢复高考至1999年间中国高等教育的发展路径。基于精英教育走向大众化教育在中国的特殊表现，也基于国内学者（比如潘懋元先生）的过渡阶段理论，笔者将这段时间成为过渡时期。在本章中笔者对这一政策肇始之前的过渡时期的制度环境进行理性而富有历史制度主义的考察。并基于组织转型理论的基本框架，从科层机制、文化机制和市场机制三个维度对制度变迁中的组织转型进行分析，其目的在于以关系的视角来审视在三种机制制约下，各类高等学校组织利用制度空间争取资源、寻求组织发展的行为策略和演进路径。最终勾画1999年扩招之前中国高等教育的既存制度结构所呈现的系统特征，思考促进数量扩张的制度性因素，阻碍扩张的结构性影响。概言之，探究1999年扩招之前的结构体系所蕴涵的规模扩张动力机制是什么。

第5章是对世纪之交高校扩招后高等教育系统特征的整体性分析，并借此呈现中国高等教育大扩招的推进模式，特别是扩招中增量组织的政府选择等问题。然后通过对系统变化背后制度因素的深入分析来说明为什么会选择这样的高等教育扩招模式？为什么会有这样的增量组织的生成与发展？以及增量组织创生及发展所折射出来的高等教育变革思维。

第6、7章是对我国大众化进程中的两类典型增量组织的实证考察。目的在于使我国高等教育的发展图景更加丰满与鲜活。这种现实考察也尽量体现出历史制度主义的分析思维。第6章主要考察一所西部地方大学。通过对组织发展状况的细致呈现，以及组织发展思维的分析，特别是对组织变革发展中的策略空间及策略行为的分析来揭示中国地方大学在分化了的制度环境中是如何获得生存与发展的。第7章继续沿用市场、文化以及合法性三个维度的分析框架来细致考察具有典型本土创生扩张型组织——独立学院的组织发展图景，并试图以这种组织为观察点，折射地方政府影响下的独立学院与公立高等学校、民办高等学校的内在关联及其可能存在的发展趋势，并继续思考关于"地方政府如何与高校一起利用制度空间促进本地高等教育发展的，以及国家层面如何面对这些策略行为进行一系列新的选择"等高等教育变革的核心问题。

总的来说，这两章的写作体现出"点—面"结合的特点。深度描述地方大学、独立学院等组织形态是基本目的，实证基础上的理论分析思维及关系性思维贯彻始终。

第 8、9 章是在上文基础上的整体总结与反思。第 8 章首先就影响高等教育发展路径的三个因素：经费模式、质量观念以及变革力量进行分析，然后对中国高等教育发展进程中具有典型阶段性意义的高校组织的生存与变革进行分析，旨在描绘"被选择"的组织变革与高等教育制度变迁的关系。最后，我们从组织变革方式所折射出来的变革思维试着概括一下我国高等教育发展的不同阶段所呈现出来的高等教育发展模式。这是一种杂糅着变革力量、变革方式、变革方向、变革困境的多维思考。第 9 章主要从制度伦理公正的视角考量和检视我国高等教育的发展路径。

第二章　新中国成立初期的院系调整与新中国高等教育结构特征变化

对于新中国高等教育的原点，学术界尽管未有定论，但无论是高等教育发展历史研究还是更加宽广的社会政治问题研究中都会屡屡诉及新中国成立初期的院系调整事件。这一教育变革事件毫无疑问对于新中国高等教育具有十分重要的影响。本研究将从教育政策的借鉴视野出发，基于政策与制度的深层次关系，在宏大叙事与中微观呈现的基础上重新给予其解读。

一、教育政策借鉴视野中的院系调整

新中国成立初期的全国高校院系调整，是新中国刚成立不久中国共产党和中央人民政府对高等学校进行改革的一个重大举措，是建立新的高等教育制度的开端。本次高等学校院系调整以全面模仿苏联高等教育体系为主要目标，试图在中国建立一个具有严格专业技术特征，且结构严密的高等教育体系。它是一个具有典型"借鉴"特征的政策活动。

大卫·菲利普斯认为一个国家影响另一个国家教育政策有多种渠道。根据受影响的程度不同，构成一个"教育转移的谱系"。在这个谱系中，最左端为被强加的（imposed），最右端为广泛影响下的引进（introduced through influence）。在中间，从左至右依次为，外在约束下的要求（required under constraint），外在约束下的协议（negotiated under constraint），主动借鉴（borrowed purposefully）。"在这个连续的、从被动到主动的教育转系谱系中，教育借鉴位于主动的一端，表示一个国家主动对另一个国家感兴趣，为其某种教育政策或实践所吸引。"① 在此认识基础上，大卫·菲利普斯依据两百多年来英国对德国教育政策借鉴的案例研究，总结和设计出了教育政策借鉴的四步模型②，其借鉴步骤依次是跨国吸引，决策，实施和内化/本土化，这四个步骤循环往复，构成了教育政策借鉴的基本过程。本节主要结合史料对对跨国吸引、决策、实施等三个环节进行详细分析与阐述，至于内化、本土化环节留待第三节一并讨论。

跨国吸引

教育政策借鉴理论的第一步为跨国吸引，主要用来解释一个国家被另一个国家的教育政策和实践吸引的内在动力（Cross-national attraction: impulses）和外化潜力（Cross-national attraction: externalizing potential）分别是什么。

从新中国成立初期的实际情况来看，新中国面临着一个"满目疮痍的破旧摊子"，中国共产党如何能快速、有效地进行全国范围的政治、经济改革，成为举国上下的首要任务。在最初的一两年时间里，新政府并没有采取全面学习苏联的发展思路。这从《共同纲领》确定的新民主主义道路③可以看出。在温和渐进、稳步谨慎的指导原则下，新中国从"百废待兴"的局面中逐步走了出来。然而随着冷战和朝鲜战争大气候的形成，新一届共产党领导人和苏联建立起了一种更为亲密的关系。在来自国际政治大背景的影响下，中国的建设道路发生了重大改变。"以俄为师"

---

① 大卫·菲利普斯：《比较教育中的教育政策借鉴理论》，钟周译，《清华大学教育研究》2006年第2期，第2、7、8页。

② Phillips, David & Ochs, Kimberly："Researching Policy Borrowing: Some Methodological Problems in Comparative"，British Educational Research，Journal 30, no.6, 2004, pp.773—784.

③ 1949年9月通过的《共同纲领》第5章第41条："中华人民共和国的文化教育为新民主主义的，即民族的、科学的、大众的文化教育。"第43条"努力发展自然科学、以服务于工业农业和国防建设。"第46条"人民政府应有计划有步骤地改革旧的教育制度、教育内容和教学法。"

战略方针全面代替了"自力更生、稳步前进"的发展原则。苏联成为新中国在新的国际形势下的全面学习目标。"既然西方（即英国和美国）最好的科学和技术已被俄国人吸收，因此，'最快最好的道路'就是直接从苏联接受提取出来的精华。既然教育和工业是应用科学技术的主要社会机构，他们的组织和管理也要按苏联的模式来改造。"① 苏珊娜·佩珀的看法，道出了新中国在国际大气候下确立"以俄为师"的最简单的思维逻辑。

在这种特定的政治经济结构背景下，高等教育政策已经被理解为范围更广、层次更高的政治经济治理活动中的一个组成部分，承担着浓厚的政治意义和意识形态色彩，超越了大学改革本身的意义。如何通过高等学校快速地培养出专业技术人才以满足国家建设的需要，如何通过对高等教育体系的改革清除帝国主义在中国大学中的实在形态和潜在影响，如何尽快地夺回被帝国主义占领的文化阵地，使教育成为巩固和发展人民民主专政的一种斗争工具，最终如何建立一种高度严密，中央集权的高等教育体系等问题就成为国家领导人在思考新中国建设全局问题时，对高等教育所承担功能的一种理解和期望。

从以上分析的角度来看，以全面模仿苏联高等教育体系为目标的院系调整最终成为一个政策行为并实施，它最初的影响力量来自内外两个方面，即外化潜力和内在动因。从其外化潜力来看，院系调整政策来源于苏联大学的"专业化技术人才"的培养模式和"高度集中、结构严密"的高等教育权力形态。而内在动因则主要基于国内现有教育制度基础不能很好地满足政治需求和经济发展的要求。内外两方面的因素共同构成了这项院系调整政策得以出台的跨国吸引力。

决策

菲利普斯在教育政策借鉴模式的决策环节中着力回答的问题是，外国教育产生的吸引力如何作用于本国的教育决策？在笔者看来，菲利普斯跨国

---

① ［美］J.R.麦克法夸尔、费正清：《剑桥中华人民共和国中国史（1949—1965）》，谢亮生等译，中国社会科学出版社1990年版，第206页。

吸引导致的四种决策模式中①，理论上的决策（theoretical decision）；现实的、实践的决策（realistic/practical decision）；虚假的决策（phoney decision）似乎都不符合当时院系调整政策决策的实际。力图快速解决的决策（quick fix decision），部分概括出了院系调整政策决策的目的，但是对于决策的过程来说，相对较为谨慎的决策应该是不能忽略的特征。

1949 年 9 月，在国家大法《共同纲领》的明确指导下，教育体制改革方针——"人民政府应有计划有步骤地改革旧的教育制度、教育内容和教学法"——被确定了下来。随后，在年底举行的第一届教育工作会议上，"新中国教育应反映新中国的政治、经济，作为无产阶级专政的工具"也被当时的教育部部长马叙伦首次公开提出，成为新的意识形态开始渗透进教育改革理念的一个重要表征。无产阶级革命斗争原则，成为这次会议高度政治化的内在逻辑。二元对立的意识形态，为今后进行大规模的大学改革埋下了伏笔。需要注意的是，尽管本次大会提出了彻底改变旧式大学的政治原则和改革指导思想，但是大会只是做了原则性的表态，对于如何改革旧教育并没有提出具体的日程表。

在 1950 年 6 月全国第一次高等教育会议上，进行全国范围的、有计划、统一的院系调整作为高等教育改革的一项重大工作被明确提了出来。"院系调整"第一次出现在官方的文件上，本次会议提出发展高等教育的三项基本方针：1. 高等教育必须为国家建设、尤其是经济建设服务；2. 高等教育为工人农民开放（国立免收学费）；3. 必须向计划经济过渡。② 院系调整的目标将由"抽象"、"广博"的模式转变成为"具体"、"专业"的模式，一切以经

---

① 菲利普斯认为，理论上的决策是指，政府把教育看作其施政方针的首要内容。这种借鉴模式，与其说是引进具体的体制，不如说在于寻求一种理论上的激励。现实的、实践的决策，指并不囿于历史文化因素，而被成功移植到另一个国家继续发挥作用。虚假的决策是指一些政府的（教育）官员短期出访外国后经常带回的许多外国的教育新理念、新政策。这种新奇事物对选民很有影响，但却没有在实际中借鉴实施的可能。力图快速解决的决策，被菲利普斯认为是教育跨国吸引力所能引发的一种最危险的情况，是一种急于引进外国"以成果为导向的教育（outcome based education）。大卫·菲利普斯：《比较教育中的教育政策借鉴理论》，钟周译，《清华大学教育研究》2006 年第 2 期，第 2、7、8 页。

② 何东昌主编：《中华人民共和国重要教育文献》，海南出版社 1998 年版，第 26 页。

济建设为中心服务。在这次会议上，周总理代表中央对院系调整表达了基本立场："我们对于文化教育的改革，应该根据《共同纲领》有计划有步骤地进行。毛主席告诉我们要谨慎。教育改革不能漫无计划，兴之所至乱搞一气，要区别轻重缓急，分阶段有步骤地进行，在有些问题上要善于等待。"①这一立场同时可以反映在本次会议中通过的《私立高等学校暂行管理办法》中。"大致维持现状"作为其基本内核，其实也表明了中央对于新中国成立初期的院系调整是十分小心谨慎的。

综上，由于新民主主义教育思想以及现实中政治、经济等多种因素的影响，从新中国成立初到1950年10月这一阶段，中央人民政府教育部关于院系调整和大学改革指导思想虽然已经基本成型，并作为一个政策议题初步确立，但是院系调整方案究竟如何设计与实施，中央有关部门并没有呈现具体的时间表，恢复和维持现有大学现状成为这一阶段的主要任务。

但是这种维持现状、温和改良的指导方针随着国际形势的急转直下，而被彻底改变了②。领导者试图要在大部分受过英美教育的知识分子中确立新的意识形态和政治认同感，即马列主义毛泽东思想的策略加快了清理教育界英美文化之影响的步伐。对教会学校全部公有化以及"全盘苏化"的院系调整都在这样一种思维逻辑下发生的。反美和学习苏联几乎同步进行。具体来说，在1950年12月29日政务院《关于处理接受美国津贴的文化教育救济机关及宗教团体的方针的决定》的颁布，1951年底《关于在学校中进行思想改造和组织清理工作的指示》都为1951年11月，全国工学院院长会议的召开，以及全国工学院院系调整方案的出台，做了必要的前期准备。有计划的大学体制改革正式拉开了序幕。

总的来说，院系调整政策的决策过程，具有浓厚的政治色彩。正如许美

---

① 中央教科研究所编：《周恩来教育文选》，教育科学出版社1984年版，第10—11页。

② 这从1951年毛泽东同志的态度转变上可以清楚地看出，"从来没有说过可以把有'严重的反动行为或严重的劣迹'的人们包下来"，要"采用整风的方式，对留用人员和新吸收的知识分子普遍地初步地清查一次。"（参见毛泽东：《正确解释对旧人员"包下来"的政策》、《镇压反革命必须实行党的群众路线》。中共中央文献研究室编：《毛泽东文集》第六卷，人民出版社1999年版，第156、160页。

德教授在评价这段历史时所言，"事实上，如果不是冷战和朝鲜战争等国际大气候促使新一届共产党领导人建立一种亲密关系的话，从国际经验来看，也许会有更多样的，更有选择余地的因素融合进中国人的视野。"①

实施

教育政策借鉴的第三步为实施。主要讨论决策如何在本国具体实施。在实施过程中，"谁支持，谁反对实施？是在国家，还是地区层面？教育改革实施的速度如何？实施过程中有哪些重要的行动者，他们发挥了什么样的作用？国家政策如何地区化调整，有何区域差异？"外国教育模式如何被改造和调整以适应引进国的现实需求。改造后的教育模式在多大程度上适应新的国情？

菲利普斯借用 T.Simkins 的话语来表达实施重大教育改革通常需要的两个前提：第一，政府内部强烈认为现行的教育体制存在重大问题，必须通过重大法案来保证教育改革的实施；第二，政府和社会需要就如何改革达成广泛共识。② 对于院系调整政策活动的实施来说，同样如此。下文对这项政策执行中几个重要因素的分析，其目的也在于说明这两个前提条件对于执行政策的重要意义。同时，在这一基础上，与此相关的其他几个因素的影响，对于这项政策的顺利实施也同样具有重要意义。

第一，政策执行前的思想改造。

从 1950 年第一次高等教育会议上提出的"要在全国范围内，有计划、统一地进行院系调整"，到 1952 年正式实施，其间经历两年时间。方案迟迟不能推行，在中央人民政府教育部决策层看来，阻力主要来源于大学教师。当时的教育部副部长、教育部党组书记钱俊瑞就说："服膺英美的知识分子不肯确实改造。那么，一切高等教育的改革工作，诸如，院系、调整、课程、改革、教学法的改进等等，难以实行贯彻，一切关于高等教育的决定

---

① ［加］许美德：《中国大学：1895—1995 一个文化冲突的世纪》，许洁英译，教育科学出版社 2000 年版，第 104 页。

② 转引自大卫·菲利普斯：《比较教育中的教育政策借鉴理论》，钟周译，《清华大学教育研究》2006 年第 2 期，第 6 页。

和规章就遂成'具文'"。①教育部决策层的观点也反映在党中央机关报上，1952 年 9 月 24 日人民日报社论专门提到"两年以前，在全国高等教育会议上即曾提出院系调整的问题，但是两年来这一工作很少进展，这主要是因为许多教师在思想上还严重地存在着崇拜英美资产阶级、宗派主义、个人主义的观点。""思想改造运动以后，就有条件把院系调整工作做好了。"②从当时的实际情况来看，确实存在着广大知识分子对高等教育"全盘照搬"模式的不满情绪。当时全国大约有 10 万高级知识分子，大部分集中在高校。那些曾经受过西方思想教育，倾向于英美自由主义思想的知识分子对于全盘否定旧有的教育经验，自然存在着抵制情绪。如曾留学德国，并担任过岭南大学校长的陈序经私下对朋友讲，"我们学习苏联，苏联学德国，苏联那一套教育体系，完全是抄德国的，那一套我们知道。"③南京大学教师对文教委员会副主任陆定一的"美国没文化"这一说法发出质疑甚至反感，认为"何必整天骂美国，亡给美国总比亡给苏联好"，④诸如此类的各种言论对于当时欲意推行的高等学校院系调整政策无疑会产生很大的阻力。知识分子固有的思想意识，价值观念和文化积淀在面临以革命化约方式推行的新的，特别是与其格格不入的价值观念，自然会产生种种反抗、抵制，这实际上就是自 1950 年高教会议后大学改革一直未能提上日程的一个重要原因。所以，为了扭转这些基层的，也是最重要的政策执行者的思想观念，进行知识分子的思想改造就成为推行这次院系调整的先期措施。

1951 年 11 月 30 日，中共中央发出《关于在学校中进行思想改造和组织清理工作的指示》，明确了思想改造运动的目的、作用、步骤。在中共中央的部署和安排下，新中国成立后的第一次知识分子思想改造运动在全国广泛开展起来了。从已有史料看来，整个知识分子思想改造过程，是以群众性动员方式开展的。这些来源于革命根据地的毛泽东式的群众性动员方式，诸

---

① 钱俊瑞:《高等教育改革的关键》,《人民教育》1951 年第 12 期, 第 6—7 页。
② 转引自李杨:《五十年代的院系调整与社会变迁》,《开放时代》2004 年第 5 期, 第 19 页。
③ 陈其津:《我的父亲陈序经》, 广东人民出版社 1999 年版, 第 195 页。
④ 李杨:《五十年代的院系调整与社会变迁》,《开放时代》2004 年第 5 期, 第 19 页。

如政治动员，道德激励，思想检查、组织清理等促使整个思想改造运动在短短的一年左右的时间里取得了非常大的效果。尽管知识分子的思想状况极其复杂①，但是，在这场急风暴雨式的"思想蜕变"运动中，文化观念已远远抵御不了政治因素的宰制力量。当时在清华大学的杨绛回忆道："我们闭塞顽固，以为'江山好改，本性难移'，人不能改造，可是我们惊愕地发现，'发动起来的群众'，就像通了电的机器人，都随着按钮统一行动，都不是个人了。"②

经过这种急风暴雨的思想改造运动，截至1952年秋运动结束时，全国高校教职工的91%，大学生的80%被接受了"思想洗澡"③。从中央主要领导人当时的态度来看，此次运动达到了预定目的。④ 对于高等教育系统的院系调整来说，这次思想改造运动对于消解知识分子的独立性起到了非常大的作用。"试图把受西方思想影响的中国高等教育制度按照苏联模式进行改造的措施产生的紧张状态，就这样用思想改造运动缓和了。"⑤ 从此，马克思主义成为中国主流的意识形态，为全面推行高度集中的苏联大学体制，进行全国范围的院系调整打下了坚实的思想基础。在1951年中央教育部党组上报文委党组和中央的《关于全国工学院调整发展方案的报告》中，对于当时参加工学院会议的代表们思想上的转变有过一段描述："出席代表思想上逐渐认

---

① 关于中国当时的知识分子的思想状况，西奥·陈（Theodore Chen）有过精辟论述。他认为，当时中国的知识分子可分四类：第一类是新中国成立之前就信仰共产主义思想的知识分子，对这些人来说，适应新的形势、或至少适应建国初期的形势不是件难事。第二类是有政治抱负的知识分子，是积极参加政治活动或运动，领头喊口号的人。第三类是朴素的爱国主义者，他们希望落后的祖国获得新生。大多数属于此类。第四类是除了协助新政权之外别无选择，因而对自己不可能改变的现状不得不接受的一批知识分子。详细论述参见华尔德：《共产党社会的新传统主义》，龚小夏译，牛津大学出版社1996年版，第122页。

② 杨绛：《我们仨》，三联书店2003年版，第72页。

③ 逄先知、金冲及：《毛泽东传》，中央文献出版社2004年版，第106页。

④ 毛泽东意味深长地说，"我曾经提出了以批评和自我批评方法进行自我教育和自我改造的建议。现在，这个建议已逐步地变为现实。"（参见人民日报，1951年10月24日第一版）周恩来则表示，"知识分子的思想改造工作是有成效的，今后仍然应当根据具体的需要，采取适当的方式进行。"（参见《周恩来教育文选》，教育科学出版社1984年版，第19页。）

⑤ ［美］J.R.麦克法夸尔、费正清：《剑桥中华人民共和国史（1949—1965）》，谢亮生等译，中国社会科学出版社1990年版，第214页。

识到国家工业建设之重要性，认识到苏联科学的先进经验超过英美，认识到国家财政之困难等。最初不大愿意调整的变为认为调整是光荣，不被调整者反为懊丧了……从强调分头与工业部门单独发生关系而变为强调必须统一；从强调在实际调整中的困难而变为只要民主集中、走群众路线就可以做得通等等。"① 由此我们可以看出，思想改造运动对于 1952 年院系调整政策的顺利执行具有重要的前提意义。

第二，政策执行前的制度架构。

一项政策的实施，必须应有相对完善、清晰的组织机构作为前提。在 1950 年第一次高等教育会议中，《关于高等学校领导关系的决定》就为后来大张旗鼓推行教育改革在制度上确定了新的行政权威。"凡中央教育部所颁布的关于全国高等教育方针、政策和制度，高等学校法规，关于教育原则方面的指示，以及对于高等学校的设置变更或停办，大学校长、专门学院院长及专科学校校长的任免，教师学生的待遇，经费开支的标准等决定，全国高等学校均应执行。"② 教育部成为领导全国大学全方位事务的最高行政部门。"中央集权"特征成为这一法规基本的制度架构诉求。与此相配合的，还有《关于实施高等学校课程改革的决定》、《高等学校暂行规程》、《专科学校暂行规程》等一系列法规，都为后来的院系调整提供了制度保障基础。

这种基于中央集权的制度架构在随后的院系调整过程中被不断完善。随着 1951 年全国工学院会议的召开，院系调整逐步呈现出"大区—省、市—院校—系"的四级垂直院系调整组织执行架构。我们从 1952 年华东地区院系调整委员会在《关于华东地区高等学校院系调整工作的几项规定》中就可以清晰地看到：首先，院系调整的最终方案是经中央教育部批准，在执行过程中不得任意改动；其次，华东地区院系调整委员会负责领导华东地区的院系调整，在华东地区院系调整委员会的指导下成立各省、市院系调整委员会

①　中央教育部党组：《中央教育部党组关于全国工学院调整发展方案的报告》，《党的文献》2002 年第 6 期，第 60 页。

②　中央人民政府政务院：《政务院关于高等学校领导关系的决定》，新潮书店 1951 年版，第 237 页。

（上海不设院系调整委员会，其相关工作直接由华东地区院系委员会领导）；再次，在各省、市院系调整委员会的指导下成立各院校调整委员会或建校委员会；最后，在预计合并或调整的系中成立包括系主任、教师工会主席、教师代表在内的联合委员会，负责有关调整事宜。① 由此可以清晰地看到，一个上下贯通，责权明确、分工协作、层级分明的院系调整组织架构，从制度上为院系调整的顺利实施提供了坚实的保障。1952 年 11 月高等教育部的成立，进一步强化了这种制度架构在后续院系调整工作的作用。

第三，政策执行中的策略选择。

突破口的选择面临如此大规模的院系调整，其中牵涉的问题众多，随之而来的矛盾和利益纠葛是不可避免的。如何最大可能地消除阻力，使政策得到顺利执行，树立院系调整的标杆就成为此项政策执行过程中的重要策略选择。从当时中国高校的情况来看，解决好北京大学、清华大学以及燕京大学这三所高校的院系调整就成为本次院系调整的一个关键环节。解决好的话，就会起到很好的示范作用。如若解决不好，"其他地区的有些大学甚至以北大清华尚未调整为藉口，来拖延改革的工作。"② 所以，对于北大和清华的调整就成为一个具有很大难度，但又颇为重要的问题。根据已有史料来看，当时在北京大学等三所高校的调整方案上一开始是不明朗的。涉及"是否合并"、"北大工学院是否独立"、"清华法学院教授不愿并入北大法学院"、"燕京大学的校名存留"等许多棘手的问题。经过包括教育部在内的多方机构仔细研究斟酌，征求意见，北大和清华的调整方向在1951 年下半年基本敲定，方案得到三校大部分师生的支持。"北大工学院教授和清华教授已写信给毛主席和马部长（马叙伦——引者注）拥护这项调整方案。张奚若（时任清华大学校长——引者注）在讨论时曾高呼'中央教育部院系调整成功万岁'！并愿意亲自向清华教授解释。"③ 即使在这种

---

① 转引自胡建华：《现代中国大学制度的原点：50 年代初期的大学改革》，南京师范大学出版社 2001 年版，第 100—104 页。

② 李琦：《建国初期全国院系调整述评》，《党的文献》2002 年第 6 期，第 73 页。

③ 《中央教育部党组关于北大、清华、燕京三大学调整方案的报告》，《党的文献》2002年第 6 期，第 62 页。

情况下，为了使三校的调整工作做得顺利、圆满，起到良好的示范作用，教育部及文委决定在三校师生中再经过一年的酝酿和准备，待各项条件完全成熟，自 1952 年下半年起有系统地实施。由此可见，在这项政策的执行中，选择恰当突破口并成功实施对于整个政策的全面执行起到了很好的示范作用。

政策执行路径的选择在整个院系调整政策执行过程中，采取分阶段（1952 年、1953 年、1955—1957 年）、有重点（以华北、华东、中南为整个院系调整的重点）的方式推行调整政策，后来证明是非常正确的策略选择。在整个过程中，"有重点的进行"、"充分准备、充分酝酿、各方协商妥当然后实施"以及"稳步推进，避免冒进"① 的指导方针保证了全国院系调整工作顺利达到预期的政策目标。

制度空间下的因地制宜 50 年代的院系调整政策，以大区为资源配置单位，并进行大区内资源的相对集中。这一政策目标势必导致大区内高等教育资源分布的不均衡，从而使一些省份高等教育力量被削弱。面对这一普遍存在的问题，从当时的文献来看，采用说服、协商以及政治命令的方式固然是其推进这项政策的主要方法，但是，我们也发现存在着另外一些情况，即高等教育资源相对薄弱的省份，其政策执行者会在充分理解现有制度空间的基础上，采取相对比较灵活的方法，来取得国家院系调整目标和本省自身发展的平衡。比如，在华东地区的安徽省，特别是在安徽大学的院系调整中，就体现出了不拘泥既有规则，而有所变通的政策执行策略。在全国院系调整的规则体系中，对大学内部组织机构调整的要求是由"大学—学院—系"三级组织结构调整为"大学—系"两级组织结构。但是安徽省为了扩大本省高等教育规模，增加高等院校数量，在安徽大学的实际调整中，却首先于 1952 年将调整前的"大学—系"两级转变为"大学—学院—系"三级，在安徽大学内设置了农学院和师范学院，然后在 1953 年的第二步调整中，又将安徽大学中的这两所

---

① "稳步推进，避免冒进"是在总结 1952 年院系调整工作中存在问题的基础上提出的，并成为 1953 年院系调整的指导方针。由此也可以看出，在整个政策执行过程中，"执行—反馈"的循环过程体现在院系调整政策活动中。

学院分别独立出去，成为单独的专门学院：安徽农学院和安徽师范学院，同时撤销了安徽大学①。类似的案例在福州大学也有体现。虽然这些个案并不具有广泛代表性，但是，即使在当时政府主导的强制性制度变迁过程中，作为政策执行者的地方政府和基层利益群体也还是存在寻求制度空间，适当因地制宜的做法的。在整个院系调整中，中央政策执行规则的适度变通和地方执行者的适度灵活在这一政策中也是有所体现的，而并不是像在很多研究中所展示的那样，在当时强制性的制度变迁大背景下，作为政策执行者的组织，以及个人是完全机械、被动的。这些地方基层执行者的行为策略也应该是理解当时情景的不能被忽视的重要因素之一。笔者认为，对于强制架构下的组织及其个体的行为策略应该引起我们足够的关注。

第四，政策执行的经费保障。

在对院系调整政策进行分析时，我们不能忽略了经济因素对于整个政策过程的影响。从新中国成立初的经济状况来看，新中国成立头三年的国家经济基础是不足以支撑在全国范围内进行这样大规模的院系调整政策活动的②。直到1952年夏秋之交，恢复国民经济任务"奇迹般地提前完成"，工农业总产值比新中国成立前最高水平的1936年增长了20%。收支平衡，经济恢复与物价稳定。在教育方面，"1950—1952年教育事业费支出占国家财政总支出5.49%。教育事业基建投资完成额占国家基建投资完成总额的5.7%。"③这些都标志着国家的财政经济情况已根本好转，经济恢复工作胜利

---

①　胡建华：《现代中国大学制度的原点：50年代初期的大学改革》，南京师范大学出版社2001年版，第100—104页。

②　这可以从当时的一些描述略知一二：1949年，全国工业总产值同历史上最高水平相比下降了一半，人均国民收入只有亚洲国家平均值的2/3。在1949年底的财政预算里文化、教育、卫生三大项加起来也只占总开支预算的4.1%（实际并未兑现）。在1950年春夏之间全国出现市场萧条和上百万人民的失业。这些都使得当时全国的重点在于考虑如何尽快恢复整个国民经济，同时推动对文化领域的教育改革显得不具备必要的经济基础。

③　中央教育科学研究所编：《中华人民共和国教育大事记1949—1982》，教育科学出版社1983年版，第71页。

完成。所以，正是由于存在这样一个经济大背景，我们也就能够理解为什么在 1950 年第一届高等教育会议上就通过的进行全国范围内的院系调整计划，却迟迟到 1952 年才全面展开。我想，这其中固然有政策执行者的思想抵制等因素的影响，但是，我们也不要忽视了基本的经济保障对于这项政策实施的意义。

尽管如此，我们也要明白，经济基础的基本好转也不足以为院系调整工作提供充足的经济保障，从当时教育部给政务院文化教育委员会和中央的请示报告中，我们可以看出，1952 年调整方案受到经费的制约也是很大的，尽管拟定了的院系调整预算① 在周恩来总理的"五千亿元如期拨付"亲笔批示下得到落实。但是我们也应看到，基于经费的限制，也为整个院系调整工作带来了不小的难度。"四千亿的数目是相当紧的，但用革命精神，因陋就简的办法，估计可以过得去。如房屋除了实验室、实习工场等需要标准较高外宿舍等可以建土房子。仪器除了极精致的科学仪器必须向国外购买外，大部分普通试验用的仪器以自己做，或在国内买。实习机器尽量向各产业部门用折旧的价钱，买破旧机器修理应用。"② 总的来说，在整个院系调整政策过程中，政策执行前的思想改造和制度构架，政策执行中的策略选择，以及政策执行的经济基础都成为影响整个政策顺利进行的重要影响因素。尽管我们在理解整个政策的实施时，可能更多地把它纳入一个具有政治意义的框架中去，但是，对于新中国成立初的这次院系调整政策活动，基于政策过程本身去考虑它的影响因素却是非常有必要的。

大卫·菲利普斯的教育政策借鉴理论对实施环节是做以下重点思考的：决策出台的下一步是如何在本国具体实施的？在政策行动者中，有哪些重

---

① 拟定预算五千亿元，其中一千亿为增招学生的经常费（以每个工学院学生每年七百二十万人民币计算），四千亿元作为增招学生的房屋建筑（包括学生及教职员宿舍、教室、实验室、实验工场）、设备费（包括仪器、家具书）及调整用费（包括搬家、安家等）。参见《中央教育部党组关于全国工学院调整发展方案的报告》,《建国初期全国高等学校院系调整文献选载（一九五一——一九五三）》,《党的文献》2002 年第 6 期，第 60 页。

② 《中央教育部党组关于全国工学院调整发展方案的报告》,《建国初期全国高等学校院系调整文献选载（一九五一——一九五三）》,《党的文献》2002 年第 6 期，第 60 页。

要的行动者？谁是主动推动者，谁是被动推动者，谁又是消极抗拒者（或者说反对者），他们发挥了怎样的作用？这些行动者在国家和地方层面（当然还包括在学校层面）又呈现何种样态？国家政策如何地区化调整，有何区域差异？政策在实施的过程中，如何克服不利因素的影响等问题。在上述的分析中，尽管笔者没有完全比照作答，但是基于对院系调整政策过程中的四种重要影响因素所进行的分析，其实基本上蕴涵着对上述问题的回答。

二、院系调整中的大学变革

可以说，在新中国成立初期的院系调整中，中国的大学经历了翻天覆地的深刻变革。这种变革在传统的话语中被表达为由"经历了院系调整，新中国的大学终于诞生了"。在新中国成立初期呈现为多种类型的大学，比如教会大学、具有延安传统的大学、倡导通才教育为目标的正规大学模式等在院系调整中总体上被重新调整，成为服务于新中国工农业建设的大学。

对于院系调整中大学的变革总体上可以做以下概括：

第一，院系调整后的中国大学，几乎全都发生了深刻的变化，受损与受益大学并存。浙江大学、南京大学（原国立中央大学）、厦门大学、武汉大学和中山大学并称为院系调整中的"五大母校"，几乎无一例外的伤筋动骨。工科基本被剥离（除浙大），文、法、商、管、医各科也大大受损，尤其是厦门大学，纯粹的有出无进。其他的民国时期的国立大学，如广西大学、南昌大学、河南大学、云南大学等也是一蹶不振，教会大学和私立大学成为历史的代名词。清华大学也由综合性大学变为多科性的工业高等学校，其中实力强大的文、理、法三个重要学院也被划并进了北京大学。

当然，院系调整也促成了一些学校实力大增，奠定了其在中国高等教育新的系统中的重要地位，比如北京大学作为院系调整中受益学校之一，调入的清华大学、燕京大学文理科可是属于全国一流水准，尤其清华大学的文理科，属于当时国内的顶尖水准，拥有冯友兰、陈寅恪、金岳霖、叶企孙、陈桢等泰斗级大师，从而使得北大的文理基础学科从此在全国遥遥领先，延续至今。复旦大学作为当时国内一所二流大学，因诸多原因，在院校调整中，包括暨南大学、同济大学、浙江大学、交通大学、南京大学、安徽大学、金陵大学等华东10余所高等院校的文、理科有关系科，连同苏步青、陈建功、谈家桢、卢鹤绂等顶级教授（大多来自原浙大）一并归入复旦，从而使其一跃成为全国顶尖大学。另外，中国人民大学、吉林大学、兰州大学等也都是此次院系调整的受益学校。

　　第二，从大学内部组织结构来看，院系调整基本上改变了"大学—院—系"三级组织机构特征，总体上将大学组织层次精简为"大学—系"两级。尽管我在前文中叙述安徽大学、福州大学反其道而行之，由原来的"大学—系"调整为"大学—院—系"三级模式，但最终这类学校在院系调整末期在达成了其高等教育规模扩大等目的后，又都重新回归两级组织结构。这种两级组织结构，十分方便以学校为单位进行系科专业的迁移、停办和增设。大学内部管理层次的减少以及管理幅度的增加，直接带来了以学校为主体，甚至更上位的教育行政力量介入学校内部管理。从院系调整过程中大学的内部专业设置来看，两级组织结构层次直接带来了系科专业按照国家的工农业需求进行着对应的调整。比如，新设钢铁、地质、航空、矿业、水利等专门学院和专业，大力发展独立建制的工科院校①。

　　第三，从大学变革动力来看，院系调整政策以及强大的政府行政力量当然是本次大学变革的主要外在推动力。但是，如果认为在这次院系调整中高等院校就完全是被动地接受外在行政力量的介入和安排，没有任何自组织的变革诉求以及利益考虑，地方政府完全听命于中央，这种理解就显得有失偏颇了。正如前文所述，在我们的教育政策借鉴理论的视野下，在考虑到政策执行中的行动者利益诉求的多样性及策略空间的客观存在，我们对于院系调整中大学变革的内在动力的思考就应该客观很多，鲜活很多。可以这样概括，在那次院校调整中，很多大学其实都是有内在变革诉求的，那种讨价还价，拖延推诿，灵活变通，趋利避害的变革思维和行为尽管不会像现今市场导向，权力下放后的

____

① 比如院系调整中北京八大学院的建立，它们是北京航空航天大学、中国地质大学、中国矿业大学、北京林业大学、北京科技大学、中国石油大学、北京大学医学部、中国农业大学等。

制度环境中所表现的那样淋漓尽致，但也不是毫无主体诉求的被动接受。甚至可以说，很多大学在随后的高等教育系统中的地位和处境与此有密切关系。

（三）新中国成立初期的中国高等教育结构特征变化

在对微观的大学变革基本特征概要分析的基础上，接下来笔者要试图表达的是对院校调整后中国高等教育系统特征的总体概括。这种概括延续大卫·菲利普斯的教育政策借鉴理论分析思路，即对这一重要政策实施后的结果的考量。这一环节在菲利普斯的话语中称为内化/本土化阶段。主要涉及以下问题：对原有教育体系的影响（impact on the existing system/modus operandi）；吸纳外来特征（the absorption of external features）；融汇（synthesis）以及评估（evaluation）。在笔者看来就是要回答如下问题：旨在模仿苏联高等教育模式的院系调整政策是否达到了预期的目标？从苏联移植的高等教育模式，是否能够被当时中国的教育传统所接纳，从而真正内化为一种产生效力的制度体系？同时，在这一内化过程中，移植来的制度体系与本国的既有教育传统产生着怎样的相互影响甚至冲突？最终会形成怎样的混合教育模式？对于上述问题的回答实际上已经涉及教育政策与既有制度基础、文化传统等深层次因素的复杂耦合关系。也契合着如何去回答在院系调整政策实施之后，中国的高等教育系统结构到底呈现出什么样的特征？

从新中国成立初期的教育来看，主要由两种不同传统汇合在一起。第一种传统是从民国时期继承的传统。这一传统是受现代西方启发的学说嫁接在古代儒学基础上的混合体①。主要表现为以倡导通才教育为目标的正规大学

---

① 自1905年取消科举考试，中国传统的儒家学术突然中断，随之根据西方现代思想创立的现代学校制度。在这一过程中发展起来的中国高等教育机构，主要通过美国的教会学校和从海外留学归来的中国知识分子为中介而得到发展。根据国联教育专家考察团1932年的一份调查报告来看，在这类学校内，科学和技术被忽视，而法律、政治和文学的学科过度膨胀。这种不直接与周围的生活相联系的抽象教育，在苏珊娜看来，其实就是"披着现代外衣重新出现的古代传统"。所以，民国时期继承来的传统本身就具有儒家传统和西方学说混合体的特质。

教育模式。第二种传统为共产党边区的遗产。这种传统主要倡导面向基层生活实际的，具有灵活教育方式的非正规教育模式。并且，这种模式还具有民办教育的特点并以"民办公助"的方式体现。从新中国成立初的两年左右的时间里，新中国的新民主主义政策基本上保护了这两种传统的存在。但是，随后"全面苏化"的院系调整政策所带来的，以强调专业化培养取向的、具有严密结构体系的苏联高等教育模式无疑与前两种传统是存在冲突的，甚至是不兼容的。所以，当院系调整政策的目标清楚地表达为清除前两种传统，全面移植苏联模式的时候，这一政策行为将要面临的明显对抗和潜在冲突可想而知。三种文化不可避免地产生了冲突。虽然政策主导者通过推行高等院校和学生的思想改造运动，建立保障这一政策得以顺利推行的制度基础等手段实现了院系调整的政策目标，强调专业化、结构严密的苏联高等教育制度被移植了进来。但是，问题是，这些在政府强制性制度变迁下建立起来的高等教育制度体系真的能彻底"化掉"以往的教育传统，继而消除社会中的离心行动力吗？

从实际情况来看，"沿着苏联路线建立起来的新制度在很多方面是1944年以来曾为共产党解放区的需要服务的延安模式的对立面。"[①]这些既往传统以及对现行政策的离心行动力并没有消失在苏联模式之中。随着院系调整工作的全面推进，逐渐建立起来的苏联模式体现出对基层民众接受高等教育的拒斥。"转眼之间，不再是条条道路通往高等院校了。"[②]曾经在1950—1951学年所有高等院校对工人、农民降低入学标准，以及1952年思想改造达到高潮时，10000名干部参加完6个月预备课程就可以进入大学的局面逐渐消失了。这种建立在一贯性和统一性目标基础上的对质量和适当衔接的重视带来的直接后果是基于延安传统的非正规高校形式被排斥在现有高等教育系统之外，"在大专院校一级，1954—1955学年的93785名新生当中，有80%

---

① ［美］J.R.麦克法夸尔、费正清编:《剑桥中华人民共和国中国史（1949—1965）》（第14卷），谢亮生等译，中国社会科学出版社1990年版，第216页。

② ［美］J.R.麦克法夸尔、费正清编:《剑桥中华人民共和国中国史（1949—1965）》（第14卷），谢亮生等译，中国社会科学出版社1990年版，第216页。

直接来自高中，只有 3700 人毕业于工农干部的速成学校。"①苏联模式对延安传统的压迫，"导致农村青年仍然被拒之于由旧知识分子阶层和新政治精英阶层的孩子所垄断的高等院校的大门之外。"②通过院系调整等政策建立起来的新秩序直接损害了缺少文化的广大基层群众的受教育权利，同时也没有赢得知识精英的拥戴③。

同时，这种教育新秩序，由于是建立在没有文化的群众基础之上④，所以，通过统一和标准化实现提高质量的目标，实行起来势必具有很大的困难。并且，这种对提高质量的强调不可避免地会影响到小学教育普及目标的实现，以及中学教育的受教育范围⑤。这一结果，对于把自己利益和工人阶级利益紧密联系在一起的中国共产党来说，是难以接受的。如何既能实现高等教育提高质量的目标，又能普及小学教育，扩大中学教育范围？现有的苏联模式好像不能解决这一问题，而在这之前被排斥在教育体制之外的延安传统似乎又有了存在的理由，并注定是一种不可或缺的补充形式。因此，我们可以看出，通过院系调整政策建立起来的高等教育制度存在着双重的困境。一方面，对急需大量专业建设人才的国家来说，苏联模式只有执行统一和标准化才能实现既有教育目标，保证教育质量。另一方面，现有的初等教育和中等教育的现状以及其代表的基层人民的基本教育权利又客观上制约了这种高等教育制度的生源基础。而且，重要的是，这两个方面都是共产党政府努力去实现的目标。矛盾如何调和呢？

---

① ［美］J.R. 麦克法夸尔、费正清编：《剑桥中华人民共和国中国史（1949—1965）》（第14卷），谢亮生等译，中国社会科学出版社 1990 年版，第 218 页。

② 转引自［加］许美德：《中国大学：1895—1995 一个文化冲突的世纪》，许洁英译，教育科学出版社 2000 年版，第 121—122 页。

③ 1957 年的"百花齐放，百家争鸣"中，广大知识分子集中爆发了对新中国成立以来强加于教育的模式的不满。他们对于机械地照搬苏联过窄的专业设置、高等教育中对社会科学的忽视和限制，以及把马克思列宁主义奉为教条加以盲目而不加以批判地吸收等事实进行了严厉的批评。

④ 按照高等教育部部长张奚若所说，1956 年总人口的 78% 仍是文盲，只有 52% 的学龄儿童上了小学。

⑤ 正规中学阶段学生生源对高等教育的供给不足，同时对小学生源缺乏足够吸纳的能力，是当时中等教育的现状。

　　所以，"在第一个五年计划结束时，教育制度把三种遗产调整并合并成一个和谐的整体的企图显然失败了。取而代之的高等教育制度是苏联和西方影响在精英层次上有争议的混合体。"①旨在借鉴苏联教育模式的院系调整政策，并没有将民国时期继承的传统和延安传统完全整合进强调专业技术特征、具有严密结构的正规高等教育体系之中。正因如此，笔者对于院系调整政策内化／本土化问题的思考，其实也是我们深刻理解 1950 年代后期教育"大跃进"，1960 年代的"文化大革命"，乃至改革开放以后教育制度重建的基础和前提。

---

　　① ［美］J.R. 麦克法夸尔、费正清编:《剑桥中华人民共和国中国史（1949—1965）》（第 14 卷），谢亮生等译，中国社会科学出版社 1990 年版，第 226 页。

第三章 "大跃进"中的组织变革与两条腿走路的中国高等教育

"1958年的教育革命是个整体，其核心尤在政治。"（杨秀峰语）这可能是许多人的共识。这次教育"大跃进"中，高等教育在"将以十五年左右的时间来普及高等教育，然后再以十五年左右的时间来从事提高的工作"①的伟大号召下，获得了突飞猛进的发展。1957年高等院校数为229所，到1960年发展到1289所。在校人数由1957年的44.1181万增至96.1623万人。在这样一种总体情况的粗线条描述下，高等教育"大跃进"仅仅被认为是贴着政治运动标签的副产品，而忽略了对其内在深层次原因的挖掘。

因此，本章试图依靠高等教育规模扩张的基本史料来揭示这一具有典型超常规变革特征的规模扩张活动，并在此基础上从承担增量任务的组织及其变革方式来透视这次高等教育跨越式规模扩张努力中组织变革与扩展模式的关系。试图回答"为什么会有这样的扩张模式？为什么会有这样的增量组织变革？"

一、1958年高等教育"大跃进"基本情况

对于处在剧烈变化中的高等教育系统来说，了解它的结构以及特点才能有助于我们更准确把握高等教育系统的内在特质。所以，对于1958年"大跃进"中的高等教育发展状况，我们应该从多种维度来把握，进而归纳出具体特点。

---

① 何东昌：《中华人民共和国重要教育文献（1949—1975）》，海南出版社1998年版，第393页。

从表 1 来看，1958 年前后的高等教育学生数呈现快速增长态势，至 1960 年到达峰值，1962 年呈回落趋势。具体来说，高等教育学生数从 1957 年的 520276 人剧增至 1960 年的 1758731 人，到 1962 年回落至 1240307 人。从普通高校和成人高校学生增长情况来看，成人高校学生从 1957 年不到 8 万人增至 1960 年的接近 80 万人。而普通高校学生也从 44 万人左右增至 1960 年的 96 万人左右。总的来说，无论是增长率，还是绝对增长数量成人高校学生数都明显高于普通高校，这是 1958 年高等教育"大跃进"的重要特点。

表 1　1957—1962 年中国高等教育学生数

（单位：人）

年　份	普通高校大学生数	成人高校（业大）学生数	合　计
1957	441181	75917	520276
1958	659627	150000	811262
1959	811947	300000	1114118
1960	961623	793473	1758731
1962	829699	404478	1240307

数据来源：《中国教育年鉴》编辑部编：《中国教育年鉴，1949—1981》，中国大百科全书出版社 1984 年版，第 963—966 页。

从普通高校系统内部来看，增量部分主要体现在四类学校，分别是工业院校、农业院校、医药院校和师范院校。从四类院校增长幅度来看，工业院校增幅 330% 左右，而综合大学、财经院校、政法院校及其他院校增幅较小。

表 2　1958 年前后分类别的高校数

（单位：所）

年　份	合　计	综合大学	工业院校	农业院校	医药院校	师范院校	财经院校	政法院校	其　他
1957	229	17	44	28	37	58	5	5	35
1958	791	27	251	96	134	171	12	5	95
1960	1289	37	472	180	204	227	25	9	135
1962	610	31	206	69	118	110	17	3	47

注：本表根据《中国教育年鉴 1949—1981 年》，中国大百科全书出版社 1984 年版，第 965 页部分数据编制而成。"其他"院校包含体育、艺术院校、语文院校、林业院校以及民族院校等。

如果仅仅从高校的数量来描述这次"大跃进"的话，并不能清晰地反映实际情况，学校的规模也是一个重要维度。从表3我们可以看出，在1957年，1000人以上的高校占高校总数的66%左右，2000人以上高校几乎占据高校总数的40%；而从1959年的情况来看，1000人以下的高校占据高校总数的75.9%，仅就300人以下的高校来看，就占高校总数的45.1%。由此可见，在"大跃进"的增量部分中，规模小于1000人的小型学校居多。而1000人以上的高校增幅不大。同时需要注意的是，居于2001—3000人规模的学校在1959年呈现明显地减少趋势，而3001—4000人以及5000人以上高校数也有较大幅度增长，是否可以推出，在这些较大规模的学校中，存在着扩大规模招生的情况。所以，从表3中我们可以看出，1958年的高等教育"大跃进"，是以建立新学校为主要增长方式，同时，现有学校的内部增容也是一种方式。

表3　1958年前后高校规模一览表

（单位：所）

年 份	学校数	300人以下	301—500	501—1000	1001—1500	1501—2000	2001—3000	3001—4000	4001—5000	5001以上
1957	229	29	10	40	32	27	50	18	11	12
1959	841	380	149	110	53	31	36	38	13	31
1962	407	43	53	80	41	44	62	34	18	30

注：本表根据《中国教育年鉴1949—1981年》，中国大百科全书出版社1984年版，第965页部分数据编制而成。

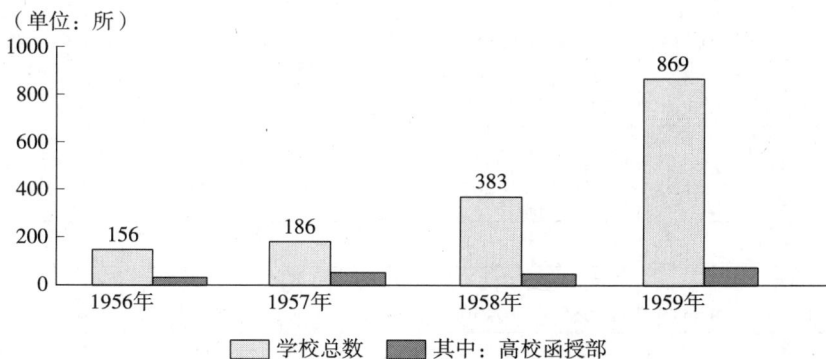

图1　1956—1959年成人高校数（所）

（单位：万人）

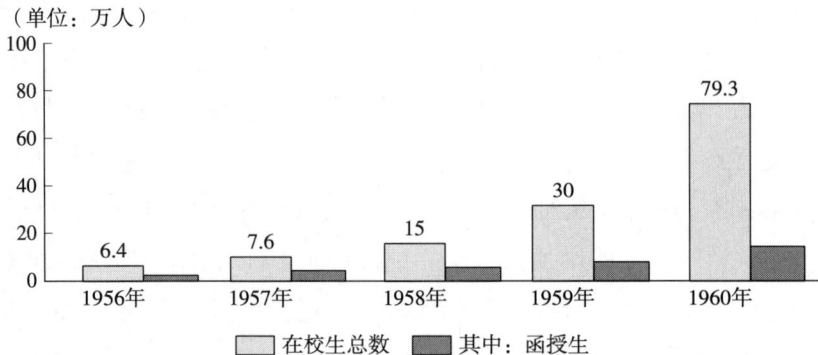

图 2：1956—1960 年成人高校在校生人数（万人）

注：上述两图表均引自何红玲《大跃进时期成人高等教育及其教训》,《河南社会科学》2004 年第 1
期，第 147 页。

那么，新增学校主要以何种形式为主呢？从图 1、图 2 所显示的成人高
校数量增长幅度以及成人高校在校生数来看，以"半工半读学校"和"业余
红专大学"等非正规教育组织成为 1958 年"大跃进"中的"主角"。

表 4　1958 年前后各省（市、自治区）高等学校数和学生数

	1951	1952	1953	1954	1957	1958	1960	1962	1963
总计	206 153402	201 191147	181 212181	188 252978	229 441181	791 659627	1289 961632	610 829699	407 750118
北京	21 19855	25 30620	26 37287	25 46702	31 79650	46 95206	88 127567	52 125395	50 119284
河北	10 8365	11 10114	9 11384	9 13858	10 22157	31 39229	66 59328	39 52943	24 47728
山西	3 1404	3 2060	4 2234	4 3053	4 7315	26 16107	47 18464	11 15158	9 14982
内蒙古	—	3 616	2 772	2 820	4 2392	18 5079	32 12342	12 11255	7 10179
辽宁	15 13442	17 16319	13 17685	14 20430	14 25929	53 44919	92 62137	44 50346	25 42867
吉林	8 6739	7 8982	5 8389	4 9349	7 18248	34 27150	57 37202	29 34988	17 32054

续表

	1951	1952	1953	1954	1957	1958	1960	1962	1963
黑龙江	10 7081	9 9278	7 9739	7 10873	7 17849	38 28354	66 35772	31 35594	18 32704
上海	27 23010	17 21270	15 23283	16 27292	18 38704	21 45455	43 63533	34 59020	22 53550
江苏	12 8893	17 11268	16 15967	16 18479	15 29273	65 43072	75 68145	36 52283	27 46193
浙江	5 3805	5 4532	5 5847	5 7260	8 12326	26 18762	52 29013	15 21260	11 19025
安徽	3 1612	3 2546	4 2869	4 3308	5 8632	29 16236	44 23048	21 24941	12 21735
福建	5 3843	5 4704	4 3852	4 4490	4 7523	17 14142	46 22434	17 19130	10 17459
江西	6 2544	4 3057	4 1808	4 2081	4 4266	32 10214	45 20970	22 16947	12 14310
山东	7 5676	7 6842	6 7101	6 8280	7 12615	34 19826	49 34691	26 26034	15 23807
河南	5 2169	4 2155	4 3141	5 4346	7 9584	41 18816	67 30313	25 21587	12 17851
湖北	11 6845	10 8921	11 14302	12 17188	18 29279	50 42659	70 52738	31 42796	21 39435
湖南	3 3370	4 6079	5 6456	5 7861	6 13557	26 21566	53 34112	28 28718	12 25186
广东	12 7395	11 9903	7 8897	5 9550	7 14587	41 26404	52 44524	35 36573	19 32509
广西	3 2235	4 2358	3 1385	3 1637	3 3910	27 11090	40 18330	10 12799	9 10365
海南	—	—	—	—	—	—	—	—	—
四川	25 15056	19 14884	14 15054	17 17166	21 35460	51 49023	65 69850	31 59802	29 54967
贵州	3 1006	3 3268	3 1545	3 2032	3 3480	16 5695	27 12302	5 11026	5 9110
云南	2 2352	2 1374	2 3199	3 3758	4 6993	7 10168	18 13693	6 13500	6 10808

续表

	1951	1952	1953	1954	1957	1958	1960	1962	1963
陕西	5 4212	6 6273	7 6705	9 8004	12 25006	23 32265	33 41987	26 42755	20 33104
甘肃	4 1617	4 2852	3 3092	4 3808	4 7268	20 11276	41 17208	9 13724	6 12601
青海	—	—	—	—	1 178	7 2915	7 4523	4 1236	1 782
宁夏	—	—	—	—	—	3 329	3 1165	1 1174	1 1084
新疆	1 476	1 872	2 1092	2 1353	5 4460	9 3670	11 6232	10 6398	7 6439

注：本表根据《中国教育年鉴 1949—1981 年》，中国大百科全书出版社 1984 年版，第 975—976、977 页部分数据编制而成。

从表 4 来看，1957 年的高校分布，明显具有大区内分布不平衡的特点。华北地区的北京、东北地区的辽宁，华东地区的上海和江苏，中南地区的湖北、西南地区的四川、西北地区的陕西省都居于本大区的高等教育中心位置。院系调整政策的影响痕迹十分明显。而在 1958 年和 1960 年的各地高校分布情况来看，大区内各省高校数已不具有明显的差异。甚至在华东地区，上海的中心地位已被江苏取代。另外如安徽、福建、浙江、江西和山东等省在学校数量均超过上海。与此类似的还有西北地区的甘肃省与陕西省在高校数量上的变化。同时，我们从经过三年（1961—1963 年）调整后的高校数量变化情况可以看出，调整后的各大区又基本回归大区内高等教育的非均衡特点。不过，东北、华东、中南地区的非均衡特征不太明显。而需要注意的是，此三区正是 1952 年全国院系调整的重点。由此可见，经过 1958 年"大跃进"后，这三个地区缩小了区域内的不均衡。

如果我们从同期各省的学生人数来看，与上述的高校学校数发展并不存在一致性。首先，从全国的总体情况来看，即使在 1963 年高校数量降至最低值 407 所时，全国高校人数仍然比 1957 年净增 30000 余人。从 1958 年，特别是 1960 年各地情况来看，与高校数量增长迅速有所不同的是，各大区高校学生数并没有呈现急速的增长。比如，在华东地区，即使 1960 年安徽、福建、浙江、江西和山东等省的高校数量已经超过上海，但是在学生人数上，仍然与上海呈现很大的差距。西北地区的陕西、甘肃等省份也存在相似情况。这同样印证了前面分析得出的结论：许多省份的高等教育变革，是以小规模学校数量激增的方式来推进的。

总的来说，1958年高等教育"大跃进"呈现以下几个显著特征：第一，普通高校和成人高等学校都呈现快速增长。其中，无论是增长率，还是绝对增长数量，成人高校学生数都明显高于普通高校，这是1958年高等教育"大跃进"的重要特点。第二，从成人高校跃进形式来看，主要以新增学校，特别是非正规的半公半读学校和业余红专学校等成人学校来实现，但是学校一般规模均较小。从普通高等学校来看，增长的主体是工业、农业、医药和师范院校等国家与地方经济发展急需的单科学校，增长形式也以新建小规模学校为主。第三，在本次大跃进中，各省高等教育的总体规模均有一定程度的扩大。其中，省属大学的新建或合并组建带动了各省高等教育的地方化发展。

二、高等教育"大跃进"中的组织变革

正如上文分析，在新中国成立初期的这次高等教育大众化努力中，数量的扩张基本上是通过新建学校的方式来实现的。这种新建学校大致包括两种类型：一类是半工半读学校和业余红专学校；另外一类是单科学校或者在单科类学校基础上新建或合并组建的省属大学。换句话说，1958年的高等教育规模扩张以及试图实现的高等教育"普及"目标主要是通过两类组织的变革来实现的。下面，我们就围绕着"两类组织的基本情况，为什么会以这两类组织的扩张来实现高等教育变革的目标？以及两类组织变革所反映出的制度特征等问题来展开讨论，以期从组织变革的角度实现对本次高等教育跨越式规模扩张努力更深层次的理解。

（一）"大跃进"时期两类新型高等教育组织

1."半工半读学校"与"业余红专大学"

"半工半读学校"与"业余红专大学"都属于群众办学的形式，具体来

说，半工半读学校属于中专性质的共产主义劳动大学，成人业余红专大学包括干部红专学校，是由乡以上机关主办的干部业余教育；工厂、农业社红专学校（含职工大学、农业大学）是由厂、社自办的工农业余教育。① 上述类型虽有不同，但是，在本质上同属多种形式的群众办学。这种非正规办学形式，并非私人办学，而是由农业社、厂矿、机关、群众团体、街道等单位筹资办学，不由国家教育经费开支，不由各级教育行政部门主办。它的特点是走形式自由的"群众路线"，而拒绝正规化的"专家路线。"

因此，就教学形式来看，业余性质、部分时间（以夜校为主）制成为主导形式。据当时《红旗》杂志对"全国合作社创办业余大学的开路先锋"——河南孟津县平乐乡翟泉农业大学的介绍，该学校学习特点是教育和生产密切结合，在课堂上，学习书本知识，掌握理论，到田间以作物为教材，进行实地操作试验。大部分学校的系科设置实际上都是工作部门，学习只是业余时间。师资基本上是"就地取材，能者为师"，一般有县乡社干部、回乡中小学毕业生、下放干部担任。

由于全国整体政治环境的影响，这类学校很快被纳入了政治办学的轨道之中。所以，这类学校的主要管理者和领导者的身份背景，具有典型的当地党政领导挂帅的特征。比如，在孟津县综合红专大学，县委书记任校长、副校长由县长、副书记、各部门的一把手兼任。翟泉农业社综合红专大学的校务领导也由社党支部实行"四统一、三结合、三不误"的方法管理。② 在学制安排上，长短不等。周期较长的为 3 年，短的则有 1 个月甚至10 天的。

总之，从学校性质、培养目标、办学形式、教学组织形式、学校组织结构、领导身份、学制安排等方面来看，"半工半读学校"和"业余红专大学"尽管体现了教育与生产结合办学的思路和原则，但是从这类学校在 1958 年前后的整体发展情况来看，教育与生产劳动密切结合的办学宗旨很快演化为

---

① 周全华：《1958 年教育大跃进中的几个个案》，《党史研究与教学》2005 年第 1 期，第 84—86 页。

② 周全华：《1958 年教育大跃进中的几个个案》，《党史研究与教学》2005 年第 1 期，第 84—86 页。

一种政治办学、群众运动的方式进行。"破正规化"、"速度大跃进"、甚至"浮夸"几乎成为这类学校的典型办学特点。以社代校，党政领导挂帅，数量多，规模小是其主要组织特征。

2. 省属大学

在1958年前后，许多省份纷纷依靠地方行政的力量建设新的省属大学。这些新的省属大学既有体现地方特色的单科院校，也有试图整合基础科学和应用科学的新型大学，以及综合大学。其中，完全新建的有一部分，在原有单科学院（校）的基础上合并而来的也占有一定比例。具体的例子有：在1956—1960年期间，几乎每个省和自治区都建立了一所中医学院；在北京、上海等地建立了新的科技大学；尤其引人注目的是一批省属综合大学的纷纷建立：比如1953年撤销，而在1958年被重新建立起来的安徽大学、福州大学；以中南财经学院和中南政法学院为基础的湖北大学；以东北财经学院为基础，并合并辽宁师范学院和一所俄语专科学校而建立起来的辽宁大学；以一所前俄语学院为基础建立的黑龙江大学；从全国范围来看，这种普遍建立起来的省属大学明显体现出专业范围广泛、且综合化程度较高的特点。在地方上，逐步取代了完全受控于中央的专门院校。这些省属院校还开发出更为地方化的课程内容。地方政府也积极鼓励这些学校建立小型的校办工厂，并介入当地的生产建设。这种在地方政府领导下的省属大学，逐步找到了与地方生产、建设相互促进的结合方式。在这些大学中，地方参与蔚然成风，很大程度上是来自地方政府的主动努力。因为，建立自主控制的高等教育体系能够为本省的人力资源供给、知识生产等带来便利，而这些都是地方政府所需要的。

总之，在"大跃进"时期依靠地方行政权力，全新创建或者通过对单科学院的合并改造而成的省属大学，尽管不乏盲目迎合政治需求，跟风创建的产物，但其中还是生成了一批有别于苏式单科学校的新的高等学校组织，体现出"大跃进"时期中国高等教育变革的新气象。

（二）新型高等教育组织生成及发展之原因

第一，1958年的高等教育变革政策促成了这两类高等教育组织的生成与发展。

笔者认为推动 1958 年高等教育"大跃进"中两类组织生成与扩张的直接力量来源是以 1958 年《中共中央、国务院关于教育工作的指示》为核心的一个政策体系。在这个政策体系中还包括 1958 年 4 月 2 日《中共中央关于高等学校和中等技术学校下放问题的意见》，1958 年 7 月 28 日《教育部关于交接下放高等学校的通知》，1958 年 8 月 4 日《中共中央、国务院关于教育事业管理权力下放问题的规定》三份政策文件。

从 1958 年 9 月 19 日颁布的《中共中央、国务院关于教育工作的指示》（下文简称《指示》）中所表达的政策意图来看，这次高等教育变革的目的在于批评目前教育中存在着的教育工作忽视中国共产党的领导，教育与生产劳动脱节的严重问题，扭转"为了教育而教育"、"劳心与劳力分离"以及"教育只能由专家领导"的资产阶级思想，并对未来教育发展的方向给予明确的表达：

党的教育方针，是教育为无产阶级的政治服务，教育与生产劳动相结合……党的教育工作方针同资产阶级教育工作方针之间的斗争，按其性质来说，是社会主义道路和资本主义道路两条道路之间的斗争。①

在加强政治控制的同时，《指示》对于同样重要的教育如何与生产劳动相结合问题做了说明，并对承载教育与生产劳动相结合的学校形式进行了规定。

在一切学校中，必须把生产劳动列为正式课程……今后的方向，是学校办工厂和农场，工厂和农业合作社办学校。学校办工厂和农场，可以自己办，也可以协助工厂和农业合作社办……学校办工厂和农场，要尽可能注意同教学结合。学校也要协助工厂和农业合作社开办学校……在缺乏劳动的学校里强调劳动，在缺乏基础课程的学校里强调基础课程，使两种学校都向自己所缺乏的方面发展，逐步向理论与实际的更完善的结合前进。

全国将有三类主要的学校：第一类是全日制学校，第二类是半工半读的

---

① 何东昌：《中共中央、国务院关于教育工作的指示》，《中华人民共和国重要教育文献 1949—1975》，海南出版社 1998 年版，第 858 页。

学校，第三类是各种形式的业余学校。①

从文本内容来看，对于在现存教育制度中缺乏的半工半读学校和各种形式的业余学校进行大力的政策倡导，是一个明显的政策意图。同时，我们也能够看到在对正规全日制学校的改造方面，走与社会生产实践相结合也是基本方向。

总之，《指示》比较集中地体现了中央政府在如何发展教育事业中两个非常重要的思想，并直接促成了半工半读学校和业余红专大学的产生。第一，对办学形式多样性的倡导。为了实现教育为培养有社会主义觉悟的有文化的劳动者的统一目标，可以采用包括国家办学与集体办学并举；普通教育与职业教育并举；成人教育与儿童教育并举；全日制学校、半工半读学校和业余学校并举；免费学校和不免费学校并举的多种办学形式。这种多样化办学的思想，其实就是中国共产党一直以来在探索的"两种教育制度"的构想。第二，对于教育如何实现普及和提高的目标进行了大胆的设计。政府在解决普及目标时，试图借助群众自己办教育的方式来达到花钱少见效快的目的。具体来说，在群众中普及教育和提高工农业技术水平的任务主要交给了半工半读学校和业余学校。这是因为这些学校可以不要政府的财政支持，也不需要专业人员，依靠"能者为师"的原则就可以解决师资问题。而承担提高任务的学校，主要指正规教育系统。这部分学校必须有完备的课程，注意提高自己的教学工作和科学研究工作的质量。同时这些学校还要在不损害原有水平的情况下，努力帮助建设新校的工作。总的来说，今后的教育系统不仅应有普及基础上的提高，而且还要有提高指导下的普及，是"两条腿走路，不是一条腿走路"。

总之，1958年9月19日颁布的《指示》是分析1958年教育"大跃进"的最为重要的政策文件。这份文件所表达的政策意图在于重构新中国的教育制度。"两种制度"以及"两条腿走路"的教育发展模式既可以看作中国对于新的教育发展路径的主动探索，标志着新中国在教育方面经过了模仿别国

① 何东昌：《中共中央、国务院关于教育工作的指示》，《中华人民共和国重要教育文献1949—1975》，海南出版社1998年版，第858—859页。

模式后，真正走自己道路的开始。而半工半读学校和业余红专大学正是这种探索的直接体现。换句话说，这种体现教育与生产相结合的教育组织形式，正好契合了当时政府的变革需求，它的生成与发展也负载着新的教育政策意图。至于省属大学的纷纷建立，在政策上也有直接的体现。"没有设立综合大学的省和自治区，可以新办或者以现有的专业学校为基础办一所综合大学。①"

总之，如果将当时政策所构想的三种高等教育组织形式结合起来看的话，我们可以将其理解为中国经历了院系调整以后，对苏联模式在中国所造成的不适应所开出的一副"药方"，表现为中国共产党对于苏联模式、延安模式、民国时期遗产在 50 年代中后期冲突进行的一种调和。不管怎样，1958 年的指示以及随后产生的一系列政策"正好代表了党在那个时期所主张的东西，即，一种在可以预见的将来既普及教育，同时又尽力保持现有体系优点的企图。"② 或者说，在中国共产党所设计的制度体系里，一种理想的"兼容"模式的特点表现无疑：既设法采取现代手段也不放弃采用传统的或者土生土长的延安经验；既致力于一体性、质量、计划的原则，又试图发挥灵活性、数量、地方自主的作用。其目的无非是想获得更多、更快、更好的成果。所以，建立在对 50 年代中前期教育反思基础上的教育制度的重新建构是这份指示的核心目的及其思想。而这种教育制度的重新构建直接体现在对于体现当时改革意图的高等教育组织的推动。

第二，主客观原因导致地方政府积极推动高等教育组织变革。

从 1952 年院系调整的政策目标来看，是想建立一种节约、经济的高等教育模式。具体来说，以大的行政区来统合区域内的高等教育资源，集中使用有限的教育资源。但是这种政策带来的后果之一是，区域内高等教育的严重不均衡。我们从表 4 可以清楚地看到，在 1953—1957 年的中国，这种状况非常明显：具有等级特征的高等教育体制，通过专业的过细分割和高层中

---

　　① 何东昌：《中共中央关于高等学校和中等技术学校下放问题的意见》，《中华人民共和国重要教育文献 1949—1975》，海南出版社 1998 年版，第 812 页。

　　② ［美］J.R. 麦克法夸尔、费正清编：《剑桥中华人民共和国中国史（1949—1965）》（第 14 卷），谢亮生等译，中国社会科学出版社 1990 年版，第 216 页。

心的严格控制，很好地完成了培养政治精英的目标。但是，这种具有严格等级制和专制制度倾向的高等教育制度权力控制，导致了"这一体制离中国文化传统的这一极越来越远，并进而激起了另一极的强烈反对。"①

这种反对集中地体现在基层。"1958年省属大学现象"正是政策诱因与地方需求相结合的典型体现。其实，来自地方要求发展高等教育的呼声，早在院系调整时期就存在，只不过由于当时共产党引进苏联模式的决心以及政策执行的政治化进程，所以，这种要求被暂时压制下去了。但是随着移植而来的高等教育模式和原有制度体系发生了越来越多的冲突，而表现出水土不服时②，来自地方对于这种制度的不满自然与日俱增。虽然1954年大区行政机构被撤销，但是原大区行政委员会管理的高等学校，大多收归中央高等教育部和中央有关业务部管理，地方的高等教育力量并没有得到加强，真正省级政府直接管理的高等学校依然很少。

因此，地方政府对于高等教育管理权的需求其实一直存在，只不过在50年代后期它契合了国家所倡导的教育与生产劳动相结合的整体变革意图，从而成为中央政府推动新型高等教育组织建构的基层直接推动力量。从《中共中央、国务院关于教育工作的指示》、《中共中央关于高等学校和中等技术学校下放问题的意见》、《教育部关于交接下放高等学校的通知》以及《中共中央、国务院关于教育事业管理权力下放问题的规定》等几份政策文件中我们可以较为清楚地了解地方政府在高等学校管理权下放中被赋予的权限，而这成为新型教育组织生成和扩张的根本推动源。

比如在《指示》中，调动地方政府的积极性成为一个非常明显的政策意图。该政策文本不仅对已有文件精神进行了强调，而且还明确发出了建立各地区完整教育体系的倡议。

各大协作区应该根据自己的实际情况和需要，建立起一个完整的教育体

---

① ［加］许美德：《中国大学：1895—1995 一个文化冲突的世纪》，许杰英译，教育科学出版社 2000 年版，第 126 页。
② 比如，由于苏联模式要求的统一性、一贯制以及强调衔接等特点，招致这种体制缺乏中等教育和基础教育的有力支持。中等教育规模的有限以及基础教育面临重大挑战的扫盲任务，极大制约了苏联模式在中国的发展。

系。各省、市、自治区也应该逐渐建立起这种比较完整的教育体系。然后，各个专区、各个县也应该这样做。

在全面下放教育事业管理权的同时，《指示》还要求逐级（包括省、区、县）建立完整的教育体系。这一指示具有重要的政策意义，它可以看作是对院系调整时期大区教育管理体制的一种"否定"。地方政府在"建立完整的教育体系"的名义下，进行"小而全"的建校高潮有了政策的依据。

另外，在其他三份先于《指示》颁布的文件中，我们也可以清楚地看到，教育事业管理权力下放问题其实已做出了细致且周密的政策阐释和规定。

为了充分地发挥各省、市、自治区举办教育事业的主动性和积极性……今后对教育事业的领导，必须改变过去条条为主的管理体制，根据中央集权和地方分权相结合的原则，加强地方对教育事业的领导管理。①

地方性较大的学校（例如农学院、医学院、师范学院等）可以比统一性较大的学校（例如综合大学、工业学院等）更多地下放。

没有设立综合大学的省和自治区，可以新办或者以现有的专业学校为基础办一所综合大学。②

各地区的招生计划，由各省、市、自治区和协作区初步汇总和平衡；然后由中央进行全国范围的汇总和必要的平衡。

所有学校的政治思想工作及各种社会活动，都归地方党委领导。所有学校教职工工资的调整评议工作，都由地方统一领导和审批。

各地方根据因地制宜、因校制宜的原则，对教育部和中央各主管部门颁发的各级各类学校的指导性教学计划、教学大纲和通用的教材、教科书，领导学校进行修订补充，也可以自编教材和教科书。并供给学校必需的参考资料和组织各校的生产实习工作。

地方学校的干部和教师，全部划归地方管理。中央各部学校的干部和

① 何东昌：《中共中央、国务院关于教育事业管理权力下放问题的规定》，《中华人民共和国重要教育文献 1949—1975》，海南出版社 1998 年版，第 850 页。

② 何东昌：《中共中央关于高等学校和中等技术学校下放问题的意见》，《中华人民共和国重要教育文献 1949—1975》，海南出版社 1998 年版，第 812 页。

教师，地方如有需要，经得主管部门的同意，也可以调用。协作区内各省、市、自治区间干部、教师的调剂，由协作区协商解决，必要时可以商定相互支援培养师资的计划。

关于高等和中等专业学校毕业生的分配，国家经济委员会和中央各部只统筹中央学校的毕业生和归中央抽成分配的毕业生，其余由各省、市、自治区自行分配，必要时，协作区可在本协作区内进行适当调剂。

过去国务院或教育部颁布的全国通用的教育规章、制度，地方可以结合当前工作发展的情况，因地制宜、因事制宜地决定存、废、修订，或者另行制定适合于地方情况的制度（包括各项定额标准和执行办法）。①

从上述政策条款可以看出，对于高等教育领导权进行的全方位下放，内容涉及新建学校的审批权、招生计划的自主权、高等学校教师的管理权（财权、人事权）地方高等教育发展规则的制定权，中央教学大纲、教材、教科书的修改权，自编教材的制定权，地方高校毕业生分配权，等等。这些政策文件对于顺应地方政府发展高等教育的需求，解除地方政府发展高等教育的束缚，扩大地方政府自主权起到了实质性作用。在表1、表2、表3、表4中反映出来的"大跃进"中高等教育的特点，我们可以从这些政策文本中找到政策诱因。

伴随着原中央领导的229所高等学校中的187所下放归地方领导，一种全新的中央和地方教育事业管理格局在上述三项文件的规范下基本形成了。

总之，在高等教育"大跃进"中，地方发展高等教育事业，试图建立高等教育中心并非完全出于对国家政策的被动响应，也不能完全将这一时期地方政府发展高等教育的行为理解为单向度的政治诉求。新中国成立以来以国家为主导的强制性制度变迁所带来的地方教育管理权的过渡弱化以及许美德教授所说的"传统文化模式中存在着的促进地域上的平等参与和广泛包容的因素"被过分压制所产生的反弹力量应该是我们在考虑这次高等教育"大跃进"中不可忽视的因素。而上述两种高等教育组织的生成和蓬勃发展，其实

---

① 何东昌：《中共中央、国务院关于教育事业管理权力下放问题的规定》，《中华人民共和国重要教育文献1949—1975》，海南出版社1998年版，第850—851页。

正是延安传统文化模式在正规和非正规教育体制内的重新组合。

第三，强烈的受教育需求。

在 1958 年的高等教育大跃进中，半工半农学校、业余红专大学为什么会以一种近乎狂热的方式发展？强烈的受教育需求是前提条件。有关研究表明，在当时大众躁动运动的背后，其中依然存在比较理性的追求，这种追求往往来自人民对于改变了的社会流动渠道、机会和社会精英阶层的更替等社会流动模式的认识与把握。

升学，特别是能够上大学，所带来较为丰厚的回报是主要动因。在 50 年代，由于中国社会政权的更替、大批右派被打倒、体制改革带来的政府机关大规模扩张，社会经济迅速发展对大批人才的需要等多方面原因，干部队伍需要大力扩充，中国社会出现了空前的向上流动的机会。根据李若建的研究，当时向上流动的主要条件可以用"家庭出身 + 本人政治表现 + 领导赏识"来表达[1]。家庭出身是不可以改变的，领导赏识是个人权术问题，而本人的政治表现则是个人的能力问题。在当年的环境中，"又红又专"是最佳的政治表现，要做到"红"并不需要太多的技术训练，模仿领导就可以了。而要做到"专"则就必须经过专业训练，而最好的途径就是依靠教育来实现了。即使不能做到"红专"而走"白专"道路，只要在政治上不被列入反动之列，具有中专以上文凭，其收入也较工人、农民丰厚。所以，基于人民对当时这样一条向上流动模式的认识，上大学（中专也是当时非常受欢迎的教育形式）自然就具有巨大的需求。从当时情况来看，即使那些在红专大学或者革命大学读过一段时间书的学生，这段经历对他们的发展也有很大帮助。比如，"四川省蓬溪县的'农业革命大学'停办后 400 名学生的去向为：到县以上党政部门工作的占 35%，参军提干占 4%，本县的县以下基层干部占 41%，从事工商业占 12%，回乡务农只占 4%。"[2] 由此可见，基于对当时社会流动模式中教育重要作用的认识，广大群众渴望接受教育也就不难理解了。

---

[1] 李若建:《社会流动模式的改变与大跃进》,《中山大学学报》2002 年第 5 期, 第 142 页。

[2] 转引自李若建:《社会流动模式改变对大跃进时期教育的影响》,《中山大学学报（社会科学版）》2004 年第 2 期, 第 84 页。

这种表现在经济较为落后的地区往往表现地更加突出。从 1957—1960 年全国大学生的增长幅度来看，8 个地区超过 200%，依次是青海、江西、广西、内蒙古、宁夏、贵州、河南和广东。同期，有 7 个地区中专在校学生增长超过 300%，依次是湖南，安徽、内蒙古、宁夏、甘肃和新疆。① 由此，我们可以看出，越是社会经济发展较为落后的地区，其对教育的渴望就越为强烈。

当然，广大人民群众强烈的受教育需求也是与 1958 年之前中国社会为广大群众提供的过少的教育机会有密切关联的。总的来说，1958 年之前群众接受高等教育机会是稀少的，这种状况大大阻碍了人们为数不多的向上流动的通道。从刘少奇同志在 1957 年在许昌讲话纪要中，我们可以了解当时各级教育的升学情况。"升学问题是大家最关心的，特别是快要毕业的同学。今年升学人数要压缩，这是事实。今年全国小学毕业生有 500 万，进初中的只有 100 万，5 个人中有 4 个不能升学。初中毕业生 110 万，不能升学的有 83 万。高中毕业生 18 万，有 8 万不能升学。"② 过低的升学率严重地引起了社会的动荡。根据李若建记载，1957 年 5—6 月，内蒙古自治区平泉地区丰镇中学学生因升学、就业问题而集会、罢课、游行，要求扩大招生比例。萨拉奇县等地学生派代表到丰镇声援，形成所谓的"丰萨事件"。另外，H 省汉阳县学生因升学问题引发骚乱，此事后来被定为反革命事件，三名教师被处死。1957 年 7 月云南罗平县初中毕业生也因类似原因而闹事。关于学生不能升学而产生的闹事和骚乱此起彼伏。河北饶阳县学生的一段顺口溜可以代表当时学生对于不能升学的愤怒和对于前途的迷惘。"饶阳初中生，白搭 9 年功，高中没考上，师范不招生，出路只一条，回家把地种，宏愿何处诉，愤恨怎能平。"③

成人高等教育招考条件的变化，也是引导众多群众大肆涌入非正规高等

---

① 《中国教育年鉴》编辑部:《中国教育年鉴，1949—1981》，中国大百科全书出版社 1984 年版，第 977—1015 页。

② 许尧坤:《刘少奇许昌讲话纪实》，《党的文献》1999 年第 3 期，第 90 页。

③ ［美］弗里曼等:《中国乡村，社会主义国家》，陶鹤山译，社会科学文献出版社 2002 年版。

教育的一个重要原因。其实，在"大跃进"之前，我国成人高等教育已经建立起了比较规范的考试招生制度。比如《高教部关于 1957 年业余高等学校招生工作的通知》，其中对于报考条件，考试科目与程序、录取标准等方面的要求，是有利于保证成人高校学生基础水平的基本一致性的。但是，1958年的招生政策明确提出，"对于工、农成分的考生以能跟班学习为原则，采取较低标准，优先录取"。[①]"1958 年的这一招生政策，在解决成人高等教育'合格生源不足'与'大跃进'目标之间的矛盾时，主要采取了以政治为主要标准降低生源文化基础要求和各校自主招生两大策略。"[②]这对于以半工半读学校和业余红专大学为代表的成人高等教育组织来说，无疑是获得规模扩展的先决条件。

综上，从社会流动模式、学校升学率的压力以及成人高等教育招考条件的变化三个方面，我们应该能够理解 1958 年教育"大跃进"中，非正规高等学校获得发展的民众动因。

第四，两类高校组织变革领导者的直接推动力。

我们分析了群众个人基于对社会向上流动的认识而产生的受教育需求，那么，地方教育"大跃进"的直接推动者为什么会具有如此的热情呢？研究认为，非制度的精英更替是重要影响因素。

新中国成立初期社会流动渠道改变了人的价值体系，也改变了人的行为，以政治正确为导向的社会流动渠道，对"大跃进"，乃至后来的"文化大革命"中非理性的行为，至少是起到推波助澜的作用。

表 5   新中国成立初干部人数统计表

	1949 年	1952 年	1955 年	1958 年
干部人数	72 万	331 万	527 万	729 万

注：本表根据詹姆斯·R.汤森：《中国政治》，江苏人民出版社 1994 年版有关所列数据编制而成。

---

① 国家教育委员会成人教育司：《中国高等函授教育大事记·文献·资料（1949—1989）》，中国人民大学出版社 1994 年版。

② 何红玲：《大跃进时期的成人高等教育及其教训》，《河南社会科学》2004 年第 1 期，第 147 页。

从新中国成立初期来看，主要是通过扩大干部队伍和党员队伍的数量来实现精英队伍扩张的。而精英队伍的扩张，特别是干部队伍的扩大主要是通过非制度的精英更替来实现的。所谓非制度的精英更替，主要指在干部的任免上缺乏正规的制度化标准，而仅仅依靠的是一种潜在的游戏规则，即精英的更替主要是以政治上的正确，以紧跟上级的程度来决定的。① 这导致一些官员对下级具有生杀大权。人事制度形同虚设，下级的命运取决于上级领导的好恶。这种非制度化的任免规则使得许多政治投机分子希望通过运动表现自己政治上的正确与坚决，或者通过运动打倒一些人，从而达到向上流动的目的。

从关于"大跃进"时期有关史料的阅读，发现很多"大跃进"时期遭受损失比较惨重的地方，几乎都与下放的干部② 有直接的关系。下放干部高位低就的现实造成这批人有急于通过运动建功立业再次回归原位的心理需求。所以在1958年"大跃进"中，这一群体急于向上流动的心理需求为"大跃进"起到了推波助澜的作用。

从教育系统的管理者、教师构成来看，在1957年也发生了变化。随着大量右派教师被清扫出教师队伍，学校教师严重不足。同时，国家有感于学校缺乏意识形态的控制，所以，有意识下派大量党政机关干部进入大中学校，科研以及文教单位③。由于职业习惯，党政干部担任学校领导职务以

---

①　李若建：《社会流动模式的改变与大跃进》，《中山大学学报》2002年第5期，第143页。

②　1957年除了右派以外，全国还下放了一大批干部。黑龙江省精简下放14万人，安徽省下放5.9万人，湖南省共下放干部10万人，根据不完全统计，1957年下放干部规模至少在100万人以上。

③　1957年，中共中央决定从中央一级党政机关中抽调1000名高中级党员干部（其中司局长以上干部200名，处科级干部800名）加强文教战线，派到高校担任校院长、党委书记的就有100多人。各省市、自治区也相应地抽调了一批中层骨干派往高等学校。根据1959年2月统计，仅山西、辽宁、河南等16省派往高等学校担任系党总支书记以上领导骨干的干部达1230人。到中学担任校长、支部书记和教导主任等领导工作的有6162人。派到学校担任教师和小学校长的干部有134530人。余立：《中国高等教育史》，华东师范大学出版社1994年版，第58页。

后，政治办学在"大跃进"中被发挥的淋漓尽致①。

三、两条腿走路的中国高等教育：变革诉求及反思

通过对 1958 年高等教育变革中起到重要作用的增量组织的基本形态、功能定位以及促使其获得发展的因素分析，我们可以看出，在 1958 年高等教育"大跃进"中承担主要或重要增量任务的两类组织，尽管是当时强制性政治制度变迁中的教育衍生产物，在增量组织的变革方式上，总体上是依靠中央政府的外部推动力而生成的。但是，由于组织本身所负载的功能定位契合了地方政府，受教育群体及组织领导者大致相似的政治诉求，所以，组织变革最终以群众运动的方式成为实现政治诉求的载体。

我们可以从总体性制度与政策环境以及更为深层的文化冲突方面进一步去理解。

正如第二章所分析，院系调整使得中国高等教育系统经历了剧烈的制度变迁。虽然政策主导者通过推行高等院校和学生的思想改造运动，建立保障这一政策得以顺利推行的制度基础等手段实现了院系调整的政策目标，强调专业化、结构严密的苏联高等教育制度被移植了进来。但问题是，这些在政府强制性制度变迁下建立起来的高等教育制度体系并没有彻底"化掉"以往的教育传统，也没有消除社会中的离心行动力。

可以说旨在借鉴苏联教育模式的院系调整政策，并没有将民国时期继承的传统和延安传统完全整合进强调专业技术特征、具有严密结构的正规高等教育体系之中。只有建立另外一条为广大基层群众向上的发展道路才有可能解决这样一个问题。"两条腿走路"的"两种制度"思想就是在这样一个背景下被提出的。

---

① 很多基层县提出口号"人人是劳动者，个个是大学生，加速向共产主义迈进。"几个月内建成所谓农业大学 448 处，几乎村村有大学，由乡村干部、小学老师、老农、劳动模范担任"教授"。

所以，1958年的高等教育"大跃进"并不能把它理解为苏联直接影响的结束和一条新的中国式的社会主义道路的开始。因为在这次"大跃进"中，我们依然能够看到力求与苏联模式适应的方面，因为在有关教育发展方面的"大跃进"战略并未过多地抛弃苏联模式。而是在体制之外，突显了教育与生产相结合的"半工半读模式"以及"业余红专大学模式"。因此，这种教育战略思考不是对过去的一种彻底放弃，而是试图更好地统合。

正因如此，在"大跃进"中，高等教育的增长方式，就注定了会以反映基层群众利益的半工半读大学和业余红专大学的组织模式体现出来。在这种教育"大跃进"中，蕴涵在新型学校中的理论和实践相结合、课程的地方特色、学生对于教学过程和课程改革的积极参与，都与中国传统的非正规高等教育的许多方面非常吻合。只不过这种良好的愿望与设想（功能定位）在政治办学的大环境的影响下，以一种群众运动的组织变革方式发生了歪曲。至于省属大学的普遍出现，正如前文分析，其实也是上述文化冲突以另外一种形式在正规高等教育组织中的体现。

1958年的高等教育"大跃进"，我们似乎可以把它理解为新中国自成立以来就高等教育的精英取向还是大众取向进行的第一次抉择。尽管这一抉择在我国政府的政策表述中是以"两种制度"和"两条腿走路"这样一种试图调和、兼容的方式呈现出来的，但是在现实的政策选择和政策执行中，却过于理想地追求完整和综合，而将教育系统不顾其独立性地完全融于大社会中，试图打破独立的体系，或医治苏联模式强调专业知识和专业化的弊病。并且，最终实现将知识分子融于生产实践和社会变革的斗争当中。

正是基于这种认识论基础以及思维逻辑，1958年"大跃进"中的高等教育最终完全指向了面向基层大众的教育。因此，我们需要清醒地认识到此次"大跃进"中高等教育试图打破固有教育体系，走向普及的内在动因。在这次运动中，普及压倒了提高，半工半读学校、业余红专大学作为一种负载着新的教育期望的组织冲击着正规模式。延安传统借助于人民近乎"群众运动"的方式得到了无限大的张扬；而正规高等教育模式，却在"教育与生产劳动相结合"和"教育为政治服务"的指示下成为被改造的对象①，省属大学正是承担着这一改造任务的直接体现。

如果从组织变革的视角来透视国家在高等教育领域中的这次努力，我们会发现，尽管这次高等教育变革在很大程度上体现了政府试图将高等教育向大众敞开的实际努力，但是，包括"文化大革命"在内的随后几次尝试，其根本还是在于借助高等教育来激发基层以群众运动的革命方式实现政治社会化的目的，而客观上生成的高等教育新型组织仅仅是"政治社会化"思维的一些副产品而已。这可能正是为什么这两类新型组织形式不能承载起大众化教育使命的根本原因。

---

① "三三制"（即在所有的高校中，教学人员要用1/3的时间从事教学，用1/3的时间进行研究，用1/3的时间开展社会调查）被引进高等学校，高教部被撤销、学位制度被取消。

第四章　过渡时期的组织变革与中国高等教育的制度变迁

从 1977 年恢复高考到 1999 年高校大规模扩招之间的这段时间，我将其称为中国高等教育从"精英教育"走向"大众教育"的过渡时期。这种认定，既是国内学者的研究启发①，也是延续历史制度主义的分析思路。

基于此，本章主要论述三个问题。第一，1977—1999 年间，基于高等教育的合法性危机，来自政府的高等教育制度建构努力表现在哪些方面。第二，在这样一个制度变迁的大背景下，普通高等教育系统内部各类高等教育组织是如何应对制度环境的压力或挑战并寻求组织发展的。第三，20 世纪 90年代末期的中国高等教育系统体现出怎样的结构特征。对于这三个问题的回答，其目的是为了实现对这段发展历史中中国高等教育制度变迁路径的整体梳理以及对身处其中的各类高等教育组织生存困境、变革方式的对比呈现。

一、"文化大革命"后高等教育系统的合法性危机

在"文化大革命"后的中国大地上，一切都百废待举，高等教育也不

---

① 潘懋元、谢作栩教授关于高等教育大众化有一个著名的观点，他认为，对于在高等教育尚未达到马丁·特罗教授所说的毛入学率 15% 的大众化阶段之前，有一个值得特别关注的，从精英教育向大众教育的"过渡时期"，而在这一"过渡时期"所萌生的一些教育组织往往具备特罗教授所言的大众化阶段甚至普及化阶段的特点。参见潘懋元、谢作栩：《试论从精英向大众高等教育转变中的"过渡阶段"》，《高等教育研究》2001 年第 2 期。

例外。如何恢复重建？这是需要从高等教育的制度基础上进行重新定位的。尽管，新中国成立后的 17 年，乃至"文化大革命"十年，中国高等教育变革实践，可以说一刻也没有停止过。但是，这种艰难的努力并没有带给中国社会一个能够满足国家和个人需求的高等教育系统。甚至，这一系统因不能满足各方的需求而面临着合法性的危机。

在这种背景下，1978 年召开的全国教育工作会议，就具有了重要的历史意义。在这次会议上，对于关涉教育改革和发展的一个根本问题——教育的本质属性，中央政府进行了重新定位。政府以非常明确的态度对于"文化大革命"中以阶级斗争为纲的教育进行了彻底的否定和抛弃，将服务于社会主义现代化建设确定为教育的主要目标。至此，教育被重新定义为"社会生产力"的一部分，教育的阶级斗争功能从此失去了其存在的合法性。这一事件具有的历史和现实意义相当重要，高等教育制度体系就在这一价值基础上开始了重新建构。

有了前提性的价值基础，接下来的问题就是，高等教育的制度体系如何来重建？从 1978 年以前继承下来的基本制度主要分为两大块：正规高等教育系统和非正规高等教育系统。从正规高等教育系统的基本情况来看，学校规模普遍很小，1978 年整个普通高等学校在校生人数不足 90 万。而非正规教育体系在校生人数更少，不足 60 万。对于一个拥有数亿人口的大国来说，这是难以想象的。高等教育体系的基本功能不能对整个国家和社会的建设和发展起到强有力的推动作用，同时，来自个人的求学愿望也很少能够得到实现。1977 年后的几年，3% 的高考录取率，大量的适龄青年和非适龄人口不能借助国家的高等学校通道，实现社会的有效流动。这种情况对于一个国家来说，是很危险的；对于社会来说，是不稳定的。

处在这种状况下的高等教育制度体系面临着重大危机和挑战。援引我国政府 1985 年在《中共中央关于教育体制改革的决定》中对于高教体系的评价来看，"政府有关部门对学校主要是对高等学校统得过死，使学校缺乏应有的活力"可以看作是来源于政府部门对于高等教育系统合法性危机的概要总结。

新制度主义社会学认为，任何制度的变革不是凭空产生的，它总是在旧制度出现危机因而被瓦解的过程中发生的。因此，任何制度的变革实际上都包含着两个动态过程：一是旧制度的去制度化过程；另一个是新制度的构建与维系过程，前者为后者提供必要的制度环境。而在这一过程中起主导作用的，自然就是中央政府。

二、高等教育系统的合法性建构：政府作为

对于整个高等教育系统来说，招生制度的启动是最重要的环节。1977—1978 年全国统一高考的恢复可以说是政府重建高等教育制度系统的第一步。但是，刚刚开始运行的高等教育系统明显不能满足巨大的教育需求。这其中最为重要的原因在于，国家对高等教育发展的经济供给不足，直接制约着规模的扩大。在当时那个国家几乎控制着一切重要资源的所有权和使用权的"总体性社会"里，总体财力不足的政府承担着巨大的压力，迫使其对于高等教育的发展只能继续采取"多快好省"的策略。

这在邓小平同志 1977 年 8 月科学和教育工作座谈会上的讲话中就有所体现："教育还是要两条腿走路。就高等教育来说，大专院校是一条腿，各种半工半读的和业余的大学是一条腿，两条腿走路。在大专院校中先集中力量办好一批重点院校。"从恢复期（1977—1982 年）的基本情况来看，基本上是贯彻了这一谈话的精神。从中央政府的选择来看，它基本上继承了"文化大革命"前一直在试图试行的"两条腿走路"的政策。当经费成为最大制约因素，以及"文化大革命"后被提拔上来的一大批干部知识水平的现状，着眼于依靠非正规高等教育来进行短期培训未尝不是一个既经济又有效可行的办法。1980 年 9 月国务院批转的《教育部关于大力发展高等学校函授教育和夜大学的意见》的通知以及 1981 年 12 月《教育部关于改变高等学校举办函授教育和夜大学审批程序及有关几个问题的通知》其目的都在于通过非正规的成人教育来实现对于大量基础知识缺乏的在职人员的再教育，从而使得老革命在新的现代化目标下能重新调适自己。这些适时的政策在当时起到了明显的效果。在 80 年代初期，一系列的高等教

育机构，包括电视大学和广播大学、与大企业相连的城市高等院校，以及国家主要大学中的成人教育学院都如雨后春笋般兴起和发展起来了。"虽然这类院校的入学标准低于正规院校，但在使课程设置达到一个理想的标准上下了许多工夫，采用的课本也是正规院校中所使用的。"① 所以，从培养质量上来看，还是适应了当时社会建设需求的。同时，1980 年"全国自学考试制度"的确立也为广大适龄青年开辟了重要的求学通道和流动机会。

非正规高等教育虽然部分解决了在职人员的再教育问题，但是，从教育的培养模式以及质量上来说，还与正规高等教育系统有一定的差距。并且，社会大众对于非正规高等教育的社会认同虽然由于当时的时代形势，受教育对象的在职、成人特性而有所提高，但是与正规高等教育相比，差距还是不言自明的。并且，它也不可能替代正规高等教育对于国家发展的意义。

从当时国家对于正规高等教育体系的改革思路来看，恢复和办好全国重点高等学校，成为当时政策的重点。这一政策选择的逻辑延续了"文化大革命"前"普及与提高并重"的办教育原则。②1978 年教育部制定的《关于恢复和办好全国重点高等学校的报告》得到国务院的同意并批转各省、市、自治区实行，对于正规高等教育体系中重点高校的支持以国家政策的方式得以确定并体现。③ 但是，以本来就有限的资金对少量重点高校支持的政策，带来的一个明显的政策后果就是，高等教育规模不可能有大的发

---

① ［加］许美德：《中国大学：1895—1995 一个文化冲突的世纪》，许杰英译，教育科学出版社 2000 年版，第 154 页。

② 正如邓小平同志在 1977 年在同中央两位同志谈话时所讲到的，"办教育要两条腿走路，既注意普及，又注意提高。要办重点小学、重点中学、重点大学。要经过严格考试，把最优秀的人才集中在重点中学和大学。"摘自邓小平：《邓小平文选》，人民出版社 1983 年版，第 37—38 页。

③ 全国重点高校当时有 60 所，教育部建议在此基础上增加到 77 所，而各省、市、自治区和有关部委要求再增加 28 所。最终教育部第一批拟订的重点高校数量，还是充分考虑了各地方的意见，增加到 88 所，约占当时高校的 22%。（参见康宁：《中国经济转型中的高等教育资源配置的制度创新》，教育科学出版社 2005 年版，第 369 页。

展①。虽然，对于如何解决普通高校系统个人的就学需求、国家的人才培养需求与实际学校的培养能力②的矛盾，国家计委和教育部于 1978 年 3 月 4 日，联合发出通知："为充分利用学校的办学能力，在普通高校招收走读生。走读学生，在校期间和毕业后的待遇，与住校生相同。"③但是，这种附着在正规高等教育培养体制上的新制度萌芽几乎不能对整个制度体系构成大的影响。

总的来说，在高等教育的恢复期，中央政府对高等教育采取两条腿走路的策略，试图以此解决国家、社会大众对教育的需求和国家经济困难之间的矛盾，扩大高等教育的培养规模。从实际情况来看，在非正规高等教育一端，取得了较为明显的效果。但是，在正规高等教育系统的制度建构中，过分强调"提高"，而忽略对大专层次教育机构的扶植和资助，使得整个正规高等教育制度体系呈现极强的精英教育倾向。而这种制度特征势必会抑制或直接影响高等教育规模在正规教育体系的扩大。

这种局面有了实质性转变，始于 1982 年。伴随着中共十二大的召开，国家重心开始转向经济建设，对于大量"坚持社会主义道路的、具有专业知识和能力的干部队伍"的迫切需求，已经成为影响国家发展战略的重要环节，在这一背景下，1983 年国务院批转了《教育部、国家计委关于加速发展高等教育的报告》，高等教育迎来了快速发展的黄金时期。从这份集中体现国家对于高等教育发展构想的报告中，我们可以清楚地看到国家对于高等教育快速发展的期盼以及决心。十二大的精神得到了充分的贯彻，《中华人民共和国宪法》对于多种社会力量举办教育事业的大力鼓励也跃然纸上。"积极推动、大力发展"成为主题话语。报告对于高等教育的制度体系有了全面

---

①　从 1979—1981 年间，正规高等教育在校人数以每年 13 万人的速度增长，平均年增幅 12% 左右，从 1982 年开始，高等教育在校人数出现负增长。虽然 1983 年止跌缓涨，但是，正规高等教育的规模没有实质性的扩大。

②　此处所指的培养能力并非指学校实际的容纳能力，此处的培养能力主要是指国家基于财政支持能力而为学校制订的招生计划指标。因为从当时的生师比以及学校的规模来说，还是有一定容纳能力的。

③　《高等学校试招走读生增加招生名额，河北省委决定开设师资专科班招收二千名六六、六七届高中毕业生》，《人民日报》1978 年 3 月 4 日第 4 版。

的规划和思考。整个文件正式确定了"两条腿走路"的发展原则，预测了未来五年高等教育的发展规模，并从实施措施和经费保障上予以详细的说明。整个文件突显出以下几个特点：第一，旗帜鲜明表达对于专科层次和短线专业的强调和支持。这在恢复期是没有明显体现的。第二，一如既往支持重点高校的发展，这种支持实质性地体现在中央财政经费的保障上。第三，强调多样化的高等教育体系的构建。第四，试图调动多种社会力量举办高等教育的积极性。

如果说1983年的报告为未来五年的高等教育发展指明了发展目标的话，那么，1985年的《中共中央关于教育体制改革的决定》则是试图为高等教育更长时期的发展扫清体制性障碍的长远举措。在现有关于我国高等教育改革的几乎所有的文献中，都对这份具有里程碑式的政策文件的意义予以了充分的肯定。那么，这份政策的意义究竟何在呢？

这份文件抓住了高等教育制度体系中最为基本的组织单位——高校，试图从内部和外部两个方面解除束缚着教育组织发展壮大，逐步走向市场的各种体制性因素。从外部来看，政府试图通过推动招生制度以及相应的毕业生分配制度的改革来实现高校与市场经济因素某些方面的初步结合；从内部来看，"以建立'校长负责制'为核心，对教育组织内凌驾于行政权力之上的政治权力进行了相当的修正，即确立了'政事分开'的原则，以期解决教育组织内部的自主性问题。"[1]虽然在这份文件中，赋予高校的办学自主权有所扩大，但改革并没有触及高校组织的主要自主权，比如：人事自主权；财产自主权；教学自主权；科研自主权；招生自主权；专业设置权；对外交流权等实质性内容。即便如此，国家能"意识到自主权问题是高校改革的核心，扩大高校自主权是高校改革的方向，这是我国高等教育改革最大的进步和贡献。"[2]同时，政府还从办学主体层级和管理机构的制度建构方面，进行了实质性的推进。不仅将中心城市纳入办学主体范畴之内，以

①　罗燕：《教育产业化的制度分析——新制度主义社会学的视角》，《教育与经济》2006年第1期，第46—50页。

②　劳凯声：《变革中的政府、市场和学校——教育研究的政治学和法学视角》，教育科学出版社2003年版，第72页。

便切实提高地方政府办教育的积极性；而且，为了扩大国家教育最高行政机构的工作范围和行政权力，统筹包括学校教育在内的职业技术教育和成人教育，改变过去教育部以主要精力抓重点直属高校的局面，还将教育部改为国家教委，使其成为国务院的一个综合部门，从而从制度架构上真正体现国家在教育发展上向高等教育的重心转移。上述若干方面的调整，都是具有开创性的。对于高等教育制度体系的整体性市场转型提供了重要保障。

从 1983 年的《教育部、国家计委关于加速发展高等教育的报告》到 1985 年的《中共中央关于教育体制改革的决定》，可以说奠定了改革开放前十年高等教育发展的基础。伴随着国家发展高等教育的积极政策，普通高等教育的规模也有了较大幅度的增长，特别是在 1984—1986 年这三年间，普通高校的在校生人数年均增幅达 20 万人左右。虽然从 1986 年开始，增幅减缓，但是，到 1988 年，整个普通高等学校的规模超过 200 万人，比 1979 年在校生人数增加一倍，超过了 1983 年国家对于普通高等教育发展预期的规模达 20 万之多。而成人高校在 1982—1986 年间，迎来了大发展期，其中 1984 年最高增幅达 37 万人。到 1986 年，成人高校的在校生人数几乎是 1978 年的 2 倍。尽管这一规模并没有达到 1983 年预期的目标。但是从总体来说，我国高等教育在国家政策的激励下，在 1980 年代中期较之 1978 年已有较快发展。

但是高等教育的这种改革性思维在 1980 年代后期乃至 1990 年代初期整体政治经济变迁的大环境中减弱了。正如许美德教授所言，"改革后五年（1986—1990 年——引者注），中国的大学经历了许多失望和挫折。在某种程度上这与经济改革、政治改革出现的摇摆和停顿是相应的。"① 如果我们深究其中原因的话，源自经济改革摇摆和停顿而出现的经济紧缩对于高等教育领域不仅产生了直接的财政支持减弱，而且间接受其影响的劳动力就业市场的低弥致使对规模急剧扩张的大学生就业受到了重要影响。而这种来自就业

---

① ［加］许美德：《中国大学：1895—1995 一个文化冲突的世纪》，许杰英译，教育科学出版社 2000 年版，第 155 页。

方面的压力有可能会演变成为一种令社会不安的因素，这是国家和政府所不愿意看到的。总之，在高等教育体制改革过程中，中央政府对于高等学校办学自主权的扩大力度由于既有制度体系的惯性和阻力而进展缓慢。来自外部与内部的多种压力使得高等教育发展动力不足。"80 年代的后五年，许多问题都暴露出来了。中国大学一直在寻求建立自己的特色，却发现被淹没在外界变迁的洪流之中，这些变化在很大程度上是不能由自己控制的。"[①]这种整体性制度结构所具有的"计划"内核潜在而深刻地制约着旨在重建，而非保护为目标的诸多政策的实现。应当说这是对 1980 年代后期中国高等教育系统发展停滞的一种深层次解释。

而从政策上直接体现出来的高等教育战略转向则是发生在 1988 年全国高等教育工作会议上。这次会议所昭示的政策含义，如果用"控制高等教育的发展规模，从注重规模扩张转向质量的提高"来表达其实并不完全准确。因为，第三次全国高等教育工作会议所蕴涵的战略转向，是具有系统性的。准确来说，它所指的"控制高等教育的发展规模，从注重规模扩张转向质量的提高"，主要指向为正规高等教育系统。而对于非正规高等教育系统，或者说成人高等教育来说，还是要从政策上大力支持和鼓励发展的。这种政策意图不仅在本次高等教育工作会议上有明确说明，而且在此前（1986 年）的全国成人高等教育工作会议，次年颁布的《关于改革和发展成人教育的决定》，以及 1987 年 5 月国家教委颁布的《普通高等学校函授教育暂行工作条例》上都有充分的体现。所以，从整个高等教育规模来说，国家还是希望能够进一步扩大的。只不过这种意愿在与社会安定、经济压力、制度制掣进行权衡的时候，首先稳定并控制正规高等高等教育规模，调整内部结构，提高教育质量，并为体制的变革减少来自规模的压力（比如毕业生就业制度）就成为政府的应然选择。至于如何来满足国家、社会和个人的教育需求就只能寄托于成人高等教育系统了。从1983 年的正规、非正规高等教育系统齐头并进，转变成为现在的提高为

---

① ［加］许美德：《中国大学：1895—1995 一个文化冲突的世纪》，许杰英译，教育科学出版社 2000 年版，第 157 页。

主，兼顾普及的战略转向可以说是整个 1980 年代政府对高等教育的整体作为。

从 1980 年代末开始到 1999 年之前，我们基本上可以用"严格控制"来对这一阶段进行概括，尽管"严格控制"最后被"适度发展"代替，尽管 1993 年、1994 年正规高等教育规模也有过短暂的快速扩大。但是总体来说，1980 年代末期制定的走内涵式发展道路的思路一直未曾有大的改动，整个政策取向也并没有发生实质性变化。

这种整体性描述固然可以使我们对于政府发展高等教育的规模观有一个总体性的把握，但是总体性规模的波澜不惊，并不能够使我们有理由忽略在整个社会政治经济整体转型背景下，教育特别是高等教育领域发生的持续而深刻的制度变迁、结构重组和关系重构。

在邓小平南方讲话以及中共十四大会议所昭示的市场经济全面转型的直接推动下，中国高等教育改革中的又一具有里程碑式的纲领性文件《中国教育改革与发展纲要》在 1993 年正式颁布并实行。这份文件继承并进一步发展了《中共中央关于教育体制改革的决定》精神，它从清理教育组织与其上级主管部门（包括中央政府、各级部委和地方政府）错综复杂的管理结构入手，力图解决组织的外部自主性问题。与此同时，在外部松绑的同时，进一步放权，试图真正实现教育机构逐步获得市场化的组织自主性。具体来说，表现在以下几个方面：

（1）在教育体制改革方面，改变政府包揽办学的格局，逐步建立以政府办学为主体，社会各界共同办学的体制就被突出地提了出来。具体到高等教育体制，同样的改革逻辑被表达为逐步建立政府宏观管理、学校面向社会自主办学的体制。于是，进一步扩大高校的办学自主权，使其成为面向社会、自主办学的法人实体；在中央和地方的关系上，逐步实行中央和省、市、自治区两级管理，以省级政府为主的体制。中央部委高校逐步面向社会，采取多种形式办学等举措都成为必然。（2）围绕着改革的主旨精神，在招生和毕业生就业政策上，形成国家任务计划和调节性计划相结合，并逐步扩大招收委培和自费生的比重就成为放权的具体体现。并且，实行所有新入校学生缴费上学被作为今后走向并轨招生重要的举措也写进了

《中国教育改革与发展纲要》。(3)国家针对目前教育经费紧张的现状[①]，不仅旗帜鲜明地发出大力支持学校发展办产业、运用金融手段扩大教育资源等多渠道筹集资金的号召，而且，也改变了过去"遍撒胡椒面"的方式，对于有限的高等教育经费实行重点投资，实施"211工程"。(4)这种明显具有"提高"倾向的政策意图，在整个高等教育发展方式上，被表达为"走内涵发展为主的道路，使规模[②]更加适当，结构更加合理，质量和效益明显提高。"

我国政府的这份具有里程碑式的政策文件，其实与整个欧美世界1990年代的高等教育市场化改革精神是基本一致的。在这种改革逻辑之下，全国范围的高等教育市场化进程在政府一系列政策的推动下有了重大进展。特别是1995年经全国人大审议通过的《中华人民共和国教育法》第31条对于学校及其他机构具备法人地位的规定，从法律的高度为高等学校进行更为自主、灵活地应对来自消费市场的渗透提供了法律保障。高等学校在这之后围绕着办学主体的多元化、利益关系的复杂化、教育需求的旺盛化所进行的诸多变革尝试，直接推动着中国高等教育系统内部的关系重构、结构重组和制度重建。

纵观1992—1999年这段时间中国高等教育所取得的成绩，除了上述在"211工程"引导下的高校管理体制改革的实质性推行[③]以外，分三年平稳实现了招生计划形式的"并轨"（即取消国家任务计划和调节性计划招生在录取和收费标准上的差异），在我国确立了大学生缴费上学制度，毕业生双向选择的就业制度开始形成。同时，经过几年努力，学校办学自主

[①] 《中国教育改革与发展纲要》中对于当前的教育经费现状是这样描述的：目前教育经费相当紧张，不仅不能适应改革开放和现代化建设对人才的需求，而且也难以满足现有教育事业发展的基本需要。增加教育经费投资是落实教育战略地位的根本措施。见《中国教育改革和发展文献选编》，人民教育出版社1993年版，第26页。

[②] 《中国教育改革与发展纲要》规定了到2000年全国普通高校和成人高校的本专科在校生人数为620万人左右，其中本科生180万人，专科生450万人。18—21岁学龄人口入学率上升为8%左右。

[③] 1997年底，全国有30个省市，48个部委参与了相关改革，涉及高校400余所，通过合并，高校数量减少，校均规模从1991年的1091人增加至1996年的2979人。

权限得到进一步落实和扩大，学校办学活力进一步增强，与社会的联系更加紧密，多渠道筹措办学经费的格局已经形成。[①] 并且，高校内部管理体制改革试点经验开始推广，以人事分配制度改革为重点，竞争激励机制进一步强化。

可以说，1990 年代的高等教育改革是在《中国教育改革与发展纲要》的总体性思路指引下，通过行政性教育资源的重新配置，从而引导高等教育机构的结构性重组而展开的。如果说以建设"211 工程"，并推进与其伴随着的院校大调整成为 1990 年代整个高等教育系统变革的最主要明线的话，那么高等教育组织在整体性制度逐步市场化转型的大背景下所进行的由单位制向自主性市场组织变革转向就成为整个 1990 年代的一条非常重要的隐线。

纵观 1977—1999 年这 22 年的制度变迁，从制度变迁推动主体和制度创生的方式来看，我们固然需要对整个 1990 年代发生在高等教育领域的政策安排和制度变迁中存在的较为明显的政府引导抱有必要的重视，同时我们也需要对来自地方政府和各类高等学校组织的变革力量保持足够的关注。因为，正是来自地方教育变革者的多方推动，高等教育系统内部组织结构的重组、关系的重建和制度的重构才可能发生。也正是从这种意义上来说，我们可以将这一时期发生的制度变迁理解为强制性制度变迁特征[②] 稍许减弱，而

---

① 1996 年，全国高校预算外收入占到高校教育事业经费的 1/4。学校之间经费筹措能力的差距显著拉大，其中原国家教委直属高校的预算外收入约占学校教育事业经费总收入的 2/3。关于经费来源模式，在第 8 章会有专节详述。

② 强制性制度变迁由政府命令和法律引入和实现。与诱致性制度变迁不同，强制性制度变迁可以纯粹因在不同选民集团之间对现有收入进行再分配而发生。强制性制度变迁的主体是国家。国家的基本功能是提供法律和秩序，并保护产权以换取税收。作为垄断者，国家可以比竞争性组织（如初级行动团体）以低得多的费用提供一定的制度性服务。国家在制度供给上除了规模经济这一优势外，在制度实施及其组织成本方面也有优势。例如，凭借强制力，国家在制度变迁中可以降低组织成本和实施成本。强制性制度变迁的有效性受许多因素的制约，其中主要有：统治者的偏好和有限理性、意识形态刚性、官僚政治、集团利益冲突和社会科学知识的局限性、国家的生存危机等。国家经过努力可能降低一些不利因素对制度变迁的影响，但是并不能克服其他不利因素对制度变迁的约束。参见卢现祥：《论制度变迁的四大问题》，《湖北经济学院学报》2003 年第 4 期，第 12 页。

来源于基层的诱致性制度变迁推动力①渐进增多的过程。

同时，我们也非常有必要对于政府高等教育市场化改革中体制外高等教育机构的发展机制及其过程进行以下梳理，以便更加全面地了解高等教育整体改造中的政府行为。

中国高等教育在逐步走向市场化的进程中，来自体制外的办学力量在逐步适应社会对高等教育需求的同时也在积极寻求着进一步发展的机会。

在整个1980年代，民办高等教育正是以"拾遗补缺"作为自己的功能定位，并以对公办高等学校强烈的依附性而获得发展的。我们应该客观地看到，民办高等学校的这种发展特点既是其在体制内出现危机后获得发展的前提，同时也为后来民办高等教育的制度性跨越设置了难以逾越的障碍。

如果我们从制度建构层面反思民办高等教育的发展，会发现民办高校从早期对高考制度的依附到20世纪80年代对自学考试制度的依附，一直以来缺乏一套符合自身特点的考试制度和认证制度。而这一制度因素的缺失，对于民办高等教育的制度化建设来说，无疑是重要的阻碍因素。另外，对于自学考试制度的依附也不利于民办高校自主办学、发挥各自特色。

这种依附地位在1993年经多方努力终于有所改变。一种介于高等教育自学考试和普通高等教育考试制度之间、专门为发展中的民办高校量身定做的考试制度"高等教育学历文凭考试"在北京等一些重点省市开始试点。在这种考试制度中，由于可以允许学校负责30%的理论教学课程以及实验课和实践教学环节的命题和考试，所以，对于民办高校来说，这种考试制度实际上赋予了学校按照"职业性"和"应用性"自主设置专业，从而加快了适应社会的步伐，进一步打开了这类学校走向多样化的通道。

如果我们将民办高校的这次成功的自我制度建构的时间作一横向联系的话，我们会发现，这一制度创生的时机正好与国家确立发展市场经济制度的时间段相吻合。所以，得到政府许可的体制外办学形式，其实也是政府对于

---

① 诱致性制度变迁指的是现行制度安排的变更或替代，或者是新制度安排的创造，它由个人或一群人在响应获利机会时自发倡导、组织和实行。诱致性制度变迁必须由某种在原有制度安排下无法得到的获利机会引起。诱致性制度变迁的发生必须要有某些来自制度不均衡的获利机会。

积极发展民办高等教育的一个信号。进一步说，这种作为增量的制度性建构对于整个高等教育系统来说，无疑是一件好事。但是对于民办高等教育来说，这种初步性的制度建构以及政府为其发展所确立的学校层次都不足以为民办高等学校在市场中获得进一步发展提供足够的市场空间。其中，政府对于"能否营利"和"取得合理回报"这一关键性的政策定位的谨慎和犹豫，使得对于资本市场依赖性极强的民办高校，发展受到很大限制。总的来说，1999年之前民办高等教育的发展态势基本上是处在一种既能看到希望，同时又缺乏足够政策支持的时期。

三、高等教育系统的重构：来自教育组织层面的分析

从制度变迁与组织变革的关系来说，政府行为所建构的制度环境，不可避免地影响着高等教育组织的变革。换句话说，组织的变革深深地嵌入外在制度环境的建构之中。组织变革的重要目的在于寻求与制度环境的最佳匹配与动态平衡，因而在变革进程中组织的目标、结构等基本构成要素的变化以及这些构成要素之间关系所进行的重组同时发生，且在一定程度上决定着组织的发展方向和发展形态。从另外一个层面来说，我们又要充分认识到组织所处制度环境所具有的模糊性、生成性和软约束等特点。这些特点也将昭示着组织所面临的有可能是一个具有弹性的发展空间。组织变革能否顺利往往取决于组织对制度环境的灵敏度、组织中集体行动者的能力以及主观能动性。这其实就是我们在文章中始终予以关注的基层行动者的"制度性知识"。因此，在下面的篇幅里，我们主要以普通高等教育系统中的各类高校的组织变革进行详细分析，其目的在于尽可能客观地反映各类组织在面对组织生存危机和发展制约时，所表现出来的组织变革能动性。当然，分析的一个重要线索就是组织所依赖的各类资源。

这一时期的中国高等教育系统是一个金字塔，由下而上是民办学校和成人高等学校，普通地方专科学校，普通地方本科院校、地方重点高校，近百所"211"高校，三十余所"985"大学，最后是位于塔尖的北京大学和清华

大学①。这个金字塔是中国高等学校最主要的制度环境。身处其中的学校都非常清楚自己的位置。而这一位置又将决定学校的工作目标、工作标准、资源来源与数量、管理模式与方法以及社会声望。金字塔中各个层级，哪怕只差一个级别，都会在学校教育目标、招生、课程设置、师资、教学条件、毕业生教育与今后个人事业发展等方面表现出巨大的差距。在计划经济时代的高等教育制度设计中，具有鲜明层级特点的教育组织被严格地安排在各自相应的位置以便履行特定的功能需求，并赋于与之相配套的资源获得份额和渠道。与之相适应的是，各类学校的学生也因其所处组织的特点而被设计出不同的社会流动渠道和机会。这个位置也将直接影响着教师与管理人员的工作视野、价值观、工作标准、工作方式，甚至他们的社会地位。

作为中国高等学校最主要的正式制度环境，是由政府直接控制和维护的。政府决定着这个体系的总体发展规划，决定着各类学校的数量和发展水平，通过制定引导资源分配的规则体系和政策、法规来管理和指导整个高等教育体系的运转。从结构功能主义视角来看，中国式高等教育制度体系体现出相当清晰而明确的结构类别和功能定位。在绝大多数情况下，政府严格维护着这个系统，使其总体上保持稳定。

在计划经济时代的中国高等教育系统内，主要有以下五种类型的高等学校。第一类为国家教育部（或教委）直属院校；第二类为中央各部委直接管理的高等学校（下文简称部委院校）。第三类为各省、直辖市、自治区所属院校。第四类为市属高校，主要由一些经济相对较为发达的中心城市主办的高校。第五类为地区级师范专科院校，主要作为满足农村中学教师的师资需求而设立的。在下面的篇幅里，笔者将就这五种类型的学校作为重点分析对象，着重对每一类学校的基本情况以及制约和影响其发展的资源获得途径进行分析，力图把握高等教育的基本组织单元在整个高等教育的变迁过程中的自适应行为。并在此基础上，兼顾讨论体制外的民办高校、正规教育系统以外的成人高等教育组织、逐步成长起来的高等职业教育组织的生存与发展状

---

① 准确来讲，这应该是 1990 年代末期中国高等教育系统的特征。但"金字塔"型高等教育系统早已有之。

况。最终展现出整个高等教育系统在制度变迁的过程中各种组织在相互的竞争中，是如何与所属行政主管部门协作争取资源、获得发展的。换句话说，笔者将从 1980 年代初期这种原初的教育组织位序开始做发展性分析。

为了生动、微观地展现这种贯穿整个高等教育发展始终的高等学校组织的自我建构与发展图景，在下面的篇幅，笔者集中就办学形式的多样化；招生、分配制度中的生源流向变化；学校争取办学经费的手段和方法等方面来进行中观层面的细致描述，从而实现上文所述的写作目标。

（一）中心城市大学运动中的制度创新——兼论制度变迁中地区级师专的组织转型之路

1. 中心城市大学运动中的制度创新

在高等教育结构体系中，中心城市办大学可以说是改革开放初期，一些经济起步较早的中心城市（主要集中在东南沿海一带）在中央和省、市、自治区两级办学的基础上进行的体制创新。它与一般意义上的市属高校在很多方面是具有相似性的。后者几乎全部是在 20 世纪 80 年代初期适应中心城市的经济发展需求而创建的。两类学校的发展历史都较短，几乎没有受到 20世纪 50 年代苏联模式的影响。其课程与专业设置方面体现了改革初期社会的发展需求。在学制设置方面，绝大部分属于短期培训性质。课程设置主要集中在文科、社会科学和应用科学方面，其专业门类与城市劳动力市场的需求联系一般比较紧密。从经费来源上看，市属高校的经费一般以市级政府，或者是在市政府的牵头下，社会各界积极参与经费筹措的方式获得的。所不同的是，一般意义上的市属高校，学生由于其生源主要来自所在城市，具有城市户口的学生。例如，在武汉的数所职业大学中，除了江汉职业大学招收了一些武汉所属县的进修教师以外，其余所招收学生大部分来自城市。深圳大学也有与此类似的生源情况①。就这类院校学生的择业范围来说，能够得到甚至比国家直属院校学生更加优惠的便利条件。所以，这对于学生就业首

---

① 1992 年这所大学 70% 的学生来自深圳市，另外 20% 来源于广东省的各个城市，只有 10% 的学生来自农村。参见［加］许美德：《中国大学：1895—1995 一个文化冲突的世纪》，许洁英译，教育科学出版社 2000 年版，第 203 页。

选城市而非专业的时代来说，无疑具有巨大的诱惑力。从本质上来说，这种学校与国家直属高校一样具有令人注目的形象。而东南沿海一带的中心城市大学，其学校的毕业生分配和前一种有所不同，它主要面向这些地区刚刚发展起来的乡镇企业。

两类市属高校，特别是中心城市办学行为，可以说突破了传统的高等教育管理体制，实行了省级以下地方政府牵头创办高等学校的新路向①。由于当时传统教育管理体制的制约，部分新校往往以"省市共管"的名义来实现市级政府对学校的实际管理。这种经验在 1985 年《中共中央关于教育体制改革的决定》获得肯定，市级办学被正式纳入了高等教育的办学体制。然而1993 年《中国教育改革与发展纲要》重新定位了高等教育的领导体制问题，提出高等教育要逐步形成以中央、省（自治区、直辖市）两级办学为主，社会各界参与办学的新格局。然而，在我国的部分省份，比如广东省，基于长期的办学实践以及改革试点的需要，在国家教委对该省请示批复的基础上，于 1993 年 11 月 16 日制定的《高等教育管理条例》，确定了"实行国家、省、中心城市三级办学体制"。并且在随后的 1994 年 11 月，以及 1995 年的八届人大三次会议上，广东省委、省政府又多次以发文或者讲话的方式强调了广东省三级办学的制度合法性。广东省对于中心城市办学的官方确认以及重视制度化建设的行为对于明确第三级办学的地位、作用，调动地方办学的积极性，加快高等教育的发展具有十分重要的现实意义。接下来我们就主要以广东中心城市办大学实践，并兼顾其他市属大学素材来概括分析其制度创新的基本策略。

概括起来，中心城市大学运动中的制度创新主要基于省市共管与模糊策略得以实现。

首先，省市共管为中心城市举办学校找到了可依托的制度基础，使广东中心城市新办院校少走了不少弯路。在省市共管的基础上，通过确定省与市的管理权限，为省政府的宏观调控以及中心城市从实际出发管理提供了行动

---

① 在我国 20 世纪 50 年代末期的"大跃进"中，出现过省级以下政府（甚至县、乡政府）办学的情况。但是在"文化大革命"后重新恢复了的高等教育领导体制中，确定下来的是中央、省级两级办学。

的指南，为最终走向省市共管，以市为主的管理模式提供了合法性前提。

其次，省市共管模式，由于赋予地方（市政府）一定的支配与影响学校的权力，所以，才使得市政府对于大学有一种"我们的大学"的认同感，从而才会有更多的精力和热情投入到学校的建设和发展中去。并且利用学校这个文化整合基地，去构建城市的文化形象，而不是我、你之间的交换关系。

最后，这种省市共管模式突破了"职业"与"传统高校"二元结构的界限①，使中心城市举办的职业大学与省属院校从一开始就没有清晰的界限。这种模糊处理的策略，使得新办院校客观上争取到了更多的资源，也在模糊空间中获得了发展的可能。比如，由于这种新办院校是依托师专而创建的，依照传统管理体制，省级高教管理部门很"自然"地沿用对师专的管理办法，"顺便"将新办院校也纳入了普通高等学校的范畴，而不严格区分"职教系列"或"师范系列"。

在那段时期，我们看到，体制外的学校要想获得发展，必须借用与体制内学校"扯上关系"（这里面就存在形形色色的策略），从而"分得"或者"借用"一些资源才有可能获得发展。中心城市办大学在办学初期也遇到类似的困难。从总体上说，广东这些中心城市所办的大学，其专业发展方向基本上是"职业"取向的，虽然这种"职业大学"是根据社会需求而定位的，但是，在创业刚开始，却处于非常不利的境地，社会上许多人不将这些学校视为正规高等学校，甚至有些学生宁愿报考中专也不上"职大"。所以从这个角度来看，中心城市所办大学之所以能取得后来的成功，这与省、市政府和高校办学者依靠现有体制嫁接新的办学形式、利用现有体制可能的模糊空间带动新的办学形式共同发展的策略是分不开的。

研究"中心城市办大学"的秦国柱博士对于"省市共管"内涵和实质产

---

① "职大"与"传统高校"二元结构源于计划体制。创办于 20 世纪 80 年代的职业大学是新中国成立后首次自下而上，由个别城市退居二线的领导干部策划并克服了观念与制度上的许多障碍而建立起来的。作为一种新的办学形式，也是新中国成立后第一次不是通过国家有组织的"试点"后推展开来，而是在众多大中城市纷纷加以效仿得以成"气候"的。对于这一新生事物，国家主管教育部门是矛盾的。因而这类学校也不太可能在很短的时间里"登堂入室"，成为名副其实的公立高等教育体制的组成部分。

生的两个变化这样分析到："一是随着中心城市高教管理经验的积累与城市投资比例的扩大（主要指师范部分的投资比例减少），原'以省为主'的高校也将向'以市为主'过渡，即'省属院校'的色彩变淡，'市属院校'的形象得以确立。二是权力在政府机关不同层次间发生转移的同时，部分权力将自然'流入'到高校之中，政府（权力）行为则逐渐从直接管理转为依法间接调控（统筹）。"① 这种省市共管策略所产生的可预期结果对中心城市办学最后取得合法性地位、获得发展具有重要意义。

另外，从广东中心城市新办院校实际情况来看，它在很大程度上是在高等教育既存制度体系中勇敢探索出的高等教育创新之路。从根本上说，这种高等教育一体化② 发展道路，是在迎合了社会大众的受教育需求和仔细分析自身实际基础上发展起来的。我们看到，这些学校中有一半以上院校是依托原有的师范专科学校创办或与师专等其他省属院校合并办起来的。作为高等教育结构体系中最低一层的学校，这类学校主要是用来满足基层农村的师资力量培养的，但是，由于广东的经济发展特征、民间资本力量、地方兴学传统、提升城市附加值等多方面原因，原有的学校功能定位不能满足这些需求，所以，当地政府在多种因素构成的"办学合力"的推动下依托师专创办职业性、应用性专科学校就成为既保存现有基本结构层次，同时又满足多方需求的应然之举。当然，在进行这一制度创新的过程中，也不是一帆风顺的。比如说，位于广东山区的西江大学，在最初依托肇庆师专举办非师范专业时，面临着社会各界广泛的信任危机。"主管师专的省高教局担心师专姓'师'会不会变？地区行署则担心千方百计挤出来的办学经费是否会被师范教育挪用而达不到办学的初衷。当地的民众也不放心，主要依靠师专的师资力量，能否培养出社会急需的应用性人才？不放心的婆婆们都频繁前来看顾，真正的'衣食父母'也抱着消极观望的态度。"③ 西江大学遇到的情况其实也反映了同一时期许多中心城市办学中存在的类似问题。面对这些制度创

---

① 秦国柱：《中国新大学运动》，福建教育出版社1996年版，第25页。

② "稳定专业与非稳定专业"，"全日制教育与非全日制教育"，"师范专业与非师范专业"，"长线专业与短线专业"并举的一条道路。

③ 秦国柱：《中国新大学运动》，福建教育出版社1996年版，第25页。

新中所遇到的实际挑战，西江大学等中心城市学校通过面向社会，求实创新，终于以探索嫁接于师专基础上创办职业性、应用性专业，继而办大学的发展模式，取得了成功。非师范类生源由市政府摊派（学生必须缴纳部分费用）到各县，考生竞相报考，中心城市依托师专办大学得到了省市各级政府以及广大家长、社会各界的广泛认同。这类大学除了西江大学外，还有佛山大学、韶关大学、嘉应大学、惠州大学等几所大学。对于这类大学的发展轨迹，如果从制度变迁的角度来反思的话，我们可以说是多方力量共同努力的结果。

2. 制度变迁中地区级师专的组织转型之路

这种新办学校所具有的地方特点和大众特性，正如上文所述，是在多方力量共同努力下发展起来的，其中依托地区级师专发展职业性学科，进而改造师专，使其成为具有职业特性的地方院校的基层高等教育组织发展策略，虽然具有明显的区域性高等教育特征，但是，如果我们以这样一个视角去审视全国同类地区级院校的发展路径时，可能会对深入理解变革中的高等教育有所启发。

中国地区级师范院校是一个既缺乏学术吸引力，又缺乏事业吸引力的层级。地区师专实际上是由省级政府提供办学经费的省属院校。只不过由于这类学校在国家的规划中，主要被定位于服务农村基层，特别是为农村培养师资，以便完成 20 世纪 90 年代实现农村普及初中教育的目标。正因如此，它的学生来源以及毕业分配就自然面向基层地区服务。这种招生以及分配政策，与市属高校的学生生源与流向恰恰相反。所以，国家为了保证这类高校学生能够按照国家既定的目标实现为农村基层服务，"定向性师专教育模式"成为计划经济时代这一层级教育的普遍特点。同时，这类学校总体上呈现学校规模小，冗员多，效益低下等通病①。并且，师专普遍存在着教育经费充其量只能维持学校的简单再生产需要的现状，发展根本谈不上。面临着生存

---

① 河北省 1993 年有师专 11 所，平均每年每校招生不足 500 人，其中在校生超过 1500人的仅有 1 所，不足 1000 人竟达 7 所。师生比仅为 1:2.2。全国情况总体上类似。参见李树：《师专改革与发展要适应普及九年义务教育的需要》，《高等师范教育研究》1993 年第 6 期，第 34 页。

困境的地区师专普遍通过以下一些途径改变单一的"师范教育功能"，走向综合化的发展道路。

途径一，"学校自主开办非师范专业"的方式来维持并赢得学校的发展。许多师专学校举办非师范专业，并非出于学校长远发展的目的，而仅仅是为了适应社会需求，扩大生源，广开财源，获取更多市场份额。出于"创收"目的的办学行为尽管在很大程度上削弱了师范学校本来的功能定位。但是这种方式在发展过程中，由于是在组织内部进行的组织功能扩大，所以，出于经济目的而进行的组织自适应也能带来组织功能的一些实质性的转变。

途径二，联合同市其他类非师范学校（很多是职业类型）或者培训部门，使其作为师专用来创收的"非师范培训部"。这种方式相对于第一种方式来说，其实可以算作立足于师范特色所做的组织功能多样化努力，组织变革动机几乎为纯粹的经济目的。所以，这类方式基本上不可能与师专在交融互摄中培育出非师范的真正种子，从而促使真正意义上的师专综合化转型。

途径三，"一个学校两块牌子"的优势互补合作发展道路。在一些经济较为活跃的地区，地区师专的功能定位显然不能满足本地区经济发展的需要。政府往往以自己的名义在现有体制外创办能够满足地方发展的、以"职业"定位为特色的市属职业大学。但是，由于办学经费的制约、特别是社会认同感的缺乏，所以这类学校往往面临组织生存困难和合法性危机。可以说，地区师专的体制内优势及功能单一与地方职业大学的专业优势及体制外合法性危机劣势，恰好互补。因此，在师专院校、市属职业大学并存的地方往往采取校舍合并①，并以"一个学校两块牌子"的方式实现优势互补、组织规模的扩大、效益的整体提高，从而最终获取省级主管部门的认可，实现组织功能的转型及体制外办学机构的体制内接纳。这种途径可以说具有重要的制度创新意义，它是我国高等教育制度变迁过程中基层教育组织制度创新最具有大众特质的典型例证。

---

① 此时的合并仅仅指学校校舍的合二为一。依然是省级政府管师专，地方政府管职大。并非政府认可的"合并"。

当然，我们也需要指出的事实是，除了上述这几类成功走上合并或者依托发展道路的地市级学校以外，还是存在着不少尽管物理空间已是"你中有我，我中有你"，但是坚持自己身份特征，不愿做出让步和协商，最终陷于合法性危机等组织困境、甚至生存危机中的地市高校。

如果我们考虑上述诸种因素，并基于组织社会学的视角来考察我国大多数地区师范专科学校的组织特征的话，我们会发现，功能定位相对单一、自适应能力较为缺乏的师专在市场制度逐步形成的过渡期，因社会制度所能提供给组织的基本性支持和组织内部特点的差异将决定着组织在未来制度结构中的位置。

通过对中心城市办大学的高等教育创新实践及地区师专组织转型的诸种描述和分析，其实是在试图说明一个客观现实：在整个社会朝着市场经济逐步发生转型，自由空间逐步增多，原有制度环境对单位制学校组织的约束力弱化、新的市场性规则又没有建立起来的大背景下，缺乏学术基础和资源获得通道的地区师专和市属大学发生着怎样的主动的组织变革实践，带来了高等教育怎样的制度创新。我们看到，在大的制度变迁环境中，来自最底层的高校组织也同样经历着顽强且有智慧的努力，尽管外部环境并不十分有利其发展。同时，我们也看到，在中国的不同区域，不同类型学校的组织生存、变革之路是不尽相同的。究其原因，一方面可能与组织面临合法性危机时学校领导者自身的视野及组织自适应努力有关。另一方面，也与作为主管上级的省级和地市政府的宏观统筹、协调沟通等方面的制度性知识① 存在着密切的关联。总之，地方政府和所属学校基于制度性知识进行的策略行动，乃是基层制度创新的动力与源泉。

（二）省属大学与中央部委院校的组织转型之路：比较的视角

两类高校的比较分析其实只是以粗略的分类为基础的。因为，除了所属关系这一基本的维度以外，还有诸如科类等其他维度的区分。同时，对于两类高校的比较也是需要有时间维度进行约束的。由于国家政治经济背景的变

---

① 制度性知识是吉登斯对于社会结构中行动者对制度的理解和认识的概念性概括。

化所带来的高等教育系统内部的变化，直接导致两类高校内部结构以及外部关系存在潜在而深刻对变化。因此，在下面的分析中，笔者会以1992年邓小平同志南方讲话为时间节点，做典型计划时代和由计划向市场过渡这两个阶段的区分，在此基础上，笔者首先会对处于前一个阶段的两类三种高校进行高等教育结构体系中位阶、组织承载的特定功能以及基本的资源获得方式进行差异性比较，然后以后一个阶段的时代特征为背景，以影响深远的"211工程"、"985工程"以及1990年代的院校合并为基础展开高等教育结构系统的分化与重构分析，继而进行整体性评价与反思。

1. 计划时代的高校组织

教育部所属院校位于整个高等教育结构体系的最顶端，一般具有较高的学术声望。其招生生源来自全国范围，也在全国范围类分配毕业生。在均衡了各地区专业人员的分布和满足了国家重点单位需求的前提下，国家给予这类高校学生选择工作单位越来越大的自主权，也就是通常所说的"双向选择"政策。至于这类高校的基本运行经费，绝大部分由国家教育部负责提供。

部委所属院校主要为国家的各个部委服务，因为部委专业性强的特点往往具有很强的地域性。并且，这类高校基本上也是面向全国招生，特别是在实行指令性分配方面，往往贯彻更强的执行力。自然，这类高校的经费主要来源于所属部委。只是由于部委的经济状况不同，所以，不同系统的学校经费状况也有很大差别。

对于上述两类高校，由于主管部门的行政级别而享受更多的资源和发展空间。这种状况在高度计划的1990年代体现的特别突出。同时，在两类高校学生毕业分配中，如何使毕业生在选择工作单位时，既符合国家总体经济发展的需要，同时又最大限度地满足学生的专业知识和个人需求，这是一个既关键又棘手的难题。

如前所述，省属高校绝大部分建立于1958年高等教育"大跃进"时期。这类高校中一般有两所学校构成省属院校的基础，即一所省属综合大学，另一所为省属师范大学。当然，也有些省份仅仅只有其中之一。一般来说，省属大学在课程内容方面要比国家直属大学更加广泛一些，而且在课程内容方面的设置也比较实用和面向本地的实际。培养本省经济建设中所需人才，为本省大学以下各级学校培养师资是其主要任务。由于这类学校在省内的特殊地位以及服务地方的课程、学科定位，所以，往往受到省教委及其政府财政的大力支持。在学生招生生源和就业方面，几乎全为省内生源，毕业生也主要被输送到省内各所需单位就业。

2.资源获取渠道的差异

由于来自计划时代的基本组织功能定位，所以体现在资源获取方面就存在着典型的类型差异。

拨款

在完全计划时代，学校的生存和发展完全依靠国家单一的预算计划拨款，根据上一年经费分配额的情况，国家再根据学校的发展需要和高等教育的总预算额，来决定每个学校的增长性调整。并且，学校未用经费必须在年底返还给国家。这种控制性极强的财政预算体制直接决定着中央部委院校和省属院校的经费差异（见表6）。

表6　我国某省1992年高等教育经费状况构成表

高等教育总经费	11.15 亿元	
其　中		
国家教委及其他部委院校	7.8 亿元	
	生均经费：7494 元	
省属高校	3.28 亿元	
	省政府拨付	学费及创收
	2.6 亿元	0.68 亿元
	生均经费：4162 元	

注：此表根据世界银行编著：《中国高等教育改革》，中国财政经济出版社1998年版，第50页有关数据编制而成。

从上表中所呈现出的两类高校的经费总量、生均经费、经费来源可以看出，处于计划时代的某省部委所属高校和省属高校经费差距存在很大差距。很明显，省属大学处境艰难。

不仅如此，同样来自世界银行报告中对于部分抽样省属院校国拨生均经费的状况调查也揭示出了在逐步走向允许地方和部属企业单位提留较高的利润来用于自身发展的财政分权时代，原有的增长式财政预算体制在高校并没有发生实质性的变化，不仅因所属部门不同，导致省属大学和中央部委大学所获得的经费差距很大，而且不同地域的高等学校也存在着不小的差距。

表 7　1992 年抽样省份省属高校国拨生均经费（元）

省市名称	国拨生均经费	生均经常费支出	生均基建经费	省级人均GDP	高教经费占GDP 的比例
北　京	7007	5309	1698	6434	2.9
广　东	6630	5157	1473	3514	1.5
上　海	5341	4707	634	7925	2.4
安　徽	4154	3613	541	1243	1.8
四　川	3471	3019	452	1357	1.6

资料来源：世界银行课题组：《中国高等教育改革》，中国财政经济出版社 1998 年版，第 50 页。

从上表中，我们可以清晰地看到在不同省市高等院校无论是国拨生均经费、生均经常费支出，生均基建经费、高教经费占 GDP 的比例等指标都显著地呈现出地域的差距。

学费

尽管计划体制下的财政政策，在国家整体性改革思维中，朝着财政分权体制改革方向转变，并且也直接影响着国家对于高等学校拨款方式的改变。比如，将过去按照开支细目项目拨款的政策变为按照大类拨款；给予高校使用经费的权力，国家仅对公用经费支出是否适当进行审计和监督；废除剩余资金年底上交国家的规定。用经常性资金公式拨款取代增量式拨款。但是，这种意在促使高校合理、充分利用有限资金，增大资金使用效益的拨款政策，因其依据全日制学生数拨款的新规定，却对处于普遍性经费困境的高校产生了想办法多招一些学生的政策诱导作用。

我们从指令性计划和调节性计划两类招生指标来分析。众所周知，指令性计划是计划时代的产物。它直接与国家拨付的经费挂钩。在 1985 年《中共中央关于教育体制改革的决定》之前，所有的学生都是国家计划招生，也即指令性计划。在这之后，自费、委培和定向则成为调节性计划的主要形式。也正是从此开始，学费开始成为高等学校除了拨款之外另外一条获得经费的渠道。随着国家在 1989 年开始到 1997 年之间连续多次的政策努力[①]，学费最终成为所有学生都必须缴纳的费用。成本回收思维实现了在中国的初步制度建构。这种被称为并轨招生的制度带给省属院校和国家部委所属院校大致相同的刺激和诱导。但是却因这两类高等教育组织的位阶差异而体现为不同的行动方式。

表 8　中国高等教育成本回收制度的演变及其社会经济背景（1949—1997 年）

年　份	社会经济结构	年　份	高等教育财政的演变
1949—1978	中央集权的计划经济	1949—1982	国家对高等教育实行"统包"：免费高等教育
1978—1984	计划经济，结合市场调节	1978	付费：自费生
		1983	助学金改革为助学金和奖学金
		1984	付费：委培生
1984—1992	公有制基础上有计划的商品经济（宏观调控阶段：1989—1992）	1985	确立试验形态的双轨制系统
		1987	助学金进一步改革为奖学金、助学金（困难补助）和学生贷款
		1989	对所有学生实行收费并正式建立"双轨制"系统
1992—	社会主义市场经济	1993	部分高校试行"招生并轨，学生缴费上学"改革
		1997	全国高校基本完成"招生并轨，学生缴费上学"改革

注：引自钟宇平、陆根书：《高等教育成本回收对公平的影响》，《北京大学教育评论》2003 年第 2 期，第 53 页。

对于国家部委院校来说，在计划外的调节性计划还是计划内的指令性计划获得方面，都处于优势地位。当面临经费危机的这类组织在国家财政性经

[①]　1989 年国家教委（1998 年改为教育部）、物价局、财政部联合制定《普通高等学校收取学杂费和住宿费的规定》提出从 1989 年度开始，对高等学校计划内新生收取学杂费和住宿费，学杂费每年 100 元，住宿费每年 20 元。尽管收费很少，但是由于委托培养和自费的学生比例较低，计划内学生的收费标志着我国高校收费制度普遍实行。1992 年计划内每生年均交付学费 300—600 元，住宿费 100—300 元。委培生和自费生年均交付 2000—6000 元。其中包含住宿费用。参见世界银行课题组：《中国高等教育改革》，中国财政经济出版社 1998 年版。

费没有可能大幅度增长时，从能够获得显著收益的招生形式中拓宽经费来源就成为其必然选择。在完全并轨招生之前，诱导源来自自费、委培等调节性计划，而并轨招生之后，刺激点拓宽到所有生源。对于希望接受高等教育的学生来说，国家部委院校由于先天位阶所形成的组织声誉，具有优于省属高校的吸引力。同时，在招生指标的分配方面，也同样具有省属院校难以企及的优势。所以，对于国家部委院校来说，无论是在获得生源的吸引力上，还是占有生源指标方面，都优于省属高校。

而面临更为严峻财政困难的省属高校，尽管在上述诸多方面难以取得与国家部委院校相似的地位，但是，作为利益联盟的地方政府，却会利用可能的时机，帮助所属高等学校在组织能力范围内尽最大可能地争取拓宽学费的机会。

从 1992 年开始，中央开始逐步放松对于地方高校招收自费生和委培生的限制比例，许多省属院校在这段难得的控制松动期招收了大量的收费生[①]，例如，1993 年位于东部的上海高校自费生及代培生占招生总数的 50%，安徽省高校的这类学生占 63%。甚至在西部的宁夏招收此类生源的比例也达到了31%，新疆在 1993 年招收自费生上迈开了更大的步伐。高等学校招生人数从上一年的 8800 名增加到 20000 名，在这 20000 名学生中，13500 名是自费生。从招生类别来看，计划内招生人数几乎没变，依然保持在 6500 人左右。[②] 事实上，1994 年，招生总人数上升了 22%，大大超过国家计划增长 6% 的目标，其中很大部分增量来源于地方院校招收的自费生和代培生。尽管我们说，上述地方高校在争取学费收入方面的努力并不具有广泛的代表性，但是这种现象本身所蕴涵的众行动者因利益联动而生成的策略行为却值得思考。

总的来说，在成本回收思维指导下的并轨招生制度建构过程中，学费逐渐

---

① 随着工厂企业获得大学生的难度降低，以及"储存"人才的代价增大（工资制度改革所带来的成本增加），所以工厂企业很少愿意采取提前付费的方式订购大学生，所以国家给予委培生相对宽松的招生计划，基本上就被个人付费的方式所顶替，演变成为"假委培，真自费"。因此，到 1993 年，两种招生方式基本上已经合二为一，所以在此，我将其统称为收费生。

② 所引数据参见世界银行课题组：《中国高等教育改革》，中国财政经济出版社 1998 年版，第 51 页；以及［加］许美德：《中国大学：1895—1995 一个文化冲突的世纪》，许杰英译，教育科学出版社 2000 年版，第 256—257 页。

成为各类高校共同追求的目标。尽管我们也注意到省属高校在利用特定时期的制度空间获得了比原本多一些的学费资源，但是，部委院校与省属高校在既存高等教育结构体系中的天然位阶差异，决定着学费收入也存在着类似的特点。

创收

高校的创收实际就是在现有的制度框架许可的范围内，高等学校利用各种手段获得经济收入的各种途径与方式。高校的创收开始于1980年代后期，原因始于通货膨胀引起的全国性经济压力。特别是在计划体制逐步松动的1990年代初期，省属高校和部委院校都面临着在国家拨款越来越不充分的条件下，如何开源节流，寻求发展的严峻考验①。总体来说1990年代的高校主要通过以下渠道筹措经费。第一，来自校办企业的收入。这种依托高校的知识和技术优势进行产业开发的筹资策略在发展的过程中带来两个管理方面的问题：一方面，当要求校办企业同时为学术研究和筹措经费双重目标服务时，它是否能继续运行？另一方面，在竞争越来越激烈的环境下，是否还应该让那些按照学术标准聘任的教师去管理工厂企业。从实际来看，这两个方面的问题确实制约着校办产业的发展，甚至还会对高校产生连带风险。第二，为企业提供委托培训是高校创收的另外一个来源。这种方式主要还是利用高校的知识技术和教育培训优势来换取企业的资金。具有应用性知识优势的系在这方面创收中十分有利。第三，科研及咨询收入。在1985年的改革中，大学，特别是国家的一些中央部委所属重点大学被赋予了教学中心和科研中心的双重任务，过去仅仅依托独立建制的科研单位负担的研究任务，在高等教育的改革中也渐渐地向高校进行了一些转移。就科研经费获得数量来看，主要集中在国家为数不多的一些重点研究型大学里。这类大学通过科研或者咨询所获得的经费甚至可以和国拨经费不相上下。1993年全国36所国家重点大学科研收入为11.2亿元，而同年获得国家经常费拨款额为11.7亿元。② 对于省属大学和师范院校来说，他们提供科研和咨询服务的能力不具

---

① 在1980年代的早期，人员工资只占国家拨款经费的40%—50%，而到80年代后期，特别是1990年代初期，随着通货膨胀和教职工工资的增长，这一比例已经达到80%—90%。这就意味着高校可用于专业发展、图书购置、教育基本设施的经费非常有限。

② 世界银行课题组：《中国高等教育改革》，中国财政经济出版社1998年版，第51页。

备任何优势。第四，捐资。从表9可知，捐资在1992年所占比重为0.8%，这些捐资款基本上有专门用途，不能作为灵活资金随意支配，并且主要集中在拥有大量校友的著名大学。

从创收的上述途径来看，学校的知识（特别是应运性知识和高新知识）提供能力、学校声望对创收能力具有重要影响。处于高等教育金字塔上位的部委院校，特别是其中的一些重点大学往往具有优势。而省属院校在短时期内想要在创收能力的拓展方面有大的提高，难度很大。就省属高校解决经费来源的途径来说，从逐渐松动的招生政策（比如招收自费生或者委培生）中获得更多的收费学生，继而增加经费似乎是省属高校能力范围所能做到，也是它们十分乐意去做的一件事情。

表9　我国高等学校不同渠道经费来源比例（%）

经费来源	1978	1990	1991	1992
1．政府拨款总额	95.9	87.7	86.9	81.8
1.1 经常经费	74.8	64.9	65.3	61.4
1.2 基建经费	21.2	22.9	21.6	20.4
2.学校创收总额	4.1	12.3	13.1	18.2
2.1 和 2.2 总计	4.1	10.5	11.4	13.6
2.1 学校创收活动净收入		10.3	10.7	12.8
包括：校办企业收入		2.8	3.1	3.7
委托培养收入		2.1	1.9	2.3
教育服务收入		0.9	0.9	1.1
研究及咨询收入		1.0	1.2	1.3
后勤服务（食堂、宾馆等）收入		0.7	0.7	0.7
其他创收活动收入		2.7	3.0	3.7
2.2 捐赠及其他		0.2	0.7	0.8
2.3 学生缴纳学费		1.8	2.9	4.6
总　计	100.0	100.0	100.0	100.0

资料来源：转引自世界银行课题组：《中国高等教育改革》，中国财政经济出版社1998年版。

总而言之，由计划时代逐步走向市场经济下的我国高等学校，其资源获取渠道呈现逐渐拓宽的趋势。个中原因部分来自高等教育系统内部公共财政危机，部分原因在于大学服务社会功能的必然体现。这其实表明，中国的高等学校在 1990 年代中前期面临着组织结构的逐步改变从而适应新压力的变化趋势。我们从上表呈现出的数据来看，尽管国家所承担的学校发展责任仍然占据很大比例，但是学校的学费收入和创收也呈现增加的趋势。同时，我们应该认识到的是，这种增长的比例在不同高校中呈现情况差距很大。对于占高等教育总体规模 55% 的省属大学来说，教育成本补偿政策的实施具有更人的诱惑力。这已从前文论述中得到充分体现。

3. 高等教育结构系统的分化与重构：重点工程以及 1990 年代的院校调整

对于高等院校来说，上文所列举的创收途径固然可以为学校的发展增加部分资金，但是，要想带来学校整体性的资源获取渠道的全面扩张，最好的办法乃是争取学校组织进入高等教育结构体系的更高层级。因为，在具有典型层级特征的中国高等教育结构体系中，更高层次的组织位阶，预示着资源获得渠道、组织声望等的全面提升。而 1990 年代的大部分时间里，伴随着国家对于高等教育管理体制改革的政策引导，高等教育系统发生着持续而深刻地变革。而这种变革主要是以"211 工程"、"985 工程"政策的实施和 1990 年代的院校合并展开的。

"211 工程"是在 1993 年《中国教育改革与发展纲要》中予以确立的。《中国教育改革与发展纲要》中对于"211 工程"目的和意义的文本表达是这样的："为了迎接世界新技术革命的挑战，要集中中央和地方等各个方面的力量办好 100 所左右重点和一批重点学科、专业，在教育质量、科学研究和管理方面，达到世界较高水平。"① 从政策话语来分析，"211"工程项目的政策取向依稀闪现着长期以来重点高校建设的思路。不过在 1990 年代总体性制度变革的大背景下，这一政策选择其实更加突出体现了旨在提高质量和效益的价值取向。正如库姆斯（1985）所言，"改进教育质量的目的并不一

---

① 国家教委办公厅：《中国教育改革与发展文献选编》，人民教育出版社 1993 年版，第 9 页。

定与增进教育机会平等的目标相矛盾，但有时会产生明显的对抗。当这种情况发生时，必须考虑替代的方法和权衡利弊，目的不在于实现理想，而在于达到一种合理和现实的折中与平衡。"因此，对于"211 工程"项目政策设计来说，这种旨在改进教育质量和提高效益的目标背后的改革逻辑其实是对中央政府高等教育有限资源控制权的进一步制度化重建。并且，这种政策意图也客观上成为调动地方政府积极性，促进高等学校合并、共建的"酵母"。

　　为了更好地说明这一问题，我们有必要对社会转型期背景下的中国高等教育体制的一些基本特征进行简单分析。在我国高等教育领域中，伴随着高度集中统一的管理体制惰性，以及制度本身所具备的僵化和不完备性，行政决定、审批等仍然是政府管理高等教育的主要手段。这种政府牢牢掌握主要资源所有权的基础性制度容易诱导政府在教育资源分配上的垄断地位，继而形成"政府一方'主导'的权重过大而高校一方'从属'的色彩太重。"[1]学校所需要的资源几乎都掌握在政府手中或者受政府控制，谁能挤进政府认可的"重点"行列，谁就能比"非重点"得到更多的资源。因此，"211 工程"，作为继 1980 年代重点大学之后的又一个"重点高校"排序，它所具有的意义决非其附带的显形配套资金所能涵盖，有可能意味着一种新的高等教育格局重构的开始。所以，当社会调节机制，尤其是利用市场竞争来优化资源配置的机制迟迟没有完全发育，而"211 工程"所具有的行政引导性的资源配置特性天然地对缺乏明确创生性目标的市场资源具有强烈吸附功能的时候，"211 工程"就注定成为具有诱发"攀高"和引导"趋同"机制的产物。也正因如此，"211 工程"所倡导的规模、数量等先决性指标就成为各类希望挤进"重点"行列高校十分"明了"并竞相追逐的首要目标。于是乎，几乎贯穿整个 1990 年代的高校并校活动实际就演变成为一场地方政府和高校联合、重组以便重新获得市场份额的资源争夺运动。很多高校都主动或被迫选择了"合并"来提升组织的竞争力和地位。"虽然，合并所带来的组织利益在组织内部的分配并不一致，但合并所带来的专业整合与扩张，无疑极大地

---

① 冯向东：《高等教育结构：博弈中的建构》，《高等教育研究》2005 年第 5 期，第 4 页。

丰富了组织的内涵，因而提升了整个大学组织对市场资源的竞争能力。"①

　　随着旨在整合更高一个层次资源和确立新的高等教育组织位阶的重点建设项目"985 工程"的确立，国家部委（特别是教委）重点高校利用组织位阶优势吸纳资源的积极性也被彻底调动起来了。所以我们说，"211 工程"以及"985 工程"是 1990 年代策动高等教育组织进行资源重组、实现结构重构的政策导引，它们从学校组织和学科结构两个方面引导着有限优质资源的重新配置。这种配置机制所蕴涵的激励因素使得高等教育组织间通过主动或者被动的"联姻"来完成了市场资源的最大程度的聚合。特别是当市场化资源配置缺乏有效的市场评价标准时，政府所建立的优质教育资源评价准则无疑成为了市场资源流向的风向标，它所带来的资源吸引和资源汇聚远远超过"工程"本身。正是这种转型期的制度变迁特点和组织发展机遇使得1990 年代的我国高等教育结构体系发生了根本性的变化，各类高校充分利用学科嫁接、课程结构互补、教育功能补偿等实现了诸如强—强合并的"建设一流型"，强—弱合并的"发展型"，弱—弱合并的"升格型"等合并模式。并且，在以合并为主的高校再造模式以外，共建、化转等其他形式也在整体性的结构重组中被很好地利用②。

　　总之，上述顺应政策目标进行高等教育组织自适应的发展走向恰恰契合

① 罗燕：《教育产业化的制度分析》，《教育与经济》2006 年第 1 期，第 48 页。

② 对于高等教育管理体制改革的几种不同形式，其实包含着不同的组织发展内涵。合并，特别是 1999 年之前，主要发生在地方大学之中。它成为整合地方教育资源，聚零为整争取更高层次位阶和资源的基本手段。其中具有代表性的新扬州大学、南昌大学都是地方政府及所属高校合力推动的结果。共建是中央政府试图打破高校单一的隶属关系，借地方政府之力发展教委重点大学的基本思路。国家教委和广东省共建中山大学、华南理工大学是其肇始。随后许多重点大学的发展都采取这种形式。这种形式的核心思维在于一种合作与交换。国家让渡部分学校管理权，地方提供一定数量的资金支持，学校将服务（招生）对象更多地倾向于所在地方。三方各取所需，依靠共建达成共同发展之目的。至于化转，则是在 1998 年国务院机构改革整体性背景下进行的部委院校化转地方或者 A 部委院校化转 B 部委院校的一种高等教育组织调整形式。这种调整形式一般呈现政府主导的特征。在 1999 年高校扩招之前，以地方高校为主的合并以及以部委重点大学为主的共建对于整个高等教育系统产生了重大影响。而以部委院校为主的化转以及发生在重点大学其他类型院校之间的合并则集中发生于高等教育大扩招的一段时间里。参见教育部发展规划司编：《加快高等教育管理体制改革的步伐》，南京大学出版社 1998 年版，第 7—10 页。

了《中国教育改革与发展纲要》所意欲调整的计划体制下的高等学校所属关系，从而使原本单纯行政指令下很难实现的管理体制改革借助资源重新分割的契机得到了较好的实现。如果我们将"211 工程"、"985 工程"和院校调整看作一个具有系统功能的改革行为的话，那么 1990 年代的这种改革思路无疑具有可以借鉴的地方①。

（三）对成人教育市场生源的争夺——兼论成人高等教育的发展

在中国高等教育的金字塔中，成人高等教育是一个不可或缺的组成部分②。在"文化大革命"时期，非正规高等教育（成人高等教育）在"七·二一大学"中就有所体现。甚至，在更早的时期各种非正规高等教育还在特定时期发挥过非常重要的作用。在改革开放初期的 1980 年代，成人高等教育体系主要发挥着两个方面的作用：一方面表现在对"文化大革命"后提拔起来的一大批干部进行再培训教育，使他们获得现代化建设所必备的知识和学历；另一方面表现在吸纳了越来越多的考不上正规大学的高中毕业生，给他们以接受高等教育的机会。并且，第一方面的作用由于特殊的时代特点很快消失，而学历教育则发挥着越来越重要的作用。与此相伴的是，成人高等教育的课程在逐步地向正规高等教育看齐。进入 1990 年代，随着正规高等教育开始努力扩大招生规模，成人高等教育面临着越来越大的威胁，表现为越来越多的高中生可以通过自费渠道进入正规院校。并且，随着国家政策的鼓励，国家的大部分正规院校都建立了自己的成人教育学院，使其成为连接两个不同系统的有效形式。这种依托正规高等教育办成教的形式吸纳了成人高等教育的大部分生源。独立建制的成人高等教育院校面临着巨大的生存危机。总之，从成人高校在 1990 年代的发展来看，集中体现在以下几个方面的特点：1. 成人高等教育的总体规模虽有所扩大，但是增长幅度明

---

　　① 比如，在高等教育逐步走向市场化的整体制度变迁背景下，推动改革的动力机制是否具有新的凭借手段，比如资源吸引、利益诱导。

　　② 就成人教育系统应该承担的作用来说，成人教育包括五个方面：1. 岗位职务培训。2. 基础教育的补课。3. 成人高等教育（大专）和中专教育，也就是学历教育。4. 新知识、新技能的继续教育。5. 社会文化和生活教育。

显低于正规高等教育。2. 成人高等教育办学形式中，"普高办成教"成为主要形式；3. 成人高等教育的整体面貌、教学风格和教学方法逐步"正规大学化"；4. 学历教育成为成人高等教育的主要承担方式。也就是说，作为高等教育第二渠道的成人高等教育逐步与正规高等教育趋同。

其实，成人高等教育的这种发展走向，也从一个侧面反映了 1990 年代整个高等教育发展的整体特征。在资源争夺成为各类各级高等学校的主要目标的时候，处于补充和辅助地位的成人高等教育注定了在这场竞争中的不利位置。

四、过渡时期中国高等教育的制度变迁

由上文分析，我们可以对 1999 年之前的高等教育变革从政府行动者和高等教育组织行动者两个方面进行概括总结。

（一）从政府行动者角度来看，1999 年之前的高等教育变革总体上呈现"指导下的教育市场化"特征

所谓指导下的教育市场化，即具有中国计划体制特色的局部市场化思维及体现。从上文的分析中，我们业已发现，这种具有中国特色的市场化并不全然等同于西方资本主义自由经济体制之下的市场化。在这种思维指导下的中国高等教育发生了以下重要的制度变革。

第一，在 1992 年之前，我国高等教育改革主要是在借鉴经济体制改革"体制外推进"和"增量改革"的路径以及先试点后推行的方式进行的，尽管计划外招生拓展了高校直接面向社会需要办学，增强了办学活力，自费生的出现也预示着我国高等教育"成本分担和成本补偿制度"的开始萌芽，但总体上来说，1992 年之前我国高等教育依然保持较为典型的计划特征。

第二，1990 年代的大部分时间，高等教育改革体现出全面深化的变革特征。政府为了应对高等教育系统的合法性危机（主要体现在财政困境、系统容纳能力），主要从两个方面进行着教育行政管理权力的实质性下放。一

是教育财政权的下放，或者我们在前文所说的财政分权，指中央政府把教育财政权下放到地方政府。此外，教育财政的来源由单一的政府拨款改为多种渠道资助，以保证高等教育的经费逐步增长，一改以往由国家特别是中央政府包揽大部分教育财政的状况，使真正能够获得劳动市场信息的地方政府和企业可以有效率地实时调整教育规划的方向；二是教育管理的多元。改变以往政府对于高等教育完全掌握的状况，允许不同形式教育管理方式应用于各教育层级，从而试图使高等教育能够反映劳动市场乃至于总体经济市场的需求。

第三，随着1997年高校招生的完全并轨，历时十余年的招生制度改革最终被各类生源统一收费的政策所取代。这项政策初步建构的并轨招生制度具有重大的意义。它不仅诱发招生制度产生根本性的改变，而且对于学生分配和学生资助制度产生巨大影响。最为深远的影响在于，高等教育规模控制政策的根本产生了松动。在此之前，国家进行招生限额的目的在于以有限的经费保证对人才实施必要的、有质量保障的教育与培训，同时保证国家对学生未来工作所应承担的相应责任。而今各类学生统一收费的比例、招生限额的做法也就自然失去了效应，取而代之的是，招生数额受个人教育需求和教育支付能力的支配。

第四，在1999年之前的高等教育领域，政府所推动的改革依然在很多方面受制于计划时代制度环境的制约。这种制约主要体现在显形和隐性两个方面。隐性的制度性制约体现在计划体制对于上述政府努力和制度建构在执行环节的影响。显形的制度性制约主要体现为单位制的许多特征①为高等学校的发展带来了额外的运行成本，从而制约着学校规模的扩大和办学效益的提高。由此，当市场还没有孕育出单位制的替代机制时，这些特征就将在

---

① 在单位制时代，学校须承担自身职工的福利保障。职工福利最主要的构成部分为工资和住房。单位工资福利制度有三个原则：第一，实发工资用于支付当前的生活；第二，集体福利共同使用；第三，养老金和医疗费等暂时不需要的费用一律等到需要时再付。这个制度实现需要三个假设：第一，财富属于集体，按照集体方式使用；第二，个人财富应当限制在维持当前个人生活水平上；第三，单位保证职工在需要时能够得到单位承诺的福利。尤其是第三个条件直接关系到单位制度的存在。如果第三个假设遭到破坏，那么单位制度就岌岌可危了。

一定时期内持续地影响高等教育的发展。从世界银行 1994 年对中国高等教育调查的数据表明，"目前国内高校有 25% 的人员现在已经超过 50 岁，并将在 21 世纪头十年退休。"① 具有相当比重教师的即将退休，为学校带来了发放退休金和继续享受住房福利（包括辞世后后代继续享受住房）的双重压力。特别是后者，直接制约着学校规模的扩大和进一步发展。由于在 1990 年代的大部分时期，私有房地产市场并不存在，如果住房改革仍无进展，高校将不得不为 25% 的退休教师和接替的新聘教师提供福利性住房，如果这样的话，学校昂贵房产的持续性流失（即使采取成本价售出，也不能给学校提供发展基金，况且房产流失将同样存在），带来的发展空间压缩（不能有足够的地方建设教学和学生住宿用房）和解决新任教师住房带来的沉重财政负担将严重影响组织的正常运行②，组织的规模扩大。具有单位制特征的高等学校因不能提供承诺的福利而面临着合法性危机。而这些不是仅仅依靠高等学校本身所能解决的问题。值得期待的是，1998 年国家开始推行的住房制度改革，有望解决高等教育发展的上述基础性障碍，为高等教育的快速发展扫清路障。

（二）高等教育组织层面的思考

第一，从正规高等教育系统内各类高等教育组织行动者来看，自 1977 年以来，特别是在 1992 年之后的中国高等教育系统变革，其实是在高等教育系统整体性经费困境的背景下，以及若干旨在引导系统分化和资源重组的宏观政策（"211 工程"、"985 工程"）的推动下，展开的各类高等教育组织行动者的自适应努力以及与制度的相互形塑过程。

但是，以直接或间接的利益获取和资源争夺为目标的组织行为，往往倾向于冲淡或削弱高等学校文化机制中共享价值观、传统和信念的整合功能，强化了科层机制或市场机制制约和影响下的大学组织整体目标定向。也就是

---

① 合肥工业大学有普通在校生 7200 人，成人学生 2000 人。到 2000 年，将有 2000 名教职工退休。

② 在我所经历的一所中部师范大学中，这一现象是客观存在的。该校领导人对此问题不乏远见的处理直接引发了部分教师与学校领导的持续性关系紧张。

说，在 1999 年之前的中国高等教育体系中，无论是从整个高等教育系统中隐性呈现的科层位阶特征，还是渗透在高等教育组织中被复制的行政权力以及市场力量，都使得这一时期的高等教育系统呈现出与市场更加紧密的联系，而缺少文化教育机制的制约。在面临强大的受教育需求和大量潜在的生源市场时，各类高等教育组织能否有甄别地招录学生，这是一个问题。换句话说，在新的拨款机制唤醒高校成本意识的同时，经费分配标准并没有激励人们提高办学效益。

所以，在这种动力机制驱动下的高等教育组织变革，造成的客观后果是重组后的组织迫切需要利用规模来维护组织的稳定和彻底转型。同时渴望变革的组织也希望能借助规模的支撑来实现更高位阶的获取。整个高等教育系统在放权和逐步市场化的背景下，客观上唤起地方政府的利益诉求，并调动着所属高等学校的组织变革积极性。总的来说，合并、共建、划转等带来的整个 1990 年代的变革塑造了一种不同于之前任何时期的新的结构特点：扩充规模的强大诉求。换句话说，在规模发展总体受限的 90 年代，如何满足业已开始并将持续增长的变革组织规模需求？可以想象，这将会以一种组合压力造成对政府决策者的影响①。我想，这是我们对世纪之交高校扩招前的高等教育结构特征需要了解的一个重要维度。

第二，本章对于普通高等教育系统之外的成人高等教育系统以及在正规高等教育系统之外的民办高等教育的处理方式是作为公立高等教育组织的关联系统而出现的。经上文分析，我们总体上可以看出，成人高等教育系统在 1977 年之后，是作为正规高等教育的重要补充来得到发展的。如果要对其做一个总体评价的话，1980 年代中前期是成人高等教育发展的蓬勃发展期。而从 1980 年代后期到 1990 年代末期，过去承担大批新提拔干部再培训教育任务的功能逐步衰弱，而学历教育则成为成人高等教育的主要功能。特别是随着国家政策的引导，正规高等教育建立成人教育学院，使得依托正规高等教育办成教的形式吸纳了成人高等教育的大部分生源。独立建制的成人高等

_____

　　①　江苏省从 1996 年开始的持续三年的万人扩招。以及其他一些省份进行的非许可"自主"扩招，都是这种不可抑制增长的现实体现。

教育院校面临着巨大的生存危机。成人教育"正规大学化"预示着作为高等教育第二渠道的成人高等教育呈现出与正规高等教育功能趋同的特征。正如前文所做判断，在高等教育总体性资源不足，并导致资源争夺成为各类各级高等学校主要目标的时候，处于补充和辅助地位的成人高等教育注定处在这场竞争中的不利位置。

1999 年之前的 20 余年时间里，民办高等教育是以效仿经济体制改革中的"增量改革"和"体制外推进"的方式进行的。尽管经过自组织努力以及政府的推进于 1990 年代初期在制度建构方面取得了重要进展，"高等教育学历文凭考试"制度得以确立。但是，"拾遗补缺"的系统功能定位在为其争取到一定发展机会的同时，也固化为一种自身难以克服，并限制其获得真正增量发展的制度性障碍。总的来说，1990 年代后期的民办高等学校，尽管如一些人的评价，"日子还是很好过的"，但是既存教育体制本身所蕴涵的"官学本位"发展思路注定了纯粹的民办高等教育发展将会经历诸多制度性障碍。①

总的来说，如果我们以 1999 年作为我国高等教育走向大规模扩展、应对发展性征候、解决系统内困境、走向高等教育大众化的起点的话，那么，我们在本章中所着力进行的是对这一政策肇始之前的过渡时期的制度环境进行理性而富有历史制度主义的考察，并从科层机制、文化机制和市场机制三个维度对制度变迁中的组织转型进行分析。这种分析的目的在于以关系的视角来审视在三种机制制约下，各类高等学校组织利用制度空间争取资源、寻求组织发展的行为策略和演进路径。最终勾画 1999 年扩招之前中国高等教育的既存制度结构所呈现的系统特征，思考促进数量扩张的制度性因素以及

---

①　南洋教育创始人任靖玺在《教育炼狱十年》中将改革开放以来的民办高等教育发展列为三个发展阶段。1980 年代应运而生，意气风发；1990 年代层层设卡，层层突破；21 世纪初，哀鸿遍野。任靖玺认为，"当《民办教育促进法实施细则》和《关于规范并加强普通高校以新的机制和模式试办独立学院管理的若干意见》随后出台时，我的心一下子就冷透了。这两个文件把辛辛苦苦制订出来的'促进法'变成了促退法'和'破产法'。我知道，原有的真正的民办教育完了。"在任靖玺看来，根据这两份文件，公立学校以"名校办民校"和"独立学院"的方式进入民办教育市场得到了法律的保证对原有的民办学校杀伤力极大，也因此导致了"哀鸿遍野"的现状。

阻碍扩张的结构性影响。概言之，探究 1999 年扩招之前的结构体系所蕴涵的规模扩张动力机制是什么。

通过上述分析，可以得出以下几个结论：第一，在中央政府所进行的高等教育总体性改革中，若干旨在引导系统分化和资源重组的政策，客观上推动了一大批正规高等学校的合并和组织结构的巨大变化。经历了变革的组织形态迫切需要以规模的扩大来维系组织的彻底转型；第二，对于地市级师专和职业大学来说，基于双方资源互补所带来的地方学校综合化其实也反映了面临合法性危机的组织发展方向。值得注意的是，不同层级政府推动下的制度创新并非发生在上述所有学校综合化的过程之中。除了培育出不多的具有地方大众特征的新型组织外，大部分组织转型其实并没有带来制度的真正创新，基于市场机制支配下的组织发展更多体现出单纯企业经营的意味；第三，在体制内高等教育制度变迁的背景下，体制外的民办高校在经历了组织功能的转移而逐步获得了组织合法性。但是基于政府对于高等教育结构的系统定位以及体制内的制度创新所产生的新型组织的功能替代，民办高校并没有占据高等教育结构体系的有利位置；第四，与基层大众紧密相连的成人高等教育体系，同样也在组织功能的不断调整后，逐渐走向了依附正规高等教育机构发展的方向，真正的非正规高等教育系统并没有得到健康的成长，表面的规模扩大实际上仅仅成为正规高等教育机构获得创收的一种渠道而已。总之，在世纪之交大扩招之前的高等教育系统中，具有精英主义特征的制度体系在应对资源危机的过程中，市场机制逐步削弱文化机制的作用，并借助科层机制的资源分配特点拉大了原本精英化的高等教育结构体系。所以，扩招政策的出台势必受到既有制度体系和结构的深刻影响。

第五章　世纪纪之交中国高等教育系统特征的变化及其制度基础分析

在第四章对 1999 年扩招之前高等教育既存结构体系的仔细深入分析，其实是本着"去大众化"的思路在探讨世纪之交高等教育大扩招的内在制约因素。在我看来，1999 年开始的扩招固然受到众多外部经济、政治因素的影响，甚至在扩招形成决策的过程中，外部经济、政治因素起到决定性作用。但是，一旦在扩招政策作出之后，关于"怎样扩（扩招方式）"以及"扩招的效果"等问题就深刻受制于高等教育既存制度结构的影响。本着这种思考理路，本章将尽可能客观地勾勒出世纪之交中国高等教育系统特征的变化，并对其制度基础进行分析。

一、世纪之交高等教育大扩招的基本情况

通过世纪之交的大扩招，中国的高等教育到底发生了怎样的变化？或者说，经历了高等教育毛入学率快速扩大冲击的中国高等教育，它目前的结构特征，是否呈现出与 20 世纪 90 年代完全不同的特质呢？如果我们从制度变迁的角度来说，在政府策动下的高等学校大扩招带给高等教育制度变迁路径怎样的改变呢？诸如此类的问题，笔者都不是我们能用"我们已经进入了高等教育大众化发展阶段"能简单概括的。因为，无论是从目前高等教育呈现出的样态，还是国际高等教育发展的经验，都在提醒我们，采取一种复杂的视角去看待经历了数量剧烈扩大的中国高等教育是十分必要的。所

以，我们首先需要做的，就是尽量去还原这一改变了中国高等教育发展历程的世纪之交大扩招。

为了更好地认识世纪之交我国高等教育大扩招的系统特征，我打算从高等教育总体扩招规模和速度，不同层次（专、本、研）的扩招规模，不同主体（中央、地方属）的扩招规模以及正规高等教育之外的扩展形式等维度进行呈现与分析。需要说明的是，本章所采用的数据有四个主要来源：来源一为1998—2005年的《全国教育事业发展统计公报》（中国教育和科研计算机网），来源二是1990—2005年的《中国教育（事业）统计年鉴》（教育部发展规划司编，人民教育出版社），来源三是1991—2005年的《中国教育年鉴》（中国教育年鉴编辑部编，人民教育出版社）[1]，来源四为部分重要研究文献。

（一）普通高等教育系统扩招特征

总体规模特征。从图3可以看出，1999年开始的高等学校大扩招，在普通高校方面，无论在专科、本科还是研究生层次，都有很大程度的增长。具体来说，从1999年扩招的情况来看，招生人数达到154.8554万人，比上年度（1998年）扩大了46.4927万人，增幅达43%左右。从随后几年的增长态势来看，2000年为42%；2001年为21%；2002年为19%；2003年为19%；2004年为17%左右。从不同层次学生的增长幅度来看，三类学生都保持较高增幅。具体来说，1999年本科的增幅明显高于专科和研究生层次。但是从2000年开始，专科的增长速度已超过本科的增长速度，并且在2002年专科招生数第一次超过本科。随后几年保持这种态势。虽然较之本专科层次，研究生总体规模较小，但是年均增长速度达25%以上，也是相当高的。

---

① 本章所有图表，除特别说明，所引数据均出自上述三份文献。

（单位：人）

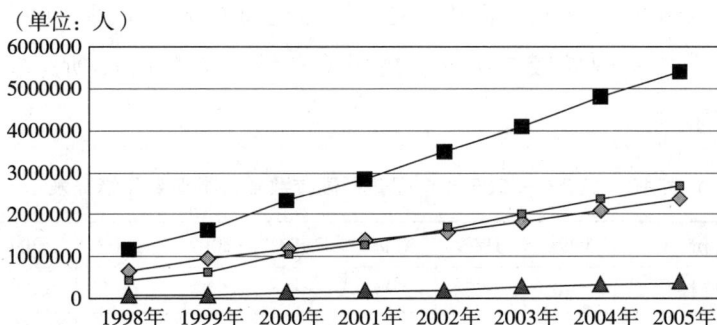

	1998年	1999年	2000年	2001年	2002年	2003年	2004年	2005年
◆ 本科	653135	936690	1160191	1381835	1587939	1825262	2099151	2363647
■ 专科	430492	611864	1045881	1300955	1617037	1996439	2374271	2680934
▲ 研究生	72500	92200	128500	165200	202600	268900	326300	364800
■ 总计	1166127	1640754	2334572	2847990	3507576	4090607	4799722	5409381

图 3　1998—2005 年普通高等学校招生情况一览表

（单位：人）

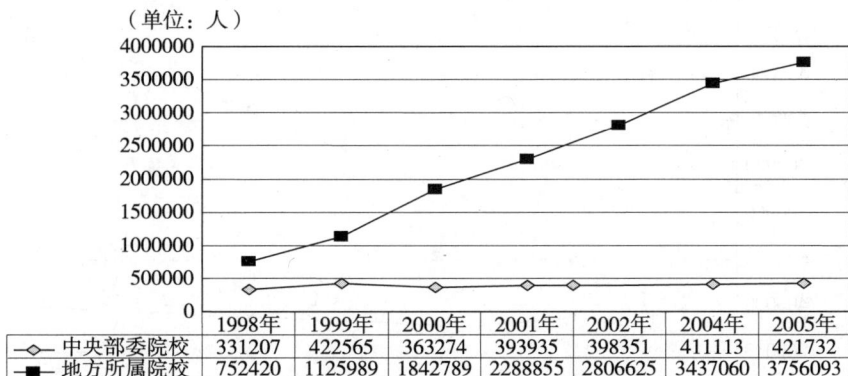

	1998年	1999年	2000年	2001年	2002年	2004年	2005年
◇ 中央部委院校	331207	422565	363274	393935	398351	411113	421732
■ 地方所属院校	752420	1125989	1842789	2288855	2806625	3437060	3756093

图 4　1998—2005 年中央部委与地方所属普通高校招生情况对照图

通过描述，我们基本可以认为，第一，普通高校的招生增长速度是超常规的，最高增幅达到 43%，连续 6 年保持了相对较高的增长速度，平均增幅达 26.8% 左右。第二，普通高等学校系统内的增长基本上是通过专科、本科和研究生三个层次同时扩容来实现的。

在高校学生数量大幅度增长的同时，高校数量及规模也呈现不断增大的趋势。尽管在这一过程中，一直持续着大批高校的合并和重组。我们在表 6 中可以看到，1998 年全国共有普通高等学校 1022 所，其中

本科院校 590 所, 高职、高专 432 所, 到 2005 年, 全国普通高校达到
1792 所, 其中本科院校 701 所, 高职（专科）院校 1091 所, 较 1998 年
增长 75.3%。

表 10　1998—2005 年全国普通高校数量、类型变化情况表

年　份	1998	1999	2000	2001	2002	2003	2004	2005
本科院校	590	597	599	597	629	644	684	701
高职（专科）院校	432	474	442	628	767	908	1047	1091
合　计	1022	1071	1041	1225	1396	1552	1731	1792

资料来源: 转引自纪宝成:《我国高等教育大众化进程中的挑战和对策》,《高等教育研究》2006 年第
　　　　　7 期, 第 3 页。

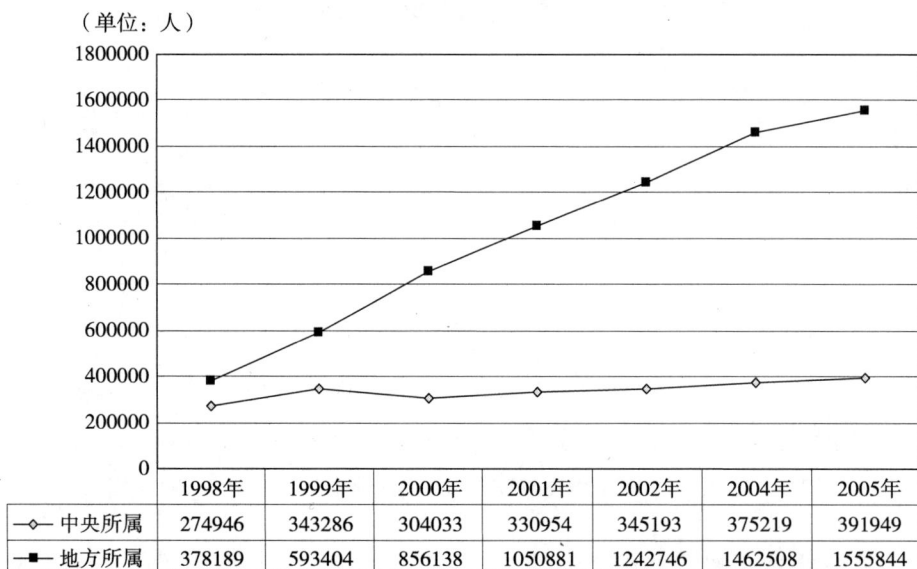

（单位: 人）

	1998年	1999年	2000年	2001年	2002年	2004年	2005年
中央所属	274946	343286	304033	330954	345193	375219	391949
地方所属	378189	593404	856138	1050881	1242746	1462508	1555844

图 5　1998—2005 年中央部委与地方所属普通高校本科招生情况对照图

　　在这一整体性的描述下, 我们再来仔细分析普通高等教育内部结构
的增长及变化特点。从图 4、图 5 可以清楚看到, 根据高校的属地分类,
地方高校的增长幅度和招生规模都远远高于中央部委所属高校。换句话
说, 就是在世纪之交的大扩招中, 地方所属高校承担了扩招的绝大部分
任务, 是扩招的主体。中央所属高校的总体增幅在 1999 年后, 基本上

处于负增长（2000 年）或者零增长（2001—2002 年）。虽然其中原因主要在于 20 世纪末的高等教育管理体制改革，许多部委院校划转地方共建、合作、合并，使得中央部委所属院校数量急剧减少所致。但总的来说，地方所属高校是本次扩招的主力军，承担着本专科招生的绝大部分任务。这是一个基本事实。至于研究生扩容的主要承担者，则是中央所属高校。

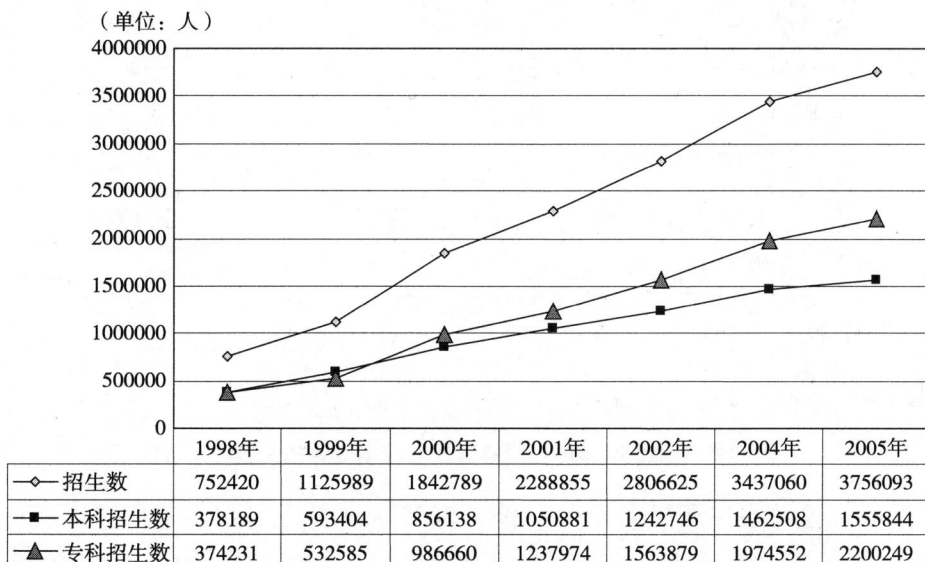

（单位：人）

	1998年	1999年	2000年	2001年	2002年	2004年	2005年
招生数	752420	1125989	1842789	2288855	2806625	3437060	3756093
本科招生数	378189	593404	856138	1050881	1242746	1462508	1555844
专科招生数	374231	532585	986660	1237974	1563879	1974552	2200249

图 6　1998—2005 年地方所属高校招生情况示意图

中央、地方所属高校内部系统特征。在总体把握了普通高等教育系统的扩招数量、增量主体以及增长速度之后，我们再将关注目光转向中央及地方所属高校内部，来仔细分析一下，这两类高等教育组织主要是以什么方式增长的？经过六年的扩张，其系统内部发生了怎样的改变？

从图 6 可以看出，在地方所属高校中，本科和专科层次的增长幅度与图 3 所呈现的总体本专科情况略有不同。在地方所属高校中，我们可以很清楚地发现，从 2000 年开始，专科层次的招生规模和扩展速度均超过本科层次，且呈现两类学生增长幅度逐步拉开的趋势。这种状况是与《中共中央国务院关于深化教育改革，全面推进素质教育的决定》第 11 条规定中赋予省级政府对于高等职业教育（包括高等专科教育）的招生计划权密切相关的。而在研究生层次所反映出来的情况看，地方所属高校并没有承担主体增长任务。

（单位：人）

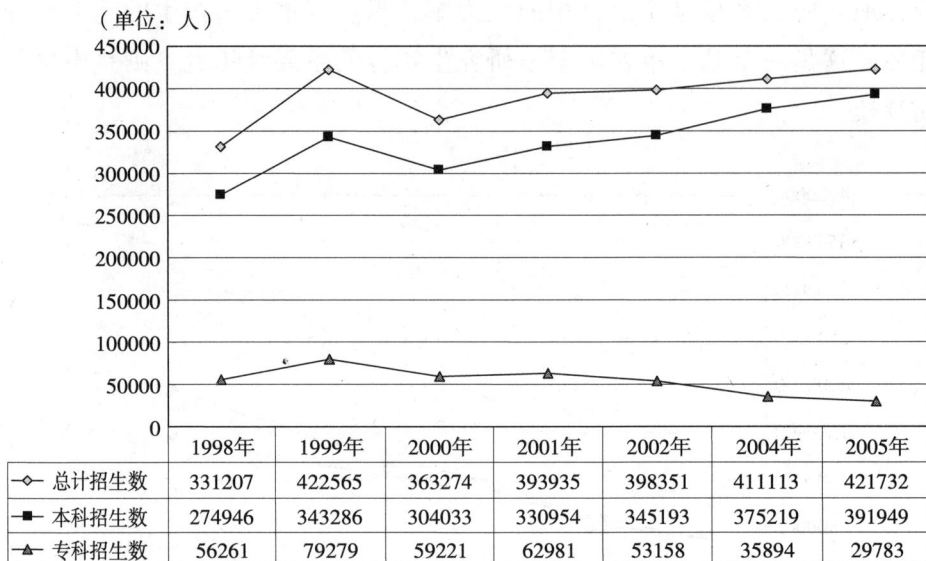

	1998年	1999年	2000年	2001年	2002年	2004年	2005年
◇ 总计招生数	331207	422565	363274	393935	398351	411113	421732
■ 本科招生数	274946	343286	304033	330954	345193	375219	391949
▲ 专科招生数	56261	79279	59221	62981	53158	35894	29783

图7 1998—2005年中央所属普通高校本专科招生情况示意图

我们再看中央所属高校在1998—2002年的招生情况。从图7可以看出，在整个扩招过程中，中央所属高校的扩招几乎完全集中在本科层次和研究生层次，而专科层次仅仅只占非常少的招生份额。这似乎昭示着中央所属高校在招生层次上逐步高移的趋势，呈现向研究性大学转型的特点。

中央、地方所属高校校均规模比较。我们从表11可以看出，第一，在招收研究生的学校绝对数量方面，地方所属高校多于中央部委所属高校。但是从招收研究生学校与各类院校总数比较来看，中央部委院校中能进行研究生培养的学校所占比例远远高于地方所属院校比例。第二，从校均研究生数量来看，中央部委所属院校同样远远高于地方所属院校，具体来说，2003年的数量对比为4453：639；2004年的数量对比为5148：759。从表12中我们可以对比分析两类高校的本专科招生的有关情况。

表 11　中央及地方高校中研究生在校生基本情况一览表

年　份	中央部委所属			地方所属		
	学校数（所）	在校生数	校均规模	学校数（所）	在校生数	校均规模
2003	94（111）	418576	4453	313（1441）	198968	639
2004	97（111）	509379	5148	357（1620）	270029	759
2005	97（111）	587230	6053	353（1681）	345481	979

注：括号中数据为中央部委或者地方所属高等院校的总数。

表 12　中央部委及地方所属高校中本、专科学生基本情况一览表

年　份	中央部委所属			地方所属		
	学校数	在校生数	校均规模	学校数	在校生数	校均规模
1999	248	124.2943	5011	823	284.2931	3454
2000	116	110.5765	9532	925	445.5135	4816
2001	111	128.0041	11532	1114	591.0617	5306
2002	111	140.4879	12656	1285	762.8752	5935
2003	111	—	—	1441	—	—
2004	111	156.7794	14124	1620	1276.8175	7881

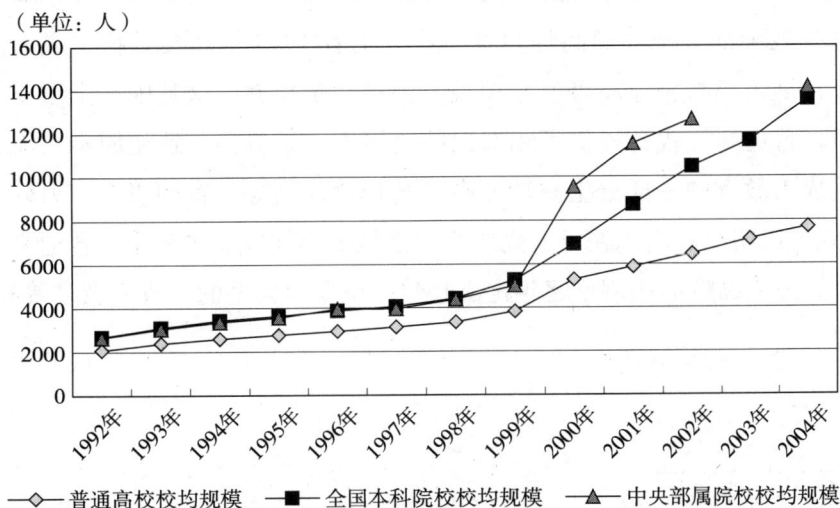

（单位：人）

图 8　普通高校校均规模对照图

从中央属、地方所属高校的总体在校生人数来看，后者总体规模大大高于前者。但是从校均规模的变化情况来看，前者规模大于后者，并呈现出随时间变化差距逐步拉大的趋势。张力等在 2003 年底对在国家教育行政学院参加培训的公办普通高校校级负责人进行的一次调查也基本上验证了上述系统特征[①]。

总的来说，中央部委所属院校在世纪之交的扩招中，校均规模有了很大的扩张，其速度明显快于全国本科院校一般水平。这其中的主要原因在于中央部委所属院校由中央财政直接按生均事业费拨款，办学实力和扩张能力较强，在一定程度上满足了社会对优质教育的强烈需求。但是总体供给仍有不足，客观上造成了扩大本科优质教育资源的新型办学形式的出现。

从全国本科院校校均规模与中央所属院校的校均规模在 2004 年差距逐渐缩小（见图 8）可以看出，地方所属本科院校规模扩张的后劲儿很足。从两条曲线所所构成的基本样态来看，也基本上符合社会对于不同类型教育资源的需求程度，以及不同类型高校的扩容能力。

（二）非正规高等教育系统的增长特征

从图 9 可以清楚地看到，无论从在校生规模、还是增长速度来看，成人高等教育都低于普通高等教育，并且随着 1999 年高校扩招，成人高等教育扩展规模与普通高等教育规模差距进一步扩大。这其中一个重要原因在于，普通高等教育提供了相对以往更多的入学机会，致使原本只能选择接受成人教育的一部分生源转而有了选择普通高等教育的机会。另外，从图 10 可以明显看出，在成人高等教育系统的整体发展进程中，普通高校参与举办成人高校的比例呈逐年走高趋势，呈现出典型的"成人教育普教化"趋势。

---

① 详细数据参见张力、刘亚荣:《我国高等教育进入大众化阶段后的系统特征分析》，《北京大学教育评》2005 年第 4 期，第 70 页。

（单位：人）

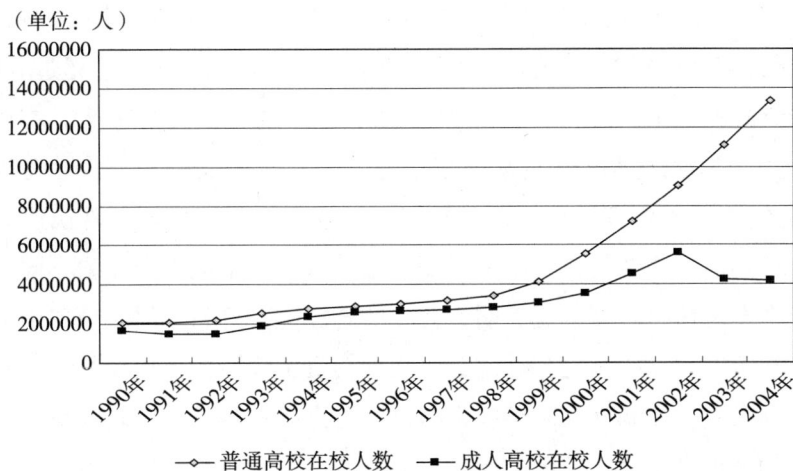

图 9　1990—2004 年普通高校、成人高校在校生情况对照图

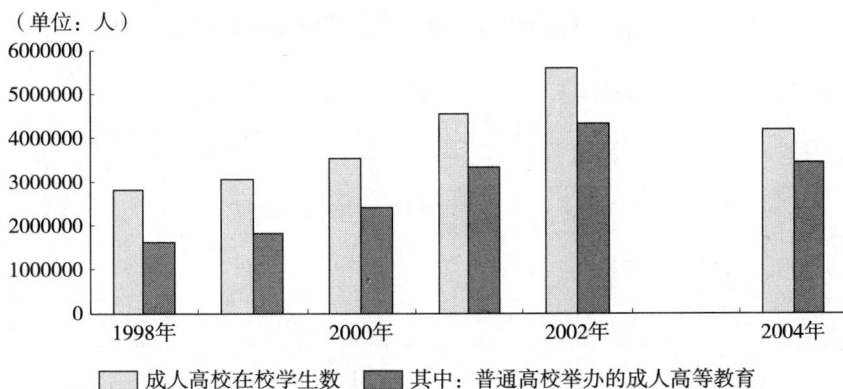

（单位：人）

图 10　1998—2004 年普通高校参与办成人高等教育基本情况示意图

（三）体制外高校的增长特征

在 2003 年之前，从全国范围来看，体制外高校的增量扩展程度并不大。从表 13 所示，无论是 2002 年，还是 2005 年全国普通高校学生的基本情况来看，民办高校的招生数和在校生数所占份额都非常小，即使是在地方所属高校中也是如此。但是情况有所变化的是在 2003 年之后，特别是从 2004 年开始，一种具有制度创新意义的新的办学形式，经过自 1999 年以来连续 4 年多的积累，已经逐步成长为本科层次的重要增量形式，国家称这种形式为

独立学院。从表 14 所反映的截至 2004 年底该类组织的基本情况来看，独立学院注册学生已超过 68 万人，其中本科生约 55 万人，在校生超过 8000 人的独立学院就有 11 所[①]。2005 年独立学院招生人数 41.2028 万人，在校生人数达到 107.4618 万人。尽管从在校生总量来看，还仅占全国普通高校本科在校生人数的 20% 多一点。但是从招生增幅来看，却呈现非常快速的增长势头。特别值得注意的是，国家层面的统计数据并不能完全反映不同省域的高等教育发展情况。有数据表明，在一些省域的高等教育增长模式中，独立学院，甚至民办高校都发挥着增量以及社会资金盘活的重要功能。

总的来说，体制外高教组织中纯粹民办高校的增长速度较为缓慢，而独立学院却呈现出快速而持续的增长态势，并且逐步成长为普通本科增量的重要机构和解决我们高等教育资金困境的重要变革力量。

表 13　民办高校在普通高校扩招中的基本情况

（单位：万人）

		招生数			在校生数		
		计	本 科	专 科	计	本 科	专 科
2002 年	总计	320.4976	158.7939	161.7037	903.3631	527.0854	376.2786
	民办高校	16.1128	1.3704	14.7424	31.7453	2.8523	28.893
2005 年	总计	504.46	234.28	270.18	1561.78	848.8188	712.9579
	民办高校	43.6101	3.7410	39.8691	105.166	10.411	94.755

表 14　2004、2005 年独立学院基本情况

（单位：万人）

年份	毕业生数			招生数			在校生数			学校数（所）
	合计	本科	专科	合计	本科	专科	合计	本科	专科	
2004	3.0998	1.9172	1.1826	30.7088	24.0947	6.5930	68.6659	55.5266	13.1393	249
2005	7.5887	5.4121	2.1766	44.3413	37.9798	6.3615	107.4618	90.0938	17.3680	295

---

① 刘凤泰：《从专项检查看独立学院的生成和发展》，《中国高等教育》2005 年第 17 期，第 7 页。

通过上文翔实的数据呈现，我们大致可以归纳出世纪之交中国高等教育的系统特征的基本特征：第一，从增长速度来看，世纪之交的大扩招致使中国高等教育系统呈现出超常规的不可抑制的数量增长；第二，在数量快速扩张的同时，普通高等教育体系的内部分化程度在加剧，集中表现为中央普通高校系统和地方普通高校系统逐步呈现迥然各异的系统特征。概言之，中央普通高校系统的特点表现为：学校数量少，学生总体规模小，校均规模大，研究生所占比例高。地方普通高校系统的特点表现为：学校数量多，学生总体规模大，校均规模较大，研究生所占比例低，专门性和职业性学校多；第三，扩招中的成人高等教育系统，无论从增长规模、还是增长速度来看，都明显低于普通高等教育，并且呈现"成人教育普教化"的发展趋势；第四，从增量组织来看，在1999—2002年各种高等教育层次的超常规增长中，充当主要增量机构的是普通高等教育系统内各组织，特别是省属本科院校。在2003年之后，专科层次的增长仍然依靠大量新高职院校来实现，而本科层次的增长则依赖于创生不久的独立学院组织。至于研究生层次的增长依然主要由中央部委等综合大学承担。

二、世纪之交中国高等教育系统特征变化的制度分析

在总体上呈现了中国世纪之交高等教育系统特征变化的基础上，本部分尝试对其进行制度分析，意在回答"为什么会是这样一种扩招模式？怎么会生成这样一种系统特征？"需要说明的是，由于第四章其实对于1990年代高等教育的制度变迁已有过详细梳理，所以，接下来的制度分析重点在于基于上述问题的概要总结。两者是有所区别的。

（一）扩招动力的制度背景分析

我国高等教育规模控制政策产生根本性影响的制度性因素是1997年并轨招生制度的正式确立。它不仅使招生制度发生根本性的改变，而且对于分配和学生资助制度产生巨大影响。具体来说，在并轨制度确立之前，国家实

行招生限额的目的主要来自两个方面：第一，为了保证国家能够提供足够的经费以保证对人才实施必要的、有质量的教育和培训；第二，保证国家对学生未来工作承担相应的责任。这两个方面的考虑，前者由于成本分担向学生及家庭的转移而逐渐消失。而后者也因我国劳动力市场的日益成熟以及指令性招生的取消，自主择业制度的建立而影响缩小。所以，从制约高等教育规模扩张的两大瓶颈来看，制度性障碍已基本被清除。另外，从制约高等学校规模扩张的教育系统外制度性因素，比如1998年开始启动的住房制度改革；旨在改变计划时代单位体制的后勤制度变革，都为高等学校在根本上获得物理空间的扩大和额外运行成本的削减，从而为大幅度地扩大招生规模提供了前提性条件。

随着人力资本功能的彰显、地方经济发展的需要以及高等教育管理权限的逐步下移，地方政府对于扩大区域内高等教育生产能力，已具有了直接推动高等教育的行政权力（地方政府专科生招生权力的获得）。同时，将生源与学费直接挂钩的并轨招生制度对于各类高等教育组织来说，具有直接的刺激。因为多招一些学生，不仅意味着经费困境会得到缓解，而且对迫切需要以规模的扩大来维系高等教育组织的彻底转型或者即将去争取更高位阶的组织来说，都具有十分重要的意义。更为重要的是，多招一些学生，不仅是出于经费的需求，而且还是1990年代末期，正在经历资源重新配置，结构重新组合的高等教育系统的整体需求。正如在前文中已有论述的那样，以重点项目（"211"、"985"）建设以及合并、共建、划转方式形塑的世纪末高等教育制度结构，蕴涵着扩充规模的强大诉求。这是超常规扩张和不可抑制增长的核心动力。

同时，持续上升的高等教育学龄人口规模趋势，使不可抑制的增长在所难免。从我国高等教育学龄人口变动趋势可以看出（见表15），从2000年至2009年左右，高等教育阶段学龄人口将进入高峰期，规模的进一步发展和高等教育发展的瓶颈问题将十分突出，来自高等教育规模发展的就业压力以及因城镇化进程加快而出现的农村转移人口的双重压力，将成为我国政府、社会以及高等教育系统必须面对的一项严峻挑战，加强高等教育系统的内容和产出能力将是解决这一问题的重要途径。

表 15 2000—2020 年高等教育学龄人口变动趋势表①

年 份	总人口 / 亿	高等教育学龄人口数 / 万（18—22 岁）
2000	12.66	9837
2003	12.94	10282
2006	13.20	11440
2008	13.38	12488
2010	13.57	11463
2020	14.34	8208

总之，无论是从扩大招生的制度性支撑来分析，还是对推动高等教育规模扩张的内部诸多行动者（地方政府、各类高等教育组织以及受教育人口压力）来考量，都呈现出对扩大招生规模的正向支持。当然，在理论界已有很多探讨的"拉动经济说"对于不可抑制扩招动力来说，也只是一个外在的诱因而已。

（二）扩招主体选择的制度基础分析

我们知道，在新中国成立初期的高等教育制度建构努力中，曾经尝试过在具有严密科层体系的正规高等教育体系之外建立利用地方资源，满足广大民众需要的第二种制度——非正规高等教育体系。但是，这种努力最终失败了。不管这种制度设计失败的原因来自哪个方面，这次尝试留给政府的印记却是深刻的：主要依靠非正规的高等教育体系来扩充高等教育规模并不可取。所以，1977 年以后的高等教育制度设计，尽管在最初的干部再培训中发挥了成人教育的作用，但是，随着精英主义逐步在高等教育中制度化，整个制度体系逐渐衍生出一种对正规、精英式教育的强化，成人高等教育在政府高等教育制度总体设计中逐步被框定为一种只是起着补充和辅助功能的教育形式。这从 1990 年代之后的成人教育和普通教育发展状况的比较曲线可以清楚地看出。总之，在中国高等教育制度变迁过程中逐步沦为补充和依附

---

① 本表根据陈国良等：《未来 50 年中国教育与人力资源开发的战略构想》，《教育发展研究》2003 年第 4—5 期，第 37 页表格改编而成。

的非正规高等教育，由于缺乏来自市场的购买力和驱动力，以及相对完整和独立的纳容能力，所以，世纪之交的扩招自然不可能倚重于非正规高等教育系统。

同时，1999 年之前的 22 年时间里，民办高等教育是以效仿经济体制改革中的"增量改革"和"体制外推进"的方式进行的。尽管经过民办教育组织努力以及政府的推进，于 1990 年代初期在制度建构方面取得了重要进展，"高等教育学历文凭考试"制度也得以确立。但是，"拾遗补缺"的系统功能定位在为其争取到一定的发展机会的同时，也固化为一种自身难以克服，并限制其获得真正增量发展的制度性障碍正如前文所言，1990 年代后期的民办高等学校，因既存教育体制本身所蕴涵的"官学本位"发展思路注定了纯粹的民办高等教育发展将会经历诸多可预知或不可预知的制度性障碍。所以，在本次高等教育大扩招中，将主要的增量任务交给民办高等教育组织来实现，既不具备基本的硬件基础，更为重要的是，它与国家发展高等教育的基本价值取向不相一致。

最后，也是十分重要的一个基本事实是，正规高等教育系统内部的高等学校迫切需要借助"规模扩张"来缓解组织经济压力，从而获得组织的发展。这是一种弥散于公立高等学校之中的普遍诉求。

所以，在 1999 年高校扩招的一系列政策安排中，具有明显的"公立高校主导"、"高位阶院校主导"的倾向。比如，尽管在 1999 年计划增招的 68 万新生配额去向的原则规定上，提出除了将十余万新生拨给成人高校，少量招普通高校本科生外，大部分进入相当于大专层次的高等职业技术教育领域（即所谓的"新高职"）。但是，在实际中对"新高职"指标的分配，绝大部分委托给全日制普通高等教育培养，只有少数分给经评审认可的数十所"三改一补"高等职业技术院校和民办专修学院。可以说，在 2002 年之前的扩招中，来自国家层面的扩招政策中隐隐透着"对公立优质教育资源依赖"的价值宣称。所以，我们看到的是，在既存制度框架的惯性与国家扩招政策所蕴涵的价值取向的相互强化下，1999—2002 年高歌猛进的高等教育扩招基本上都是以体制内正规高等教育组织的增长为主导的。

概言之，将体制内正规高等教育系统作为本次扩招主体的选择，是由于普通高等教育组织聚集了远大于成人高等教育组织以及民办高等教育组织更大的民众需求和政府期待，是 90 年代末期高等教育系统内部的制度基础所决定的。

(三)"分化"系统特征的历史制度主义分析

世纪之交高等教育大扩招不仅带来了普通高等教育系统的整体性增长，而且导致普通高等教育系统内部呈现"分化"的系统特征。这种"分化"的系统特征已在前文的数据基础上得到了充分的证实。在此可以从历史制度主义的视角进行概要分析。

在前文中我们已有呈现，在典型计划时代，我国高等教育系统内一直就存在着截然不同的组织功能定位。计划时代的高校归属决定着其位阶、资源获取及学生走向。但同时，在若干旨在整合资源和确立高等教育新秩序的政策以及逐步走向市场经济的总体性制度环境中，不同隶属主体的组织差别也经历着改变。其中尤以"211 工程"、"985 工程"政策的实施为核心。这在上文中也已有详述。

概要说，"211 工程"以及"985 工程"是 1990 年代策动高等教育组织进行资源重组、实现系统重构的政策导引。它们从学校组织和学科结构两个方面推进着有限优质资源的重新配置。这种配置机制所蕴涵的激励因素使得高等教育组织通过组织机构的主动或者被动"联姻"来完成了市场资源的最大程度聚合，特别是当市场化资源配置还没有生成有效的评价标准时，政府建立的优质教育资源评价准则就无疑成为市场资源流向的风向标，它所带来的资源吸引和资源汇聚远远超过"工程"本身的范围。正是这种转型期的制度变迁特点和组织发展机遇使得 1990 年代的我国高等教育结构体系发生了根本性的变化，各类高校充分利用学科嫁接、课程整合、教育功能补偿等实现了着多种组织变革模式。并且，在以合并为主的高校重构活动以外，共建、化转等其他形式也在整体性的结构重组中被很好地利用。

上述发展走向，从总体上来说恰恰契合了《中国教育改革与发展纲要》的目标，从而使原本单纯行政指令下很难实现的管理体制改革借助资源重新分割的契机得到了较好地实现。如果我们将"211 工程"建设以及后来推行的"985工程"和院校调整看作一个具有系统功能的改革行为的话，那么，它在刺激各类高校进行自适应改革的同时，也从总体上对于中央所属高校和地方所属高校进行了重新"洗牌"。经过调整和提升后的中央所属高校不仅在数量上大大精简，而且，在资源获得以及政策支持方面获得了更大的便利。而作为地方政府所属的高等院校，由于受到所属政府的大力支持，不仅在数量上增加，而且，在高等教育组织的内部结构以及功能定位上也逐步突破了仅仅面向本省办学的局限，在服务地方建设方面发挥着更加重要的作用。

基于上述系统特征，当骤然扩大的学生规模能够与不菲的学费收入紧密联系在一起的时候，两类高校因位阶、声誉、资源差距而产生的规模需求就自然成为系统内组织分化的基础。我们看到，在这一过程中，高位阶学校凭借位阶、声誉以及学校本身的培养条件，相对灵活地选择招生数量和招生层次。而位阶较低高校就在较低层次上迎合民众需求，积累规模效应。也正因如此，在世纪之交的高等教育大扩招中，中央普通高校系统虽然在学校数量以及学生总体规模方面较之地方普通高等教育系统小很多，但是校均规模却远大于地方高等教育系统，特别是在研究生的总体规模以及单个高校的校均规模方面，占有绝对优势。而地方高等教育系统虽然在扩招总量中占有多数份额，但在校均规模以及扩展层次方面与后者存在较大差距。

总而言之，在高等教育数量急剧扩张的变革时代，系统内部逐步出现的"分化"特征依然是中央和地方高校基于既存制度所蕴涵的资源依附特点而呈现出来的力量格局。甚至，我们也可以说，世纪之交大扩招所带来的普通高等教育系统内部的分化，总体上说，只是一种制度惯性而已。

（四）新型增量组织的制度选择分析

毫无疑问，在世纪之交的中国高等教育系统扩张中，作为增量组织的独立学院具有特殊的意义。可以说，独立学院的组织设计模式在中国特定的历史时期，发挥了特别的作用。这种组织是在高等教育制度由均衡走向非均衡的过程中，整合了多方资源生成并发展的。独立学院的组织特色及其组织功能的拓展使其成为非均衡制度状态下中国高等教育的新的制度选择。

如果我们将 1999 年的大扩招看作是高等教育制度由相对的均衡走向非均衡的过程，那么，在这一过程中，公立高等学校组织的扩容限度以及国家教育经费短缺的实际状况，乃是导致普通高等教育系统，特别是地方高等学校系统所面临的主要困境。对此制度不均衡可能带来的整个高教系统的发展性危机，周济部长曾有过一个讲话，"今后一个相当长的时间内，高等教育的规模还须持续发展。其中增量的部分，走全靠政府的投入，举办新校的路子是不现实的……国家财政性教育经费用于高等教育的投入是不可能有很大幅度的增长。所以必须主要靠民办高校的机制。"① 如果从政策话语的角度来分析，这一讲话其实昭示着新的制度空间的可能产生，即发展一种借助于社会资本参与的新的组织形式来帮助高等教育系统摆脱发展困境。但问题是，作为纯粹民办的高等学校为什么没有获得这一机会？或者说，为什么民办高校组织不具备这一新的制度空间所要求的组织功能呢？我们固然可以从民办高校的组织规模、培养规格、培养层次及整体容纳潜力等维度去判定其不具备承担增量任务的基本条件。但是，我们更应该认识到，当骤然扩大的学生规模能够与不菲的学费收入紧密联系在一起的时候，此时的"学生规模"就成为一种重要的、甚至稀缺的资源。对此，公立高等学校也同样具有利益诉求。所以，当国家教育主管部门因发展性困境而寻求进一步扩大发展的增量组织时，隐含的制度空间就产生了。而作为最具扩张诉求也面临最大财政危机的地方高等学校来说，也就最有动力识读既存制度空间中的"默会知识"或者"制度知识"，凭借中央及地方政府的默许，充分利用策略空间，在与市场资本的合作基础上创生出新的增量组织。如果我们从哈恩的观点来看，独立学院组织的生成并获得发展的基础其实在于"分化了的制度环境"的存在。

在中国高等教育处于制度不均衡并蕴涵着可能的制度空间的时候，在纯粹公办或者完全民办的高等教育形式，都不能成为面临多重困境下的中国高等教育的最佳政策选择的时候，具有路径依赖特征的独立学院以其独特的组

① 周济:《促进高校独立学院持续健康快速发展》,《中国高等教育》2003 年第 13—14 期,第 2 页。

织设计思路，为多种力量介入高等教育提供了一个"合法化"的增量组织形态。当然，它存在的前提在于它契合"极大地促进我国高等教育资源特别是优质资源迅速、有效地扩大，推动高等教育大众化、现代化进程，对进一步解决好我国高等教育发展与国家、社会需要之间的供求矛盾具有深远的意义"的政府诉求。[1]

中国世纪之交的高等教育扩招，可以说是在系统面临诸多发展性困境基础上的艰难的选择。它代表着我国高等教育规模扩大过程中呈现的一种新的变革思维。从根本上来说，这种变革思维是我国高等教育的宏观管理体制弊端在遭受诸如公共性、扩展、紧缩、市场、责任以及质量等方面的综合挑战时的富有中国特色的调整与应对。比如，在高等教育变革方式上，既不走向完全放任的市场化道路，也不依靠典型的计划体制控制，而是走介于两者之间的折中平衡道路；在高等教育扩展形式上，既不完全停留在对体制内机构的过度依赖，也没有截然转向放手依靠纯粹的民营教育形式，而是通过公办高校资源的隐性外延式扩张来培育兼具市场和计划双重优势的新型教育组织，以及运用市场机制做大做强公办高等教育的发展道路来实现的。前者体现在高等教育整体扩张中对本科增量起到重要作用的独立学院组织合法性地位的认可和变革思维的推广，后者如公办普通高等学校中创生的一批新的办学形式，比如，"高等学校的象征性市场化运作；高等学校的局部市场化运作；高等学校举办的各种职业和语言培训、学习辅导机构的市场化运作；高等学校举办的各种教育中介组织的市场化运作，等等。"[2]

总之，对世纪之交中国高等教育系统特征的呈现，特别是基于制度分析而形成的对于高等教育扩招模式的认识和理解，在一定能够程度上勾勒了我们高等教育在世纪之交大扩招中的增长模式变化，蕴涵着既存制度框架中的可能制度创新，彰显着我国高等教育发展的困境以及可能的出路。我们可以将其看作是对于我国高等教育在特定历史节点的系统反思。

---

① 周济：《促进高校独立学院持续健康快速发展》，《中国高等教育》2003 年第 13—14 期，第 2 页。

② 劳凯声：《公共教育体制改革中的伦理问题》，《教育研究》2005 年第 3 期，第 6—7 页。

第六章 世纪之交中国高等教育系统内多组织变革之：省属大学

世纪之交中国高等教育系统特征的整体呈现固然可以使我们对于中国近些年来的高等教育发展状态有一个大致了解，但是，仅此是不够的。接下来的两章内容我们将研究视角进一步深入到一些具有典型增量特征的高校组织中去，细致呈现在这一大的系统特征变化的同时，这些承载着推动我国高等教育大众化增量任务的高校组织的生存发展状况及其组织变革方式。这种基于解剖麻雀的分析思路对于进一步深刻理解中国近些年来高等教育的发展路径无疑是有帮助的。本章选取体制内重要的增量组织——一所西部省属大学进行仔细剖析。

一、西部 A 高校基本情况概览

该大学位于四川省，目前为该省省属重点大学，经历了近年来的快速发展，目前整体办学实力令人瞩目。在接下来的论述中，我将其称为西部A高校。该校数万在校学生规模，近乎齐全的学科门类，快速突破发展的博士点授予权无不彰显着该校蓬勃的发展势头和不竭的前进动力。除此之外，该校还有一个非常大的特点，即学校组织形态丰富多样，体现出非常有特色的地方高校发展模式。可以这样概括这所大学：多个校区，数万学生，在其中的一个校区，若干种不同类型的教育机构并存，有学校附设的独立学院，有公办二级学院，有公办民助的二级学院，有建立在多元投资机制基础上转型的高等教育层次的职业学校，有附着在公办民助二级学院内的校中校遗留模式①。另外地市高专院校与这所校院的嫁接合作模式、学校与异地政府合作并整合社会资金多元投资运行机制也呈现在这所地方大学的拓展中。可以说，该校在经历了世纪之交大扩招后已经形成为一个整合多种资源，负载多种功能、衍生多个新型机构与组织并共生于一体的"中国式的巨型大学"。而且，与此类似的高等教育机构在中国的省属大学中不在少数。

二、西部 A 大学发展进程中的典型案例呈现

这所高校所取得的主要成就，主要集中在近 20 年中。伴随着一系列典型案例的详细呈现，这一发展轨迹将会更加清晰。

（一）1995 年 A 大学影视学院的试办

在 1990 年代中后期，A 大学面临着一个深刻的外部制度环境的变化，即重庆作为直辖市从四川省独立出去，随之产生变化的是一批原属四川省的高等院校划归重庆，四川省内的高等教育培养力量骤减。面对逐渐上涨的区域及个人教育需求，A 大学意识到这是一个绝佳的发展契机。

同时，在 1990 年中期，该校办学者敏锐地意识到国家有数以千计的无线、有线及教育电视台，需要大量的影视表演人才，而全国除了北京、上海外，还没有培养这类人才的学校。该校主要领导人看到了这一领域赋予高等学校的巨大的培养需求及机会。恰巧在川内，有一所没有品牌，没有学历，但有筹资及管理优势的社会力量办学单位（四川某影视艺术进修学校），经过磋商，双方一拍即合。在优势互补的原则下，积极大胆地探索出一种新的办学模式，即在公办大学下创建了一所按照民办机制运行的二级学院——A 大学电影电视学院。这所学校没有向国家要一分钱，一个指标，却实现了西

---

① 这种模式已于近几年消失。但模式本身的意义值得分析。

南地区培养影视表演专门人才培养的基地建设，填补了空白。全国人大常委会副委员长许嘉璐在考察完该校后给予了充分肯定："这是对现有办学体制的一次突破，事实证明是成功的。"①

现在看来，中国最早的公办大学与民间资本合作建立公私兼具的二级学院的探索不是产生在现在大多数高等教育学者共识的浙江、江苏一带。其实四川更早。当然，这所学校在当时能够在四川这一区域内顺利开办，绝非单个因素可以推动，乃是综合作用的结果。

（二）1999 年高校扩招前后的 A 大学

1999 年的高校扩招带给地方高校的发展机遇可以说是巨大的，但同时又是仓促而严峻的。但是，就 A 大学来说，1999 年的扩招并不突然。按照该校 X 校长在当年 11 月的一次重要会议上谈到的：1999 年扩招，四川省一年扩招 26.13%，我校并没有措手不及。那是因为我们先走一步，已有连续 7 年，年年扩招，所以，目前的这种局势相对来说比较主动。在其列举的相关数据中，我们可以看得非常清楚：1992 年，A 大学新生 1100 人，1999 年（不含成教）6300 人，七年翻了两番多，相当于每年都在上一年的基础上扩招了 26% 以上。在此期间，该校教职工编制基本不变，国家经费投入增加不多。这些究竟靠什么？该校校长的总结是：靠改革，在改革中发展，在发展中规范，在规范中更好发展②。

当年，全国高校生均投入 6500 元，北京上海等早已超过万元，而四川省生均教育经费 3600 多元，全国倒数第一。在这种情况下，有一种看法当时很流行：生均投入低，招生越多，亏损越大。但是该校的领导者始终坚信，第一，坚持发展才是硬道理，发展中的困难只有通过发展才能解决。第二，要突破单一的办学模式，走多元化办学道路。尽可能做到"少花钱，多办事，不花钱也能办大事"的信念。第三，改变学校只能量入为出，不能负债运行的旧观念，敢于用明天的钱办今天的教育。

---

① 引自该校档案馆资料中记载的原话。

② 四川 A 大学校长：《在四川 A 大学第三次工会会员暨教职工代表大会上的讲话（1999 年 11 月 11 日）》，四川 A 大学档案馆资料。

　　这种发展观在当时无疑是大胆而极富创新意义的。在该校上述观念的指引下，学校敢于创新，通过银校合作，校校等多种合作，用明天的钱来办今天的教育。举一个例子加以说明。对于扩招来说，该校就敢于走在前头。过去，该校学生的住宿条件相当差，学校的老宿舍超期服役，十分破旧。意识到学校的发展首先在于学生，而学生进入学校首先需要解决的是住宿问题，所以，自1992年以来，学校先后通过集资、贷款和引资共建的方式，在校内外共修建了11栋新的学生公寓，9000多个床位，其中大多数带阳台，有卫生间并配备了电视和电话。但是1999年初，在扩招计划并未下达，土地、资金和手续还未完全落实的情况下，该校又决心再修三栋宿舍，2800个床位，目标是赶上在9月初以优良工程投入使用。对于这一举措，该校决策层的想法是，如果形式发展得快，可以有备无患，如果发展得慢，也可以用于改善现有的居住条件。在这种观念的指引下，该校本部的总容量达到15000个床位。不仅可以将散见的住宿统统拆销，以满足近几年的发展，还可以改善原有的住宿条件和学生区的环境。上述事件，在当时的扩招大背景下，可谓不多。这所西部地区的省属高校，能够对于高等教育的发展局势有良好的判断，并且能果断及时地调整学校发展的重心。这可以说是我们在审视和判断世纪之交高校变革实际需要注意的事实。

　　我们还可以从学校收入来源这一侧面来看看当时学校摆脱等、靠、要，自主经营，图谋发展的实际努力及成效。我们还是以这所高校为例。

　　在20世纪90年代，该地方高校仍归属全额拨款事业单位，主要经费来源为财政拨款收入。但体制改革使其由原来的财政全额拨款改为现在的财政补助拨款。所以，完全依靠国家财政性补助收入学校是难以维系的，学校必须自筹资金。从该所学校1992年与1998年财政拨款与自筹经费的比例我们可以看到当时学校发展经费的变化情况及基本趋势（见表16）。

　　总体来说，该校经费比例中，由1992年财政拨款占绝大多数到1998年财政补助与学校自筹各占一半，且呈现自筹收入逐年扩大趋势。而在学校自筹经费中，学费收入占据越来越大的比例。这既是一个客观情况，也可以看出当时学校谋求发展的基本思路，那就是想尽办法扩大生源，多找学生，从而增加学费收入，促进学校快速发展。

表 16　西部 A 高校 1992 年、1998 年学校收入构成情况一览表

（单位：万元）

年　份	总收入	国家拨款	自　筹	
1992	1828	1615	213	其中学费 38，占自筹经费 17.65%
		占 88.35%	11.65%	
1998	5355	2718	2637	其中学费 1644，占自筹经费的 62.34%
		占 50.76%	49.24%	

注：该表格依据四川 A 大学第三届教职工代表大会暨第三次工会代表大会财经报告提供数据（来源
　　于四川 A 大学档案馆资料）编制而成。

（三）2002 年运用新机制筹办 A 大学新校区事件

世纪之交的高校扩招对于几乎所有的高校来说，既是机会，也是挑战。
尽管在前文中我们说该所学校在扩招中占得先机，但是并不意味着它就能完
全从容应对扩招给学校带来的巨大挑战。其中，急剧增长的学生规模与学校
纳容能力有限就是一对相当突出且十分紧迫的问题①。这所学校当时仅有一个
校区，随着城市版图的快速扩张，这所学校想要扩大学校发展空间，增强纳
容能力，摆在这所学校面前的主要有两个方案：方案 1，在校本部周围买地；
方案 2，在相对远一点的地方新建校区。就方案 1 来说，面临的主要问题是
地价太贵，学校财力有限，无力承担。另外大面积的土地储备也不充足，这
在客观上也会增加交易的成本；就方案 2 来看，土地相对便宜，购买总成本
较低，但距离校本部较远，如何做整体统筹发展将是学校需要认真思量。

最终，该校以方案 2 作为学校进一步发展的战略选择。其个中原因在有
关原始的请示报告及当时地方政策文件中有所体现②。在 2001 年四川省计委
向省政府关于 A 大学建设龙泉新校区有关问题的请示中，对于该校当时发

---

　　①　这在《四川 A 大学教育改革发展研讨会纪要》中有十分突出的体现。资料来源：四
川 A 大学档案馆。

　　②　《四川省计委关于四川 A 大学建设龙泉新校区有关问题的请示（川计社会［2001］
1050 号，川教计函［2001］46 号）》，四川 A 大学档案馆资料。

展方略的选择有着清晰且概要的总结：基于选择成本的原因，以及成都高等教育规划发展的政策走向①，同时，该校近年来利用成都某职业技术专修学校校舍在龙泉洪河镇办学的良好基础，最终决定建立新校区作为学校持续发展之基本方略。

同样是在该份请示报告中，对于办学经费也进行了较为清晰的交代。该新校区发展共需 6.4 亿元经费，投资经费主要由学校自筹，引进社会资金，向银行贷款，教职工集资，省财力适当补助等方式构成。

在征地过程中也经历过一些波折。原定 1000 亩土地，每亩 7.5 万，合计 7500 万元。但该镇政府中途改变初衷，只同意 500 亩土地按原价格征地，另 500 母按照市场价格执行。该问题的最终解决依赖于该校校长亲笔写信求助四川省省长，省长从中斡旋，才得以解决。该校长信中的两段话值得玩味：其一，如抬高价格，则我校无法承担，使原协议无法执行；其二，如能使该问题得以圆满解决，则促进四川教育发展，也为政府招商引资树立良好形象。②

解决了土地等问题，关于新校区的建设该如何运作，该校运用了全新的办学思路极富成效地推动者该校在艰难中奋进（该校主雕塑即是这一主题）。在经费筹措方面，该校并没有走银行贷款，还本付息的老路，而是采取新思路，吸引社会资本，投资学校建设，本着互惠双赢的原则，依靠社会资金注入，推行私企全员聘用方式来实现公办体制下多种办学形式并行不悖。最终新校区的建设，不仅没有因沉重的银行利息拖垮本部，反而支援本部做强。

正如前文所言，在这所新校区中，若干种不同类型的教育机构并存，有学校附设的独立学院，有公办二级学院，有公办民助的二级学院，有建立在多元投资机制基础上转型的高等教育层次的职业学校，有附着在现有公办民助二级学院内的校中校遗留模式，另外还有地市高专院校与这所校院的嫁接合作模式等。

具体来说，该校区内有两个公办民助的二级学院。学校几乎完全由社会资金注资，以民办学校管理模式运营。学习层次为专科，专业大多为社会急

---

①　在四川省教育厅《关于高等学校新增扩学校用地有关问题的通知》中，透露出一个重要政策信息：今后省属高校在成都征地，原则上集中在龙泉经济技术开发区等区域之内。

②　《四川 A 大学校长给李省长的一封信》，四川 A 大学档案馆资料。

需的实用性人才。A 大学主要以品牌等无形资产投入，学校运行之董事会由母体高校和投资企业共同组成，合作方负责具体学校管理。

在新校区内还有一所由深圳某有限公司与母体高校共同组建的 A 大学视觉艺术学院。学校性质为母体高校按照新机制、新模式举办的本、专科层次的二级办学机构。每年招生指标不超过 600 人，2003 年外省招生计划为 450，省内 50 人。超出指标部分均视为"点招"，每年点招的省份由教务处根据各单位的情况而定。学校将按照政策进行收费，每生每年学费为12000—15000 元，母体高校按照实际报名人数收取学费的20%作为管理费。[①]

在新校区，还承担着母体高校大一新生的军训、教育教学工作。在当时母体高校本部纳容能力吃紧的情况下，新校区新建校舍就为解决本部急剧扩大的学生生源的教学、生活起到了十分重要的保障作用。这种情况一直持续到 2009 年该母体高校的另外一个新校区的竣工投入使用为止。

新校区的另外一个构成是该母体高校的一所按照新机制运行的独立学院。该学校最初是 2000 年 9 月新校区第一个二级学院"文化传播学院"和2001 年并入新校区的国际商学院经资源整合，合校申报教育部于 2004 获批而成为独立学院"的。学校的主办方为四川 ×× 大学，合作方为成都 ×× 投资有限公司。另外，与此性质一样的 A 大学另外一所独立学院，距离校本部较远。与该校一样在借用本部品牌助推发展的同时也要向母体高校上交当年学费 30% 左右的管理费用。

在新校区内，还有一种更为特殊的地市高专院校与这所校院的嫁接合作模式，也可以称为附着在现有公办民助二级学院内的校中校遗留模式。具体来说，早在 2001 年该校与四川省异地某师范学校共建了一所培养小教、幼教专科、本科学历师资为主的学院，取名为 A 大学初等教育学院。由于异地联合办学，且生源师资等原因，吸引这批小教、幼教专科学生的无疑是获得母体高校的本科文凭。但是，在当时的体制下，这种培养渠道是不畅通的。所以，在按新机制运行的新校区内的一个二级学院中，经过一定选拔的

---

① 《由深圳 × 有限公司与四川 A 大学共同组建四川 A 大学视觉艺术学院的函》，四川A 大学档案资料馆资料。

异地初等教育学院获得专科文凭的部分学生就被获准进入，并进一步接受本科的后两年学习。整个培养过程中师资几乎全为母体高校本部二级学院的教师，教学质量是很有保障的。当然，这批学生学费核准标准要远高于一般本科生，且学习成绩合格后发放与校本部几乎一样的毕业证书和学位证书。这种培养模式可以说集中了异地办学与民办公助等多种形式，且具有部分校中校的色彩。随着国家相关政策的紧缩，这种办学模式在 2009 年、2010 年左右不得不考虑到缩减规模，撤销停办。这也是新校区内的一种办学模式。

　　总的来说，在全国高等教育规模扩张的制度背景下，"新校区的这种创新的发展思路无疑受到宏观政策的支持，也因此迎来了一个火红的发展前景。伴随着 2002 年我国快速跨进大众化高等教育的门槛①，规模快速发展所带来的质量、就业等一系列问题使得国家高等教育的政策由加快发展调整为稳定规模，提高质量。国家宏观政策的转变，一方面，发出了紧缩、规范发展的信号，另一方面，国家又将重点扩张本科转向大力发展高等职业教育，并随之提出了一揽子政策，比如 100 所国家重点高等职业院校的建设等。在大的制度环境的变迁中，作为 A 大学的这块新校区试验田也在酝酿着一场新的变革。

　　这种变革是在充分审视当时国内高等教育政策走向的基础上展开的。其中最为重要的变革体现为基于新校区两所公办民助二级学校的组织转型而推进的整体校区的转型。具体来说，即依托二级学院申报成立四川省 XX 职业学院。该职业学院性质是一所民办性质的全日制普通高等院校。主要办学层次为专科层次的高等职业教育。对外宣传是为响应国务院《关于大力发展职业教育的决定》的号召和适应国家经济发展的新需求。但实际上这所学校的转型是在该母体高校充分认识到国家高等教育发展的总体趋势，即紧缩稳定本科教育规模，大力发展扶持资助职业教育的政策背景下慎重提出的。当然，这样的举措对于地方政府来说毫无疑问是件落实中央精神的大好事，审批通过毫无悬念。这次组织的转型对于该校区的进一步发展可以说意义重大，从组织变革的三重机制来说，该组织的这次转型使得该学校组织在组织的合法性建构以及市场机

---

　　①　我国高等教育毛入学率 2002 年达到 15%，高等教育从精英教育阶段进入大众化阶段。2007 年我国高等教育毛入学率达到 23%，2010 年我国高等教育毛入学率达到 26.5%。

制的拓展具有重要意义。从目前来看，该学校发展势头良好。

（四）外联

A 大学还敏锐地与一些同样寻求机会拓展教育市场的企业集团建立了互惠双赢的合作。A 大学新加坡 XX 学院的建立就是一个典型例子。作为新加坡唯一取得上市资格的教育投资公司，该集团以统一的教材和规范化的管理，在世界各地办了上百个分院。双方基于各自的需求建立了 A 大学新加坡 XX 学院，它是该教育投资公司在西南地区实行全英语教学的第一个分院。A 大学的分管领导兼任法人代表，双方组成董事会，实行董事会领导下的院长负责制。A 大学提供无形资产，XX 集团负责其他条件。学员结业或毕业后，既可以在国内争取就业，也可以在国外继续深造。这是 A 大学没有花国家一分钱，与境外办学机构合作，建立的另一所新型学院。[①]

与 XX 学院建设动机略有不同的是，A 大学 YY 学院的建立是迫于 A 大学建设大运会体育馆面临资金困境而生，且主动抓住机会促成的。大运会体育场馆的资金，在省上拨款后，还需学校配套数百万元，考虑到比赛后体育馆的利用率没有教学主楼的利用率高，学校在是否为该体育场馆注资是犹豫的。因为，为修主楼学校刚刚贴了 800 万元，若再用学校创收经费贴补体育馆的缺口，教职员工恐难接受。如能从外部引资建设场馆，那将最好。恰巧，当时 ×× 发展集团希望在成都拓展它的教育市场、完善它在成都的办学层次，经双方反复协商，达成协议，共同创建一个按新的机制运行的二级学院。在该校的校园内，由该集团累计投资 4000 万元，设一个以现代教育技术，计算机网络等社会急需专业为主的 A 大学 YY 学院，同时协助该校新建大运会体育馆。这一协议双方各得其所，×× 集团完成了它在成都的办学链条，A 大学的体育馆的资金缺口有了出路，而且不需要增加新的投入，又可以发展一个新的学院，建设一些新的专业。可以说是一举多得[②]。

---

① 四川 A 大学校长：《在四川 A 大学第三次工会会员暨教职工代表大会上的讲话（1999年 11 月 11 日）》，四川 A 大学档案馆资料。

② 四川 A 大学校长：《在四川 A 大学第三次工会会员暨教职工代表大会上的讲话（1999年 11 月 11 日）》，四川 A 大学档案馆资料。

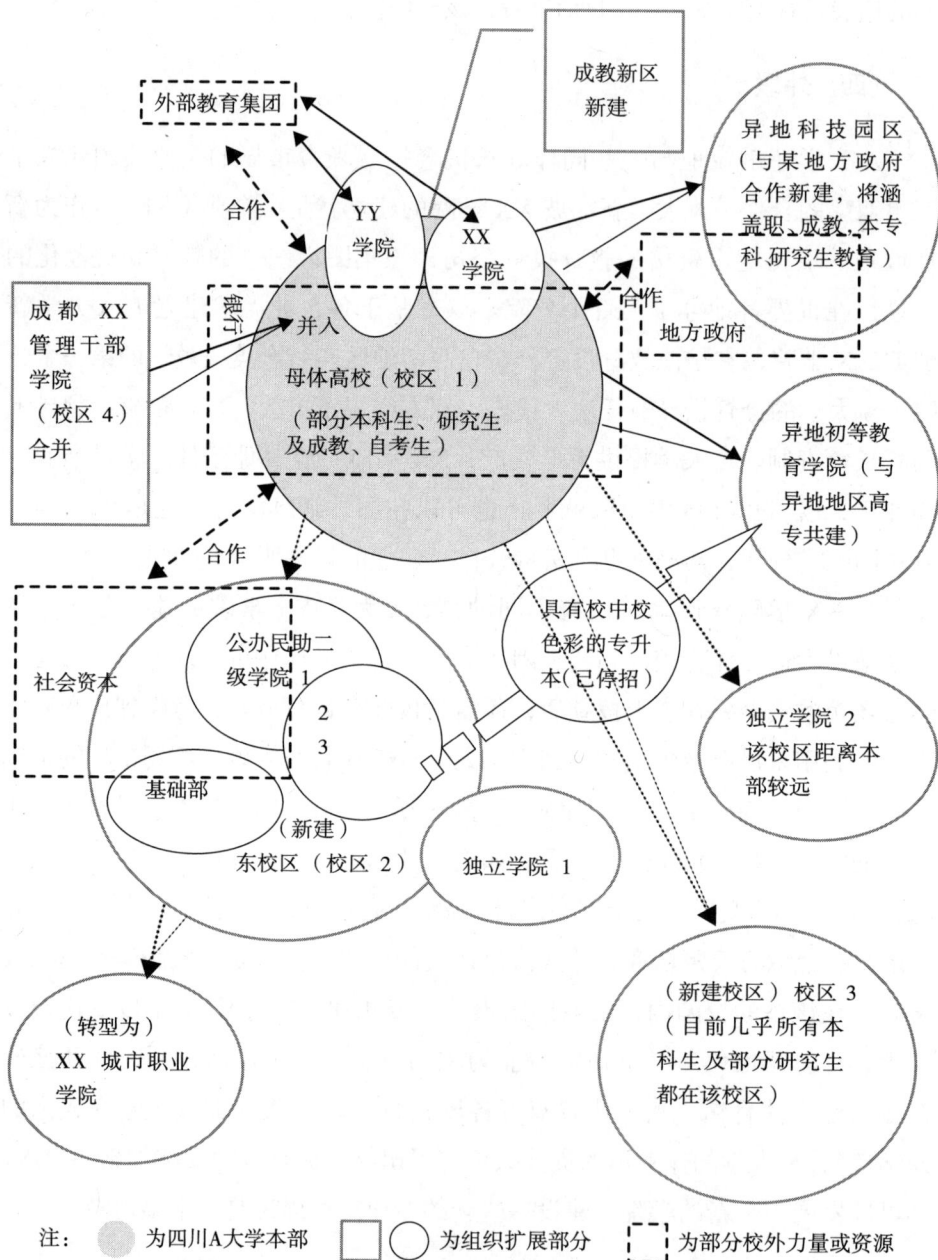

注： ⬤ 为四川A大学本部　　□○ 为组织扩展部分　　⌐⌐ 为部分校外力量或资源

图 11　西部 A 高校组织变革与扩展示意图

通过上述阐述及呈现，我们清楚地看到在世纪之交大扩招背景下一个西部省属大学的规模迅速扩张，组织内部结构快速调整，功能不断变化的组织变革及扩展图景（见图 11）。这所学校的变革与发展尽管具有一定的典型性，但是，正如笔者前文所言，它并不是个别的、特殊的，在中国的很多地方，类似于此的大学组织形式同样存在。这所学校原校长在对办学经验进行整体总结时的一段话值得我们深思：坚持自己的事情自己办，自己的路子自己走，自己的生计自己谋。我们将公办大学和民办大学的优势充分结合起来，闯出一条具有自身特色的办学道路。这条道路的特点是：保持公办大学的牌子，借鉴民办大学的法子，利用投资者的票子，沿着改革开放的路子，依靠教职工的脑子，培养社会欢迎的学子。①

三、基于组织变革中三种机制的思考

通过上述细致陈述，可以看出，A 大学在世纪之交基于规模扩张的大发展时期，已发展为一个整合多种资源，负载多种功能、衍生多个新型机构与组织并共生于一体的"中国式的巨型大学"。可以说，这类极富特色和代表性的复杂组织形态（可以用图 11 表示）在中国扩招时期承载着非常重要的量的扩张职能，已经毫无争议地成为体制内推动中国高等教育大众化进程的重要增量组织，并且，其内在的组织变革方式也值得深入思考。

具体来说，该组织形态的扩展逻辑总体上是市场机制主导的。从该校自 20 世纪 90 年代初期开始，其组织发展诉求首先瞄准的是通过规模扩张来带动学校的整体提升。从 1992 年开始的连年 20% 以上的扩招，按照学校决策层的话，敢于用明天的钱办今天的教育。围绕着扩大规模的发展诉求，学校首先需要解决的是资金的问题。所以，该学校围绕着如何少花钱多办事，不花钱办大事，做出一系列办学体制上的创新。在该校的体制创新，包括拓展新校区、合并其他学校、进行组织转型的过程中，充分体现出该校对于现有政策制度空间的深度识读。按照学校领导者的话来说，叫做"把政策用够"。

---

① 四川 A 大学校长：《在四川 A 大学第三次工会会员暨教职工代表大会上的讲话（1999年 11 月 11 日）》，四川 A 大学档案馆资料。

我们可以将其概括为体制创新的六个合作："公办与民办的合作，学校与地方的合作，学校与企业的合作，学校与银行的合作，学校与学校的合作，境内与境外的合作"。这六个方面的合作在前面的具体例子中已有充分的体现。就市场机制的作用形式来看，它带给了学校组织外部拓展扩张的显著特征。市场机制主导下的组织变革是该校给予我们最直观的感受。

其实仔细分析，该校市场机制主导的背后是组织合法性危机推动的。在前文中我们其实有过分析，当一个系统或者组织在不能发挥其基本功能，或者不能很好地发挥其功能时，系统或组织就有可能面临受众的不信任、质疑、抵制或者批判，这些就是合法性危机。合法性的最基础表现为"承认"。从这个意义上来讲，当时包括地方大学在内的诸多高校尽管不存在学校组织关门歇业的危险，但是，缺乏民众信任、认可的窘境的确是存在的。所以，在整体低迷的大环境中，这些位阶更低、资源更加缺乏的地方高校所面临的危机感更强，组织的合法性面临更大考验。在这种背景下，1990 年代初期的《中国教育改革与发展纲要》及《中华人民共和国教育法》所蕴涵的巨大的制度创新空间就更易于被这些渴望发展、摆脱合法性危机的高校组织所识读并利用。因此，上文介绍的 A 大学的提前扩招、尝试新的办学形式、敢于大胆先走一步与市场力量整合等都是基于组织的合法性危机而展开的。

尽管我们分析了这种变革的推动力，也承认了市场机制在高校组织变革中的合理性。但是这里仍有一个十分值得深入思考的问题，即，在市场机制强主导高校的变革与发展时，作为文化机构的高校组织，其组织的文化机制应该在学校的进一步发展中占据什么位置？我们以 A 大学为例略作考察。

A 大学的内部组织变革，首先体现在学科专业门类的拓展上。在学科专业的变革上，我们看到，市场逻辑冲击着学科知识逻辑。该校师范与非师范并举的道路表面上来看是基于学科发展的需要，其实是基于占领人才市场的现实需求。具体来说，当重庆作为直辖市单列出去的契机出现时，快速通过学科专业的增补、扩充等内涵式发展思路填补真空，占领人才与知识需求市场就成为当时该校的主导型发展思路。与这种思路如出一辙的是，在扩招中基于人才市场的规格以及培养成本的廉价而进行的学科整合与分化，大量的适应短期社会需求的新专业快速顺利上马，这显然是市场机制推动下的学科专业门类拓展。其次体现在学校的学科发展层次方面。在中国高校的发展图景中，发展至少应该在"大"与"高"两个层面。"大"指规模，"高"指人才培养层次，即学科点。围绕着申硕、申博的改革与发展是该学校在规模获得大发展后最迫切的变革诉求。也成为学校学科发展推进的重点。其中硕士点、博士点的申报就成为重中之重。在该校的档案中，我们清晰地看到，20世纪90年代初期，该校的学科点乏善可陈，世纪之交的学科点努力也主要是对外在机遇的等、靠、要。组织本身缺乏学科实力使得 A 大学长期在文化机制方面赢弱且缺乏话语权①。这种状况对处在沉寂期（1990年代）的 A 大学来说十分自然。但是，在扩招之后的 A 大学，其状况又如何呢？这就涉及到学校文化机制的第三个方面，师资队伍建设。我们知道，学科的发展，人才是关键。而人才的聚集，环境是关键。西部省份以及地方院校的位阶劣势必然造成吸引人才的难度很大。这是其一。而学校内部人才的快速成长往往需要有良好的学术、文化氛围。在该校规模扩张的进程中，市场机制的强作用力必然带给母体高校教师额外增加的教学任务，当然，也包括教学工作量的增加而带来的经济收入的提升。同时，母体高校外部诸多按新机制建立的学校，由于其组织建立伊始就做好了借助母体高校师资的准备，所以，当这些学校红火开张的时候，也正时母体高校教师借助知识获取经济报酬之时。② 在这种情况下，学校师资的快速成长注定成为问题。换句话说，当学校的广大教师面临学术研究与教学活动冲突时，市场机制主导下的教学活动必然严重影响着学术研究的纯粹性。学校组织内在的文化机制往往受到市场化机制的不利影响甚至戕害。我们看到，市场机制渗透下的学术研究已呈现出十分忧心的功利化倾向，这对于文化机制相对弱小的地方院校来说，其危害尤大。当然，市场机制渗透下的地方大学师资队伍建设也并不是全然没有益处。比如，市场机制下的人才流动客观上对于那些过去几乎没有办法吸引到高层次人才的地方大学来说，也提供了机遇及可能。不惜成本的高价

---

①　20世纪90年代初期，A 高校省级重点学科为零，硕士点只有几个，博士点没有。科研经费仅 30 万作用。

②　在 2000 年前后，许多学校开出的课时报酬十分诱人，一节课的报酬就达到 100 多元一节，这在当时是十分高的。

诱惑对于这些学校的人才队伍建设来说是一契机。但是，同样需要注意的是，仅有金钱而不注意营造高校的学术氛围也必将带来人才的再一次流失和人才队伍根基的不稳固。

所以，该所省属大学基于规模发展为先的市场化推进手段，注定带来的是学校"版图"的急剧外扩以及各子组织基于规模及创收的组织变革的功利导向。至于文化机制力量的复苏或者逐渐唤醒往往需要学校组织在规模扩展达到相当程度，学校整体提升面临瓶颈时才有可能渐进发生。从 A 高校近年来一系列重视科研的政策出台以及花大力气引进人才、搞学科建设的举措来看，该高校内部的文化机制正在逐渐复苏、组织内部的文化力量与市场力量比对，已不在是一边倒的格局。这是否意味着一种好的迹象，还有待观察。

四、基于策略空间的进一步思考

为什么会有这样 A 校这样的省属大学发展态势？在多次走访和对地方院校部分重要行动者的深度访谈中，笔者深刻的意识到，在与中东部地区物理空间、政策制度等资源环境不尽相同的西部地区，西部地方高校一方面确实存在着受忽略、机制相对僵化、信息相对闭塞、资源相对缺乏等特点，面临着理论、制度和实践上的焦虑与困惑。但是，在政策制度变迁所带来的结构性空隙中，这些西部地方高校往往能够通过与地方政府及其他行动者的讨价还价、交往协商，始终在努力且有策略地争取着自己的生存和发展空间。这种基于策略空间的变革行为，业已实实在在地促成了地方高等学校的深刻组织变革和区域高等教育的多样化发展格局，成为地方高校生存和发展的基本样态。所以，在接下来的篇幅中，笔者将从这所学校所折射的地方实践智慧入手，着重分析其中的策略空间何以产生及其有可能带给整个地方高校、区域高等教育乃至整个国家的高等教育系统的影响。

（一）省属大学发展中的策略空间：基本要素

从 A 校的实际发展变革行为及路径来看，策略空间是客观存在的，且具有动态生成性。笔者分析策略空间能以形成的条件可能是理解其核心内涵的前提。在地方高校的策略空间得以生成，主要基于以下几个条件：结构规则的模糊性和可变通性；资源的可交换性；利益的部分一致性及行动者的协商和互动。

结构规则的模糊性和可变通性。在整个高等教育制度变迁的大背景下，本就存在结构规则的不断搭建和优化。在这一过程中，结构规则模糊性与可变通性就成为必然。高校组织的结构规则及制度环境基本上由三个层次共同搭建。第一层次，社会基本规则和组织原则。在我国，《中华人民共和国宪法》以及《教育法》等基本法律政策构成了高等学校外部的制度环境和结构规则。在这一结构规则中，由"统一领导，分级管理"走向"地方负责，分级管理"是我国近二十年来最基本和最核心的规则构成宗旨和原则。这个层次的规则和组织原则总体上呈现两个特征：核心规则相对稳定但结构规则系统新旧交替。第二层次，具体的组织形式与规则。就这个层次的结构规则来说，总体呈现两个特征。其一，组织的制度同形性。教育行政组织机构、高等院校等体现出外部制度环境的强力嵌入。"在外部制度环境的深刻影响下……很多组织仪式性的采纳了它们。①其二，知识机构的内在演化性。以知识的教授和生产为中心的高等学校其内在组织文化的继承与开新。比如，教育行政部门知识管理组织与行政科层特性的"杂糅"和"混搭"。第三层次，操作规则和技术规则。这个层次的规则是联系第一层次和第二层次规则的中间层次。我们可以将其称为程序性规则或者执行规则。比如，在面临具体的教育政策活动时，该遵循一个什么样的程序去实现教育行政组织和学校组织的互动，这时，操作性及技术性的规则就会起到十分重要的作用。

如果以一种简单化约的思维来理解整个社会或者社会的某个领域的话，其规则结构大体如上述这般。但是，社会结构的"复杂"甚至"无象"很多时候又远非清晰、明确且层次分明的层次思维所能理解，社会结构规则体系所具有的模糊性客观存在。

---

① ［美］约翰·W.迈耶、布利安·罗恩:《制度化的组织：作为神话与仪式的正式结构》,《美国社会学》杂志第 83 卷第 2 期，第 340—363 页。

　　这种模糊性在社会决定论那里是被忽略掉的，在他们眼中"社会行为受社会规范的制约，社会规范外在于个体或者组织的意愿并具有威权性质（authoritativeness）①。这一帕森斯时代的"社会结构神话"却在方法论个体主义那里被"化约（reducible）为个人的逻辑性堆砌"，或者"处于某种关系中的个体集合体"。尽管，个体的主观能动性在这里被过分夸大，但是，这种转变却预示着是社会的结构规则因个体的主观能动性或者其他结构性因素而不再是"周密"而"丝丝入扣"的"铁板一块"。

　　具体来说，这种结构规则中的模糊性主要因以下三个方面的因素而存在。首先，在于制度体系本身的不完备性及新旧制度更替所带来；其次，"特别当多种规则体系汇集于具体的互动场景，由此导致结构性限制经常自相矛盾"②，这往往生成了模糊性和不确定性；再次，我国教育行政部门所特有的、法律赋予的"自由裁量权"以及"实际或操作性知识"③使得规则结构的模糊性具有了可以变通的可能。上述三方面因素在具体情境中综合作用而使模糊空间和可变通性客观存在。"机会结构（opportunity structures）"讲得就是这个意思。

　　从A校当时所处的外部制度环境，或者说结构规则体系来说，这种变化是快速的。从1985年开始的教育体制改革到1993年国家教育改革与发展纲要的实施，教育权力整体向地方下放已成为我国高等教育改革的大趋势，尽管这一过程时有反复，但是，趋势已定。所以，在这种制度变迁的背景下，地处西部的A高校的外部制度环境就必然会呈现新旧交替、甚至冲突、打架的情况。比如，众所周知的专科招生权限的下放与回收，带给地方政府及相关教育行政部门的影响及对规则的识读、理解和建构与变通；比如，在前面提到的，重庆从四川分单列为直辖市，这是一个对既有规则体系产生重

---

① ［英］安东尼·吉登斯:《社会的构成——结构化理论大纲》，李康等译，生活·读书·新知三联书店1998年版，第7页。

② Wardell,M.L, J.K.Benson :"A Dialectical View: Foundations for an Alternative Sociological Method" ,in S.G.McNall（ed.）,Theoretical Perspective in Sociology. New York: St Martin's Press，1979，p.33.

③ ［瑞典］汤姆·R.伯恩斯等著:《结构主义的视野: 经济和社会的变迁》，周长城等译，社会科学文献出版社2004年版，第195页。

要影响的事件。四川的高等教育系统中的位序排列、学科真空以及高校行政归属等都随之发生变化。再比如，在高校扩招政策突然发布，全国各地纷纷响应政策及全面推开的时候，各地及学校对于扩招政策的理解就存在诸多差异。对于扩招多少及如何扩招，可以采用什么样的方式，什么样的方式不被允许等问题，都将带来地方制度规则系统的变化及模糊空间的生成。

　　资源的可交换性。在社会结构体系中，资源是作为互动性要素而存在的。从 A 校发展变革的进程来看，其发展所凭借的资源主要可以分为以下几类。第一类，物质资源。在计划走向市场，集权逐渐下放的转轨时期，作为地方高等教育物质性资源主要表现形式的经费，其来源渠道已经多样化为政府下拨的教育经费，基于公益或私利的社会资金以及用来投资或者消费的家庭资金等。教育制度环境中"不以营利为目的"的基本法律政策话语因多主体的"理论识读"或者"实践知识"而使得物质性资源的来源被极大的拓展。第二类，政策资源。尽管在 H.K. 科尔巴奇的"政策"字典里，工具性、等级性和一致性基本揭示出了政策的内在本质①，但是戴维·伊斯顿的"公共政策是对全社会的价值做权威的分配"②和我国学者陈庆云"公共政策的本质是社会利益的集中反映，是对复杂利益关系进行调整的过程"③似乎得到了更多人的支持。在中国教育制度框架中，"给钱不如给政策"和"给不了钱就给政策"分别代表了中国社会自下而上和自上而下对于"政策和资源"关系的极好诠释。政策资源对于地方高校乃至地方政府④来说，因能够快速有效的调动物质性资源而具有极大的诱惑。第三类，位阶资源。就高等教育而言，位阶资源主要因中国高等教育结构体系中隐形、默会的等级标识而衍生。可以说，位阶在一定程度上是我国高等学校组织的终极目标。一所学校处于什么样的位置，在很大程度上决定着你能拥有什么样的政策资源和

---

　　①　[英]H.K. 科尔巴奇:《政策》，张毅译，吉林人民出版社 2005 年版，第 11—12 页。

　　②　D.Easten, The public System, New York: Knopf, p.129. 转引自张金马主编:《政策科学导论》，中国人民大学出版社 1992 年版，第 17—18 页。

　　③　陈庆云:《公共政策分析》，北京大学出版社 1997 年版，第 5 页。

　　④　此处将地方政府纳入其中，主要是相对于地方政府上级政策而言。政策的越级优势甚至表现在最高教育行政部门对于更高级别的行政机构之中。

物质资源。反过来说，政策资源又会在一定程度上决定一所学校将走向怎样的位阶。

概言之，三种资源因不同的表现形态而各具特色，同时又因其不同的利益蕴含而具有可交换性。中国高等教育的改革实践使得这三种资源的交换成为可能。甚至，基于资源的可交换性，政府还有意识利用政策资源和位阶资源来调动和挖掘教育市场中的物质资源。于是，资源的交换就得以产生甚至有了制度环境的保障。

就 A 校来说，我们在前文陈述的诸多学校发展行为及组织变革方式，无不隐含着对于不同类型资源的依赖、争取及交换。总体来说，A 校所争取的资源首先在于物质资源。从 1992 年与 1999 年学校经费的变化以及通过各种组织嫁接形式获得广泛的社会资金，或者用该校领导人所概括的"少花钱多办事，不花钱办大事，用明天的钱办今天的事。"这里，对物质资源的获取及交换可见一斑。其次，该校在发展中对于政策的识读及利用可以说同样值得玩味。该校原校长在对学校到底是坚持单方面走师范道路还是师范与非师范并举的道路的思考时说，"片面强调其中任何一面而否认另一面都是不恰当的。把政策用够，充分发挥两个方面的长处和优越性，才是我们最佳的选择。"①，其"政策用够"一词，含义深刻。

利益的部分一致性。就 A 校和地方政府的利益部分一致性来看，起码在以下几个方面，他们存在共同利益。或者说，A 校要寻求或者争取地方政府的支持，只有体现出能迎合地方利益的可能性。第一，制度创新及影响力。对于转型时期的地方政府来说，如果能够在破旧立新的变革中有那么一些可以为地方改革赢得声誉的制度创新之举的话，这毫无疑问是大有裨益的。而 A 高校作为该省高等教育制度创新的主体，恰恰有大量的机会存在。因此，无论是蕴涵着制度创新的"可能"还是试图创新的"意图"都足以使地方政府与之产生利益的部分一致性。第二，地方教育的发展。"发展"一词相当模糊，但是也同样诱人。对于地方政府而言，在"做"的形式中体现、寻求发展是需要的，"做"可以是实实在在、中规中矩；也可以是变着

---

① 《在 A 校第三次工会会员暨教职工代表大学上的讲话（1999.11.1）》，A 校档案馆资料。

方式、求新求异；甚至还有可能是扮着姿态、虚张声势。还需指出的是，地方教育发展，还存在地方私利及国家公利之分。对于后者，在与前者相一致或者至少不冲突时，当然是一并发展的，但当存在不一致甚至冲突时，这种发展就很有可能是维护地方利益了。此时，"合谋"一词就成为体现利益的部分一致性的最恰当表达。第三，社会稳定与和谐。之所以将"发展"与"稳定与和谐"区分，其主要目的在于说明地方政府对于其所属高校的社会稳定职能的基本诉求。在这一点上，地方高校作为吸纳民众及子女的教育需求，缓解社会的诸多压力、担当社会缓冲器等功能性组织，在很多方面具有与地方政府"讨价还价"的利益筹码，A 校作为重要的师范类大学，自然承担着不可或缺的师资培养及培训的重要功能。这些都是与地方政府契合的利益一致性。

综上分析，地方政府利益诉求的凸显是我国教育制度变革的基础性动因。高等教育制度创新及影响力、促进地方教育的发展、维护社会的稳定与和谐是地方政府的主导型利益诉求，也是地方高校获得与地方政府和教育行政部门互动和协商的基础。地方高校诸校之间能够在什么程度上以竞争优势契合地方政府的这种利益诉求，其中就自然关涉策略行为及策略空间问题。

行动者的协商和互动。策略空间得以生成的第四个条件是各行动者之间的协商与互动。在地方高等教育的活动场域中，行动者的互动和协商是构成策略空间的基本要素。正如埃哈尔·费埃德博格所言："试图从行动者实际行为抑或实践之外，离开其实际行为或实践来理解一个系统，注定要走进死胡同。"① 因此，如果说前述三个要素是静态的条件性要素的话，那么，行动者的协商与互动则是策略空间的动态生成性要素。

比如 A 校，为了获得学校发展，往往采取积极主动的互动，这种互动有时是指向同样在寻求发展机会的其他教育集团；也可以指向能够对土地征用及买卖等资源具有重要甚至决定性影响力的当地或异地各级政府；还可以指向手中握有大量资金的社会资本。这是以学校为主体来谈的协商与互动，

---

① 埃哈尔·费埃德博格：《权力与规则——组织行动的动力》，张月等译，上海人民出版 2005 年版，第 10 页。

另外还存在学校内部各院系行动者为了自身的学科发展带动学校互动。比如申报博士授权点就是十分典型的例子。

行动者的互动和协商，应该是一种常态，在很多时候并非完全基于正式的场合而展开。在博曼看来，"协商是一种共同的社会活动，嵌入在社会对话活动——彼此赋予理由——之中。这种协商一般发生在特定社会情境之中，且是关于这个特定社会情境而进行的"①。对于地方高等教育系统的行动者而言，基于对话而进行的彼此赋予理由的策略性言说、陈述是基本表现形式和手段。如对话或者言说是基于共同的目的，或者说是发生在共同的价值和信念的背景之中，那么，就极有可能产生洞见、理解和合作。而如果互动的目的是建立在地方政府、教育行政部门与地方高校的利益冲突的背景下，那么这时的互动和协商则极有可能是艰难和大费周折的。就结果而言，产生理解、达成一致和造成分歧、产生隔阂并存。但如果互动的冲突主要是基于各类高校之间的利益冲突和争夺，那么此时则会体现出八仙过海各显神通的局部互动和协商。不管怎样，在这些互动和协商活动中，基于策略行为生成的策略空间一定是存在的。

（二）省属大学发展中的策略空间：类型

上文我们主要是从策略空间生成的要素层面进行的结构性分析，接下来我们结合 A 校的实际从三种不同类型的例子来进一步呈现策略空间的真实存在。

类型 1：基于重大政策主题而生成的策略空间。

当政策在不断调适制度环境的时候，策略空间就有了产生的条件。在对 1985—1999 年间我国高等教育一系列政策文本话语的分析中，我们看到，一方面确实存在实质性的管理权限的下放，而另一方面又有诸多模糊甚至可以做多种理解的弹性话语存在。比如，关于高等学校朝什么方向发展，《中共中央关于教育体制改革的决定》中对此的表述是，"改变政府对高等学校统得过多的管理体制……扩大高等学校的办学自主权……使高等学校具有主

---

① 陈家刚：《协商民主中的协商、共识与合法性》：http://www.qstheory.cn/zz/shzyzzzd/201108/t20110830_106317.htm。

动适应经济和社会发展需要的积极性和能力。"① 至于办学自主权到底要体现在哪些方面，文件虽有列举（比如招生权限），但同时又以弹性话语"对不同的高等学校，国家还可以根据情况，赋予其他的权力"② 蕴涵着高等学校可能争取的变革可能性。在《中国教育改革和发展纲要》中，尽管对高等教育明确提出走内涵发展道路，但是又以一种积极的语调动员高等教育系统"探索发展的新路子，使规模有较大发展，质量更加合理，质量和效益明显提高。"并且对于省一级政府决定地方高校的招生规模和专业管理权限等方面进行了明确的赋权。③ 甚至就连作为法律文本出现的《中华人民共和国高等教育法》中，"自主"一词在第四章"高等学校的组织和活动"中出现的频次多达7次④。我们姑且不论这些对高等学校办学自主权的赋权是否全面，以及是否都能真正落实，但是，一个不争的事实是，在这部关系高等教育改革和发展的根本大法中，字里行间存有广泛的弹性空间是个客观事实。

　　正是在这样的一个结构规则背景下，1999年高校扩招政策带给地方高校获得发展的巨大策略空间。在当时的政策话语体系中，"减缓升学压力"，"多种形式积极发展高等教育"，"大力扩大规模"成为国家层面最主要的政策主题。而为了实现这一目标，在《中共中央国务院关于深化教育改革，全面推进素质教育的决定》中，简政放权细化为"加大省级人民政府发展和管理本地区教育的权力及统筹力度"、"形成中央和省级人民政府两级管理，以省为主的新体制"、"经国务院授权，把发展高等职业教育和大部分高等专科教育的权力以及责任交给省级人民政府。""进一步扩大高等学校招生、专业设置等自主权，高等学校可以到外地合作办学"，总而言之，在这份吹响扩招号角的重要政策文本中，"凡符合国家有关法律法规的办学形式，均

---

① 《中共中央关于教育体制改革的决定（1985—05—27）》，人民教育出版社编辑：《教育改革重要文献选编》，人民教育出版社1988年版，第15—28页。

② 人民教育出版社编辑：《教育改革重要文献选编》，人民教育出版社1988年版，第15—28页。

③ 《中国教育改革和发展纲要（1993—02—13）》，摘自国家教委办公厅：《中国教育改革与发展文献选编》，人民教育出版社1993年版，第1—29页。

④ 教育部高等教育司编：《中华人民共和国高等教育法》，高等教育出版社1999年版。

可大胆试验"的松绑式政策思维体现无遗①。过去紧缩的扩招指标现在出现松动，甚至在不违反原则的情况下，适当扩大招生比例也未尝不可。过去"内涵式的发展道路"现在要积极引导为"多渠道扩容的外延式发展道路"。至于如何拓展多渠道，这里允许大胆的制度创新和"先行先试"。可以说，此时的制度环境是主旨清晰而具体思路模糊的，这一模糊的制度环境以政策资源的诱赏来催生地方高校的制度创新。因而，如何让更多的学生进入大学，就成为主导性的政策诉求刺激着既存的制度环境，行动者在各自的利益驱动下，基于利益的部分一致性而进行着协商、互动，并最终形成了地方高校、地方政府和教育行政主管部门的"合谋式"的政策实践活动。过去"约束"地方创新的制度环境现在渐变为允许甚至鼓励地方创生的制度环境，地方高校和上级教育行政部门以及地方政府在"松动"的制度空间中增加了互动的机会和可能，基于策略而生成的空间带来制度创生（不一定都是制度创新）大量涌现。比如，在 A 校发展中，较早地产生了利用优质教育资金和优质教育资源结合而创生的二级学院办学模式②、整合资源拓展新校区、打政策擦边球拓展招生指标和生源③、迎合政策做学校内部机构的仪式性调整，追逐利益寻求地方政府及主管部门的支持等。这些都是西部地方高校在改革和发展中策略空间真实存在的明证。

　　类型 2：无重大政策主题下基于地方高校主动协商、互动而创生的策略空间。

　　在西部地方高校的变革与发展中，还存在着更为惯常的、无重大政策主

---

　　①　此段引用的政策话语除特殊说明，均出自中共中央办公厅：《中共中央国务院关于深化教育改革，全面推进素质教育的决定（中发［1999］9 号）》，1999 年 6 月 13 日。

　　②　有研究者认为，我国独立学院最早的创新尝试并非天津师大的国际女子学院，而应该是西部地方院校四川师范大学与社会资金按照公办民助模式建立的四川师范大学电影电视学院。参见柏成华：《师范大学办学多元化的制度变迁与创新》，《四川师范大学学报（社会科学版）》2008 年第 6 期，第 34 页。

　　③　比如，为了学校经济利益及规模发展的考虑，不少地方院校在招生指标及比例中与地方政府和相关教育行政部门互动、协商并达成默契，这样的例子曾经在世纪之交的地方高等教育发展中并不少见。上文叙述的 A 校自 1992 年起，连续 7 年每年扩招 20% 以上，这里如果没有地方政府及教育行政主管部门的默许及支持，基本上不可能实现的。

题下的策略行为及制度变通思维。这类策略行为的主体并非都是地方高校的主要决策者，它有可能是院系或者行政部门，甚至更加基层的行动者。当然，更有可能是学校内部多主体的集体行动。

在此，我们以 A 校博士点申报为背景进行分析。在中国高等教育系统中，博士点申报对于学校的重要性不言而喻。有没有博士授予权，以及在何种程度上拥有博士授予权对于高等学校的位阶、文化系统以及声誉影响极大。当地方学校在校内院系行动者的诉求下或者自上而下"点名"指派院系开展申博工作时，很多时候是抱着"试一试"的心态进行的。之所以如此，一个很重要的原因在于申博信息的获得渠道在中国高等教育系统中很多时候是被有意模糊的。这种模糊的制度环境本身就是在考验学校以及地方教育行政部门的制度识读能力。谁能准确识读信息，并且策略性地利用信息谁就掌握了行动的主动。比如，在传统的博士点评审规则中，当你识读到学科组内的竞争是基本特点，省域内行动者之间并不存在直接的利益冲突而具有利益的部分一致性时，这时你的识读能力就会带来你对资源可交换性的创造性理解和践行。地方高校物质性资源蓄势待发，随时伺机去开发或者构造有利于自身的关系网络。评审委员被聘请来学校指导工作，开展学术讲座等诸多手段成为地方高校利用物质性资源获取政策性资源的惯常互动模式。学科评议组成员因其对于申博单位具有直接投票权而具有丰富的政策性资源。对于申博制度的识读能力差异将会带来学校使用物质性资源的方式和投入的力度。

但是，当申博的模糊性制度规则发生变化时，地方高校及其院系又需要"识读"新的申博制度规则。比如，在刚刚过去的一轮申博中，基于国家整体博士布点的考虑，在申博的制度规则中又引入了地方政府自主甄选、择优上报的新机制，将地方甄选作为重要的制度设计。这时的新制度环境很快改变地方各行动者的利益格局，如何在地方申博梯队中占据有利位置就显得至关重要。而国务院层面的学科评议组"会尽最大限度地争取学科利益"的行动宗旨会被地方学校识读并加以利用。在此思路下借助"重要他人"的声音扩大申报单位影响力，甚至游说地方政府相关部门争取申博梯队的有利位阶等诸多"纵向策略"都在这一过程中体现得淋漓尽致。地方政府及教育行政部门在变动的制度环境中，一方面因让渡的选择权而具有了较之以往更加重要的地位，另一方面同时也会从利益一致性的角度，基于主动选择地方学科发展的机会而产生良性互动。而地方各类高校间的相互竞争将首先指向如何获得地方政府及教育行政部门的"偏好"，于是，在各类行动者的互动和协商中策略行为就大量出现了。可以这么说，在申博的过程中，不同的申博制度建构会刺激地方性文化中不同因子的生成，而这种基于观念系统中所创设的文化系统又会带来行动者互动或者协商不同的方式。[①] 在刚刚过去的一轮博士点申报中，A校所获得的其中一个一级学科博士点，就主要是基于院一级行动者长期且富有策略性的努力，最终争取到学校及地方政府的支持及认可而获得的。

类型3：被动生成的策略空间。

如果说，前两种类型都是基于地方高校主动协商互动而生成的话，那么，第三种类型则是被动生成的策略空间。这类策略空间的生成并非首先基于地方高校的主动创生，而是取决于地方政府或者教育行政部门的鼓励、暗示甚至直接推动，很多时候，在这背后往往有基于某个主题的模糊性国家层面的政策号召。比如，推动高等学校的制度创新、建设现代大学制度或者培育某种类型的改革试验基地等。这样响亮但可能缺乏清晰内容的号召，往往需要有来自地方高校这一基层主体的领会和践行，才有可能产生"让其欣喜"的教育改革后果。所以，推动高等学校的制度创新有时就成为地方政府或者教育行政部门向地方院校领导者"派送"的任务。对于这一点，有些学校并没有意识到这对于生成策略空间的意义和价值，而有些学校就会在这种"派送"任务时所产生的"大弹性空间"中获得了制度创生的特殊策略空间。A校以校区部分二级学转制为XX城市职业学院就是一个典型的例子。该校之所以会有这样的组织转型，深层次的原因在于《国务院关于大力发展职业教育的决定》等系列政策的外在驱动和地方政府基于培育"典型"的考虑而"点拨"该校朝此方向转型和发展的。在这一过程中，地方高校能够在地方政府"派送"任务时所产生的"大弹性空间"中识读这种机会并互动迎合、

---

① 　　Lesile A. White：Evolutionary stages, progress, and the evolution of cultures, Southwestern Journal of Anthropology，卷31947，转引自安东尼·吉登斯：《社会的构成》，李康译，生活·读书·新知三联书店1998年版，第32页。

调整乃是最终促成此次转型的必备条件。从目前这所学校的发展来看，国家大力发展高等职业学校的大的政策支持，地方政府的鼎力支持，学校在高职发展思维中对于现有学科专业以及区域资源的重新整合和调整已经带来了该校良好的发展前景。这是一个典型的先基于被动接受任务，后快速识读机会并主动采取策略行为获得发展空间的真实案例。

（三）西部省属大学发展中的策略空间：意义

从实地调查与深度观察中，笔者深刻体会到诸多案例中呈现出来的认知及行动能力的可变、发展、复杂甚至不可言传。所以，当笔者以文字的方式再次描述和分析这种本可以称为"默会知识"的过程时，许多精彩的东西很有可能已经局部丢失了。尽管如此，笔者还是想从一种非概念的角度对策略空间进行一个总结。策略空间取决于协商的机会、互动的状态；取决于行动者在特定情景中的利益一致性；取决于对不同类型资源的交换；取决于行动者对于结构规则中的模糊性和可变通性的识读、体悟和践行能力。或者，因识读而生策略，因策略而生互动，因互动而生空间，因空间而求发展。在西部省属大学的发展进程中，对于策略空间的创造、利用和把握是这些院校获得发展的重要方式。

哈恩认为，制度环境对于每个（类）组织并非都是一样的。组织地位的不同可能导致它选择的制度环境是不一样的。这样，制度环境可能是分化的。组织会根据自己在不同制度环境中的定位来选择各自"合乎情理"的行为方式[1]。对于中国的大国特征以及逐步走向分权的制度变迁路向，不同省域其实也就是一个个分化了的制度环境。身处其中的高等教育组织，往往受到双重制度环境的影响，并在受影响的同时体现出哈恩所言的"合乎情理"的行为方式。在我国西部高等教育系统中，省属高等学校这一行动者在构成社会关系时，以何种方式利用了各种结构性特征和分化了制度环境，又表现为何种方式，恰恰是该校获得组织变革及发展的重要推动力。

从大的制度变迁背景来说，伴随着 1998 年政治经济体制改革而来的地

---

① 周雪光：《组织社会学十讲》，社会科学文献出版社 2003 年版，第 95—98 页。

方权力的扩大，地方竞争日盛，以及高等教育"强国强省"理念的日渐彰显，西部省属高校发展进程的策略空间以及策略行为已经成为促进其发展的重要因素及基本表现形式。对于一个西部省份中包含不同组织形态的"高等学校组织机构复合体"，从策略空间的角度可能是理解其发展的一个适切视角。

第七章　世纪之交中国高等教育系统内多组织变革之：独立学院

世纪之交中国高等教育的变革不仅来源于体制内大学的推动，以独立学院为典型代表的具有中国特色的"杂糅式"的组织形态在中国高等教育大众化进程中也发挥着重要作用，蕴涵着一种在区域甚至整个国家高等教育面临发展性困境时可以加以推广的高等教育变革思维。因此，本章将对 2006 年前后区域环境中的独立学院组织进行细致呈现和深度剖析，在观其组织生存及发展图景的基础上，对区域高等教育发展模式进行进一步的思考。本章将继续延续实证基础上的理论分析思维。①

一、独立学院组织分析的意义

（一）独立学院的现实表现使得我们不可能回避这种产生于高等教育扩招中的新型高等教育组织形态

尽管独立学院并不是 1999 年扩招时政策设计的增量组织形式，甚至在有些省区，这种组织形式很少存在，但是实际情况却证明了，在中国高等教育世纪之交大扩招的进程中，独立学院是一种不可或缺，并发挥重要作用的组织形式。

①　本实证调研主要在 2006 年进行，这一时间正是国家颁布 8 号文件对二级学院进行"六个独立的规范期"。诸多独立学院所呈现出来的组织变革思维及方式非常具有典型性。尽管这一实证素材距今已有 6 年之久，但是，对于真实反映当时的独立学院发展仍具有重要意义。文中所呈现资料系首次公开。

　　对独立学院的实际发展状况，我们可以通过两个角度来展现。第一个角度，从基本统计数据来看独立学院在我国 2006 年前后高等教育发展总体规模中的相对位置。第二个角度，用实证方法来考察独立学院这种新兴组织在区域高等教育发展中的实际作用。在此，我们首先从国家层面来总体把握这种组织的实际功能，而对于区域独立学院的生存状态及组织变革形式留待后文详述。

　　国家层面的独立学院发展状况。为了与下文呈现的 2006 年实证调研信息一致，故此处所列数据大致为 2004—2006 年独立学院的官方公布数据①。概括起来，1. 截至 2004 年底，独立学院注册学生已超过 68 万人，其中本科生约 55 万人，在校生超过 8000 人的独立学院就有 11 所。2005 年统计数据表明，独立学院招生人数 47.8979 万人，在校生数达到 107.46 万人。其中当年本科招生人数达 41.2028 万人，在校本科生人数达 90.09 万人（见第五章表 14）。从本科招生数占全国本科招生总数的比值来看，已超过 20% 以上。2. 据初步统计，独立学院共吸纳民间教育资本 300 多亿元，校园用地近 8000 多万平方米，新建校舍及教学行政用房 1160 多平方米，教学仪器设备总值 42 亿元，拥有语音室 1448 个，多媒体教室 3746 个，图书 3462 万册，93% 的独立学院开通了校园网，教育资源相当可观。3. 从 2006 年独立学院与普通民办高校的基本规模来看，独立学院 2006 年前后经教育部审批合格数为 318 所，全为本科院校。而具有颁发学历文凭的普通民办高校共计 278 所，其中本科院校为 25 所。相对于普通民办高校来说，无论是在规模还是办学层次上独立学院都更具优势。4. 办学日趋规范。据统计，截至 2005 年 1 月，接受专项检查的 249 所独立学院中 70% 多的独立学院具备独立法人资格，80% 多的独立学院实现了财务独立，拥有独立的校园，98% 的独立学院招生宣传关于独立学院学历文凭的表述都清晰、准确，不存在误导考生的现象。从全国上述统计数据以及教育部的基本评价来看，当时（2006 年）独立学院已经成为我国高等教育发展中的重要力量。特别对于我国本科层次教育发展来说，独立学院无论从学校数量、总体规模等方面都具有重要地位。有学者

　　① 数据引自刘凤泰：《从专项检查看独立学院的生成与发展》，《中国高等教育》2005 年第 17 期，第 6—8 页。范文曜、马陆亭：《高等教育的体制创新——独立学院发展综合分析报告》，西北大学出版社 2005 年版。

对独立学院在未来一段时间的发展进行了粗略推测："按照4年学制计算，（独立学院）预期规模将很快超过150万人，可以达到本科学生规模的30%左右。如果2020年高等教育毛入学率达到42%，在校生规模超过3800万，独立学院学生还占相同比例的话，其在校生还会达到300万左右。"① 尽管这是以一种忽略独立学院发展中的可能困难而进行的一种相对理想化预测，但是我们不可否认独立学院在当时我国的高等教育发展中的现实作用和实际影响。

（二）独立学院的组织形态反映了我国高等教育制度变迁的特有路径

中国的高等教育制度变迁，总体上体现为一个由"强制性制度变迁向典型诱致性制度变迁逐步转移的谱系"。而导致逐步转移的主导力量来自多个方面，其中市场力量的介入和系统自身难以克服的困境为自下而上的诱致性制度变迁的增多提供了总体性制度环境。所以，在逐步走向市场化的高等教育改革中，体现诱致性制度变迁的典型创新模式，往往蕴涵着变革进程中新的制度创新因子。在中国的传统制度环境中，由于精英主义的制度化非常彻底，所以，即使经历了市场经济的强烈冲击，在诱致性制度变迁中也常常包含着强制性制度变迁潜在的影响，并且往往会以"依附发展的模式"体现出"渐进变革"的特点。这是我国高等教育制度变迁的典型特点。而独立学院的制度变迁过程恰恰体现着这种典型特征。如果对独立学院的前身国有民办二级学院进行追根溯源，我们可以看到，它深刻地蕴涵着省属院校的"综合化转型"印记②，代表的依

---

① 范文曜、马陆亭：《高等教育的体制创新——独立学院发展综合分析报告》，西北大学出版社2005年版，第5页。

② 有学者认为，"独立学院发源于1993—1995年的一些公立高校内部以民办机制运行的二级学院，形成规模于1999年高校持续扩招。"更有研究指出，天津师范大学是国有民办二级学院的始作俑者，该校在1992年就成立了民办性质的国际女子学院。创办这所学院的主要原因在于希望借机搞一块试验田，走出师范院校办非师范专业的路子。该院依托天津师大的资源，实行自主招生、自主办学、自主分配，收费比一般的非师范专业高一点，学费不用上缴学校，但天津市财政人均经费给女子学院的拨款全部归天津师大所有。参见马陆亭、范文曜：《发展独立学院的现实基础及政策探析》，《中国高等教育》2005年第8期，第28页。张兴：《国有民办二级学院的起源与类型》，《当代教育论坛》2003年第9期，第91—92页。

然是中国高等教育制度变迁中随处可见的"依附性思维"：占据"体制"和"市场"的双重优势，寻求两者之间的"中间道路"。也许，正是这样的发展模式才能取得中国政府的合法性认可，从而再以自上而下的制度变迁模式获得扩散式的长足发展。因此，具有诱致性制度变迁特质的发展模式，其实仍然是在政府行政力的推动下，最终完成制度变迁的。这种先"自下而上"，然后再"自上而下"的制度变迁模式既体现在独立学院的制度变迁过程之中，也应和了我国高等教育制度变迁的总体规律和未来走势，是具有中国特色的。

（三）独立学院的组织类型基本上包含着高等教育系统内各种组织之间的关系形态，可以看作是我国现今高等教育的"微缩结构"。因此，"解剖麻雀"就有着特殊的意义

结构社会学认为，一个结构就是一个有序的要素排列。一个结构的组成部分不如组成部分之间的关系重要。我们在论文中一直将高等教育结构体系作为分析背景，其实就体现出本人对于组成部分之间关系的重视。作为静态组织的独立学院固然重要，但是体现并包含着高等教育整体结构关系的独立学院组织形态更加具有分析价值。如果我们将独立学院组织类型的多样形态理解为高等教育结构整体的"微缩结构"的话，那么，我们视野中的独立学院组织就"不仅包含了关系中的直接联结，而且包含了相对位置和间接影响。"①独立学院的组织类型基本上包含着高等教育系统内各种组织之间的关系形态。在这个微缩结构里，高等教育在现阶段的所有权利、利益关系都可以找到适当的影子。这是一个再合适不过的分析模型。在这个组织中，我们可以看到从最高层级的研究型大学到最低层级的地方学院等各种组织的参与形态；我们可以看到体制内的利益群体、体制外的民办高校、当然也可以看到介于这两者之间的中间形态；我们还可以看到高等教育发展过程中长期处于资金、规模、质量

---

① ［美］P. 布劳：《结构研究中的连续性》，转引自魏秋玲：《中国社会学研究手册》，中国社会科学出版社 1993 年版，第 8 页。

之间左右为难的政府决策者的价值取向，看到地方政府基于自身利益的多种选择；我们当然还可以看到企业主的教育产业欲求，以及这种微缩结构中合作办学的渗透方式。正因为这些要素的不同排列与组合，高等教育体制内外、不同层级高等教育会呈现出各种可以预见但是又充满变数的发展走势。所以，对现今和未来高等教育发展模式注定会产生深刻影响的"中国特色组织形态"怎能不作为我分析的主要视角呢？

尽管从 2006 年前后独立学院问题的研究文献来看，无论从数量还是质量上，都取得了较为丰富的成果，为独立学院问题的后续研究做了较好的知识贡献[①]。但是，我的分析目的，是在关注区域独立学院发展的真实境遇的基础上，展开区域间独立学院发展模式的比较研究，继而分析和总结我国区域高等教育的发展模式。并在此基础上透视我国高等教育发展的历程，现存的格局和可能的趋势，认真思考独立学院这种新型办学体制对于我国整个高等教育的影响。正因如此，在研究方法上，力图体现实证研究基础上的理论思维，真正做到理论研究和实证研究的充分、有机结合。

二、实证研究情况介绍

（一）选择三地的依据

本书选择浙江、湖北和陕西三省作为样本，主要基于以下原因：第一，从地理分布来讲，代表了东、中、西部地区；第二，从高等教育的实际资源和高等教育发展模式来看，三省各不相同，各具特色，且都呈现出较为多样的办学形式；第三，三省独立学院的境遇和发展态势各不相同，湖北省的独立学院当时整体实力最强，在 2006 年 6 月由中国校友会

---

① 详见张烨、叶翔：《独立学院问题研究述评》，《湖北社会科学》2006 年第 11 期，第 159—163 页。

网和 21 世纪人才报,大学周刊发布的 2006 年中国独立学院排行榜中,前十位的独立学院中湖北省占据五个席位;浙江省的独立学院发展较早,且是在一个高等教育资源并不丰富,而私营经济又及极其发达的地区发展起来的,独立学院具有自己的发展特点;陕西省的独立学院就整体实力而言与前两个省差距很大,基本处于起步阶段,但是陕西省有全国最为发达的民办高等教育。在这种地域环境中,独立学院会呈现着怎样的发展态势,又会有怎样的发展走向?对陕西省独立学院的探讨,具有重要的参照意义。总之,通过对以上三省独立学院发展的考察可以达到透视不同区域高等教育发展模式的目的。第四,在这三省,笔者有相对便利的条件支持。

(二) 实地考察的基本情况

本次实地调查分为三个时段进行。2006 年 5 月 8—17 日在湖北省武汉市调查 10 天;7 月 1—8 日在浙江省(杭州、绍兴市)调查 8 天;7 月 28 日—8 月 1 日,8 月 28 日—9 月 2 日在陕西省西安市调查共计 12 天。

(三) 使用的方法及可能的不足

由于有关独立学院基本情况的介绍非常容易获得①,所以,对于所调查省份独立学院的整体情况和各独立学院的基本情况主要采取阅读文本资料和实地调查相结合的方法,从而达到较为全面和深入了解三省独立学院整体发展特点和实际存在问题的目的。如何达到实地验证的目的,这里存在着一个个人有限资源和调查对象相对较为复杂之间的矛盾。对于这一客观情况,在确立研究计划时,就充分考虑到实证调查获得材料的困难度和有限性。所

---

① 在 2006 年前后,独立学院的招生热火朝天。一般来说,独立学院都会建立自己的网站,作为介绍学校基本情况、宣传学校的基本工具。同时,在华禹网(即以前的高校网)中几乎都有每省独立学院的基本情况介绍。另外 2004 年 12 月至 2005 年 1 月,高等教育教学评估中心会同发展规划司、高等教育司、高校学生司等有关部门,聘请 300 多位专家,组成 95 个检查组,对经教育部批准或确认的全国 249 所独立学院的办学条件、教学工作、招生情况等进行的专项检查和研究,已经以出版物的方式(论文、著作)出版。当然,教育部的官方网站也是了解基本政策的一个重要窗口。

以，在三地调查中，笔者主要采用观察法和访谈法作为调查的主要方法。具体来说，通过观察法获得各个独立学院的基本情况，比如学校校址空间布局、校门特点（包括校牌书写）、学校周边特点（房地产开发、各项服务设施）、学校内部建筑风格、学校生活区（宿舍、食堂、活动中心）、教学区（教学楼和图书馆）和行政区（机构设置）基本情况、学校广播播放内容、学校路名、娱乐区分布位置，等等；除此以外，有关学生选择独立学院的原因，对学校的基本认识与评价、学生对于其他类型学校及学生的认识、学生的学习生活情况、学生生源地及家庭情况、毕业证与学位证的发放、学生的大学观、就业观、学校每年招生规模及总规模、学校专业设置特色、吸引生源的方法等情况，则主要通过与学生、招办老师，以及学校的一些普通老师或者中层管理者进行随机访谈和有目的访谈的结合，从而获得信息。为了印证基本信息以及了解不同身份人员对上述问题的认识，在每所学校，一般选择5—8名学生（且尽可能包含1—4个年级并兼顾性别）进行访谈，并走访招生办咨询上述相关问题，另外还会与1—2名教师进行交谈。总之，通过对以上三种身份特征的"局中人"访谈，基本上可以把握一所独立学院的真实情况。

另外，在走访过程中，本人还通过对独立学院的相关群体（局外人），比如，公办高校学生，特别是母体高校学生、民办高校学生，甚至独立学院外刚刚兴起的各类经营者（饭馆老板、开摩的者、家庭旅馆老板等）进行随意攀谈获取信息①。

总之，在整个访谈过程中，本人所采取的访谈是半开放的，观察的角度是多方位的，获得的信息和资料是多种多样的，对于所获信息和资料是有甄别和反思的。但是不足和局限也可能是不可避免的。

比如，以一己之力，在相对较短时间内进行这样规模的调查，是存在相当难度的。是否会产生"走马观花"、"只见树木，不见森林"的表面化或

---

① 还需说明的是，下文中有些推论，也可能并不局限于三个样本省独立学院的发展情况。因为，由于笔者在研究过程中对于"独立学院"问题的"习惯性敏感"，所以，与众多朋友在日常交流（包括中国人习惯的饭桌上）中，获得的对于所处学校开办独立学院的描述和介绍，也是我了解三个样本省之外区域独立学院信息的重要窗口。

者片面性呢？通过上述介绍，笔者已尽量做到了以访谈对象的多元化、访谈形式的非固定化、访谈结构性提纲（核心问题、次核心问题、非核心问题提纲①）的提前设计、调查者本人的尽可能进入②来克服可能的不足，最终达成在相对短的时间里获得尽可能多的"真实"信息。

　　同时，对于"在设计访谈对象时，没有将'独立学院主要负责人'作为访谈计划的重点，是否会造成整个调查的结构性缺陷"问题，笔者主要基于以下几个方面的考虑：第一，联系访谈者存在实际困难；第二，对于被访谈者是否能提供真实信息，抱有怀疑；第三，这方面资料可以通过其他途径获得。比如，许多独立学院的负责人都以撰写论文或者按照官方任务上交过介绍学校基本情况和办学特色的报告。所以，最终采用零星访谈的方式进行。比如，在条件便利、对方配合的情况下走访；或者利用 E-mail、电话，甚至通过博客讨论与一些独立学院的主要负责人和样本省主管民办高等教育发展的重要知情者进行了交流。

　　在访谈中，出于尽量能获得真实信息的目的，所以，有时会对自己的身份进行掩饰，而以"考生的亲属身份"与被访谈这交流。结果发现，这样的身份特征更容易获得被调查者的身份认同，甚至与你"推心置腹"。同时，这样的身份特征，也特别容易"唤起"招生办老师"十分热情"的接待。但是也存在着在不少"办的较好"的学校，会有另一种不同的接待方式③。因此，在这里实际就蕴涵着一个问题，以什么样的身份介入才能更容易获得被调查者的配合？以及调查者适当的"身份转换"是否会存在"研究伦理"问题。这个问题可能还需留待进一步思考。

----

　　①　此处对于核心问题的确定是根据访谈对象来确定的。比如，对于独立学院学生来说，"为什么要选择独立学院？"、"你觉得目前所在的学校是什么性质的？""你对它的总体感觉如何？"等问题就是核心问题。对于招生办人员来说，"贵校目前的招生规模具体情况是怎样的？"、"贵校能够提供给学生怎样的教育资源？"等问题就是核心问题。

　　②　为了在有限的调查时间里，了解到更多的信息、更多地感受独立学院教学、生活状态、、达到真正"进入实地"的目的，我一般都选择"吃、住在学校"（在校内食堂吃饭、与学生攀谈，住学校旁边的旅馆，晚上在校园内散步，观察学生晚间生活状态。）

　　③　这其中的态度差异，其实也颇有意思，可以折射出不同独立学院在生源市场的资源拥有份额。

三、区域独立学院组织变革比较分析

（一）分析维度的选择

对于独立学院这一本质上具有文化教育特性的组织来说，组织的文化教育性可以作为考察独立学院成长的一个维度。同时，独立学院本身所蕴涵的市场基因注定了这种组织形态不可避免地与市场机制存在着天然的联系。资本市场、生源市场等都是独立学院组织生存与成长的基础性要素。所以，这种组织形态如何在市场机制的影响下，生成市场机制的某些特征，这同样是考察这类组织的一个重要维度，即组织成长的市场维度。除了这两个维度以外，作为我国高等教育体系中制度创新中的一种新型组织模式，能否得到包括政府、社会民众，乃至文化价值系统的认可，从而获得广泛的合法性，是非常重要的。因此，合法性维度也应该是实证研究中必须予以考察的。从以上三个维度对独立学院的组织成长进行分析，其实是在继承西方学术界的政治、市场二分的基础上，结合教育组织成长的本质特点综合而来。这和前文对若干组织的分析思路是一脉相承的。只不过，在本章中，将这种分析维度显性化了。

需要特别说明的是，尽管在下文对于独立学院组织变革的分析，会从三个维度展开，但并不表示，笔者对于各维度之间的关系不加关注。最后需要说明的是，在独立学院的研究中引入区域空间这一概念，这种处理是对高等教育发展的多样化、地方化走向的必然关照。正如我们理解的那样，地域空间既是地理的，也是一种社会构成，是包含历史、文化、经济、政策因素在内的人文环境。我们甚至可以这样认为，以地域为载体的空间地理环境实际上是一种背景性的综合制度环境。身处其中的独立学院，作为一种需要生存和成长的组织形态，无时无刻不与外部环境保持着信息、资源等组织生存要素的交换。而正是存在着这样一种具有地域特征的制度环境与组织生长的互动和交换，所以，具有典型地域发展特色的独立学院才具有了比较的意义。

　　总之，对于三地独立学院组织成长的分析，基本上是从组织社会学的视角进行考察的。分析所使用的材料包括实地调查获取的资料，教育部及三地政府的政策文本、统计资料以及地方教育的已有研究成果等。

（二）独立学院组织变革的多维分析

1.作为条件和资源空间的地域特征比较

（1）高等教育总体资源状况

　　作为高等教育大省的湖北省。自新中国成立以来，湖北省就是高等教育大省。在1952年院校调整中，它作为中南区的中心，高等教育力量得到了很大的提升。初步建立起由综合性大学和工、农、医、师范、财经、政治、艺术、民族等专门学院构成的学科门类比较齐全的高等教育体系，初步改变了湖北省原有高校院系庞杂、培养目标不明确的状况，使湖北省高等教育结构得到了进一步优化，从而使其成为我国高等学校比较集中的地区之一。改革开放以后的湖北省高等教育继续得到持续发展，拥有诸如华中科技大学、武汉大学等全国重点高校，华中师范大学、中南财经政法大学、武汉测绘大学、武汉水利学院等一批部委院校，以及湖北大学、湖北工业大学等湖北省属高校，高校总数居全国前列。相对较为完备的正规高等教育系统在湖北省20余年的发展中发挥着重要作用，其相对丰富的教育思想和教育模式等优质高等教育资源是湖北省高等教育的一大特点。

　　高等教育资源相对薄弱的浙江省。在20世纪50年代的院系调整中，我国的华东地区将高等教育的中心安排在上海市和江苏省，而浙江省的高等教育实力不仅没有得到加强，反而受到削弱。院系大调整，导致学校分拆，学科带头人调离（如1952年院系大调整中浙江大学由综合性大学变为单科性工科院校，大批在全国有影响的学科带头人被调离浙江省），使得浙江省高等教育能力减弱，水平下降。虽然浙江省政府也适时地举办了一些地方性院校，以弥补高等教育资源的不足，但从总体上讲，教育资源短缺，高等教育发展滞后已成为不争的事实。1978年浙江省普通高校仅20所，仅占全国的3.3%，在校生数2.4万人，仅占全国的2.8%，占全国的平均每万人口中大学生人数为6.46人，远低于全国平均水平。

改革开放以后，浙江省的高等教育资源一直以来没有得到有力的提升。长期以来形成的公立高等教育布局特点决定了整个浙江省在 1999 年扩招之前，高等教育资源并不丰富，高等教育总体实力处于较弱的位置。从学校的所属关系和数量上来说，浙江省部委所属院校仅仅只有浙江大学等三所，并以浙江大学实力最强。从省属院校数量来说，本科以上学校数量较少，仅有十余所。专科层次的学校数量也不多。从 1998 年浙江省高等教育的总体情况来看，高校总数只有 32 所，在校学生 11.35 万人，仅占全国总体规模的 3.3%，且校均规模只有 3000 人①。相对较少的高校数量以及单科性高校占很大比例，学校综合实力较弱构成了浙江省高等教育的基本特征。从人口与高等教育的相对关系来看，1998 年，浙江省每万人口中的大学生人数仅为 25.52 人，低于全国平均数 27.6 人。高等教育毛入学率为 8.96%，低于全国 9% 的平均水平。而此时，浙江省的国内生产总值与人均国内生产总值均处于全国第 4 位。从国际上看，人均 GDP 达到 1000 美元水平的地区，高等教育毛入学率为 16.05%。1998 年浙江省人均GDP 已近 1300 美元，而高等教育毛入学率反而相差近 7 个百分点②。区域高等教育整体规模与经济发展水平的不一致，是浙江省高等教育的一大特点。

　　作为文化和公立高等教育资源丰富的陕西省。作为 13 朝古都，陕西省历史悠久，文化积淀深厚。陕西省有尊重文化、重视教育的传统，群众节衣缩食也要供养子女上学。自新中国成立以来，陕西省就有位于全国前列的高等教育系统。在 20 世纪 50 年代的院校调整中，陕西省，特别是西安市作为西北地区的高等教育中心，承担着为陕西省，甚至为整个西部地区输送本科生及研究生人才的任务，因此而得到重点发展。这类似于武汉市在整个中南地区的高等教育地位。不仅如此，即使在"文化大革命"时期，陕西省高等

---

　　① 引自国家统计局：《关于国民经济和社会发展的统计公报（1998）》，中国统计出版社 1999 年版。浙江省统计局：《关于浙江省国民经济和社会发展的统计公报》，1998 年。

　　② 颜建勇：《"国有民办二级学院"办学模式现状与对策》，《昆明理工大学学报（社会科学版）》2003 年第 1 期，第 49 页。

教育还受到东部地区的支持①。所以，新中国成立前30年的高等教育基础和改革开放以后相对稳定的高等教育政策，使陕西省的高等教育总体力量一直位于全国前列。总体来说，陕西省高等的总体特征是，大校多，名校多，本科院校多。公立高等学校整体规模在20世纪90年代很长一段时间位居全国前列。相对丰富的公立高等教育资源，是陕西省高等教育的一大特点。

（2）人口与生源市场状况比较

生源市场潜力巨大的湖北省。湖北省不仅是高等教育强省，也是高等教育大省。尽管湖北省有相对较为丰富的优质教育资源，但是相比湖北省的高等教育生源市场来说，还是呈现出供给不足的特点。特别是随着高中生高峰期的到来，考生人数连年增加。从数据来看，2002年湖北省高考报名人数是28.7万，仅4年时间，报考人数就达到了53.3万人。招生计划为28.9万人，计划录取率仅为54.22%②。巨大的就学压力既是对现有高等教育体系的挑战，同时又蕴涵着巨大的机遇。

高等教育供需矛盾尤为突出的浙江省。就浙江省来说，从1978年到2002年，全省国内生产总值从123.72亿元增长到6700亿元，年均增长13.1%。人均国内生产总值从331元增长到14450元，年均增长11.55%。农民人均纯收入从165元增加到4582元。城镇居民人均可支配收入从304元提高到10465元。财政总收入从27.45亿元增加到856亿元，年均增长16.1%③。经济发展不但为高等教育发展提供了可靠的物质基础，而且形成了对人才的广泛需求，这是其一；其二，我们以1999年显示数据为例，城镇居民和农村居民可支配收入分别达到8428元和3948元，收入绝对额分别占全国第4位和第3位。随着生活水平的不断提高，富起来的浙江省人民想让孩子上大学的渴望越来越强烈。日益增长的个人可支配收入都为浙江省高等

---

① 西北轻工业学院1970年在陕西省西安市建立，其前身是北京轻工业学院。1972年，北京机械学院于1960年在陕西省建立的陕西科技大学合并，在汉中建立了陕西工程学院。参见［加］许美德：《中国大学：1895—1995 一个文化冲突的世纪》，教育科学出版社2000年版，第244页。

② 中国独立学院在线：http://www.cicol.cn/new/ShowNews。

③ 浙江省统计局编：《2002年浙江省统计年鉴》，中国统计出版社2002年版。

教育提供了潜在的消费群体和推动高等教育发展的直接动力。

入学人口的持续增长与陕西省高等教育的发展。根据《陕西省第五次人口普查分年龄组人口数》的推算统计，2002 年陕西省 18—22 岁适龄人口为 282.51 万人；2006 年为 373.68 万人，2008 年达到峰值，为 405.21 万人；2010 年为 374.93 万人。如果以 2002 年陕西省高等教育毛入学率 15%（高等教育在学人数 42.38 万人）为基数，以 20% 为陕西省高等教育大众化的最低限，那么，陕西省高等教育要在 2006 年进入大众化阶段，陕西省籍高等教育在学人数将要达到 76.72 万人，年均增长率为 16% 左右。[①] 所以，人口增长所带来的受教育压力，需要陕西省政府拓展办学思路，培育新的办学形式。

（3）地理环境资源比较

地域开阔、地价相对便宜的湖北省。湖北省是中部大省，经济也如其地理位置一样处于中等，而作为省会的武汉市历来是九省通衢之地。这样的地理位置十分有利于吸引来自全国的生源来汉读书，这其中不仅有武汉市历史文化名城的吸引，更有交通成本的原因。俗称"大武汉"的武汉三镇，地域开阔，十分有利于向外扩张。在武汉市的文化区，地域极其开阔，其中东湖、南湖、汤逊湖更是一马平川，为武汉市平添了几分灵秀之气。就武汉市地价与全国进行比较，虽然较西部略高一点，但是就东部来说，地价十分便宜。特别在江夏区的大片地区，购地成本较为低廉。对于在武汉市的高校来说，要有"大学模样"，需要有足够的土地作为校园，于是地价就成为制约高校发展能否实现规模扩张的前提。悠久的历史文化、便利的交通、开阔的地理环境、相对便宜的地价都为高等教育的扩展提供了便利的条件。

校内地理空间狭小，地价昂贵的浙江省。从学校地理空间来看，1990年代的浙江省高校，特别在省会杭州市，因历史原因大多位于闹市区，且都是百十亩的袖珍性高校。虽有扩招的热情，但没有拓展的空间。在面临全国

---

① 2002 年数据资料来源：《陕西省统计年鉴（2002）》、《陕西省教育事业统计年鉴（2002）》，郝瑜：《高等教育大众化——陕西省的经验、问题和前景》，高等教育出版社 2004年版，第 134 页。

性高等教育大扩招，各个学校如何尽快拓展自己的发展空间，就成为制约其发展的"瓶颈"。但从学校所处地理空间来看，大多"寸土寸金"。如果根据土地租价级差，通过资源置换，学校可以凭借现有土地置换数倍大小的郊区大片土地，从而根本上解决学校发展的土地制约。但完成这一置换，最少也需要 1—2 年时间，而高等教育扩招的时机却要求学校能够及时解决扩招任务。源自于高校布点位置的制约以及地价的整体性上扬，浙江省，特别是高校相对密集的杭州市，如何扩展高等教育将注定受制于高校所处地域空间的影响。

廉价的土地，开阔的地域，构成了陕西省发展高等教育的基础性地理环境。相对于浙江省来说，陕西省的区位及经济环境决定了其土地价格。即使在省会西安市，地价也较为便宜。从西安市的地理环境来看，13 朝古都开阔的地理位置，十分有利于高校的外部扩展。

（4）民办高等教育发展状况比较

民办教育力量薄弱的湖北省。在改革开放的很长一段时间，高等教育总体规模的严格控制使得湖北省高等教育市场份额基本上被公办高校占据，而民办高等教育由于先天不足基本无法与公办高校形成竞争。所以，就湖北省高等教育总体情况来看，在扩招之际基本上是公办高校一枝独秀。这在扩招初期还能维持高等教育系统的总体稳定，但是，随着扩大招生逐步填满了公办高校的纳容空间以后，民办高等教育自然会依靠这一机会获得发展，问题在于，是什么样的民间办学形式来填补这一空档？

民办高等教育力量薄弱的浙江省。1999 年之前的浙江省，由于国家总体政策和地方政策的导向，浙江省的民办力量办学主要集中在初、中等教育阶段，而高等教育阶段发展迟缓。这恰恰为 1999 年扩招之际独立学院的出现和快速发展奠定了基础，总之，浙江省民办高等教育总体实力的相对薄弱，是 1999 年前浙江省的基本现实，民办高等教育市场的空档是独立学院产生并获得迅速发展的前提和基础性条件。

与两省不同的是，陕西省的民办高等教育相对比较发达。在扩招之前，陕西省丰富的公办高等教育资源、低廉的地价、民办高校经过十几年积淀下来的教育基础，民间有限的受教育购买力等都促使陕西省政府实施积极的民办高等教育发展政策。在高等教育扩招带来的良好发展机遇的推动下，陕西省民办高等教育"异军突起"，发展迅速。截至 2002 年，在全省 51 所民办高校及民办高等教育机构中，有本科院校 5 所，高职院校 12 所，高教学历文凭试点院校 18 所，高教自考助学院校 16 所，万人以上规模的民办高校 6 所。教职工 2 万余人，其中，专任教师 1.6 万余人。在校生 22.1 万人，其中国家统招生、高教学历生、高教自考生约占 7 万余人。① 并且在以下几个方面，陕西省民办高校占据全国第一：实施高职教育的院校数目是全国第一（15 所）；第二，全日制在校生人数全国第一（22.1 万人）；第三，万人高校的数目全国第一（6 所），全国总共也就 20 所左右；第四，本科院校数目全国第一，全国总共是 25 所，陕西省 5 所。总之，作为全国第一个通过地方民办教育立法的省份②，一批办学层次较高声誉良好，影响广泛的民办高校已经在三秦大地上遍地开花，形成了陕西省高等教育公立与民办共同发展的高等教育格局。

（5）政策、制度资本区域比较

政策、制度资本丰富的湖北省。对于湖北省来说，（特别是武汉市）部委院校很多。所以，长期以来地方教育行政部门与中央部委之间所建立的稳定的利益关系，特别是在 1990 年代后期大规模的院校合并之后，为地方政府获得政策资源提供了相对便捷的通道。同时，众所周知的教育部高层官员在湖北省的地缘关系也为湖北省赢得了大量的政策资源，这对于湖北省高等教育的良性发展和制度创新提供了潜在而可能的支持。这种政策、制度资本可以体现为国家"不反对也不支持"的默许态度，也可以体现为"只要可行的方法都可以试"的积极鼓励和支持原则。

与湖北省有所不同的浙江省政策、制度资本状况。浙江省由于其地理位置和经济发展的原因，自改革开放以来，一直是中央许多政策的"试验田"。改革创新的思维深植其中。这就导致在国家层面上，给予浙江省勇于创新的

① 薛耀埴：《陕西省民办高等教育发展现状与思考》，《教育发展研究》2005 年第 10B 期，第 35 页。

② 2004 年 12 月 2 日，陕西省第十届人民代表大会常务委员会第十五次会议通过了全国第一个规范地方民办教育发展的《陕西省民办教育促进条例》。

政策空间成为一种"经常行为"。而且，就地方政府主要负责人来说，抓住时机，突破现有制度框架，因时因地创新并寻求发展成为他们的传统和责任。所以，对于浙江省来说，政策、制度资本相对其他许多省份是丰富的。这种空间地理环境中的政策、制度资本对于浙江省走出依托公办高校与社会资源的联姻，兴办民办二级学院的创新之路可以说具有前提性意义。具体来说，早在 1998 年，浙江省人民政府面对省内高等教育实际供给和地方经济和个人教育需求的尖锐矛盾时，就出台了旨在引导民间资本投资兴办民办高等教育《关于鼓励社会力量参与办学的若干规定》，指出："充分利用我省民间资金比较充裕的优势，调动社会各方面办学积极性，促进我省教育事业发展，满足人民群众日益增长的教育需求……积极鼓励社会力量以多种形式参与办学。只要符合国家有关法律、法规，有利于增加教育投入，有利于扩大教育规模，提高教育质量，有利于满足社会的教育需求，各种办学形式都可以大胆试验，积极探索。"① 浙江省的这种政策预见在 1999 年第三次全国教育工作会议上被进一步肯定并提倡，并得到国家领导人的鼓励②。这种以发展为目的，不限制手段和方式的"创新"思维在浙江省得到了淋漓尽致的发挥，独立学院的创新形式就是在整个政策大背景下的自然产物。

　　长期以来，陕西省在发展高等教育方面的政策一直中规中矩。只是到 20 世纪 90 年代后期，在面临越来越大的高等教育供需矛盾以及"人才强省"战略的指引下，从省政府、教育厅对于发展民办高校采取相对宽松的扶持政策，逐渐积淀为一种重要的政策、制度资本。作为全国第一个制定发展地方性民办教育促进法的省级政府，陕西省在发展民办高等教育方面的决定和行动在全国都具有广泛的影响。陕西省民办高校的一些领导认为，陕西省教育厅对于民办高校的管理到位，符合事物发展的规律。比如在开始时比较

---

① 转引自陈寿灿、傅允生：《浙江省民办高等教育发展的路径与取向》，《高等教育研究》2002 年第 5 期，第 57 页。

② 江泽民同志指出，"可以动员社会的力量办一点民办高校，作为现有高校的补充。"朱镕基总理鼓励说，"凡符合国家有关法律法规的办学形式，都可以大胆试验。在发展民办教育方面可以迈出更大的步伐。鼓励社会力量以各种方式举办高中阶段和高等职业教育，有条件的也可以举办民办普通高等学校"。

放任，发展起来以后比较注意规范。① 这正是陕西省在发展高等教育方面的政策、制度资本体现。当然，我们也必须看到，这种政策、制度资本的倾向性，既是形成陕西省高等教育发展模式的前提和基础，同时，也是促成陕西省 2006 年前后独立学院发展现状的重要原因。

总的来说，通过三省地域空间的比较分析，我们基本上可以清晰地了解三省独立学院的地域空间环境，这为我们进一步分析独立学院的组织变革，提供了基础性知识。

2. 市场维度比较

高等教育的市场化可表现在两个层面：从宏观政策角度来看，政府对高等教育解除管制、消除垄断、私有化或者非国有化等方面，这个层次的市场化主要由政府主导，属于宏观层面；从实践角度来看，运用市场价值及策略，把高等教育变成商品，以消费者（学生、家长、雇主）为组织的生产与销售中心，满足消费者的需要。循着这个市场原则来营运高等教育，这是教育市场化在微观层次的表现。② 作为本身就蕴涵着市场性的组织形式，独立学院从一开始就与市场密切联系。下文对于三省独立学院在市场化方面的考察，主要集中在微观层面，即独立学院作为一类组织在具体的市场环境中所做出的自适应反应。

（1）独立学院运营模式比较

学校融资最初始于民办高校。从发展阶段来说，经历了从滚动发展、校企合作发展、银行大额贷款以及全方位融资四个发展阶段。对于独立学院的融资来说，也因地域空间资源的差异而具有不同的融资模式。

就湖北省独立学院来说，其运营模式属于典型的校企合作模式。只不过在校企合作的过程中，除了企业以一定的资金注入以外，利用银行的大额贷款，走负债经营的路子成为湖北省独立学院发展的一种主要方式。负债经营是企业普遍采用的一种经营模式，这种经营模式在不少民办高校的发展中得到验证，被证明是一种很好的发展途径。湖北省不少有远见的独立学院从一

---

①　郭建如：《民办高等教育地域性发展的多维分析》，《高等教育研究》2004 年第 6 期，第 45 页。

②　戴晓霞等：《高等教育市场化》，北京大学出版社 2004 年版，第 40 页。

开始就走上了负债经营的发展之路。湖北省独立学院的负债经营模式，基本上和民办教育的规模发展道路相似，即通过向银行贷款—购置土地—由建筑商垫付基建—招生—还息—再贷款—基建—招生。在这种企业经营思路的指导下，湖北省独立学院早在 2003 年教育部 8 号文件颁布之前，部分独立学院就开始以"硬件先行，规模扩张"的发展模式，演绎着民间资本扩张下的"神话"。

2000 年 10 月，华中科技大学武昌分校创建。征地、建楼、再征地、再建楼……如今，它的面积已扩张到 940 亩，在校生人数 1.9 万人，成为湖北省人数最多的独立学院。

2002 年秋季搬到汤逊湖畔的武汉科技大学中南分校，占地面积 1280 亩，在校生 1.5 万余人。华中师范大学汉口分校 700 多亩的新校园在 1 年内建好，在校学生达到 10055 名。

2003 年，华中科技大学文华学院更是创造了"当年筹建、当年通过国家教育部审批、当年招生 1800 多名学生"的"文华奇迹"。

武汉大学东湖分校副校长肖模银，清晰记得该校的"时间表"：2003 年 8 月，与投资方签订合作协议；2003 年 12 月初，在大花岭打下第一根桩；2004 年 9 月，2004 级新生进驻新校园。8 个月盖了 33 栋大楼，挖第一锹土时，很多手续都没有办下来，我们是一边盖章一边盖砖，40 多个建筑队同时开工，春节只休息了 3 天，财务总会计师 8 个月签了 100 份合同！①

正是这种负债经营的资本市场运营模式，使得一位独立学院副校长不无自豪地说，"我们一年走过了传统计划体制办学 20 年、30 年走过的路。"②

不仅如此，湖北省独立学院的市场化经营还体现在母体高校的"组织分化、延伸和资源的地域占领"上。具体来说是这样的：由于该市三镇因长江、汉江等水域而天然分为相对独立的区域，所以，三个城区实际上具有自己的功能定位。这种特殊的地理布局，使得长期以来，武汉市高等教育机构

① 从玉华、甘丽华：《武汉市独立学院调查："杂交品种"演绎的神话》，《中国青年报》2005 年 1 月 16 日第 6 版。

② 从玉华、甘丽华：《武汉市独立学院调查："杂交品种"演绎的神话》，《中国青年报》2005 年 1 月 16 日第 6 版。

就有通过以一区为中心，另设分校区的方式来实现组织的延伸，从而对武汉市生源的地域占有的传统。这种传统在武汉市的独立学院中也有体现。在我的调查中，就有一所独立学院的母体高校不仅继承了这种传统，而且还有所"创新"。我们来看一下，该省 XX 大学的组织分化、延伸和资源的地域占领是这样的：

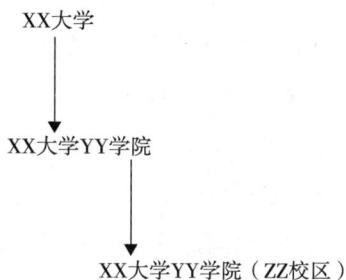

XX大学

XX大学YY学院

XX大学YY学院（ZZ校区）

图 12　湖北省 XX 大学的组织分化与资源延伸图

正如图 12 所示，XX 大学实际上办了两个独立学院，这个名为 XX 大学 YY 学院（XX 校区）的学校，实际上是借校区之名，和本区的一所广播电视大学联合办学（实际上投资方为广播电视大学）。它也是一所独立学院。这种借助校区之名，"借鸡生蛋"的策略，可以说充分将省内处于层级劣势的教育机构纳入上一级体系中，从而获得资源的重组和组织的提升。这种资本市场中的"资源置换"原理在湖北省的教育市场中也得到了充分的体现。

尽管这种现象并不普遍，但是它却可以反映湖北省独立学院发展过程中市场机制的作用程度。也正是因为湖北省部分高校能抓住先机，全力运作资本运营模式，所以在湖北省，特别是武汉市形成了独具一格的独立学院发展模式。

相对于湖北省独立学院的典型负债经营模式，浙江省的独立学院则有所不同，存在着两种差异较大的运营模式。一种类型除具有相似的负债经营特征以外，政府介入也是其显著特点。这类学校中有的为政校合作，如浙江大学宁波理工学院；有的是政企校三方合作，如浙江大学城市学院；有的是校企合作，如宁波大学科学技术学院。这三所独立学院，尽管有政府直接介入的成分，但是也大多较为充分地运用了市场化手段筹集到学校的发展资金。① 除此以外，浙江省其余诸多独立学院基本上都是由母体高校独家举办，由母体高校通过信誉担保获得银行贷款作为启动资金，并通过收取学费来付息以及维持学校运作，基本上没有实质性的社会捐赠和企业资金的注入。总的来说，浙江省独立学院的总体筹资渠道，相对比较单一。虽然，少部分学校吸纳了一定的社会资金，但是，总体上是以学费收入为主。当然，这主要是由于浙江省独立学院的办学类型中母体高校和政府作用过大所决定的。这类独立学院普遍担心引进外来资金容易造成利益分成的纠葛和国有资产的流失，所以不敢大规模吸纳民营资金。这在客观上限制了独立学院规模的快速扩大和效益的显著提高。这是浙江省独立学院运营的典型地域特征。

与湖北省、浙江省相比，陕西省独立学院 2006 年前后在市场化方面的作为并不明显。对于陕西省独立学院的发展来说，面临的首要市场困难是业已成长壮大的民办本科高校群对独立学院市场份额的先期占有。这预示着，以市场化运作的独立学院，在其应对生存和发展的过程中，不可避免地将遇到总体上已经完成组织转型，并在本地乃至全国具有广泛影响的普通民办本科院校的压力和挑战。所以，对于陕西省独立学院来说，尽管占据一定的体制性优势，但完全照搬该省民办本科独立学院的成功市场化经验，步其后尘，并不一定是发展初期的最佳选择。因此，西安市独立学院几乎没有从一开始就走"硬件先行、规模扩张"的典型市场化道路的。针对较小规模特

---

① 具体来说，城市学院在学校初创时，浙江大学以无形资产注入（折价 6000 万元），合作方投入 1.1 亿元，为学校的发展提供了启动资金和办学条件，促进了"社会资金启动，民营机制运作"的良性循环。在办学过程中，利用银行贷款，吸引社会资金，学校先后争取社会资本投资和社会捐赠近 6 亿元。其中，学校通过与浙江大学新宇公司合作建设经营学生宿舍，引进资金 8400 万元；通过组建教育发展公司，引进浙江省中大、万向等上市公司参与学院后勤建设，开展教育培训，吸引投资 1500 万元。参见丁东澜、金波:《杭州市民办高校教育管理规范化调查与研究》,《中共杭州市委党校学报》2005 年第 2 期，第 16—19 页。宁波大学科学技术学院最初采用高校与企业合作举办的模式，在办学之初，由香港荣华纺织有限公司率先投资 1000 万元作为专项教育基金，用于独立学院的创建。此外，该校的创建过程中，还吸纳华茂集团、慈溪定时器总厂投资共计 3000 万元，同时承诺投资回报不超过银行同期利率，浦发银行宁波分行承诺投资 4000 万元的贷款授信额度，而宁波大学则以合并前的宁波师范学院的校区（现在称为"西校区"）作为独立学院的办学场地，经资产评估后的 8000 万元西校区资产总额通过以后逐年向宁波大学上缴一定经费作为置换西校区资产之用。

点，进行精细化管理、走内涵式发展道路是其普遍采取的发展策略。

（2）生源市场与招生策略比较

2000年6月，教育部、国家计委、财政部联合下发了《关于2000年高等学校招生收费工作若干意见的通知》，其中指出："由社会资金独立举办和经省级人民政府批准、由普通本科院校成立或帮助成立的独立核算、具有独立法人资格、独立校园校舍、进行独立教学管理并实施学历教育的学校，其学费标准可以按照年生均日常运行费用的实际情况核定"。这是独立学院（当时称为民办二级学院）获得市场准入的开端，也是其能够采取以接近成本价格的学费收入，迅速聚集大量金钱从而支撑学校发展的前提。所以，对于三省而言，如何能占领生源市场，是共同而首要的目标。

从三地独立学院收费标准来看，浙江省最高，平均水平为15000元左右（文科略低，理科偏高，艺术类往往达到18000元，甚至20000元左右）；湖北省略低，一般文科12000元左右，理科15000元左右，艺术类18000元左右；而陕西省最低，文科8000—9000元，理科12000元左右，艺术类15000元左右。这种学费定价基本上反映了三地经济的基本差距。

就湖北省独立学院来说，由于大多采取负债经营的资本运营模式，所以，能否在"硬件先行"的基础上最快实现"规模扩张"，招到足够的生源，乃是保证这种资本运营模式成功进行的关键。于是在湖北省的独立学院发展过程中，普遍经历了过度市场化的违规招生阶段。具体来说，这种违规招生包括，专本一贯制，预科生，超计划、无计划招生、卖指标、收取高额赞助费甚至卖假录取通知书等。这种越轨行为虽然使湖北省独立学院一度面临着合法性危机，但是越轨行为客观上带来的独立学院原始资本积累以及规模的急剧扩大则使湖北省独立学院整体规模和实力的稳步走强占得先机。

而浙江省独立学院，尽管没有大规模负债经营所带来的还息压力，但来自于浙江省政府对于扩大高等教育规模的急切需求以及母体高校源自经费的压力，也客观上推动着独立学院招收尽可能多的学生。招生中的越轨行为也是浙江省在特定的发展阶段所大量存在的。具体来说，浙江省许多独立学院和母体高校在共同的利益（即生源）面前，利用现有的制度空间，实行"缩二增三"①的招生策略。这种明显有悖于教育公平的"越轨"行为，为浙江省独立学院在应对招生指标的紧缺以及学校发展受限时发挥了重要的作用。

湖北省、浙江省两省在普遍经历了"越轨"发展期后，随着制度环境的变化以及独立学院之间，以及独立学院与其他诸类高等学校之间竞争的加剧，逐步进入规范招生阶段。从浙江省、湖北省两地若干学校的实际情况来看，招生中的市场化手段多种多样。很多独立学院面对激烈的市场竞争，在招生工作中投入大量的人力、物力和财力。不少学校在招生中不但灵活运用广告、网站宣传学校形象，而且还逐步摸索经验，实行招生工作的目标管理和生源市场的网络占有。比如，在省内（甚至全国）成立若干招生大组，组下再分小的招生点，对招生任务实行层层分解，承包到人，奖惩分明，形成得力、覆盖面大的招生网络。甚至在一些学校，广泛发动全校学生，将招生工作作为一项社会实践活动并冠以"感恩母校"的实际行为，从而实现最大可能多招学生的目的②。还有，在近几年，浙江省招生过程中，普遍实行报考志愿之前的"家长接待日"，通过"请进来"的方式向学生及其家长展现学校优势，吸引生源。另外重奖高分学生，也成为各省独立学院普遍实行的招生策略。

而陕西省独立学院招生情况则有所不同，这可能需要有一个时间维度的把握。由于陕西省独立学院是在 2003 年 4 月教育部 8 号文件颁布之后才开始筹建的，所以，不仅在招生方面，因独立学院本身的认可度存在很大困难，而且，在独立学院的实际招生操作中，按指标、合规范、小规模的招生方式乃是其建立最初信誉品牌的现实举措。

总的来说，湖北省和浙江省独立学院的长足发展都普遍经历了一个"越

---

① 在该省的调查过程中，与一些学校招生人员熟络后，他们透露了该省在招生中的一些策略，其中就有"缩二增三"。所谓"缩二增三"，简单来说是指，压缩二本招生指标，扩大三本招生指标。通过这种学校权限范围内的灵活变通实现独立学院三本指标的增加，从而达成母体高校和独立学院的"双赢"。

② 在浙江省某独立学院调查的过程中，学校橱窗里的一份以加盖有学校院长办公室和共青团 XX 学院委员会公章的学校文件，它的具体内容充分显示了该校在招生过程中所建立的招生网络以及对学生的发动。

轨"发展期，然后逐渐走向正规招生阶段。而陕西省独立学院则因地域环境内多种因素的影响以及创建时间的原因，而呈现与前两个省份不太一样的招生策略。这是三省在占据生源市场、实施招生策略上的基本特征。

那么，为什么在不同地域独立学院的发展初创阶段，会同样存在如此"明目张胆"的越轨行为呢？这是一个十分值得探讨的问题。

就现有研究来看，有一些学者对于独立学院发展中存在的根本性制约进行过分析。其中，一种观点认为，按照市场管理体制组建的学校却在招生中受制于计划经济体制下的招生模式，这种根源于高等教育既存制度规则与独立学院的办学原则之间的本质性冲突对于独立学院的发展有着深刻影响。我同意这种观点，并将循着这种结构性矛盾的思路，从制度背景的角度，结合两省的实际情况做一具体分析。

我们知道，我国本科招生计划的审批权一直被中央控制，地方政府教育主管部门并没有这一权力。这就意味着，定位于本科招生的独立学院将完全受制于中央有关部门的制约。但是，有关政策又规定，独立学院的本科招生指标只能在国家分配给地方院校的本科招生计划余额内统筹安排。这就是所谓的属地化管理。因此，这种受制于中央招生计划限制的既定制度留给地方政府的回旋余地十分有限。但是，问题在于，独立学院作为一种占有两种体制优势的新型办学形式，紧密联系市场乃是其发展的根本。所以，计划体制下的招生模式势必对根源于市场需要的独立学院造成必然的制约，同时也使得地方政府面临着很大的压力。

以 2004 年湖北省招生情况为例，2004 年湖北省预留给独立学院的本科招生计划总共只有 2 万—3 万名，而湖北省当时有独立学院 25 所左右，这样平均下来，平均分配给每所学校的招生指标为 1000 余人。对于一些投资规模较大的独立学院来说，与预期年度招生规模相差数倍。一位独立学院的董事长说，如果按 2006 年前后分配的招生计划，每年只能招两千多人，独立学院需要二三十年才能达到省属高校的中等水平。投巨资兴建的大教室、大校园将有一部分闲置，无疑是浪费资源。另外一位独立学院董事长也坦言，前几年学校也曾违规招生，"投资这么大，每年只给两千个指标，够吗？就像一个每顿能吃一斤饭的人，你偏只准吃二两，能吃饱吗?"①

所以,无论是采取"遍撒胡椒面"还是"重点照顾"的招生计划分配方案,对于地方政府来说,都面临着难以解决的两难境地。因此,地方政府在面临这样的制度性制约时,为了缓解独立学院对地方政府造成的压力,或者为达到"力所能及"支持独立学院的目的,只能在地方政府能够有权灵活处理的专科计划指标分配上想办法,补偿性地划拨给独立学院一定的专科招生指标以弥补独立学院招生的空缺,或者对于独立学院的一些"自我处理办法"听之任之,适当放任,就是地方政府通常采用的行为策略。而作为独立学院,则往往能够在敏锐识读制度空间的基础上,做出能够在政府容忍范围内的最大化利己行为。从湖北省 2003 年、2004 年两年间②,围绕着独立学院招生的专本一贯制、预科生、超计划、无计划招生、卖指标、收取高额赞助费、甚至卖假录取通知书等违轨招生行为,以及浙江省"缩二增三"招生的潜规则,其实都是这种源自结构性矛盾的客观反映。尽管,在这一过程中,许多违规行为并非独立学院本身所为。但总体来讲,这些都是独立学院在组织成长与转型过程中,过度市场化所带来的客观后果。

社会学家常常把偏离社会规则或社会期望等正常行为的现象称为"越轨"。越轨行为的消极功能是对既有的社会秩序、社会团结及社会制度的破坏,而其积极功能在于越轨行为反映的是制度对个体或某种情境的不适应。越轨行为的增多可使制度丧失其合法性,为重新设立制度创造条件。独立学院的"越轨"行为也具有这两种功能。从湖北省、浙江省两省独立学院越轨行为来看,我们固然需要对其负面影响进行分析,但是,越轨行为本身所揭示并可能形成的制度创生力也是需要加以关注的。另外,在面对制度性障碍和结构性矛盾和冲突时,不同地域独立学院选择的越轨方式所存

---

① 周芳:《办企业还是办大学》,《湖北日报》2004 年 12 月 10 日。

② 2003 年、2004 年湖北省,特别是武汉市众多独立学院的违规招生给许多独立学院造成了所谓"纺锤形"学生数量构成特征。所谓"纺锤形"是指 2002 级、2005 级学生人数较少,而 2003 级、2004 级学生数量众多。从而形成一个两头小,中间大的"纺锤形"学生数量构成特点。

在的因地制宜特征也是我们理解教育组织与地方政府互动和交往关系的一个重要关注点。

（3）独立学院组织内部管理体制的比较

如果说招生是学校发展的前提的话，那么在学生招收进来后，如何进行"产品"的加工以及"品质"的提升，则需要考察组织内部的经营方略。

具体来说，湖北省独立学院内部经营呈现以下几点市场化特征：第一，投资方占主导的管理体制。独立学院的管理体制基本上都是董事会领导下的校长负责制。由于湖北省独立学院基本上都是"公办高校＋民营企业"模式为主，所以，在相对单一的资产关系中，投资方拥有非常大的权力。"中南民大工商学院院长孙松发坦言，独立学院究竟是着眼长远办大学，还是更看重眼前利益，决定权完全掌控在投资方手中，而非校方派来的校长或院长。因为几乎所有独立学院董事会构成中，投资方代表都占多数。"① 所以，这种与企业管理十分类似的机构设置模式本质上带有十分明显的市场特性。当投资方着眼于眼前利益，急于收回投资成本而执意采取明显违规措施时，即便校方代表反对，基本上也没有用。因为投资方最后可能撇开校方代表，动用自己的人马"单独行动"。

第二，类似于企业的学校管理方式。由于很多独立学院违轨招生，湖北省2006年前后成长起来一批万人甚至两万人以上② 的独立学院，规模的急剧扩大不可避免地带来了诸多管理的难度。所以，习惯于企业思维的投资方往往会将企业管理的许多方法应用到大学管理中。比如，在机构设置上，尽量做到人员精简，一个人能干的事绝对不用两个人。实现严格的考评办法，并且与工资奖金直接挂钩，结构化工资制是独立学院普遍采取的办法。同时，竞聘上岗，末位淘汰也在一些独立学院中开始推行③。在学生管理方面，

① 周芳：《办企业还是办大学》，《湖北日报》2004年12月10日。
② 湖北省上万人的独立学院至少有5所，其中一所学校在校学生甚至达到了20000人以上。
③ 在湖北省独立学院的调查中，不少老师认为，在独立学院从事管理工作并不轻松，严格的规章制度和极为细致的奖惩条款使得他们的工作经常面临着很大压力。不过，好的一点是，在这样的单位工作，你的付出与报酬基本上还是成正比的。这可能是吸引他们继续工作下去的重要原因。

严格管理，责任到人。另外，体现企业化管理的还有财务管理一支笔，不少独立学院实行严格的财务一支笔，资金的使用如果没有这支笔的签字，谁也动不了一分钱。这些管理特征都与部分走规模扩张的民办高校有极为类似之处。

第三，与市场紧密相关的机构在组织内部的位置显著。生源的招揽是学校生存的根本，所以，学校的招生办在学校中居于重要位置。在学校初期和中期发展阶段，学校的主要负责人往往会亲自领导招生办。在招生关键期，全校的所有工作几乎都以招生为中心，于是，招生办就自然被赋予凌驾于其他组织之上的特权。这是许多独立学院组织设置的一大特点。同时，湖北省独立学院还有一个十分显著的机构设置特点，即，很多学校都设置了"××报纸记者站"，作为与新闻媒体联系和沟通的桥梁，从而起到及时宣传学校的作用。这种具有明显市场特质机构的存在，反映了湖北省独立学院发展中的一些特点。

湖北省独立学院在内部经营方面所存在的上述市场行为，还局部外化为投资方的整体经营。比如在湖北省的部分独立学院，出资方还联合其他投资人合作（有的甚至是独资）开发学校周边的地产，建造出大片商品房和商用房，以满足和诱导学生和其他消费者的需求，从而达到投资收益最大化的目的。①

在浙江省的独立学院中，却并没有体现这般明显。这种状况产生的根本原因在于浙江省大多数独立学院的组织形态所决定的。如前文所述，由于浙

---

① 在调查中，有三所规模较大的独立学院旁边，出现了大片的房地产。从周边的情况来看，还有进一步开发的迹象。据一些学生介绍，这些房地产的投资商与他们学校的"老板"都有关联。就这一问题，笔者还在一位学生的提醒下，在该校的 BBS 上与几位学生交流过，基本证实了这一说法。另外，对于学生的需求，是一个特别予以关注的现象。由于许多独立学院招收生源家庭条件很好，家产在百万以上的学生不在少数（学生语），所以这些学校被冠以贵族学校的称谓。从一些学生的口中知晓，有的学生抱怨学校的住宿条件太差（笔者参观过几所学校的宿舍，相比之下，比一般的公办学校好很多），几个人合租校外新修起来的复式楼，一租就是好几年。有的学生甚至直接从父母那里要来钱，买上一套自己住。还有的学生家长对于自己孩子独自在外读书不放心，三天两头来学校看望，为了方便，就长期租住一套房子。这种现代大学生的生活方式是一个非常值得探讨的问题。

江省独立学院大多没有企业的参与，而是由母体高校作为主要的举办者和经营者，所以，在内部管理和运营方面，并没有体现出很明显的市场化管理思维，承继于母体高校的教育行政化管理的色彩较浓。至于陕西省独立学院，由于创建时间较之前两省要晚，尽管在独立学院组织形态上具有政策所倡导的"校企"经营模式，但是由于独立学院的小规模特点，所以在独立学院的内部组织管理方面的市场机制并不突出。

（4）就业市场和培养模式的市场定位

如果说，在组织内部管理方面，湖北省（特别是武汉市）独立学院的市场化程度超过浙江省和陕西省独立学院的话，那么，在就业市场以及与之相关的专业设置和培养模式的市场定位方面，三省则不分伯仲。

由于浙江省独立学院起步较早，所以，它们也最早经历了就业市场的检验。从时间来看，2003 年、2004 年浙江省众多独立学院就有了毕业生，这与全国普通高校大扩招后的毕业生高峰基本同步。由于较早承受毕业生就业的压力，所以，浙江省独立学院在面向劳动力市场办学方面是走在全国同类学校前列的。正是这种提前的就业洗礼，使浙江省独立学院比很多后起的学校提前意识到：解决"出口"（就业市场）是解决"入口"（生源市场）的关键。在对浙江省独立学院调查访谈中，以及浏览众多独立学院的网页均可以感受到这些学校近两年对于就业工作的重视，以及围绕就业开展的诸多教学改革以及人才培养模式的重新定位。具体来说，许多独立学院都在试图细分就业市场，努力构建"以社会需求设专业、按学科打基础，按就业设模块，使学生横向可转移、纵向可提升"的"本科应用型人才"培养体系。从而与专科性应用人才和普通本科以学术性向为取向的培养模式做出区分，以便适应浙江省现有经济发展水平以及该省"经世致用"和"实用"等地域文化的需求。

与浙江省独立学院相比，湖北省、陕西省独立学院在就业市场上的努力也是有过之而无不及。从华中科技大学武昌分校、武汉科技大学中南分校等2006 年前后已经积攒起一定知名度和美誉度的独立学院来说，在及时洞悉市场人才需求信息的基础上，正逐步变过去被动跟从为适度超前规划，并已在就业市场上占得了一定的先机。但是需要特别指出的是，湖北省独立学院真正面临就业考验的时间应该在2007年和2008年，也就是2003级、2004级学生的就业问题。针对这两级学生开展的市场化专业培养模块和技能训练已在武汉市众多独立学院中广泛推行，甚至在一些独立学院，直接面向市场的、菜单式的专业设置模式也在试行。

从陕西省独立学院的现状来看，小规模的组织特点并没有妨碍其在就业市场以及专业设置的市场化努力。陕西省不少独立学院为了能够在"出口"上表现出较强的竞争力，纷纷花大力气利用自身资源渠道建立人才市场人际网络。通常的做法是，组建就业指导顾问委员会，聘请企业老总出任顾问委员会委员，然后利用这种资源，建立实习基地，从而在长期经常性的互惠合作中，为学生的就业做好铺垫。这种做法其实也和陕西省独立学院办学模式密切相关。民营企业作为合作方带来的潜在人才市场人际网络以及民营企业本质性的企业运作思维，加之独立学院初创时期的小组织特点，所以，陕西省独立学院2006年前后体现出的打造精品的内涵式发展思路其实也是它们所能选择的最适当的过渡阶段策略。因为企业资本的逐利本性最终是要取得经济回报的，而实现这一目的的途径不可能是这种内涵式发展直接所能带来的。走向规模扩张，实现资本的市场化运营是其实现目的的最终实现方式。

总之，在就业市场及与之相关的人才培养模式的市场定位、专业的菜单式设置等方面，三省具有类似的运行特征。这可能也正是独立学院定位于"本科应用型人才"培养的必然要求。

（5）师资市场与师资队伍建设比较

从独立学院的设置特点来看，利用母体高校的优质师资是独立学院在市场化方面发展的一个重要"卖点"。但是对于走向"相对独立"的湖北省独立学院来说，已经呈现出在充分利用母体高校优质师资以及逐步建立学院专职教师队伍的过程中充分利用市场化手段的行动努力。比如，在聘用本部优质师资时，采用相对接近甚至高于市场的价格刺激这类教师的积极性。这种以兼职方式形成的师资队伍不仅使用方便、省心、选择面广且灵活，而且不用解决住房、医疗以及各种保险费用，单一的课时费支出大大减少了独立学院的办学成本以及提高了学校及时、灵活地适应市场的能力。

根据市场的需求随时从母体高校或者其他学校聘请教师，设置新的专业，而不必担心教师的培训和转行的问题，这对于独立学院来说，也大大降低了办学的风险。

同时，在建设专职教师队伍的过程中，市场成本思维体现明显①。湖北省独立学院在这一方面体现尤为突出。而浙江省由于依然存在着部分两段制、职能型甚至完全融合型独立学院，所以，专职师资队伍建设并不迫切。至于陕西省独立学院，尽管大多具有"相对独立"的组织特点，但是在小规模组织发展阶段，充分利用母体优质师资优势乃是其明智选择。从上述对比来看，湖北省独立学院无疑在市场化经营方面更为彻底。

（6）市场维度总体评价

市场特性是独立学院的天然特性。在独立学院的组织构架基因中，如果没有了市场化的设计，那么独立学院也就失去了存在的基础。从三地独立学院成长与变革来看，呈现出三种迥然不同的组织发展模式。其中，市场化的差异显得尤为突出。

三地独立学院在市场化运行方面的根本差别来源于独立学院的组织类型。因为不同的组织类型决定不同的筹资方式，不同的筹融资方式又会决定学校的发展模式，比如，到底是采取小规模、精细化管理的内涵式发展，还是采取硬件先行、规模扩张的外延式发展，这种组织发展的初期战略思路会直接决定学校在生源市场、师资市场、就业市场、组织内部管理的市场化运作方面产生截然不同的发展策略。

概言之，湖北省独立学院基本上采取的是"公立高校＋各类企业"合

---

①　具体来说，包含三个方面：第一，由于学校需要进行大量基础公共课的讲授，这部分课程不仅相对稳定，不易变化，而且对教师的需求量也较大。所以，在这部分教师的选择上，利用目前大学生、研究生就业市场持续低迷的时机，用相对低廉的价格招聘学生充实这部分教师队伍，以及学校教学行政管理队伍。第二，利用母体高校的资源渠道聘请退休知名教授或者对即将退休的优质教师做长线投资（即先聘请其为兼职教授，等其一退休就将其转聘为专职教授），当然，这部分聘用教师在整个教师队伍中只占少数。第三，从本校培养出来的学生中选留优秀者充实到学校教学管理队伍中去。总之，从上述在独立学院师资队伍的建设中，充分体现了成本意识、灵活适应性等市场性因素与师资市场的密切联系。

作办学的组织类型，企业类型以民营性质为主，也有个别为外资企业。不少独立学院往往有两家以上企业与母体高校合作。在组织类型方面体现出吸纳社会资金的广泛性特征。由于在组织创建中社会资金介入较多，且资金主体多元化，所以在利用社会资金以及市场化运作方面体现十分充分。广泛吸纳企业资金，充分利用银行贷款，以负债经营的典型市场化方式运作是湖北省独立学院的典型特征。也正是由于负债经营的资本运营模式对大规模生源市场占有的强烈依赖，所以，湖北省众多独立学院在组织发展的第一阶段普遍实行"硬件先行，规模扩张"的发展思路。同时，在湖北省独立学院组织发展的关键期，恰遇土地审批和银行贷款等政策环境的有利支持，所以湖北省独立学院得以快速壮大。2006年前后湖北省独立学院总体呈现学校规模大，校均学生较多（其中千亩校园，上万学生的独立学院至少有5—6所）的外部组织特征。

浙江省作为独立学院制度创新的发源地之一，除了个别独立学院如浙江大学城市学院）在创建之初吸纳了社会资金并得到政府的大力支持，形成了"学校＋政府＋国企"组织类型以外，浙江省绝大部分独立学院体现出依托母体高校寻求发展的依附性（甚至融合性）组织类型特征。虽然这类独立学院基本上都是凭借母体高校向银行贷款的方式获得组织发展的初始资金，并采取收取学费，以学养学的方式实行组织发展资金积累的市场化运行方式，但是由于学校组织类型的先天限制，担心引进外来资金容易造成利益分成的纠葛和国有资产的流失就成为普遍心态。从浙江省独立学院对民营资金的吸纳程度来看，确实不大。这在客观上限制了独立学院规模的快速扩大和效益的显著提高。因此，浙江省独立学院的"依附型"组织特征决定了它们不可能选择湖北省独立学院"硬件先行、规模扩张"的发展模式。独立学院普遍以"相对独立、分校区名义存在"，规模概念模糊，学校发展按部就班。

在教育部8号文件颁布之后，遵照"规范"、"宁缺毋滥"指导下发展的陕西省独立学院，尽管组织形式基本上具备"高等学校＋企业"的典型办学类型特征。但是，发展较晚，再加之陕西省繁荣的普通民办高等教育现状，以及地方政府态度的影响，所以，2006年前后陕西省独立学院规模都很小，也没有出现大量社会资金注入的迹象。不过，从部分学校的近期发展计划中所反映的"宏大野心"，也不排除在陕西省独立学院经过几年社会声誉和办学经验积累后，由"精细化内涵发展模式"向"规模扩展的外延发展模式"转变的可能。

3. 文化教育维度

尽管在上文中我们分析了独立学院广泛利用市场机制扩充组织实力，维护组织稳定，增强组织抵御市场风险的种种策略，但是，从根本上说，独立学院应该是以培养人为基本目标，具有教育特性的文化组织。所以，在引入市场机制的同时，着意培育组织的文化教育特性也就成为众多独立学院的努力方向。

（1）对文化教育维度建构的总体策略

对于一个定位于本科层次的高等学校来说，教学工作当然是学校的中心环节。特别像湖北省部分市场化比较"彻底"的独立学院来说，在初步完成硬件建设和规模扩张，有了较强抵御风险能力后，将学校工作的重点转移到教育、教学工作中来就成为必然选择。比如，在湖北省最著名独立学院的学生餐厅巨幅广告牌上，十分醒目的书写着学校的办学思路。其中在教育管理方面，就坚持三个中心："学校以教学为中心，学生以学习为中心，教师以学生为中心。"在武汉科技大学中南分校确定的"三个一切"办学宗旨中，"一切为了学生、一切为了提高教学质量、一切为了学校发展"，也同样突出了学校的一切工作围绕着教学质量以及学生的成功素质展开。而华中科技大学文华学院则从做人、学习、生活、习惯等多方面对学生严格要求，充分体现育人本色。总之，湖北省许多独立学院在初步完成组织转型后，都将育人的理念融入具体的教学和管理学生的工作当中，并试图逐渐形成学校的办学特色。

相对于湖北省独立学院来说，浙江省大部分独立学院则并不存在类似的组织转型特征。因为，浙江省独立学院母体高校投资兴办的基本特征，决定了这类组织在整体发展中，依附、借用合法性教育组织（公办高校）的资源系统，实现对生源的吸引和对教育市场的占有，就成为其组织发展的总体性策略。而这种组织发展策略，对于独立学院文化教育性的培育，是十分有利的①。

　　相比湖北省、浙江省两省独立学院在文化教育维度的组织努力，陕西省独立学院具有自己的特点。由于生源市场的分割，以及陕西省独立学院创建较晚，生源不足，规模较小②。因此，这些学院不仅面临着小组织的生存压力，而且也缺乏可以预见的社会舆论影响。正因如此，为了尽快扭转独立学院学生对组织的信任危机，积累学校得以生存发展的初期组织声誉，大多数独立学院普遍采取"以生为本"的精细化管理，狠抓教学质量、育人环境建设，走内涵式的组织发展道路。

　　（2）具体的策略行为

　　湖北省独立学院大力营造"大学校园文化"。尽管，大学悠久的历史和文化很难在短期内复制和模仿，但是，作为反映大学重要特征的社团活动相对来说则较易于培育。在走访湖北省独立学院中，总体来说有一个感觉，各个学校都非常注重社团活动的开展。因为，相对于学生的教学活动，社团活动对于学生来说，往往具有很大的吸引力。况且，不少独立学院学生具备良好的才艺潜质，通过大力推动社团活动的开展，不仅对于培养学生的组织认同感、管理能力、合作能力以及对于校园生活的热爱十分有好处，而且可以营造"大学"的基本气质特点，增加独立学院的"大学生活"特性。在与一些学生进行交谈时，问及"你觉得你所在的学校有哪些方面让你觉得不错（或者满意）"时，不少同学都会谈到学校里的社团活动，并将这方面的感受作为评价这所学校的重要、甚至主要标准。同时，在大力推动校园社团活动

────────────────

　　①　这其中包含着对母体高校校园氛围的充分利用，对于学校既有教育性资源的全面吸收等。在对几所依附性特点比较明显的学校走访时，一些该校本部的学生对于"××学院"同学在学校众多文体活动中的表现予以肯定，他（她）们认为，这些学生素质挺好，而且参与意识很强，挺"厉害"的！在他（她）们的眼里，这个学院的学生与自己没有什么区别。接受同一校园环境影响，自我意识会促使这些"三本"学生在自己擅长的方面努力表现自己，证明自己，这对于他们的集体责任感的形成很有益处。

　　②　从 2004 年六所独立学院的招生指标分配来看，教育厅基本上采取平均分配招生指标（一般在 800—1000 人之间），然后根据实际招生情况进行调剂的原则。从当年实际情况来看，招生规模最多者不过 1111 人，招生规模最小者仅为 461 人。即使按照 2006 年 9 月之后三级学生粗略估算，2007 年前后陕西省独立学院的在校生人数也不超过 4 万人，独立学院校均规模不超过 4000 人。

开展的同时，不同学校还通过其他方式为建设校园文化做出努力。

湖北省独立学院通过发展特色项目，打造学校"教育品牌"。对于很多独立学院来说，特色无疑是学校的生命。在湖北省不少独立学院现代化的学校建筑背后，也逐渐可以感受出不同学校之间的一些"个性化"符号。比如，2004年夺得"湖北省十佳美誉高校"桂冠的武汉科技大学城市学院的"两段制培养模式"；武汉科技大学中南分校的"成功素质教育"；中国地质大学江城学院则广泛参与竞赛获奖的方式来提高学校知名度；武汉大学东湖分校走国际路线，与中国留学服务中心签署协议，联合举办英国大学准学士学位项目FD形成特色。总之，在经过了6年左右的发展，湖北省的独立学院已经开始出现组织分层。有的已经走过了初步的规模、硬件发展阶段，开始出现重心转移，逐步有意识地向文化教育型组织转型，这类学校数量占湖北省独立学院总体比例不低。另外还有一些独立学院，由于机会把握能力、办学方针等多方面原因，仍然面临着生存的竞争和市场残酷的淘汰。总的来说，在湖北省独立学院中，真正谈得上有整体发展特色的还很少，有的往往是一些"特色项目"。

湖北省独立学院科研机构。对于独立学院这样一个定位于本科层次的高等院校来说，教学工作是其中心任务。但是，在有些独立学院中，也出现了一些注重科研机构建立，并试图通过科研活动来为学校的教学、管理甚至学校宏观发展走向提供咨询的迹象。在华中师范大学汉口分校，设立有全国首家"独立学院研究中心"和"校园文化研究中心"，在武汉科技大学中南分校，设有高等教育研究所（成功素质教育研究所）。当然，这些机构的象征意义往往大于实际意义。

浙江省独立学院的"高教立交桥"思维。最近两年，浙江省众多独立学院在构建"高教立交桥"，建立学生流动通道和选拔激励机制方面进行了有益的尝试，并逐渐沉淀为浙江省独立学院在教育文化维度方面的重要特色。简单来说，所谓"高教立交桥"主要是改变过去各种类型教育组织、各种层次教育以及各种专业之间的封闭性，增加学生的选择机会和流动可能而建立的激励学生的良性教育机制。比如，浙江大学城市学院与浙江大学构建了"高等教育立交桥"，每年在一年级的学生中，选拔1%的优秀学生进入浙江大学本部相关专业学习。在四年级学生中，每年选拔 100 名优秀学生进入浙江大学软件学院攻读软件工程硕士学位。另外，从 2004 年开始，浙江省启动优秀本科生的 "2+2" 转校计划。浙江省工业大学、宁波大学、杭州电子科技大学、浙江工商大学、浙江理工大学 5 校的 10 个重点专业，将从全省各类全日制普通高校二年级在校优秀本科学生（含独立学院）选拔 360 名，转入该校继续就读。对于全省独立学院（特别是这五所学校的独立学院①）来说，"2+2" 转校计划具有很大的吸引力②。值得注意的是，在浙江省独立学院的 "高教立交桥" 中，努力将其延伸至硕士阶段已经成为不少发展较快学校证明其教育能力的重要标志。比如，在浙江大学城市学院，今年已经有了自己培养的第一批 "独立学院硕士研究生" 走向了工作岗位。如果说城市学院因其示范性而是特例的话，那么在诸如浙江省工业大学之江学院、杭州电子科技大学信息工程学院等独立学院，将一定比例的学生保送读研究生，也成为扩展学校延展空间，证明组织教育培养水平的重要标志。

建立通识教育基础上的专业自主选择机制。如果说，"高教立交桥" 仅仅对于学习成绩较好学生具有激励作用，且覆盖学校有限的话，那么，在很多独立学院，针对所有学生的学习和创新激励机制业已广泛推广。比如许多学校普遍实行的大一甚至大二之前不定专业，经过综合考评以及根据自我兴趣在大二或者大三选择专业方向，或者实行并非一次选择定专业的诸多举措，对于形成良性的教育教学激励机制，继而营造具有文化教育性的独立学院教育组织具有重要作用。

教学质量监控的多种途径以及对科研的重视和发展。在杭州民办高等院

---

① 对于这五所独立学院来说，母体高校对于升入本部指标会有所扩大，比如，浙江工业大学之江学院就在招生宣传中许诺，2% 的学生可转入浙江工业大学相关专业学习。变更学籍，享受公办学生同等待遇。高考成绩在省二本线以上者优先考虑。参见：《选择之江，成就未来——2006 年招生新亮点》，浙江工业大学之江学院网站。

② 在访谈中，不少学生谈到这项计划，其中一些学习成绩较好的学生尤其对这项计划抱有浓厚兴趣。其中有一位学生明确告诉我，她之所以选择独立学院而不是复读，一个很大的原因在于她相信自己能够通过 "这一计划" 进入她喜欢的杭州电子科技大学的电子信息工程专业。

校，特别是独立学院，它的教学质量监控主要通过三个途径实现①。途径一，省市教育主管部门组织开展的教学评估。从 2002 年开始，浙江省教育厅为了规范全省独立学院的办学，保证独立学院的教学质量，专门组织专家组对所有独立学院进行教学质量检查评估，肯定成绩，找出问题，提出改进和发展意见；途径二，母体高校对独立学院教学质量的监控，这种监控已经逐步制度化；途径三，独立学院自身实行教学督导制度，建立教学督导队伍，进行经常性的教学督导工作。同时，在浙江省调研时，很多独立学院对科研的重视丝毫不逊色于湖北省独立学院。有的学院，从学校建校起，就紧抓科研工作，学校建立的"教育改革基金"所带来的推动力量直接对学校的教育教学产生重大影响。有的独立学院，为抓好科研工作，建立学院、分院、研究所三级科研管理体制，充分利用地方政府的大力支持，广泛开展与该市及各县（市、区）为主的各地科研管理部门、企业的科研合作。总之，浙江省独立学院普遍将学科、专业的品牌建设作为提升学校市场竞争力的思维方式是有利于学校的文化教育性成长的。

　　以生为本的精细化内涵发展。从我走访的五所陕西省独立学院来看，学生对于独立学院普遍评价较好。②许多学校采取"家长巡考制度"、"班主任老师假期的一个电话"、"院长签名慰问信"等联络沟通家校感情的做法。学校管理中"以生为本"的情感管理，丰富的社会活动，"货真价实"的优质师资，常规性的教学督导制度等都是内涵式发展思路的具体体现，也确实赢得了不少学生的信任。学生通过"口耳相传"的方式将自身对独立学院的信赖甚至喜爱通过这种社会网络渠道传播了出去，为陕西省独立学院赢得了不少口碑。

（3）文化教育维度的总体评价

　　其实，作为一个以传播知识、培养人才的教育机构来说，独立学院要想

_____

①　与两所独立学院教务处老师交谈所知，在此基础上查阅相关政策资料归纳得出。

②　当我对他（她）们的评价依据进行深入访谈时，学生谈得最多的是学校的院长、老师对他们生活和学习的关心。"我从来没想到大学里的校长会离我们这么近，每天我们都可以看见他，可以直接向他反映问题！""老师对我们的生活和学习太关心了，平时有事找老师，准成！""我们学校虽然没有它们（西安翻译学院、西安欧亚学院）大，但是我们喜欢这里！"

真正在竞争激烈的教育市场中立于不败之地，归根结底需要在组织的文化教育维度上下大力气。对于依靠社会资金成长起来的独立学院来说，在文化教育维度发展的努力注定是与市场分不开的。

在湖北省，由于市场化的程度不同，发展时机把握不一，2006 年前后已经出现组织分化的趋势，基本形成两个发展梯队。第一梯队，以华中科技大学武昌分校、武汉科技大学中南分校等一批"千母校园，万名学生"的独立学院为代表。由于这批学校初步完成了硬件建设和规模扩张，有了较强的对外部环境的把握能力和抵御风险的能力后，纷纷开始将学校工作的重点转移到教育、教学工作中来。但是发展速度过快，规模增长太大，特别是规模扩张期大量低分学生的进入为这类学校的教学管理带来了不小的难度。因此，基于大规模组织管理的客观需要，以及这类独立学院内部管理中出资方的巨大权力，所以这类学校在文化教育方面体现出以下特点，第一，普遍采取企业员工管理的手段建立高效率的教学行政管理队伍，以便在对学生实现基本的纪律约束的基础上，保障教学、育人工作的顺利开展。第二，由于拥有独立校园，所以，这类学校往往十分注重"大学"校园文化的建设，积极鼓励社团活动的开展是普遍做法，一些学校在校园文化建设方面的特色正在逐步形成。第三，在师资队伍建设方面，这类独立学院已经开始以市场化成本节约机制进行着师资队伍的基础性建设。第四，以市场为导向的、定单式的专业设置和应用性人才培养模式。处于第二梯队的湖北省独立学院，学校规模一般在 6000 人左右，有以旧校舍发展的，也有购置远郊土地发展的。这类学校虽然也都采取着校企合作的办学模式，但是由于诸多原因，2006 年前后还处于全力上规模阶段，生存的压力和市场残酷的淘汰依然是这类学校的紧迫问题。故此，在文化教育维度和市场维度上往往存在冲突。

在文化教育维度建设方面，浙江省独立学院最大的特点充分体现在利用母体高校的教育资源方面。这种利用不仅包括对校园文化、教学组织管理、师资队伍、优秀专业等母体资源，而且体现在建立自身与母体高校乃至全省其他优质高等教育资源的制度性衔接方面，具体表现在"高教立交桥"思路上。很明显，浙江省独立学院在文化教育维度发展方面较之湖北省、陕西省具有优势和特色。从根本上来说，这一特点是由独立学院组织类型所决定的。当然，以浙江大学城市学院、浙江大学宁波理工学院等实行"学校＋政府（＋企业）"组织类型的学校，由于其间凭借政府强有力的资源整合能力（包括资金供给能力），所以，在利用母校资源着力打造学校文化教育维度方面具有往往更无后顾之忧。但是，对于浙江省其他大部分独立学院来说，由于组织的依附性特点，面临国家政策和行政层面的合法性危机是不可避免的。在这种情况下，如果选择按照国家政策要求的"独立原则"独立办学，那么，从原有母体组织中分化为独立组织过程中必将面临"组织文化断奶"困境，这是许多转型中的独立学院需要加以应对的问题。换句话说，浙江省部分独立学院如果要真正转型，一定会面临由"文化教育资源丰富型组织"向"文化教育资源缺失型组织"的过渡。浙江省独立学院如何选择？这是关注浙江省独立学院时必须考虑的问题。

陕西省独立学院在组织的文化教育维度方面的努力，因其组织的小规模现状而较为容易，也因组织发展的市场需要而更加迫切。陕西省独立学院在"以生为本"、"精细化管理"方面体现得尤为突出。这既有别于湖北省"相对独立型大规模组织"进行的"学校企业性文化教育"建设方式，又不同于浙江省"依附型模糊组织"的自然渗透和"高教立交桥"特点。一些在精英化教育阶段都很少能看到的教育特点出现在陕西省部分独立学院之中。我们姑且不论这种基于组织发展的策略性选择所具有的功利性目的（源自市场竞争的驱动，组织的文化教育维度培育自然成为最重要的一种竞争资本），单从学生发展和组织成长的角度来说，这未尝不是我们希望看到的方向。当然，对于陕西省独立学院来说，能否利用这种发展策略走向成功，以及在组织规模扩大的过程中，能否保持对组织文化教育维度的长久关注，这些都需要继续观察。

4. 合法性维度

对于一个新兴的组织形态来说，组织的合法性至关重要。合法性是组织成长的目标，也是组织得以长足发展的前提。按照帕森斯的观点，合法性的前提就是该组织或者制度所追求的价值目标一定要与社会的价值目标相符，从而获得被普遍认可的争取社会资源的权利。与帕森斯强调组织目标对外来评价被动的适应和调整稍有不同，新制度主义在组织学领域的运用则更强调合法性的文化认知层面，即组织在认知层面上对合法性的主动建构。一种制度的变迁与建构都需要合法性，而这种合法性并非是自然形成的，它在很大程度上是自觉努力的结果。

高丙中对于社团合法性的理解，基本上也沿袭了新制度主义的理解思路。他认为，从广义上来理解，合法性不仅仅指符合现有法律规则，现有法律规则只是作为一种比较特殊的规则而存在的。"合法性的规则可以是法律程序，也可以是一定的社会价值或者共同体所沿袭的各种先例。一个组织是否具有合法性，那就取决于它能否经受某种合法性秩序所包含的有效规则的检验。"① 而这种有效规则的检验其实就是我们日常所说的"承认"。我们可以把表达承认的主体界定为国家、政府部门及其代表人物、各种单位、社会团体以及社会上的个人。国家、政府部门的承认是与同意、授权社团开展活动联系在一起的。单位和其他社会团体的承认是与提供资源联系在一起的。个人的承认则是与个人的参与联系在一起的。这种以承认为指标的研究方式，对我们理解中国当前组织的合法性具有方法论的借鉴意义。高丙中教授结合中国的实际情况，从表达承认的主体入手，将社会合法性、行政合法性、政治合法性和法律合法性作为社团合法性的四个维度。

因此，本书中关于独立学院合法性的考察，吸收了包括上述学者对于合法性理解的合理内核，并将借用高丙中关于合法性的四个维度来展开对于三地独立学院组织发展的分析。

（1）湖北省独立学院争取组织合法性的策略

第一，利用名人的关系网络获得最初的政府支持，继而扩大政府支持网络，拓展组织发展空间。

初期创建的民办二级学院，首先面临的合法性危机在于，这类新型办学形式在整个高等教育系统中到底有没有自己的位置。如果这类学校不能得到教育行政部门的认可，安排其在某个层次上获得相应的资源和权利，那么这类组织注定没有生存和发展的可能。所以，怎样获得当地政府和教

---

① 高丙中：《社会团体的合法性问题》，《中国社会科学》2000 年第 2 期，第 102 页。

育行政部门的认可和支持就成为组织发展的首要问题。从湖北省民办二级学院的做法来看，通过母体高校的关系渠道与社会声誉度和政治地位高的人或机构建立联系，借用他们的社会声誉和政治地位提升学校的影响力是一种普遍的做法。这种策略在民办高校的发展中也常常被用到。但是有所不同的是，由于民办二级学院借用了母体高校的关系资源，所以，在实际的操作中，往往能够更加容易地建立联系，甚至在某些学校的最初创办中，母体高校会直接参与这种关系网络的营造。在对湖北省某著名独立学院的调查中，其图书馆的橱窗中几份请示及批文被放在显著位置。现摘录如下：

请示1：

湖北省教育考试院：

因补录工作仓促，有一批志愿到我校读书的考生仍未及时录取，为解决这批学生的注册问题，特申请批准予以补录。

特此请示，请批示。

××大学××分校

二〇〇一年十一月二十日

批示：

请杨xx与省考试院普招办联系，从支持分校的角度考虑，尽力解决为盼！

陈××

2001年12月5日

请示2：

关于我校发展过程中有关事宜的请示报告

尊敬的王书记：

XX大学XX分校（原XX学院）是在您的亲切关怀下，经教育部批准成立的一所本科层次的高等院校。成立两年来，学校得到较快发展，不仅已经初具规模，而且通过改革在不断提高办学水平。目前武汉XX教育集团根据教育部文件精神，先期购买了原武汉市军械士官学校作为办学场地，按教育部办学标准规定只能容纳2200名学生，我校在2000年、2001年两次招生中已达2100名学生，为了满足2002年秋季招生2000名的要

求……①

批示：

XX 同志：

该校是有关方面重点关注并支持的一所学校，请按有关规定和程序给予大力支持。

王 ××

2002 年 6 月 1 日

（注：陈 ×× 同志时任湖北省教育厅副厅长；而王 ×× 同志为当时湖北省省委副书记。）

通过以上两份请示和两个批示，我们可以做以下几点推论。首先，将省委、教育厅领导给予学校的批示公开张贴供广大学生及家长、社会人士参观、传播，这种行为本身所昭示的意义在于，学校与这些具有特殊政治身份和社会声誉的重要人物是有密切关系的。学校是有"背景的"。② 其次，如果我们仔细分析请示和批文的内容，其中一些话语还能带给我们更多的信息，比如，"从支持分校发展的角度"，"XX 大学 XX 分校（原 XX 学院）是在您的亲切关怀下"，"该校是有关方面重点关注并支持的一所学校"等话语完全可以读出，不仅 XX 大学 XX 分校是受到"有关方面"③重点关注的一所意义特殊的学校，而且在湖北省，民办二级学院这一类"分校"都是受到地方高层特别关照的。借助省委、教育厅领导之口，传递和散播地方政府对于这所学校，乃至这类学校的官方态度，对于营造组织发展的合法环境是十分有效的。最后，从该校请求补录和为学校批地等方面，我们也可以印证前述观点，即通过"上层路线"，实现对关键资源的争取是民办二级学院的

---

① 橱窗中只张贴了请示报告的一部分，后文详细内容不得而知，但基本上可以推测出这份报告主要是请求省委领导能够给予该分校的发展提供便利条件，比如，土地等。

② 在橱窗里，还有诸如："×× 大学 ×× 分校自成立以来，得到了中央、省市领导以及 ×× 大学主要领导的关心和支持。他们多次莅临我校，对我校的发展和提高进行了全方位的指导。"以及许多"重量级"人物来校视察的大幅照片。

③ 出自省委副书记之口的"有关方面"，不言而喻是层次更高，具有更大政治影响的机构或者个人。将这种看似模糊实际清晰的观念通过公开方式传播，是这类学校扩大自身社会声誉和政治地位的重要策略。

普遍策略。这正是 XX 大学 XX 分校在争取行政合法性方面的努力。因为，基于对行政合法性的基本理解，某一级单位领导以某种方式（允许、同意、支持或帮助）把自己的行政合法性让渡或传递过来，从而使他们的承认自然延伸为参与，这就是行政合法性的一种体现。同时，在上述例子中，我们不仅看到独立学院在获得行政合法性上的成果，而且，我们还看到了独立学院组织如何充分利用组织获得的"稀缺"行政合法性，产生扩展效应，从而进一步赢得广大民众、家长和学生的承认。最终实现行政合法性和社会合法性的交融互摄。

　　当然，我们需要看到的是，上述做法可能也只有在一些网络关系资本较为丰富的母体高校才有可能做到，但是不可否认，武汉市众多部委院校确实提供了这种关系渠道。除了与政府高官建立联系以外，许多民办二级学院还聘请一些有广泛社会知名度的著名学者和文化人士担任学校的校长、督学或者顾问，有的学校甚至直接聘请母校刚刚退下来的老校长担任独立学院院长。这种情况在湖北省独立学院非常普遍。试图建立民办二级学院与社会、文化名人的固定联系方式，不仅为学校增加了学术气息，而且还将这些名人的社会资源带到了学校，增加了学校的社会信誉资本。

　　第二，创建初期，模糊身份特征，获得社会认同。

　　模糊身份特征，由于民办二级学院的组织形态与公办高校有天然的联系，所以，在最初的发展阶段，模糊身份特征，在一切方面和母体高校建立直接的联系就成为组织发展十分重要的策略行为。比如，从湖北省早期创建的一些民办二级学院来说，校名基本上都冠以"×× 大学 ×× 分校"，而很少使用"×× 大学 ×× 学院"。这种以分校命名的方式在一定程度上拉近了民办二级学院与母体高校的联系，从而淡化了其异质的身份特征。不仅如此，早期建立的民办二级学院获得社会认同的最大"法宝"是它几乎可以颁发与母体高校完全一样的毕业证和学位证[①]。对于以文凭衡量出身的中国社会，民办二级学院组织暂时获得的这种特殊待遇，对于赢得学生及其家长

---

　　① 尽管在 XX 大学 XX 分校（XX 学院）的批文中，规定颁发 XX 大学 XX 学院的毕业证书，但是在实际中，却一直以颁发母体高校的毕业证作为"卖点"，至到 2003 年教育部颁布 8 号文件为止。

的认同是有很大推动作用的。

第三，快速发展时期，外部组织形态上向政策看齐，体现身份特征，内部组织结构上模仿母体高校，拉近与其的距离。

如果说在 2003 年教育部 8 号文件颁布之前，淡化身份特征，是湖北省民办二级学院获得组织合法性的重要做法。那么，随着独立学院获得国家官方的认可和取得政策支持之后，独立学院不得不在认真领会政策精神的基础上，将组织的发展与政策引领的方向保持一致，最起码，在形式上保持一致。所以，在 2003 年 8 号文件颁布之后，湖北省独立学院发生的明显组织转向是，纷纷征购大量土地，建设硬件齐备、气势恢弘的独立校园。这种在组织形态上向政策看齐的做法无疑使湖北省独立学院在赢得教育部、省委、省政府的大力支持方面占据了先机和优势。因为，政府政策所蕴涵的改革意图在得到了基层改革实践验证和支持以后，回报给这些支持者的将是更多的发展空间和机会。

同时，这种组织的转向往往具有示范和模仿效应。在武汉市的调查中，几乎所有的独立学院基本上做到了校园独立，达到甚至远远超过了教育部对于独立学院硬件的基本要求。区域环境所形成的内在推动力使得湖北省的独立学院具有大体相似的外在组织形态。这其中当然有地方政府政策引导的作用，但是独立学院努力寻求与环境的最佳匹配与动态平衡，争取政府认同并获得支持则是湖北省独立学院在 2003 年 8 号文件颁布之后的普遍策略。

当然，独立学院顺应政策要求，体现独立学院身份特征，其中不乏无奈之举。因为独立学院的领导人同样知晓，这种顺应政策要求的做法固然可以获得官方的认可，但是，对于独立学院来说，广大的学生和家长以及社会的认可才是其生存和发展的根本。所以，独立学院一方面在外部组织形态上体现出独立的特征，同时，又通过复制"校门"①，大力宣传母校师资、在各种场合宣传"具有颁发母校学位证资格"等拉近与母体学校的距离，以期获得

---

① 在武汉市的调查中，一个非常明显的感觉是各独立学院的校门都非常气派，而且往往与母校校门的风格如出一辙。比如，在武汉大学东湖分校占地千亩的校园里，不仅学校的整体建筑风格复制武汉大学，而且还原样复制了"国立武汉大学"的老校门。

广大学生、家长以及社会的认同。另外，众多独立学院还尽力争取与普通高校学生一样的基本权利，比如购买半价火车票以及享受国家助学贷款，从而最大限度地获得体现独立学院合法性的符号系统①。

（2）浙江省独立学院争取组织合法性的作为

第一，利用组织创生期的政府积极推进，为其获得行政合法性争取基础性发展条件。

浙江省独立学院在争取组织合法性方面具有与湖北省不太一样的特点。从该省独立学院兴建时的组织推动力来看，地方政府的鼓励、支持甚至直接参与是独立学院产生和发展起来的重要动因之一。具体来说，浙江省地方政府（以及中央部委）一开始就基于该省的具体省情，对这种新的办学形式给予了大力的支持和认可②，并且通过浙江省人民政府在 1999 年 8 月《关于浙江省工业大学等 8 所高校组建民办二级学院的批复》的方式，表达了地方政府对独立学院的态度和立场。"学院均为各自普通高校的二级学院，按民办机制办学，具有独立法人资格，实行相对独立办学，财务独立核算"。可以说，地方政府以官方文件的方式以及实际行动支持着独立学院的发展，使本身存在合法性危机的依附性教育组织形态具有了强大的行政合法性支持，从而为独立学院组织在合法性获得方面迈出了重要的一步。

第二，为了获得最大限度的社会合法性，尽量"淡化身份特征"，"模糊组织特性"。

浙江省独立学院组织的依附性特征，其实可以反映出独立学院主办

---

① 在武汉市调查期间，笔者特意留心询问了几乎所有的被访者同样的问题，"你觉得享受半价火车票和国家助学贷款对你而言，有用吗？"被访者的回答，肯定和否定的都有。回答肯定者，大多认为，其实钱多少并不重要，关键在于有没有享受到这种权利，因为这种权利对于一个大学生来说，意味着一种身份的认同。回答否定者，往往会不假思索的讲，这点儿钱算什么，我根本不在乎这！从被访者口中，两个事实不容忽视：第一，独立学院学生大多家庭比较宽余，甚至有钱，这些基本权利所涉及的金钱，其实对他们并不重要；第二，大多数学生以及独立学院往往都在尽量争取这些方面的权利。

② 1999 年 7 月教育部、浙江省教育厅批准成立浙江大学城市学院；1999 年 8 月，浙江省政府批准成立浙江工业大学等 8 所学校成立独立学院。

者在试图获取社会合法性方面所做的努力。在实地访谈中，独立学院组织的模糊特性有突出体现，这和笔者在湖北省的调查形成鲜明对比。比如，在湖北省，笔者向学生，甚至普通市民打听独立学院，大多数人会对这种组织形态有较为清楚和正确的认识，而且知道这类学校的地理位置和基本情况。但是在浙江省，笔者有时为了找到一个独立学院，往往要费很大的工夫。不过随着"经验"的增加，只要找到母体学校，特别是旧址时，独立学院也就找到了。当笔者以"独立学院"概念随机采访时，知道者甚少。但是，当笔者以二级学院，特别是"三本"与许多人交谈时，他们往往会告诉我更多的信息。浙江省独立学院组织的"模糊性"特征可见一斑。也许正是这种"只在此山中，云深不知处"的组织存在形态，才最大限度地迎合了社会民众（学生和家长）对于体制内教育资源的需求，从而获得他们的认同和接受。关于这种"模糊"和"淡化"策略还体现在很多方面。比如，在不少独立学院的校门上，突出的往往是母体高校的名字，而加以淡化的肯定是独立学院的校名（有照片为证）。另外，在笔者搜索的2005年、2006年浙江省独立学院的学校概况和招生简章中，一般都会以"全日制普通本科院校"作为对自己学校性质的界定，几乎没有直接表明自己"民办身份"的（即使浙江省最著名的独立学院也是如此）。总之，从浙江省众多独立学院在合法性发展的组织努力来看，以"模糊"和"淡化"策略尽可能争取社会民众（特别是家长和学生）的认同和接受，是该省独立学院的一个共同点。这与湖北省独立学院存在差异。

第三，在法律合法性、国家行政合法性压力增大时，利用地域性高等教育变革时机，采取"形式化组织转型"策略。

浙江省大多数独立学院和母体高校的直接利益关联使独立学院可以以一种"非规范"的组织形态存在，并取得地方政府的"容忍"和"默许"。即便是在这种组织形态因国家行政合法性和法律合法性压力增强时，地方政府的"默许"和"容忍"也会为母体高校和独立学院"合谋"（并非贬义）采取相关应变策略提供空间。

因此，如图13所示，我看到的情况是，浙江省众多高校往往利用本省整体性高等教育变革时机（比如大学城计划），在资源置换①的间隙（往往会有1—2年的时间），将老校区留给独立学院单独使用，客观上促成了独立学院在"校园独立"方面达标，从而应对教育部的独立学院评估。需要注意的是，这种完全独立的状况有可能只是一个过渡期，因为在母体高校大学城的新校区中往往留有独立学院的位置，再次走向依附可能会发生在几年之后。所以这种在浙江省，特别是杭州大学城规划中出现的院校大搬迁以及老校区的闲置及处理问题客观上造成了浙江省独立学院的复杂性和多样化。同时，也为不少独立学院应对国家评估提供了可能的条件和应对的策略空间。

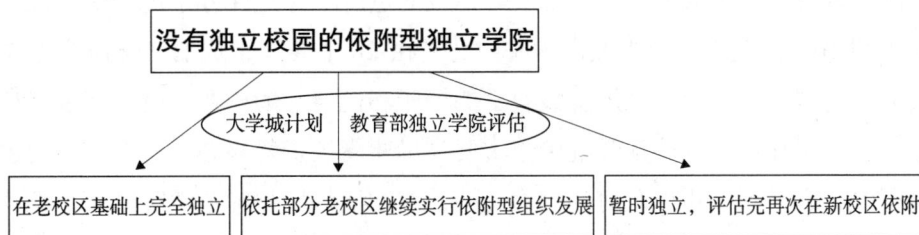

图13　浙江省部分独立学院转型模式图

另外，这种"形式化组织转型"还体现在独立学院的内部管理方面。从浙江省独立学院管理体制来看，基本上都建立了政策所倡导的董事会领导下的院长负责制。从政策对独立学院领导和管理体制的规定上来看，建立董事会，有利于明晰独立学院产权，有利于规范独立学院法人治理结构，有利于明确合作方的权利和义务，能有效地避免合作者之间的产权纠纷和国有资产流失。但实际情况却是，虽然几乎所有的独立学院都建立了董事会，但是，董事会几乎都是以母体高校或者政府委派的领导者担任的。这似乎意味着，董事会不过是母体高校或者地方政府在独立学院设置的一个派出领导机构而已。因此，这种象征性的董事会基本上不可能发挥应有的机构功能，充其量只是一个在机构设置上的政策迎合物而已。

———————————

①　此处资源置换是指将老校区的校园部分或者全部买给房地产开发商，利用地租级差实现学校在郊区的进一步扩张。

第四，独立学院充分借助母体高校以及组织自身所具有的"体制"和"市场"的双重优势，广泛争取并扩大支持网络，从而使独立学院争取到最大可能的资源和利益，进而巩固组织合法性。

这一点在浙江省有非常明显的体现。由于独立学院办学主体主要是母体高校甚至政府，所以，在独立学院的发展中，母体高校和地方政府的资源整合优势和协调作用就自然成为独立学院发展中的重要推动力量。比如，浙江大学城市学院，就是由浙江大学、杭州市市政府和浙江省邮电公司三方合作兴办。在浙江大学城市学院的创建时，充分享受到来自政府的全方位协助。不仅被确定为杭州市重点工程，而且市长亲自出任拆迁工作小组组长，政府出面高效协调，大大推进了学院基本建设的进度。并且在办学过程中，杭州市还利用政府权力专门为城市学院组建了由 28 个委局组成的产学研合作委员会，向城市学院提供开展实践教学的场所和机会，为毕业生就业创造有利条件。杭州师范学院钱江学院由于主要是母体高校贷款兴办，所以，在创建过程中，也得到杭州市政府的大力支持，成功地将杭州师范学院原文二路校区和原省公安高等专科学校校区作了置换，为钱江学院尽快"上马"和相对独立办学创造了便利条件。诸如此类的例子在几乎所有独立学院的创建过程中都有所体现。

尽管这种作为已超出了获取组织合法性的意义，但是我们也可以将其理解为多方（独立学院、母体高校以及地方政府）"合力"，共同营造独立学院良好形象，为其获得更加充分的组织合法性所进行的努力。也正是基于这样一个层面，我们可以看出，当一类教育组织彰显出对于地域教育发展的积极意义时，为其争取组织合法性的已不仅仅局限于独立学院组织本身。

（3）陕西省独立学院组织合法性现状分析

从全国独立学院的发展进程来看，陕西省独立学院的创建是在独立学院这种组织获得国家教育主管部门的正式行政文件的许可（即 2003 年 8 号文件）后开始兴办的。所以，从这个角度来说，陕西省获准建立的独立学院自然就获取了法律合法性，以及政治合法性、行政合法性。但是，问题在于，地方政府通过利益权衡，会对中央政府所赋予的政治合法性、行政合法性，以什么样的监管方式体现？社会民众（不仅包含其他社会组织，而且也包含个人）的合法性又会通过各自怎样的利益选择来赋予？而这些都可以在法律合法性被赋予的整体性背景中，因区域性高等教育差异而显示出不同的特点。正是因为这种考虑，对于陕西省独立学院的发展现状、可能潜力和未来走势的分析也非常有必要从合法性维度予以考察。

第一，行政合法性及陕西省独立学院。正如前文所述，行政合法性，是一种形式合法性。它的基础是官僚体制的程序和惯例，获得形式是多种多样的，大致有机构文书、领导人的同意，机构的符号（如名称、标志）和仪式（如授予的锦旗）等。一种组织的行政合法性在于某一级单位领导以某种方式（允许、同意、支持或帮助）把自己的行政合法性让渡或传递过来，他们的承认往往自然延伸为参与。他们的参与方式是很灵活的，可以是实际的，也可以是符号的。具体到陕西省独立学院的实际来说，独立学院组织的行政合法性在其创建初期就获得了。可以说，如果没有这种行政合法性，陕西省就不可能出现独立学院组织。因为，对于当地政府来说，"今后各地、各部门和各高等学校，都要继续有步骤、有计划地推进独立学院的试办工作"是国家对于独立学院"积极支持，规范管理"的政策要求。作为地方政府来说，不得不遵守或者响应。但是正如前文所述，由于独立学院的发展势必会给普通民办高等教育带来影响，作为对陕西省特色品牌和政府功绩的保护和支持，也出于地方高等教育系统的整体平衡，陕西省政府对于独立学院新体制的态度，不可能是全面支持的。在响应国家对于独立学院政策号召的时候，"切实加强管理，不断规范办学行为，注意并坚决反对一哄而起和'刮风'现象，确保独立学院稳妥、健康地发展。"就自然成为政府部门执行该项政策时的倾向性选择。严格控制、规范发展在陕西省独立学院的申办历程中体现的比较突出。所以，从政府的态度和利益诉求来看，地方政府让渡给独立学院的行政合法性基本上是按照国家严格的政策规定给予的。除此之外，我们很难在陕西省独立学院的组织创建、领导任用、机构设置、形象塑造中看到诸如地方政府领导人、教育厅老干部等具有官方背景身份的人士参与。而这种情况在陕西省普通民办高校的发展中是非常常见的，而且这种参与也是积极的。因此，行政合法性的让渡如果是有层次的话，"允许"或者"同意"可能是陕西省政府对行政合法性让渡的主要方式，尽管在很多场合，甚至包括书面文件中，"支持"和"积极支持"有可能更多体现在地方政府部门的言语宣传中。特别是当地方政府面临对诸如本科招生指标等关涉独立学院和普通民办高校生存和发展关键资源分配出现矛盾甚至冲突的时候，基于什么样的价值判断和利益选择为基础的行政合法性让渡方式就会表现地更加突出。

第二，社会合法性与陕西省独立学院。"社团的社会合法性主要有三种基础，一是地方传统，二是当地的共同利益，三是有共识的规则或道理。一个社团要在一个地方立得住，至少应该具有其中的一个根基。"[①]具体到陕西省的独立学院来说，作为有文化积淀并有重教传统的西部省份，对于新型办学形式向来是十分欢迎的，这在社会民众中，表现得十分突出。虽然我们说陕西省在历史上具有十分发达的公立高等教育资源，在世纪之交又培育出十分繁荣的普通民办高等教育，但是，从社会总体需求和高等教育供给来看，矛盾依然存在，供给依然不足。特别是国家关于高等教育规模控制的态度逐渐明朗，以及陕西省本科层次的民办高校在组织转型中对学校规模的控制，人们在本科层次上的需求是相当旺盛的。所以，从现实需求和地方传统来说，独立学院的兴办在陕西省应该是有社会基础的。但是，我们的分析不能仅仅停留在这一层次。因为，民众对于扩大的高等教育机会的欢迎，并不表示就一定接受独立学院这样一种办学形式，因为，相对高昂的学费水平[②]，较低的社会声誉积累以及本地优秀的普通民办高校都会使民众对它的支持仅仅停留在最表浅的层次。同时，从陕西省高等教育的发展格局和既存规则来看，普通民办高等教育和公办高等教育共同发展，相互促进，并行不悖的良好格局业已形成[③]。并且，这种良好的发展格局（特别是对于陕西省普通民办高等学校而言），是与陕西省在

---

①　高丙中：《社会团体的合法性》，《中国社会科学》2000年第2期，第102页。

②　尽管陕西省独立学院的学费水平在全国是较低的，文科一般为8500元，理科一般在10000元，艺术类为12000元左右，但是如果比较本地普通民办高校以及地方实际收入水平来看，这一收费水平仍然是许多家庭很难承受的。

③　这主要是地方政府和普通民办高校的看法。至于公立高校而言，并不一定如此。最起码，部分公立高校创设独立学院之目的就一定是与自身的利益有密切关联的。

扩招之际没有发展独立学院分不开的。因为，从国内来看，几乎还没有一个地方，能够出现独立学院和普通民办高校（特别是本科层次）共同繁荣的局面。因此，对于陕西省现存的高等教育格局来看，平添一独立学院的办学形式，对于区域内高等教育系统的总体平衡来说，是有很大影响的。当然，这势必会引起既存规则体系的抵制甚至压制①。所以，从组织合法性的三个基础来看，陕西省独立学院的设立，可以说具有地方传统的根基，这是毫无疑问的。但是就当地社会民众的共同利益根基和地域内高等教育发展的共识规则根基来看，则是需要努力去争取的。

值得注意的是，陕西省独立学院从创办之出就自发建立了利于组织族群发展的陕西省高校独立学院联谊工作会。2006 年前后联谊会不仅经常性研究独立学院在改革发展过程中随时出现的新情况、新问题，及时交流兄弟省市独立学院或本校在教育教学改革工作中的一些好的做法和经验，使联谊会成为信息交流的平台，而且为省委教育工委、省教育厅在独立学院的管理上提供咨询，成为为教育行政部门提供咨询的机构②。如果我们从组织发展和规范化转型的角度来看的话，陕西省独立学院建立的独立学院联谊会也是一种进行行业组织自律，宣传自身形象，以组织协会的方式增强独立学院族群与政府对话、进行自我保护、共同抵御市场风险能力的重要生存策略。

总的来说，陕西省独立学院是否会在三个根基上都立住脚，从而获得（相对）完全的社会合法性，这还需要假以时日继续观察。但是，可以肯定的是，这将是决定其是否能生存下去并获得发展的最严峻考验。

（4）三地独立学院组织合法性维度的比较

合法性对于任何组织的发展来说，其重要性不言而喻。即使这种组织已经获得政府的官方（甚至法律）认可，情况也大抵如此。对于教育组织来说，来自官方的（法律、政治和行政）合法性与来自地方和民众的（社会）合法性在中国特殊的文化环境中，"交融互摄"，共同制约和推动教育组织发展的特征体现得尤为突出。

---

① 这种抵制和压制也是分对象、分程度的。

② 摘自陕西省教育厅高教处：《陕西省独立学院情况汇报》，《2005 年 8 月全国独立学院教育教学水平评估研讨会汇报材料》，教育部网站。

独立学院的生存和发展同样遵守上述规则。在 2003 年教育部 8 号文件出台之前的湖北省和浙江省独立学院发展过程中，合法性是一个首先需要面对的问题。对于任何民间自生组织来说，在一开始，几乎不太可能获得充分的合法性，因此，利用局部的合法性得以兴起，继而谋求完全的合法性就成为组织发展的基本策略和生存智慧。

对于浙江省来说，由于独立学院萌生于此，所以，不言而喻，这种组织形态及其功能定位肯定是吸纳了相关群体的利益诉求并获得其支持和欢迎才能生存的。从浙江省独立学院的实际发展过程来看，经过实践摸索出来的具有"依附甚至融合"特质的组织类型最终迎合了母体高校、政府以及家长和学生的广泛利益。基于此，浙江省独立学院在社会合法性方面就充分拥有了三种基础，一是浙江省的共同利益；二是江浙重教传统以及创新传统；三是对依附性独立学院组织形态的广泛认同。也正是由于自生组织在社会合法性方面的坚实基础，所以浙江省独立学院才能获得被普遍认可的争取社会资源的权利。同时，地方政府和高等学校为浙江省独立学院让渡的行政合法性和坚实的社会合法性共同形成了争取国家政治合法性、行政合法性的基础。这是浙江省独立学院获取组织合法化的一个基本路径。但是，必须指出的是，浙江省独立学院所获取的合法性主要在区域层面，概言之，一方面来自区域政府的认可和支持（区域政治合法性和行政合法性），另一方面来自区域民众的认可和接受（区域社会合法性）。

但是，基于全国独立学院的总体性发展态势，以及国家的基本利益诉求和教育公平理念的影响，浙江省独立学院正在面临的组织合法性危机也是不可避免的。从制度变迁和组织成长的角度来看，尽管地方政府出于多方原因为独立学院提供了相对宽松的区域生存环境。但是如果这种区域的组织存在形态从总体上与国家所秉承的政策设计的主要目标相冲突，那么，当国家在已经寻求到符合政策意图的典型组织形态，并且这类组织业已在区域获得整体性成长以后，那么，政策所倡导的规范性组织形态就会与原有政策形成相互强化并最终加速形成新的制度环境以及组织合法性期待。如果这样的话，即使原先在最初的制度创新中有所贡献，但是在制度变迁过程中因为多方原因导致组织成长缓慢，甚至造成对既存制度的路径倚赖的情形出现的话，那么，这种区域性的组织非规范形态最终会受到国家层面合法性的质疑。并且，外界逐步增大的制度压力会使区域非规范组织发生或者朝向政策引导形态靠近（转型）或者面临被淘汰出局的结果。不管怎样，组织都将会付出巨大的（转型）成本。

浙江省独立学院当时就有可能面临这种处境。如果我们以组织网络和组织转型的视角来看浙江省独立学院的发展走向的话，浙江大学城市学院、浙江大学宁波理工学院独立学院无疑代表着组织合法性的典范，并将影响着浙江省内独立学院的组织网络。而在现有非规范性独立学院组织中，因组织行动者的制度性知识和模仿性学习能力的差异，部分独立学院可能会为寻求组织的国家合法性认同，而推进组织的变革和转型。如果在这一过程当中，地方政府不能聚集足够的地域保护能力，而仅仅是以"网开一面"或者"默许"的方式予以消极支持的话，区域的政治合法性和行政合法性也就有可能逐渐减弱甚至消退。并且，从调研中实际看到的一些独立学院组织发展迹象也实际上在印证这种走向。

从根本上说，浙江省独立学院的发展走向问题其实就是一个区域独立学院如何可能获得国家层面组织合法性的问题。在大的制度环境逐步走向成熟的整体性背景下，浙江省的独立学院基于上述多种压力发生组织转型将是必然趋势。但是问题在于，这种转型何以可能？会以什么方式？在国家政策环境、组织系统内分化趋势、社会认同等多种因素下，浙江省的独立学院转型会呈现多样性，还是会表现出趋同性的特点。从 2006 年前后来看，彻底的转型似乎并不容易，形式上的组织转型可以说代表了大多独立学院组织变革的基本方式。

即便我们不从组织合法性角度考虑，我们也会看到，这些"非规范"组织虽然在充分利用母体高校各种资源，获取社会合法性方面具有很大的作用，但是，在这个过程中，组织存在形态本身所带来的"产权不清"，组织对母体高校的过度依赖等问题，势必会影响独立学院作为一种新的、并逐步走上成熟的组织形态的发展。

至于湖北省，由于其独立学院创设的初衷与浙江省不同，"相对独立型"组织类型反映出企业投资的部分特性，所以首先在民众认同和接纳方面，即社会合法性方面存在着不小的难度。但是，在组织的行政合法性获取方面，湖北省具有一定的优势和便利条件，具体体现在初期创建的独立学院中，部委院校居多。中央部委（特别是教育部）让渡的行政合法性，为湖北省独立学院争取民众认同增加了砝码。所以，从湖北省独立学院的合法化路径来看，以规范的组织类型作为符号资本获取更多的行政合法性、政治合法性甚至法律合法性，从而弥补因社会民众（特别是家长、学生）认同过程中所带来的社会合法性缺失，是湖北省独立学院合法化路径的主要特点。同时，也必须指出的是，湖北省独立学院在"组织形式规范"的同时，在 2003 年、2004 年普遍存在着"越轨"行为，使其经历了一场全面的合法性危机。由此带来的直接的和潜在的影响只有通过"规范办学行为"来予以弥合、消除。2006 年前后，来自地方政府的强力政策调控[①] 以及湖北省独立学院组织内部的自律、监督和规则重建，对于弥合社会消极影响，争取更加完全的湖北省独立学院组织合法性来说，是一个契机。但是，我们还需要考虑的是，当来自地方政府的强政策规范甚至中央政府的合法性期待所形成的压力，促使湖北省独立学院走向逐步规范的组织发展的时候，越轨时期遗留下来的数万"黑大学生"如何安置的问题[②]，会不会成为摆在湖北省独立学院未来发展中的又一个门槛，尚且需要地方政府和独立学院的共同协作。

　　陕西省独立学院在社会合法性和行政合法性方面均需继续努力。如上

---

　　① 其中以湖北省政府 2005 年出台的《省委高校工委、省教育厅关于〈加强和规范我省普通高校试办独立学院工作的意见〉的通知》（湖北办文［2005］10 号）为代表。

　　② 所谓黑大学生，即当年未通过网上录取而进入高校的学生，包括所谓预科生，也有很多批次线下，以专本连读、国际际生等名义进校的学生。这些学生绝大多数没有学籍，即便他们完成四年的学业，也拿不到国家承认的毕业证书。而出现"黑大学生"的原因包括"校方为扩大利润，有意纵容中间商招生，甚至出现部分高校与中介商相勾结骗取考生钱财事例。"一位高校负责人表示，主管部门出于追求政绩的考虑，放松管理也是原因之一，同时不排除官商相通，共同谋利的因素。如今伴随着这批学生逐步毕业，学校拿不出毕业证或发假毕业证，网上无法核查，隐藏多年的痼疾浮出水面。其中来自独立学院的违规招生是导致湖北省黑大学生的一个十分重要的原因。正如前文已有述及，由于办学经费多数靠银行借贷，为了尽快还贷盈利，独立学院往往迫切希望能够立即招生、多招生，即使学校仍然是一个工地，即使招来的学生没有学籍。参见《湖北省数万黑大学生乱象调查：苦读四年却无学籍》，http://news.sina.com.cn/c/2006—10—06/102710170663s.shtml。

文分析，教育部 8 号文件作为一份关于独立学院设置和办学的政策法规性文件。在文件中它不仅肯定了从办学实践中产生的独立学院，"是新形势下高等教育办学机制与模式的一项探索和创新，是更好更快扩大高等教育资源的一种有效途径。"正式赋予了独立学院国家最高教育行政部门的行政合法性。而且，它把独立学院定性为"民办"性质的高等学校，明确了独立学院应该按照我国《高等教育法》和《民办教育促进法》依法办学。所以，符合 8 号文件基本要求创建的独立学院，自然也就具有了法律合法性。陕西省独立学院由于是在教育部 8 号文件颁布之后，严格依据《若干意见》"六个独立"精神建立起来的，所以，从政治合法性、法律合法性上来说，陕西省独立学院自建立以来就"自然拥有"。在行政合法性方面，由于独立学院发展的众多资源获得需要地方政府让渡不同程度的行政合法性才能获得，所以，地方政府各类部门对待陕西省独立学院是否会像对待民办高校那样，采取积极支持，最大限度让渡其行政合法性的方式对待独立学院，这可能会取决于陕西省政府对于独立学院的现实及未来意义的理解。这种取决于地方政府态度和利益诉求的地方行政合法性的让渡程度将成为陕西省独立学院发展中的重要影响因素。至于社会合法性，主要表现为当地社会（民众）对这种教育组织意义系统（比如，教学质量、文凭认定、就业前景等）的承认程度。这种承认可以用选择是否进入为标志，即学生是否愿意就读于独立学院，也可以通过态度评价，形成社会舆论影响独立学院的发展等方式体现。从 2006 年前后陕西省独立学院的发展来看，这方面的挑战尤其严峻。

总之，对三地独立学院在组织合法性方面努力的探讨，其实，折射出作为一类教育组织谋求生存和发展基本资源的发展策略图景。任何独立学院要想获得较为充分的组织合法性都需在以下四个方面付诸努力：其一，独立学院是否能够满足地方政府对于独立学院组织形态的基本期待①；其二，社会民众对于独立学院是否认同和接受，从而选择独立学院；其三，这种教育组织形式是否能得到国家的认可和接受，比如"六个独立"问题；其

---

① 这种期待，并非一定与国家相关法规一致。

四，这种兼具体制和市场双重优势的独立学院组织形态是否公平，是否会受到抵制和反对。其实，无论是行政合法性、政治合法性，还是社会合法性和法律合法性，都代表着与独立学院发展息息相关的利益主体，比如国家、各类教育行政部门、地方政府、民众、公立高校、民办高校等对待独立学院的基本态度和可能采取的基本行动方式。同时，也预示着独立学院可能在一个什么样的空间中争取到怎样的资源和权利。从这个角度来说，合法性维度对于组织发展具有根本性的意义。正是基于这种理解，所以，独立学院在市场化维度方面的拓展、在文化教育维度上的培育或者营造，都可以纳入合法性的维度进行审视。将合法性维度放置于后加以讨论，权且是一种统合分析。

（三）三省独立学院的发展态势：三维视角的综合分析

在上节中，我们以地域空间背景为原点，从独立学院组织发展的市场机制运作、文化教育培育以及合法性获得方面较为详细地考察了湖北省、浙江省、陕西省三省独立学院的生存状态和发展特征。文中所使用的一个原点、三个维度的分析，仅仅是提供了一个理解这种组织变革的基本框架。现实中的独立学院其实是一个非常复杂的各种利益和关系冲突和斗争的统一体。它的市场机制、文化教育机制与合法性这三个维度，在不同的省域整合为具有明显地域特征的组织形态。

湖北省独立学院。从三个维度的综合力量对比来看，市场机制突显是湖北省独立学院呈现在我们面前的直观印象。我们看到，市场机制的充分运用无疑壮大了湖北省独立学院的整体实力。经过短短几年努力，通过资本市场的运作，实现了公办高校几十年难以实现的学校规模和硬件水平。这不仅有利于增强组织抵御资本市场的风险能力，而且对于获得行政、政治、法律和社会合法性大有裨益。并且，也有利于组织在规模发展的同时能够将更多的精力和重心转移到独立学院的教育、教学工作中来，实现组织的再一次转型和提升。但是，如果组织发展的天平过分倾斜到市场一极时，对于组织自身的损害就会显现出来，不可避免地危及组织的合法性。在湖北省独立学院发展过程中，出现的大面积越轨行为极其严重地影响到该省独立学院的整体组织形象，并使湖北省独立学院一度陷入巨大的合法性危机之中。如果不是湖北省政府及时通过连续出台有针对性的政策进行矫正和规范，形成严格、透明的政策环境，以及众多独立学院出于自身长久利益的考虑，自觉形成行业内规则，互相监督，减少组织负面影响，那么，湖北省独立学院有可能会因为它们过度的市场化行为而陷入组织合法性危机中不能自拔。从市场机制和文化教育维度的关系来说，湖北省独立学院在特定阶段的过度市场化行为还使学校作为文化教育机构的努力变得更为困难，比如，有的独立学院"一切为了学生"的"客户"思维，使得学校对学生的教育几乎成为单向的服务，学校教学管理难以形成良好的风气，对于独立学院文化教育维度的成长十分不利。而还有一些学校，将学生作为潜在的财源，利用社会实践等幌子，借机帮助出资方推销产品，或者出让免费劳动力①，等等，则带来了不小负面的影响。

　　概言之，湖北省独立学院相对趋同的"学校＋企业"的组织形态，注定了投资方占主导的组织内部管理模式对于市场运作的"青睐"。当然，2006年前后湖北省已有部分学校基本完成了"硬件先行，规模扩张"的初步建设，正在推进文化教育维度的组织培育。从前文对其文化教育维度的分析来看，还是较有成效的。但是，一旦学校重新受到整体性政策，特别是生源市场紧缩②的影响，依靠生源市场占有所换来的"心无旁骛"将会持续多久？重新回归市场机制的深刻制约可能是这种"校企"型组织形态与生俱来的特性。

　　总体来说，基于三维分析，湖北省独立学院的发展趋势：第一，以湖北省政府10号文件所重新搭建的规则体系，直接影响着湖北省独立学院的发展。呈现"纺锤状"特点的独立学院在未来几年（2006年之后几年）如果依然处于招生紧缩政策的制约而不能扩大招生，并且，违规招生的这两届学生因生源质量等多方面原因而不能很好地解决数量庞大学生的就业问题时，

---

　　①　2006年7月16日焦点访谈"变了味的社会实践"，讲述了湖北省某独立学院以进行市场营销课程的社会实践为名，强行要求学生暑假期间销售由该校出资方投资兴办的某旅游景点的门票，销售到一定数量才能获得该门课程的学分的事情。

　　②　生源市场紧缩一方面受到国家总体性招生规模紧缩的影响，另一方面在于湖北省自2005年开始的属地招生政策。在此之前大量的外省生源市场受到大幅削减。

双重压力可能会使这些靠负债经营的学校遇到很大的困难。当时一些学校已经出现了一些征兆①。第二，湖北省考生人数急剧增长②和国家日益严格、紧缩的招生指标配额控制，使得一批规模不大，主要以老校址为基础发展的独立学院面临较为有利的发展机遇。因为，相对那些投资巨大，硬件建设先行的学校来说，较小的资本（贷款）压力反而使其具有更大的选择余地，可以以稳步提升的内涵式发展道路来应对紧缩的政策环境。第三，就2006年前后湖北省高校的生源规模与独立学院的容纳能力对比来看，武汉市独立学院业已呈现饱和，并有向外省嫁接发展趋势。2006年前后武汉理工大学与金帝集团携手合作以新机制、新模式创办厦门学院，是否可以理解为这种趋势的一个征兆呢？我们还需观察。

　　浙江省独立学院。通过前文分析，我们可以看出，面临国家高等教育规模扩大的总体性环境，在浙江省这一特殊地域条件和资源空间环境下，比较早地生长出独立学院这样一种具有制度创新意义的办学模式，并且整体上呈现出浙江省独立学院发展的类型特征。如果我们将这种整体性类型特征进行历时性考察的话，很明显，它是有变化的。甚至从组织发展的角度来说，很多独立学院正在面临组织的转型。因为，这种生来就具有市场性的组织形态由于多种原因反而自生出单一母体和政府主导的办学主体，从而使组织的市场化特性和办学主体的非企业性特征之间存在着难以克服的矛盾，所以，浙江省独立学院总体上呈现出一种特有的发展态势，即以强烈依附甚至融合于体制内教育机构方式，增强自

---

　　① 在笔者走访的一所规模很大的独立学院。一位自称很有招生经验的大三学生（2003级）讲述了这所学校的一些困境。其中涉及许多违规招生的后遗症，比如教室紧张、管理松散、学生厌学等。他还指着正在修建的图书馆解释说，这个工程本来去年就应该完工了，可学校今年招生人数受到控制，没钱了，所以拖到现在还在修。为此，笔者专门到工地仔细看了工程进度牌，上面所写的预计竣工日期正如那位同学所言，是2005年10月1日。

　　② 从这几年湖北省参加高考的人数来看，呈现逐年增加趋势：2002年是28.7万、2003年是33.1万、2004年是37.2万、2005年达到了45.6万，今后几年仍将处于快速增长阶段。2006年国家安排湖北省属学校本科计划只增加了1.2万人，比去年年初计划增加了15%，而报名人数增加了23%，更严峻的是，今年高职高专计划由教育部统一管理，湖北省只增加计划5000多人，增幅不到5%。参见：《陈传德同志在2005年全省普通高校招生工作会议上的讲话（2005年4月6日）》：http://www.hubce.edu.cn/zsb/show1.php? lm=elseuni&id=1121832962。

组织的生源市场吸引力和市场风险抵御能力。这种明显带有既存制度路径依赖的教育资源组织方式，虽然因其符合地方政府的高等教育发展思路和广大学生家长、母体高校的利益诉求而在区域内获得广泛的合法性，但是，制度设计本身与国家层面的长远利益诉求并不完全一致。所以，随着独立学院作为一种新的、具有生命活力的、可能解决国家高等教育发展进程中资金和质量双重困难的组织形态而受到国家层面的支持和鼓励时，浙江省的独立学院却由于组织自身难以克服的"非规范"性特征而面临组织转型的压力。2006年前后浙江省的独立学院就处于这样一种大背景之中。

同时，从市场维度对于浙江省独立学院的分析，其实是从另外一个侧面来理解独立学院的合法性。因为，浙江省独立学院的市场化方式与湖北省独立学院是很不同的。特别是在资金市场的融资渠道、生源市场的占有方法以及学校内部领导体制和管理体制的组织结构，都由于办学主体的特殊原因，而具有更加明显的公办高等教育资源外延性扩张特征，真正利用市场化手段吸纳的社会资金并不多。不过需要肯定的是，在浙江省独立学院的具体经营中，对于市场管理原则的采纳，市场主导课程、内部竞争、强调效益，自负盈亏等方面的市场化特征还是有充分体现的。

至于对浙江省独立学院从文化教育组织维度的考察，其实也从另外一个侧面理解了浙江省独立学院为什么会获得持续生命力的原因。无论是从独立学院在教学质量的监控，还是"高教立交桥"思维，学习竞争和激励机制的建构，以及本科应用性人才的地方定位，甚至是科研服务学校、服务地方的思维方面都是浙江省独立学院的亮点。当然，这些方面的特色，也是得益与母体高校和地方政府的资源整合以及浙江省地方文化传统的综合作用力所形成的。

综上，如果从合法性、市场化、教育性三个维度来综合分析浙江省独立学院的整体发展态势的话，文化教育维度的良好发展可能是其支撑组织合法性并获得市场资源的基础。或者说，浙江省独立学院维持组织相对稳定的核心在文化教育维度。但是问题在于，依靠单纯的文化教育维度能否保障组织合法性的长久为继？当全国同类组织在政策引导下逐步成长并产生整体性政策压力（比如对非规范组织的教育公平问题质疑）时，浙江省很多独立学院可能会因为合法性危机而丧失组织的稳定和平衡。而对于区域独立学院系统中的个体组织来讲，基于对政策背景和全国高等教育系统发展的整体制度性认知，并结合自组织现状和资源性条件选择是否推进组织朝向合法性方向的转向（组织转型），是浙江省许多独立学院2006年前后正面临的选择，这种迹象已经明显，并有可能成为趋势。但是也正如前文所分析的那样，我们也必须正视部分独立学院组织借助省域内高等教育变革的相关条件而进行的形式化转型策略。

　　陕西省独立学院。从2006年前后陕西省独立学院的发展现状来看，基本上还处于初创阶段，并不具备浙江省、湖北省独立学院的气象。由于它并非产生于高等教育大扩招时期，也并不是自生产物，而是在陕西省普通民办高等院校获得长足发展，确立市场地位之后，当地政府响应教育部8号文件而创建起来的。所以，这种特殊的地域背景，特别是业已形成的区域高等教育发展格局就成为我们分析陕西省独立学院的前提和基础。

　　总体来说，在调查前后陕西省独立学院在市场化方面的作为并不明显。尽管创建的独立学院基本上都已做到了不同程度地引进社会资金，但是大规模的融资并没有出现。基于小组织的基本特征，该省独立学院普遍实行的精细化管理的内涵发展思路，也可以认为是，独立学院组织行动者在客观分析市场形势和既存高等教育格局基础上进行的策略选择。当然，这一时期银根紧缩，土地审批严格控制也是导致他们做此选择的重要因素。陕西省独立学院的市场化作为，虽然不明显，但是也极有可能潜藏着在内涵式发展所积累的组织社会声誉达到一定程度的时候，坚决走向"规模扩张、大规模资本运行"的典型市场化道路的可能。也正因如此，陕西省独立学院2006年前后在组织的文化教育维度进行的努力，其实也是独立学院行动者基于市场考虑的必然举措。虽然调查显示这种努力是有成效并逐渐积累了一定的社会声誉度的，但是，陕西省独立学院是否真的能实现从小组织精细管理的内涵发展道路走向典型市场化之路，并占有尽可能大的市场份额，这可能不是独立学院一相情愿的事情。因为，不仅地方政府的价值立场将会决定其让渡行政合法性的程度和方式，从而影响着独立学院获得资源的渠道、方式，而且作为独立学院发展最有力竞争对手的普通民办高等学校也凭借其固有办学优势和长期积累的社会声誉，将会对独立学院造成巨大压力，从而制约着独立学院的社会合法性的获取程度。同时，作为独立学院母体高校的公立高等学校系统，在独立学院发展过程中是否能真正大力支持，而不考虑举办独立学院给本部带来的（潜在）利益，这也是需要甄别对待的。总之，三维考察显示，2006 年前后陕西省独立学院并没有在该省既存高等教育格局中占有有利位置，也没有发挥较大的组织影响力。但是，对现有独立学院经营思路和市场化策略的考察，对这种组织在陕西省的成长抱有适当的信心也是必要的。

四、区域高等教育发展模式比较：独立学院的视角

（一）三区域高等教育发展模式比较

上文对区域环境中独立学院组织发展的详细分析，一方面在于深入了解这种组织在不同区域制度环境影响下的变革方式，另一方面在于从独立学院组织这一"微缩窗口"，为考察三省高等教育在世纪之交的扩展模式作前期铺垫。

1. 湖北省高等教育规模扩展模式

自 1999 年高校扩招以来，湖北省高等教育获得了极大的发展（普通高校发展情况见表 17），研究生在校生由 2000 年的 2.43 万人上升到 2004 年的 6.64 万。本专科及研究生在校生规模在全国排第三，年均增长率高达 19.7%。高等教育毛入学率从 2000 年的 14% 上升到 2004 年的 23.9%，高于全国平均水平近 5 个百分点①。

---

① 周水平、肖昌斌：《快速的发展巨大的成就——湖北省教育"十五"回眸》，《湖北教育》2006 年第 1 期，第 8 页。

表 17　湖北省普通高校 1998—2004 年基本情况

	1998 年	1999 年	2000 年	2001 年	2002 年	2003 年	2004 年
学校数（所）	54	57	54	60	73	75	85
毕业生数（人）	49632	49362	56566	60443	78430	119118	143246
招生数	65002	96375	142237	158916	207023	250198	295701
在校生数	210119	257875	357728	453277	585023	721513	892018
其中：研究生	——	——	24300			52297	66400

资料来源：《1998—2004 湖北省教育统计年鉴》相关数据合成。

　　1999 年之前，湖北省独立设置的高职高专很少。从 1997 年数据来看，学校数为 7 所，在校学生仅 10239 人，占高等教育总量的 5.2%。高职学校的数量与规模的快速增长基本上是在 1999 年之后开始的。截至 2005 年，学校数增至 53 所，在校生数突破 50 万人。也就是说，在湖北省高等教育专科层次的增长中，主要由以前的中等专业学校合并升格的高职院校承担主要增量任务。本科层次中，公立本科高等学校大致占有全省本科在校生总量的 2/3 弱，而 2000 年开始萌生并得到快速壮大的独立学院占有 1/3 强的份额。如果从增长幅度来说，独立学院承担着湖北省主要的增量任务，而 32 所普通本科院校在湖北省本科培养总量上也具有不可低估的作用。总的来说，在 2006 年前后湖北省 100 多万的各类高等教育在校人数中，独立学院与高职院校两类新兴高等教育组织，如同两个强劲的翅膀分别带动着该省本科和专科数量的快速增长和规模的稳步扩大，从而推动湖北省高等教育快速、蓬勃发展。其中，湖北省独立学院在激活该省高等教育存量，吸纳社会资金，改变民间接受高等教育观念、影响湖北省高等教育的总体格局等方面具有十分重要的意义。

　　首先，独立学院对湖北省公立高等教育系统的发展具有很大的影响。总体上来说，由于湖北省中央部委院校较多，自 1990 年代后期以来出现的化转、共建以及合并，使得湖北省高校在调整后面临的诸如人员变动、师资冗余、校舍空置等问题更加突出。而独立学院的发展，一方面对于解决上述资源闲置问题提供了机会，促进了资源利用效率的提升；另一方面独立学院所得收入的30%左右上缴母体高校，对于缓解母体高校资金紧张，促进母体高校更快的发展具有十分重要的意义。从上述两个方面来看，独立学院的组织变革其实也可以看作是影响公立高等学校组织变革的联动产物。

其次，湖北省独立学院的崛起直接冲击和影响着该省民办高校的成长和发展。从湖北省2006年前后仅存的9所民办高校发展状况来看，除了湖北省生物工程学院为本科层次院校以外，其余8所均为专科性质学校。其中，只有长江职业学院发展势头良好，其余规模和影响都十分有限。总体上来说，湖北省独立学院的旺盛发展不可避免地影响着民小高校的市场份额并决定其层次、水平。在长江职业学院采访时，随访的几位同学言谈之中竭力对于本校的维护以及流露出来的对于一些较有名气的独立学院的艳羡给人印象深刻。其实，从这些学生的真实反映中依稀看到了民办高校发展的现状以及独立学院在湖北省高等学校中的影响和地位。

2. 浙江省高等教育规模扩展模式

其实，在1999年全国高校扩招之前，浙江省已经涌动着试图改变旧有高等教育格局，快速发展浙江省高等教育的改革浪潮①。1999年的扩招只是进一步推动浙江省高等教育加速改革发展的"酵母"。如果说，1999年之前的浙江省高等教育，可以用"基础薄弱"来形容的话，经过短短四五年的时间，到2003年秋季入学之时，浙江省高等学校已经容纳了17.6万人进入各类大学。过去那个高等学校数量少、规模小的浙江省，仅仅经过四五年的时间，就使高等教育毛入学率翻了两番，达到了25%。在数量、规模、结构等方面上有了巨大的变化。

简单来说，浙江省高等教育规模扩展是通过"一体两翼"来实现的。一体，指依托多种筹资方式发展大学城；两翼分别指独立学院和高职教育。在这种发展模式中，独立学院和高职院校的发展是纳入大学城发展计划之中

---

①　1998年底，浙江省人民政府印发了《关于鼓励社会力量参与办学的若干规定》，指出："积极鼓励社会力量以多种形式参与办学。只要符合国家有关法律、法规，有利于增加教育投入，有利于扩大教育规模，提高教育质量，有利于满足社会的教育需求，各种办学形式都可以大胆试验，积极探索。"在鼓励社会力量办学政策的引导下，浙江省民办高等教育得到迅速发展。

的，而大学城的发展在一定程度上也借助于独立学院和高职院校的推动。因为，在大学城发展过程中，多种资源的筹集除了依靠土地置换、银行贷款[①]之外，还有一个重要途径就是依靠独立学院、民办高校以及高职院校按照培养成本收费所获得的学费来维持。如果说，大学城计划从根本上为浙江省高等教育跨越式发展构建了一个全新平台的话，那么，独立学院和高职院校则是解决浙江省高等教育发展中供求矛盾而产生的一种困境性选择。它们是浙江省高等教育增量发展、制度创新的实质性主体。与湖北省大致相似的是，在本科与专科层次上，独立学院与高职院校分别承担着增量发展的主体任务。

我们结合独立学院，再对其在浙江省高等教育发展中具有特殊的重要意义进行简要概述。第一，直接扩大了浙江省高等教育的规模，解决了浙江省大众化进程中本科教育教学资源短缺的瓶颈。作为高等教育资源薄弱的浙江省，1998年左右每年只有4万多人能进入大学接受高等教育，而短短经过四五年时间，到2003年秋季入学之时，浙江省高等学校容纳了17.6万人进入各类大学。在这个过程中，我们以2004年、2006年的统计数据来说明独立学院对于浙江省高等教育的贡献：2004年浙江省共有独立学院22所，年招生达3万人，在校生8.64万人，分别占全省本科招生、在校生规模的36.7%、34.3%。2006年招生4.4万，占总人数的36.8%。2006年独立学院的在校生人数是13.98万，占了全省本科在校生的35.6%。[②]很多独立学院专业的分数线已经高出了二本分数线。可以说，在浙江省的高等教育发展中，独立学院已经三分天下有其一了。

第二，独立学院为公立高等教育系统注入了持续的推动力。由于前文已经对浙江省独立学院的组织形态进行过详述，其中特别对独立学院与母体的关系进行了深入分析，这种分析为我们说明独立学院为公立高等教育系统注入了持续的推动力作了铺垫。

1999年扩招之前的浙江省公立高等教育系统面临着发展资金欠缺，学

[①]　浙江省将部分教育建设费从财政拨款改为银行贷款，财政贴息。省教育厅与银行签订了每年用于教育的信贷不少于40亿元的协议。

[②]　2004年数据来自《2004年浙江省统计年鉴》，2006年数据来自浙江省《都市快报》2006年12月16日D版相关内容。

校规模狭小，师资利用率不足等诸多问题。独立学院的出现并蓬勃发展，对母体高校的发展资金提供了持续的支持。这一点非常重要。学费收入的20%—40%需上缴母体高校，这是独立学院与母体高校的成文协定。对于一般高等学校来说，这部分的收入对于部分解决母体高校发展中的财政困难是十分有效的，特别是，在浙江省独立学院初期发展阶段，单一母体高校主办的强烈依附型甚至融合型独立学院类型为母体高校筹集的资金可能绝对不会少于30%①。因此，从这个角度来说，浙江省众多独立学院对母体高校的经费支持是相当可观的。另外，许多母体高校在发展独立学院时，还附带将之前在高校合并中的冗余行政人员、部分教师以及合并高校后闲置的校舍让渡给独立学院从而加以充分利用的考虑。总的来说，独立学院的发展对于母体高校教育系统具有极大正向刺激作用，并为其注入了持续的推动力。浙江省独立学院的制度创新，是地域环境中多种政策行动者在面对本省高等教育"发展性症候"时，所进行的"困境性选择"。从上述分析和数据比较来看，这一制度创新的确具有重要意义。

第三，独立学院弥补了高等教育体系中本科应用性人才的空档。高等教育大众化的一个显著特点是高等教育系统人才输出的多样化，长期以来，中国高等教育体系中仅仅只有定位于培养专科层次应用性人才的高等职业院校，而中国经济发展对本科层次应用性人才的需求却很少有专门的高等教育机构承担。在普通公办院校中的教学性本科院校，由于长期形成的既定培养模式，不太可能实现对市场急需本科应用性人才的供给需求。在普通民办高等教育中，具有本科资格的学校只有区区20来所。所以，随着中国中东部经济的快速发展，应用性人才的专科层次已经不能满足地方经济对人才的需求，而独立学院的创生和发展恰好填补了该省本科应用性人才培养机构空缺的空挡。浙江省独立学院组织中形成并逐步走向成熟的"高教立交桥"思维、学生学习选择激励机制的建立、模块式课程、菜单式学科构造，以及在走访中感受到的许多独立学院学生对于高等教育观念、学习的态度和方式的变化等，都体现出大众型教育机构的部分特点。

---

① 这也正是"缩二增三"的动力所在。

3. 陕西省高等教育规模扩展模式

陕西省 2006 年前后已跨入了数量上的高等教育大众化阶段，但是这与陕西省的独立学院基本无关。

因为，从 1999 年国家执行高等教育扩招政策以来，陕西省的高等教育发展之路，是通过扩大公立高等教育规模和大力扶持普通民办高等教育而实现的。特别是在民办高等教育的发展方面，陕西省完全有值得炫耀的资本，甚至从一定程度上来说，陕西省能够快速地跨入大众化的门槛，是与民办高等教育的发展、繁荣密切关联的。

在 1999—2002 年间，陕西省实现高等教育跨越式发展采取的是"数量优先"，"高职高专为主导"，"内涵和外延并重，以外延为主"的战略[①]，低层次和数量优先是陕西省高等教育发展的总体思路。从 1998—2002 年陕西省高等教育公办高等学校的扩招情况，可以明显看出专科层次的招生比例大大超过本科和研究生。但是从在校生的总人数来看，专本比例依然不尽合理（见表 18）。正是由于公办高等教育层次结构的这种特征，所以，陕西省的民办高等学校才能有机会成长起来，并使陕西省民办高校的在校生数已占公办高校在校生的近一半（基本上以专科层次为主），这在全国是独一无二的。[②]

表 18 1998—2002 年陕西省普通高等教育学生层次结构

年　份	招生数				在校学生数			
	总人数（万人）	分层次招生人数（万人）			总人数（万人）	分层次在校学生数（万人）		
		研究生	本科生	专科生		研究生	本科生	专科生
1998	4.95	0.4324	3.40	1.12	16.29	1.21	11.78	3.30
2002	15.92	1.2232	7.29	7.41	44.26	3.10	26.36	14.80

资料来源：《陕西省教育事业统计资料》（1998 年），《陕西省教育事业统计年鉴》（2002 年）相关数据整理而成。

---

① 郝瑜：《陕西省高等教育大众化的战略选择》，《中国高教研究》2004 年第 5 期，第 6—9 页。

② 李维民：《陕西省民办教育的地位和定位》，《民办教育研究》2005 年第 5 期，第 17—23 页。

　　但是独立学院实际贡献的缺乏并不表示这种组织形态没有进一步影响陕西省高等教育格局的可能。正是基于这种考虑，我们有必要从独立学院的视角来对今后陕西省高等教育的发展格局进行一番审视。

　　从陕西省高等教育层次结构来看，民办高校在专科层次方面的培养能力基本上可以填补公办高校的层次结构不合理的空档，使专本层次维持在一个相对比较均衡的层次。但是，从陕西省经济的发展和社会民众受教育需求的发展需求来看，本科层次的应用性人才的培养缺乏[1]，仍然是未来陕西省高等教育发展中必须予以解决的问题。如何在本省高等教育体系中培育出承担这一规格人才输出的高等教育机构，依靠现有普通本科院校的组织转型来承担是有难度的。这可能会为独立学院的发展提供一定的机会。

　　但是，业已形成的公办和民营两种高等教育体制并行不悖的良好发展局面使得陕西省政府并不具备浙江省甚至湖北省那样发展独立学院的热情。响应政策以及"试一试"可能是基本出发点。由于独立学院和已经成长壮大的本省民办本科院校存在着天然的非协调性特点，所以，地方政府也不太可能像先前大力支持普通民办高校的发展那样，转而大力支持独立学院的发展。因为，从系统稳定的角度来看，这样的结果只会造成已经形成良性竞争和发展秩序的高等教育格局产生新的不平衡。对于地方政府来说，这样的结果自然是不愿意看到的。在我对西安市某独立学院的调查中，一位参与学校筹建的中层负责人，仔细讲述了学校创建之初所遇到的不少"办起来颇费周折的事情"，以及这些事情背后政府的态度[2]。当然，这可能是这位老师个人的视角和看法，并不能客观反映地方政府的基本态度，但是有一点是肯定的，陕西省政府及教育厅对于该地区独立学院的政策待遇，一定是有限的，并且这个边界肯定是以不损害普通民办高等的发

---

①　尽管2006年前后陕西省有5所本科层次的普通民办高校，但是它所培养的人才总量是有限的。并且，从当时国家对普通本科层次民办高校的严格控制来看，陕西省试图在未来一段时间在民办本科高校数量上有大的突破，可能会有难度。

②　按照这位老师的话来说，普通民办（本科）高校就是"亲生的"，独立学院不过是"捡来的"。再怎么着，也不可能为了"捡来的"，而饿着"亲生的"吧。

展为前提的。所以，陕西省政府在独立学院的发展中所采取的"规范管理"原则也就有了其深刻的内涵。在这种背景下，对于独立学院来说，如何在有限的政策环境中，逐步取得地方政府的信任以及应对民办高校的压力，走"硬件先行、规模扩张"既是有巨大风险的，也是不现实和有很大难度的。

因此，呈现在我们面前的陕西省独立学院基本组织类型，及其前已述及的发展策略其实也就基本上决定了陕西省独立学院的发展走向。当时风平浪静的局面是否暗藏着即将到来的激烈竞争，这可能需要留待独立学院的首届毕业生接受市场检验之时，才能作初步的判断。就当时形来看，陕西省一些独立学院所筹划的"十一五"规划①，似乎在昭示一种"规模扩张，实质性资本运作"的走向。一旦2006年前后独立学院"以生为本"的精细化管理以及内涵式发展策略，通过学生及其家长的社会人际网络传播和首批学生较好就业现状，积累到初期的社会声誉时，这些学校可能会与普通民办高校展开正面的，也将是激烈的竞争。

所以，南美洲亚马逊热带雨林中的蝴蝶，偶尔扇动着的翅膀，会不会影响位于中国西部陕西省的高等教育发展格局，这是一个十分有趣，并值得关注的问题。这也正是选择2006年前后并未成"气候"的陕西省独立学院，作为对湖北省、浙江省独立学院进行参照分析的重要原因。

（二）三省高等教育发展模式的比较思考

从独立学院视角对三省高等教育发展模式进行比较分析，我们可以得出两点结论。

---

① 现列举陕西省某独立学院的"十一五"规划部分内容，足可以见其发展的"雄心"。"十一五"期间，学院将重点实施"四三二一"计划。即四个工程（教学质量稳定和提高工程，管理创新工程，校园文化建设工程，校区建设工程）；三个保障（条件保障，制度保障，服务保障）；二支队伍（高素质的专兼职师资队伍，管理与服务人员队伍）；一个支撑平台（教学组织管理信息化平台）。"十一五"末，学院专业设置达35个左右，在校生达到13000人左右，新校园占地1200亩左右，校舍面积36万平方米，预计总投资9亿元人民币。过"十一五"的建设，努力使××学院成为中西部地区独立学院建设、创新和发展的排头兵，成为全国独立学院中的一颗明星。

　　第一，从特点各异的三省高等教育扩展模式来看，独立学院组织形式不仅具有实际的（本科）增量意义，而且对于部分省域乃至全国的高等教育变革和发展走向产生着深刻的影响。对于浙江省来说，在该省实现高等教育大众化的进程中，"一体两翼"是其典型模式，而独立学院似乎只是其实一个重要因素。但是，独立学院所承载的组织意义是解决该省高等教育旺盛需求和实际高等教育资源缺乏，供给不足的关键环节。在推动该省实现数量上的超常规发展，进入高等教育大众化门槛起到了非常重要的作用。对于湖北省来说，尽管该省具有相对充裕、优质的公立高等教育资源，在初期高等教育数量增长过程中，并没有突显出独立学院的组织意义。但是随着随后几年来高考适龄青年数量的持续增长①，如何扩大高等教育（特别是本科）优质资源，培育新型办学模式，激励社会资金进入，增强湖北省高等教育发展的活力，也就成为该省高等教育发展中的重大问题并使其面临现实困境。从独立学院在该省发挥的实际作用来看，尽管在推动该省高等教育最初数量大发展中并没有呈现浙江省那么重要的作用，但是，在2002—2006年中，该省独立学院快速发展，整体实力逐步走强，已经成长为湖北省高等教育持续快速发展的活力之源，并深刻地影响着该省高等教育发展格局。因此，如果说独立学院组织变革在浙江省高等教育发展中具有突破瓶颈制约的重要作用的话，那么在湖北省的高等教育发展中，独立学院组织变革则起到激活该省高等教育存量，推动其持续发展的重要作用。尽管从陕西省来看，独立学院并没有成长为该省高等教育发展的重要力量，倒是普通民办教育的迅猛发展，推动着该省高等教育的快速发展。但是，如果我们将考察的眼光从这三个省份投射到全国范围来看的话（见表19），2006年前后类似于湖北省或浙江省的高等教育扩展模式总体上多于类似陕西省的高等教育扩展模式。这其实也从一个方面说明了这种组织形态的实际意义。

---

　　① 从这几年湖北省参加高考的人数来看，呈现逐年增加趋势：2002年是28.7万、2003年是33.1万、2004年是37.2万、2005年达到了45.6万，随后几年仍将处于快速增长阶段。2006年国家安排湖北省属学校本科计划只增加了1.2万人，比去年年初计划增加了15%，而报名人数增加了23%，更严峻的是，2006年高职高专计划由教育部统一管理，湖北省只增加计划5000多人，增幅不到5%。

表 19　分省（区、市）独立学院统计名单（截至 2006 年 11 月 16 日共 318 所）

北京（4 所）	天津（10 所）	河北（17 所）	山西（8 所）	辽宁（23 所）	吉林（11 所）
黑龙江（9 所）	上海（5 所）	江苏（26 所）	浙江（20 所）	安徽（10 所）	福建（9 所）
江西（13 所）	山东（12 所）	河南（10 所）	湖北（31 所）	湖南（15 所）	广东（17 所）
广西（9 所）	海南（1 所）	重庆（7 所）	陕西（12 所）	四川（12 所）	贵州（8 所）
云南（7 所）	甘肃（5 所）	宁夏（1 所）	青海（1 所）	新疆（5 所）	

注：根据中华人民共和国教育部网站统计整理而来。

另外，我们通过对独立学院与其他相关组织的关联性分析中，不仅折射出母体高校（不同类型、不同层级的体制内高校）的资源困境、应对策略以及组织发展方向，而且在关注独立学院与民办高校的关系模式中，我们看到了湖北省、浙江省独立学院的发展明显限制了当地普通民办高校的数量和规模，大范围的独立学院的飞速发展与日渐萎缩的民办高校形成强烈对比①。试图在三个地域去寻找两种组织共同繁荣的现实图景，好像比较困难。不过，我们倒是可以在一些省份（海南、四川）的民办教育主办者进行的"识时务"举措②中，对两种组织"非协调"关系模式进行全新的认识。还有，在尽管并不存在直接关联的高职院校和独立学院之间，我们也可以在部分省域独立学院"越轨"案例中，看到高职高专院校在面对同样的制度环境时有可能受到的"伤害"。总之，这种省域高等教育大众化进程中的组织关联图景，是与独立学院的组织变革密切相关的。如果我们将独立学院的组织意义放置在整个国家高等教育大众化的变革进程中考察的话，独立学院似乎正是"网中之结"！

第二，从三省高等教育发展模式的差异性可以看出，在整体性制度环境因规模扩张与资源缺匮而逐步走向分权时，选择什么样的教育组织，或者说有什么样的教育组织能够在区域内取得合法性地位、获得变革的力量，承载

---

①　湖北省 2006 年前后有独立学院 32 所，而民办高校仅 9 所（含 1 所本科院校）；同年浙江省独立学院 21 所，民办高校 10 所，其中以南洋教育集团的倒闭而标志，浙江省的民办高校并不乐观，倒是浙江省的民办基础教育呈现较好的发展势头。

②　所谓识实务的举措是指一些民办高校转移资本，参与独立学院的发展。这种现象值得深思。

区域高等教育持续发展的动力之源，最重要的影响因素在于形成了一个什么样的区域制度环境，或如前文所言的"分化了的制度环境"？在此基础上可能还会关联以下几个基本因素：一、对于民间资金的引进方式。是将民间资金直接引向具有教育资源优势的公办高校？还是引向公办高校的外延扩张机构？或者将民间资金引向独立的民办学校？不同的思路决定着组织结构的构成模式；二、与之相关的高等教育质量调控思维。在新兴组织的变革中，是复制普通高校的传统培养模式？还是依托普通高校的优质教育资源，结合市场需求发展新型人才培养模式？抑或走向两者兼而有之的杂糅型培养模式？在地方经济发展的促进或制约下，不同的功能定位深刻影响着组织目标的定位和组织功能的拓展。三、交织纠葛的利益关联主体及其力量对比。在特定的时期、特定的区域制度环境中，是单一的变革力量主导，还是多方利益关联者共同作用？利益关联主体的力量强弱对比实实在在地影响着组织变革的推进方式和发展方向。这些都从置于三个区域环境中的独立学院组织变革方式以及区域发展模式中得到了充分的体现。

从独立学院组织视角展开的三地高等教育扩展模式分析，为我们呈现了组织变革和区域高等教育的大众化进程的密切关联。我们可以看出，组织变革不仅是高等教育大众化进程的结果，同时也是大众化的手段。没有组织变革，三地高等教育大众化进程不可能有现在的进展。大众化进程催生了高等教育组织变革，与之相适应，组织变革促进了高等教育功能的拓展与实现。

总之，独立学院作为一种产生于高等教育大扩招中的组织形态，它是两种体制嫁接的产物，更是一种"困境中的产物"。对于我国高等教育发展来说，这种组织负载的实际增量功能固然重要，但是组织本身所蕴涵的关系性特质，以及关系性特质所折射出的对高等教育发展格局的影响更为重要。由此，"解剖麻雀"就具有了特殊的意义。也正是从这个意义上来说，我并没有对2006年前后的这段独立学院实证材料做进一步的修改，而是保持原貌。我想，对现今而言虽然已经"过去"的独立学院组织生存变革状态不会因时间的流逝而失去其"真实性"与"典型性"，它依然能很好地反映那个"历史节点"中国高等教育发展的一些情况。

第八章　组织变革与高等教育发展的"中国道路"

在本章中，打算离开中观或者微观的区域化场景，重回宏观层面，结合我国高等教育总体性变迁的基本历史脉络，首先就影响高等教育发展路径的三个因素：经费模式、变革力量以及质量概念进行分析，然后对中国高等教育发展进程中具有典型阶段性意义的高校组织的生存与变革进行分析，旨在描绘"被选择"的组织变革与高等教育制度变迁的关系。最后，我们从组织变革方式所折射出来的变革思维试着概括一下我国高等教育发展的不同阶段所呈现出来的高等教育发展模式。需要说明的是，以下反思是置于政治经济结构变迁和公立高等教育学校组织的合法性危机和重建的基础上的进行的，是杂糅着变革力量、变革方式、变革方向、变革困境等多维思考而展开的。

一、影响我国高等教育推进模式与组织变革的相关因素分析

（一）经费来源模式

我国高等教育发展进程中一直受到经费问题的困扰。可以说，经费问题既是组织生成及变革的重要动因及诱因，同时也对整个高等教育的发展路径具有重要影响。在 20 世纪 50 年代的高等教育变革中，经费困境一直掩盖在政治目标之下。在对院系调整政策进行分析时，我们其实就已经谈到了经济因素对于当时政策过程的影响。从新中国成立初的经济状况来看，新中国成

立头三年的国家经济基础是不足以支撑在全国范围内进行这样大规模的院系调整政策活动的。直到1952年夏秋之交，国民经济任务"奇迹般地提前完成"，才为全国范围的院系调整提供了基本的经济保障。正是由于存在这样一个经济大背景，我们也就能够理解，为什么早在1950年第一届高等教育会议上就已经通过的院系调整计划，却迟迟到1952年才全面展开。这其中固然有政策执行者的思想抵制等因素的影响，但是，我们也不要忽视了基本的经济保障对于这项政策实施的意义以及为整个院系调整工作带来了不小的难度。①1958年的两种制度的重构，虽然，正如我们在第三章分析的那样，它肇始的主要原因并不在于经费，但是，当时来源于经费实际状况的影响却实实在在地推动着以俭省、经济为特点的"半工半读大学"和"业余红专大学"的快速发展。我们虽然不能说，当时政府就有清晰的、具有成本意识的高等教育发展理念，但是"膨胀的高等教育入学人数被转移到国家很少拨款的非正规体系中"确是客观现实，并影响着变革推进的方式。当然，膨胀之极的1958年高等教育"大跃进"最终归于失败，来自经济方面的支撑乏力乃是十分重要的原因。

自1977年以后比较长的一段时间里，占据主导的是高等教育成本的政府单方负担②。而成本分担③并没有作为我国高等教育发展的主导思维。尽管在20世纪70年代末期开始，我国零星地出现了基于高等教育供需矛盾而采取的计划外自费生招生制度，但是真正的成本分担思维，却是在1985年那份重要的标志性的文件中得到表达（主要体现为自费、委培和定向的培

---

① "四千亿的数目是相当紧的，但用革命精神，因陋就简的办法，估计可以过得去。如房屋除了实验室、实习工场等需要标准较高外宿舍等可以建土房子。仪器除了极精致的科学仪器必须向国外购买外，大部分普通试验用的仪器以自己做，或在国内买。实习机器尽量向各产业部门用折旧的价钱，买破旧机器修理应用。"中央教育部党组：《中央教育部党组关于全国工学院调整发展方案的报告》，《党的文献》2002年第6期，第60页。

② 一方面在于社会支付能力的欠缺，更主要的一方面在于政府单方负担的成本分担其实意味着教育管理权的政府集中控制。

③ 成本概念的内涵是丰富的。具体高等教育成本来说，有机会成本、生活成本（包括学生食宿、交通等生活性消费以及书本等学习性消费）、教学成本（学费）。在此我们主要讨论对于高等教育教学成本。

养形式）。这是一种重要的思维转变。它预示着在我国接受高等教育开始进行政府许可下的成本分摊。自费可以理解为受教育者自己及家庭分担，而委培和定向则是用人单位提前支付教育成本。这种带有初步探索性的，针对部分考分相对略低点的学生实施的成本分担方式，在一定程度上缓解了供需之间的矛盾，适度扩大了受教育规模。而真正的突破来自高等教育的持续扩张和 1988 年通货膨胀所导致的高等教育机构的财政危机。当时在许多学校，来自政府的拨款仅能补偿大约 2/3 的运行开支，"通货膨胀冲击着教师微薄的工资收入，政府财政拨款只包了教师的工资支出，仅仅维持着学校不关门，"[①] 从其他来源寻求收入成为高校应对财政危机必不可少的方式。这成为高等教育财政体制改革的一个重要转折点。就在高等学校开展各类创收活动，获取新财源的同时，1989 年我国开始实行全体高校学生收费制度，规定每生每年缴纳一定金额的学杂费[②]。1994 年国家对经教委批准的 37 所试点高校实行"公费"和"自费"招生的"并轨（国家任务计划和调节性计划）"[③]，1997 年实行全部高校并轨招生。至此，中国基本完成高等教育成本分担制度变迁，过去单一的高等教育投资渠道局面成为历史，多元化的经费来源格局初步形成。

这种多元化的成本分担机制对于我国高等教育规模的扩大具有直接的影响。虽然，一般来说，这种影响可能产生两种可能。一种可能，在其他情况不变的条件下，学生以及家庭所分担的成本比例越低，愿意选择接受高等教育的人数越多。但是在这种情况下，入学机会往往与求学愿望成反相关。如果分担成本比例越高，将使得相当一批在学习能力和学习兴趣方面表现一般的学生选择进入劳动力市场，而不是进入高等院校。另一种可能，通过成本

---

① ［加］许美德:《中国大学：1895—1995 一个文化冲突的世纪》，许洁英译，教育科学出版社 2000 年版，第 156 页。

② 这里的学杂费包括学费 100 元左右，经济发达地区如广东、上海和经济特区适当高些；以及住宿费每人每学年 20 元左右，住宿条件较好的多收一点。从这看来，此时的收费包括教学成本和生活成本；康宁:《我国经济转型中高等教育资源配置的制度创新》，教育科学出版社 2005 年版，第 421 页。

③ 康宁:《我国经济转型中高等教育资源配置的制度创新》，教育科学出版社 2005 年版，第 430 页。

分担和成本补偿将有望增加高等教育经费总额，从而为更多的人提供高等教育的机会。实行成本补偿可以吸纳相当一批具有支付能力并达到了一定学业要求的人进入高等院校。但是，从我国的实际情况来看，由于我国经济实力稳步增强，许多家庭具备了较强的可支付能力，再加之中国的重教传统和独生子女家庭的增多，人们选择支付一定成本接受高等教育的愿望十分强烈。所以，多元化的成本分担机制对于我国高等教育规模扩大的影响是正向的。这种影响直接体现在 1999 年开始的高等教育规模的快速扩张上。

下面，我们结合自 1990 年以来的各类经费数据，盘点一下我国高等教育在扩招的过程中，到底是哪些经费来源对于整体规模的扩大起到主要支撑作用？这种经费来源呈现什么样的发展模式？从长远看来，这种经费来源模式是否具有持续支撑力？等等，这些问题的回答对于我们分析扩招过程中的各类组织行为动力和政府实际担负责任具有重要意义。

一般来说，高等教育经费来源包括：财政性教育经费，社会团体和个人办学支出，社会捐、集资，学、杂费，事业收入及其他收费[1]。根据 1998 年调整后的教育经费统计口径来看，高等教育经费一般分为以下四大块：（1）国家财政性教育经费，指中央或地方各级财政在本年度内安排，并划拨到大学，列入国家财政预算支出科目的经费。（2）捐集资，指单位或个人自愿捐资助学，以及海外人士和团体对教育的资助和捐赠。（3）事业收入，指学校开展教学、科研及其辅助活动依法取得的经财政部门核准上缴财政专户管理的预算外资金。包括学费、借读费、住宿费和其他费用。（4）其他收入，除上述各项收入以外的其他各项收入，即附属单位交款和其他收入中扣除对校办产业投资收益之和。关于我国高等教育经费来源多元化的研究已有很多讨论，其中，郭海对于我国高等教育自 1990——2001 年经费来源及变化的研究，借助详实的数据，为我们展示了我国这些年来的高等教育经费来源情况[2]。

---

[1] 国家高级教育行政学院：《中国高等教育体制改革世纪报告》，人民教育出版社 2001 年版，第 119 页。

[2] 郭海：《20 世纪 90 年代我国高等教育经费的来源构成变化》，《清华大学教育研究》2004 年第 5 期，第 46—53 页。

郭海认为，"人们长期以来所期盼的高等教育经费渠道多元化的局面并未出现，而是呈现出了二元化的格局"。即，财政性教育经费和学校事业收入在整体投入中占据相当大的比例。具体来说，第一，财政性教育经费所占的比重逐年下降，从 1990 年的 93.5% 下降到 2001 年的 55%；第二，学校事业收入从 1990 年的 2.8% 激增上升到 2001 年的 38%，其中学生缴纳的学费杂费从 0.5% 上升到 24.7%，地方属高校中生均学费更高达 33.2%；第三，校办产业等在整个经费来源结构中的比重逐步降低，显示了暗淡的前景，从 1992 年接近 15%，1995 年接近 10%，2001 年下降至 1.4%；第四，社会机构和人士对高等教育捐资助学占整个经费总额的比重始终徘徊在 2% 左右，对实现高等教育机构经费多元化贡献甚微。

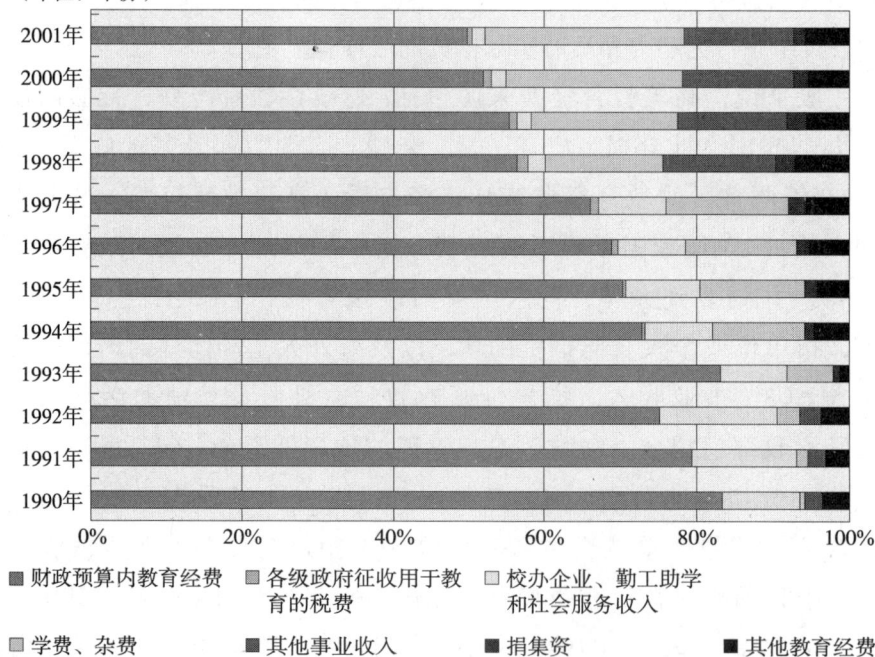

图 14　1990—2001 年普通高等学校经费收入构成

资料来源：郭海：《20 世纪 90 年代我国高等教育经费的来源构成变化》，《清华大学教育研究》2004 年第 5 期，第 49 页。

从中央属与地方属高等学校的经费来源来看，地方属高等学校在 1990 年对财政性教育经费的依赖略微强过中央属高等学校，但是 10 年之后的

2001 年，中央属高校对财政性教育经费的依赖（57.6%）则超过地方属高等学校（52.9%）。而且，地方属高校的经费来源中，基于学校声誉和再生产能力的经费渠道，如校办产业、社会服务收入、社会捐赠收入等同期均低于中央属高等学校。因此，地方属高等学校经费渠道的二元化特征更为明显。整个高等教育财政结构呈现出成本负担向学生及其父母的转移，两种主要来源渠道此消彼长的二元化趋势。

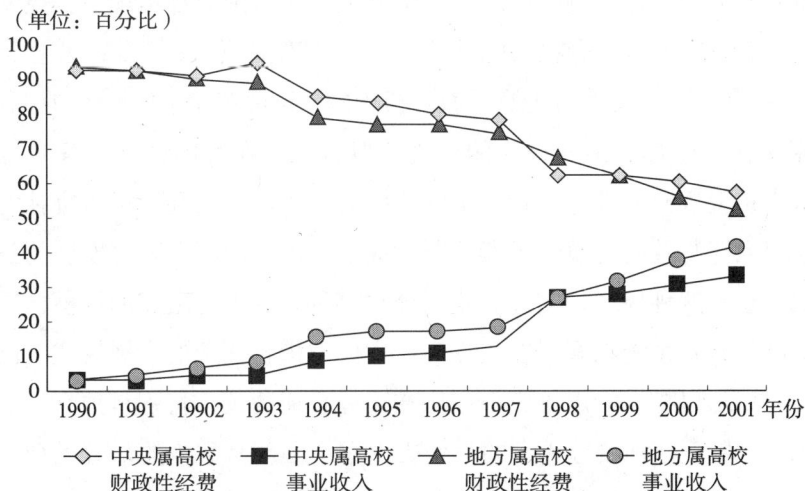

图 15　中央属高校和地方属高校财政性经费和事业收入变动趋势

资料来源：郭海：《20 世纪 90 年代我国高等教育经费的来源构成变化》，《清华大学教育研究》2004 年第 5 期，第 50 页。

　　不过，在郭海分析中没有注意到的，也是我们必须加以关注的是，具有中国特色的公立高校的大规模银行贷款对于高等教育扩招的支撑。根据邬大光教授在自己收集的部分省、市和高校贷款的数据基础上所做不完全统计和推测，2004 年前后我国公办高校向银行贷款大致在 1500 亿元至 2000 亿。[1] 这一巨额资金对于我国大量公立高校扩招的支持是根本性的。因为，从郭海的数据

---

　　① 邬大光：《高等教育发展和制度创新》，天则经济研究所和 21 世纪教育研究院举办"民办高等教育论坛"发言稿，2004 年 12 月 4 日。另据邬大光教授提交给民盟中央的研究报告《中国高校贷款：问题与对策》称：从 1999 年到 2006 年，我国高校借贷款累计总额在 4500—5000 亿；该文甚至测算出，从 1999 年 2010 年，我国高校累计贷款总额可能会达到七八千亿。

来看，即使全国所有公立高校一年的经费总和也不过 1000 亿元多一点。从这种对比来看，我国高等教育在扩招期间对于金融市场的依存度是相当高的。

结合中国 1990—2001 年高等教育经费的构成特征，以及对高校银行贷款方面的数据补充，我们基本上可以看到高等教育财政结构在中国的实际改变。布鲁斯·约翰斯通在提交给 1998 年世界高等教育大会的报告中认为，在过去一二十年里，随着高等教育面临公共性、扩展、紧缩、市场、责任以及质量六个方面的综合挑战的时候，世界上大多数国家都出现三类主要的财政改革：第一，用非政府收入弥补公共的或政府的收入；第二，公立院校的财政改革；第三，大学和其他高等教育机构的激进改革（重构）①。在我看来，这种变化在中国都有不同程度的体现。概言之，在我国公立高等教育系统中，依靠扩大规模的学生学费为主的非政府投入，以及利用银行贷款的"模糊政府投入"与政府财政性经费一同构成了目前我国高等教育发展的三元财政模式。正是这种模式，支撑着我国公立高等教育世纪之交的规模扩展。从体制外高等教育系统来看，在公立高校中广泛依赖学费的发展模式，已经作为一种可以加以扩大的思维完全应用在民办普通高校，特别是独立学院的发展中来②。尽管这种接近成本的学费支出在中国新富起来的部分民众中有不小市场，而且在部分区域也获得了很好的发展，但是，从全国范围来看，我们能否对这种发展趋势抱有持续的乐观，可能还没有足够的理由加以支持。

参照世界高等教育财政改革经验，我国目前的高等教育财政支持模式，既不同于低收费公立高校为主的欧洲高等教育财政模式、也不同于低收费公立高校与私立学校并重的美国典型模式，更不同于私立高校为主加低收费公立高校的东亚、南美国家的主要模式。而是体现出高收费、高贷款的公立高校加少量民办（私立）学校的财政支持模式，正是这种模式，支撑着我国高等教育世纪之交的规模扩张。

这种模式能否成为持续支撑我国高等教育发展的"好模式"，并发展为

①　布鲁斯·约翰斯通：《高等教育财政与管理世界改革现状报告》，陈运超等译，《高等教育研究》1999 年第 6 期，第 7 页。

②　在这些民办高校的发展中，几乎没有其他物质，特别是经费形式的政府资助。另外，民办高校的贷款数额普遍比公立高校少，但偿还意愿和实际还款情况都比公办高校要好。

上述三种主流模式之外的创新呢？无论是基于对学费的过分依赖，还是数额巨大的银行贷款①，抑或政府的财政经费，都不可能具有可持续性的财政支撑能力。

目前我国高等教育新的财政支持模式正处在一个十字路口：是继续提高公立高校的学费水平，扩大公立高校的规模，形成以高收费公立高校为主的财政模式？还是限制公立高校的规模扩展，维持甚至降低公立高校的学费水平，通过扩展高收费的民办高校增加入学规模，逐渐形成低收费公立高校与民办高校并重的财政模式，从而最终演化成民办高校为主加低收费公立高校的财政模式？从目前政府的价值选择来看，改变已确信无疑，但是态度似乎并不明朗。不过，我们可以看出，前一种模式所涉及的公立高校系统维持教育公平的问题②，以及后一种模式涉及的对于公立高等教育系统的控制甚至削减，以及对于民办普通院校的信任问题，都有可能使今后的中国高等教育的财政支持模式走向介于两者之间的中间道路，即，依靠公办高校举办

---

① 我国公立高校巨额的银行贷款蕴涵着潜在的财政危机和金融风险。一般来说，公立高校在贷款时，几乎很少考虑还贷能力和潜在风险，普遍抱有"学校贷款，政府'买单'"的想法。而这些方面存在的潜在风险目前已在不少高校有所反映。根据邬大光教授的分析，现在高校贷款利息一般是 5.5% 左右。如果贷款 10 亿元，一年要还 5000 余万元的利息。对于公立高校的大量贷款，可预见到的后果有两种：第一种就是贷款还不上，可能会出现我们所说的高校财政风险；比如邬大光教授介绍的，在东南沿海的一所高校，由于贷款额度太高，伴随着还贷高峰的到来，已没有还贷能力，在地方政府的调解下，以"置换"的方式，转到另外一所大学，改换了门庭。第二种是如果作为一所公立高校，一年能还 5000 余万元的利息，就意味着有 5000 万元的盈利（当然也可以说是结余）。这两种现象可以说是两个悖论：还不上就是财政危机，还得上就有了盈利。而这两种后果都不是我们愿意看到的。参见邬大光:《高等教育发展和制度创新》，天则经济研究和 21 世纪教育研究院举办"民办高等教育论坛"发言稿，2004 年 12 月 4 日。

② "十五"期间我国高校财政预算内外生均事业性经费平均为 12300 元左右，其中，预算内事业费呈下降趋势。如 2000 年我国高校生均预算内事业费支出实际平均为 7309.6 元；生均预算内事业费支出占实际支出的比例为 60%。由于扩招速度持续高于国家财政拨款的增长速度，到 2004 年，我国高校生均预算内事业费支出降到 5552.5 元，由此生均预算内事业费支出占实际支出的比例降为 43%，4 年下降了 17 个百分点。从另一个角度看，也就是预算外的事业费支出比例 4 年大幅上升 17 个百分点，这一降一升，固然反映了高等教育办学体制和投资体制改革的成效，但也超越了我国目前经济发展水平下的民众成本分担限度，即所谓的"承受力极限"。

民办学校或运用市场（民办）机制做大做强公办高等教育的教育"民营化"财政模式。而目前中国正在发生的对公立高校学费的适当控制，民办高校发展的整体性低弥以及独立学院发展的蓬勃发展，似乎都在预示着这条中间道路的可能出现。

（二）变革力量

任何一次高等教育变革，都是由社会中的主体发起并承担的。

叶澜教授对于变革主体有过一个分类。她认为变革主体可以细分为利益主体、决策主体和行为主体。[①] 在这种复合维度的视角下，教育变革的主体呈现复合主体观。这是一种可以借鉴的分析视角。当然这也和我所秉承的行动者——制度变迁的分析框架本质上具有一致性。第一，行动者首先是利益相关者。利益无关的行动者不可能存在变革力量。第二，我所指的行动者当然包含中央、地方政府等主要决策者。不过在本书的写作设计中，将中央政府这一最为重要的决策者更多地作为制度背景来加以分析。政策文本是基本的分析手段。至于地方政府这一日显重要的决策者，主要使用"政策再生产者"这一概念来概括其行为特征，包含着"决策"和"执行"的双重含义。由于地方利益主体的特征，它当然是笔者分析中的重要行动者。第三，作为主要行动者的各类高等教育组织，是本书着意关注的一类行动者。而且这一行动者并非铁板一块，内部还有不同利益诉求的变革力量。第四，对于学生、家长及民众这类行动者，主要以一种"教育满意意愿"，即评价（舆论）体现，或者以"教育需求意愿"，即"选择"或者"购买"作为其行动方式。在这种思路下，我们从变革主体的角度来对我国高等教育发展路径进行一个总体的梳理。

新中国成立初28年的高等教育制度变革，深深根植于社会系统之中，与其他共存的制度性安排相互交织纠葛。因此，高等教育变革可以理解为范围更广、层次更高的整体政治经济结构中的一个组成部分。在这个高度政治力量渗透的社会主义整体性制度图景中，高等教育被赋予了特殊的政治意义

---

① 叶澜：《当代中国教育变革的主体及其相互关系》，《教育研究》2006年第8期，第3页。

和社会主义建设功能，因此，当时的高等教育变革主体毫无疑问首先来自国家层面，准确来讲是拥有最高权力的党中央和国务院。

正如前文所述，在新中国成立初期关于社会变革的纲领性文件《中国人民政治协商会议共同纲领》中，发展"大众的文化教育"政策被首次提出①。时任教育部部长马叙伦也公开表示"新中国未来的教育应反映新中国的政治、经济，作为无产阶级专政的工具教育定位"。随后在 1950 年教育部颁布的《高等学校暂行规程》中，这种思想得到更加明确地体现。② 这种昭示着大众高等教育思想的中央决策，明确无疑地反映了作为主要推动者的中央政府对于高等教育所应承载功能的全新定位。很明显，这种全新定位是受到当时"社会主义人民当家做主"的治国思维影响的，广大民众渴望接受高等教育的强烈需求尽管转化为政治诉求间接而深刻地影响着政府的意志。但是，几乎在同时（1950 年），将高等教育系统按照苏联模式进行院系调整的政策也在实质性地进行。可以说，这是两种截然不同取向的变革思维。前者需要降低高等教育的门槛，满足大众的受教育需求，而后者则主要基于国家的经济建设需要而有较为严格的人才培养规格。最终，苏联模式形成对延安传统的压迫，"农村青年仍然被拒之于由旧知识分子阶层和新政治精英阶层的孩子所垄断的高等院校的大门之外。"③ 可以说，新中国成立初期的这种总体性高等教育政策，体现了来自国家层面的变革诉求，而基层民众的利益诉求并没有被反映。

从高等教育被变革组织来看，其中的利益诉求也是多样的。在前文分析

---

①　1950 年颁布的《高等学校暂行规程》明确规定："凡年满十七岁、身体健康、在高级中学或同等学校毕业或有同等学力，经考试及格者，不分性别、民族、宗教信仰，均得入学"。"大学及专门学院对于具有相当于高中毕业程度的下列学生：（一）具有相当工作历史的革命干部；（二）工农青年；（三）少数民族学生；（四）华侨学生；应予以入学及学习的特别照顾。"《中华人民共和国政治协商会议共同纲领（节录）》，《中华人民共和国重要教育文献 1949—1975》，海南出版社 1998 年版，第 1 页。

②　《高等学校暂行规程》，《中华人民共和国重要教育文献 1949—1975》，海南出版社 1998 年版，第 45 页。

③　［加］许美德：《中国大学：1895—1995 一个文化冲突的世纪》，许洁英译，教育科学出版社 2000 年版，第 104、121—122 页。

中，我们其实也对此有过详述。部分院系获益于此次院系调整，大多数院校受损于此次变革，其间所反映出来的行动者变革力量是客观存在且多方向的。当然，我们不能过于扩大在当时政治经济变革大环境下高等教育系统中微观组织的变革力量。毕竟，大的政经系统中高等教育系统只是嵌入其中的单元而已，微观的高校组织变革力量岂能枉论太多。但是，关注并重视这一基层变革力量还是必要的。

正如大家都知晓的那样，院系调整政策在全国范围的坚定推进阶段性地实现了政府的变革诉求，也直接带来了中国高等教育系统的重构和制度的全新搭建。但是，之后暴风骤雨般来临的高等教育"大跃进"又不得不说是对刚刚建立的高等教育新秩序的再一次强力冲击。也许，在既往的诸多研究中，这一"大跃进"运动往往被冠之以"浪漫主义气息"或者"不切实际"，但是从1958年《中共中央、国务院关于教育工作的指示》以及这份著名文件背后的国家意图来仔细揣度，新建制度系统与诸多行动者利益诉求的冲突，或者进一步说，与行动者代表的文化传统的多向冲突可能是一种更加接近本质的理解。

基于院系调整所构建起的一个"苏化"的高等教育制度模式，原本目的在于试图快速、大量地培养专业人才，但是由于严重压制了代表延安传统的非正规教育形式以及背后的广大人民群众的受教育需求，更为重要的是，从制度所产生的效力来看，并没有很好地实现政治社会化和经济现代化的目的。所以，"在第一个五年计划的后半期间，一种试图综合两个世界优点的混合制度开始在教育界发展。这个制度设法在精英层次上保持苏联模式，同时把中国共产党以往的农村经验用在公众之中。"这种具有典型"调和"色彩的制度设计思路（与之前院系调整所不同），可以看作是将来自基层的民众和部分上层领导人的诉求整合的结果。只不过这种改造高等教育制度，吸纳非正式制度的构想因1958年整体性"大跃进"的政治背景而被大大"浮夸"了。在第三章我们已经详细分析了在具体推动1958年高等教育"大跃进"的各类政策行动者的利益诉求和行为动机。一幅相对清晰的制度性利益图谱其实已经呈现。概言之，在"两种制度"的变革设计阶段，中共中央、国务院是主要推动者。这种推动力量，除了体现为整体制度设计中的调和思维，而且还包含着对地方政府及高校力度很大的实质性放权政策。除此之外，在实际的制度推进过程中，近乎"荒唐"或"浪漫色彩"的高等学校增长状况，则直接或间接受制于当时的社会流动模式和升学压力情景中基层民众、"非制度化精英更替"背景下高等教育基层实施者、高等教育"大区"制度框架下试图建立省域高等教育中心的"弱教育地方政府"等多利益主体实实在在的推动①。综上，我们可以发现，1958 年看似疯狂的教育运动其实是具有较为理性利益驱动的各方行动者共同促成的高等教育发展"景观"。至于这种变革是否达成了高等教育大众制度建构目标，我们认为，乌托邦式的尝试可能是一个较为恰当的概括。至于随后所发生的调整以及调整之后更为极端化的泛政治革命，其实都是对前一个阶段未竟目标更为剧烈的变革实践而已。

在过渡时期，其变革力量总体上呈现出政府强势主导，多元力量不同程度参与的变革格局。拨乱反正之后的中国社会，百废待兴。整体性的制度建构势在必行。在经过短暂的调整恢复之后，一场旨在全面建构中国政治经济体制的变革于 1984 年开始。在 1984—1985 年间，中共中央连续出台关于《中共中央关于经济体制改革的决定》（1984 年 10 月 20 日）、《中共中央关于科技体制改革的决定》（1985 年 3 月 13 日）、《中共中央关于教育体制改革的决定》（1985 年 5 月 27 日）。可以很清晰地看出，在这一变革思路中，力图全面调整整体性结构体系是改革的目标，政府主导是显著特征，旨在推动各方参与似乎并没有体现在改革意图之中。在整体性结构体系中，经济体制成为核心，而科技、教育则是促进经济发展的两翼。就变革思路来看，此次变革绝非边边角角的修补。拿经济体制改革来说，此次权力下放直指赋予企业自主权这一核心要害问题。完全跳出了之前只限于调整中央和地方、条条和块块的管理权限框框。更具体来说，在 1978 年之后的经济转型中，出现了以土地联产承包责任制、乡镇企业的大发展、经济特区的建立、商品价格的逐渐放开，特别是以国有企业的股份制改革为核心的总体性经济变革新

———————

① 随着 1958 年高等教育部的取消，以及大批省属院校的建立，中国高等教育开始走向非集权化。具体体现在当时基层强烈反对通过宏观计划将高等教育统得过死。各地已通过自己的努力建立了一批有地方特色的院校，而不仅仅是等待由上面"拨"一个下来。

面貌，这些都是具有革新甚至颠覆性的变革思路。同时，配套的社会经济改革，如财政金融方面的改革、劳动就业制度的改革、人事工资制度的改革、住房制度的改革、社会保障体系的改革等为经济制度搭建了重要的制度保障基础。可以说经济体制改革令中国经济的面貌焕然一新。就教育体制变革的目标及动因来说皆在经济。经济快速发展带来的人才旺盛需求及教育旺盛需求双重驱动力，使得教育改革势在必行。而这一改革的中心就在于如何从计划在人力资源配置中发挥基础性作用，转变为市场在人力资源配置中发挥基础性作用。可以说，教育体制改革的思路与经济体制改革的目标总体思路一致，只不过，相对于经济体制中企业股份制改革的相对有效，教育体制改革却在基层组织——学校（特别是高等学校）层面进展的并不十分顺利。高校办学自主权的"口惠而实不至"在高等学校一步步被推向市场的过程中，转变为对于学校规模以及经济受益的偏好，而中央政府对此却总体上保持严格控制的高等教育发展思路。可以说，这时全国性规模扩张的政策机遇还没有完全出现。但是，成本分担、高校合并及后勤社会化所搭建的制度基础为即将到来的全国高校的整体性扩招准备了条件。

总而言之，就过渡阶段的变革力量来说，过去被潜藏的变革力量在中央政府总体性的制度变革力量的推动下逐渐显现出来。就地方政府这一变革力量来说，1993 年《中国教育改革与发展纲要》、1995 年《中华人民共和国教育法》以及 1998 年的《中华人民共和国高等教育法》总体上完成了"高等教育谁来管"的管理体制基础性建构。中央与省级政府两级管理，以省级政府统筹管理为主的新体制框架，客观上调动了省级政府主动积极参与高等教育的热情。而另外一个重要的变革主体——各级各类高等学校，其实一直以来都存在着变革动力及变革行为，只是程度不同而已。在前文已做详细分析的西部某高校 20 世纪 90 年代具有前瞻性的规模扩充战略准备清晰地说明了这种变革主体的实践努力。另外，在扩招中发挥巨大作用的独立学院，其萌生的内在动力也主要在高等院校。最后，还有一个重要的变革主体，在过渡时期几乎没有展现其变革力量，那就是高等教育的需求者（学生及家庭）。这一主体的高等教育受教育需求在调整结构、稳定规模的总体性政策下被一再抑制，聚积待发。这支力量一方面以一种旺盛的教育需求刺激着高等学校的组织扩张诉求，另一方面过度压制的受教育需求也客观上影响着中央政府对于高等教育的发展思路。

在以世纪之交高校扩招为起点的高等教育新的发展阶段，上述几种变革力量呈现的复合推动是其总体特征。的确，对于 1999 年高校扩招的启动原因，很多集中在来自"非教育"领域的需求。这种理解很大程度上是正确的，客观事实也的确如此。基于亚洲开发银行经济学博士汤敏等的那份著名报告以及北京大学高教所的调查分析，确实也言之凿凿证明了"拉动内需"一说的确持之有故。但将这种理解推而广之，以单一原因的扩大化理解来掩盖这次变革的多因素影响，这是有失偏颇的。笔者更愿意用原副总理李岚清同志阐述的四个原因概括当时政府的考虑：第一，我国持续快速发展的经济需要更多的人才。我们需要培养更多的大学生。第二，广大人民群众渴望子女都能受到高等教育，政府有责任尽量满足他们的这种愿望；第三，扩招也可以推迟学生就业，增加教育消费，是拉动内需，带动相关产业发展的重要举措。第四，过去招生比例低，录取人数少，考大学难，迫使基础教育集中力量应付高难度的考试，因此影响了素质教育的全面推进。① 尽管上述原因中的大多原因，并非造成扩招的直接推动力，但是，我们绝不能否认它对扩招潜在而深刻地影响。在此理解的基础上，似乎可以做出以下推论：我们固然承认扩招政策有"拉动内需"的考虑，甚至说是一种比较重要的原因。但是我们也同样需要注意，政府对于民众上大学强烈需求的考虑，对国家经济建设中人才供给的考虑，对实施素质教育的考虑等都是客观上推动扩招政策出台的重要原因。也就是说，来自政府拉动内需的扩招动机毋庸置疑，来自广大民众的受教育需求也不难理解，但是如果忽略了高等教育系统内部各类教育组织对于扩大招生的内在需求动机，那么，我们实际上就不可能对世纪之交高等教育跨越式发展有深刻的理解。换句话说，我们即便承认 1999 年的高校扩招政策固然是在国务院的指示下，主要出于经济和政治的双重目的而进行的决策，并非出自教育部的决定，但是在做出"扩"还是"不扩"政策选择以后，关于"怎么扩"以及"扩招效果"等问题就受制于长期以来逐

---

① 李岚清：《李岚清教育访谈录》，人民教育出版社 2003 年版，第 199 页。

渐形成的高等教育制度框架和既存结构体系的影响。其中，对于既存制度框架下各类行动者，特别是各类高等教育组织以及地方利益主体的分析乃是理解这一制度变革的关键。

具体来说，以下原因影响着各类高等教育机构扩大生源的实际需求。第一，1990 年代的高等教育面临双重困境，一方面是教职工过剩，另一方面是政府财政投资增长十分有限，因此对于学校来说，如何能够开源节流，增加创收，保证学校的基本运行，就成为当时众多学校的首要任务。第二，在中央政府所进行的高等教育总体性改革中，若干旨在引导系统分化和资源重组的政策，客观上推动了一大批正规高等学校的合并，并导致高等学校组织结构的巨大变化。经历了或者正在经历变革的高等学校迫切需要以规模的扩大来维系组织的进一步转型。第三，1997 年招生并轨制度的确立，使得"涨到一定高度的学费成为高等院校扩招的动力，学费上涨和学生增加成为不可分割的有机整体，极大地影响着各个具体高等院校的发展方针。"[1]上述三个原因是促使众多公立高等学校扩招并成为我国高等教育规模扩张主体的最直接动力。但是，正如前文所描述的那样，这种扩招的模式并不能应对民间持续高涨的教育需求，所以，基于地方政府摆脱合法性危机的驱动，高等学校寻求新的外延扩张的需要，已有体制外教育组织主动争取发展的客观事实等，从而塑造了在整体性扩张背景下的具有地方特色的区域高等教育发展模式。前文已详加描述并分析的以独立学院或者民办普通高等学校为"补充增长点"的发展模式，其实就是各类推动者基于总体性制度环境及其地域教育空间资源的客观现实，相互形塑的结果。

对澜教授认为，教育变革利益主体的利益性质有两种：一种是以享有"教育成果"的方式体现的社会利益主体，他们存在于教育实践系统之外；另一种是以教育变革实践中获得个体发展和社会资本的方式体现的教育利益主体，他们存在于教育实践之内。前者对于教育变革以外部推动力的方式发挥作用，后者则以内部推动力的方式发挥作用[2]。结合我国高等教育发展历

---

[1]　金子元久：《高等教育发展的中国模式：来自日本的观察》，《教育发展研究》2006 年第 5A 期，第 25 页。

[2]　叶澜：《当代中国教育变革的主体及其相互关系》，《教育研究》2006 年第 8 期，第 4 页。

程，来自外部与内部的教育变革主体在不同时期呈现不同的力量对比，继而也构成各异的关系模式。即便是在同一时期，来自内外部变革主体的"审时度势"也会造成不断变化的阶段性力量转化。而这些，往往会导致变革偏离目标后果，而走向不可控制的自然后果。20世纪50年代后期的高等教育"大跃进"，世纪之交高校扩招的"高歌猛进"以及随之产生的诸如独立学院的制度创新均可以置于变革主体的关系模式中加以分析和理解。

（三）质量观念

人们对"质量"一词向来存在着多样化理解，很多看似热闹的质量问题讨论往往并不一定在一个层面上，自说自话、你牛我马的现象不在少数。美国著名的质量管理专家朱兰（J.M.Juran）博士从顾客的角度出发，提出了对产品质量内涵的理解。他从"使用要求"和"满足程度"的"适用性"来表达质量的内涵，认为产品的质量就是产品在使用时能成功地满足用户需要的程度。并且，在对质量内涵的理解中考虑到使用时间、使用地点、使用对象、社会环境和市场竞争等因素的影响而将动态性、变化性和发展性作为理解质量问题的基本维度。对于质量的这种理解是恰当的。接下来本书将遵从该质量概念的基本内涵，以中国高等教育的发展历程为依据，从"谁都表达了对高等教育质量的诉求？""究竟是谁的高等教育质量观主导着高等教育的发展？""主导性的高等教育质量观又是怎样表达并怎样影响着高等教育的发展的？""影响或者决定着高等教育质量观的主体在历史进程中呈现怎样的力量变化？"等维度来呈现我国高等教育发展进程中质量观念的演变轨迹并分析其制度基础。

1. 新中国成立以来我国高等教育质量观演进概述

在新中国成立初期的社会主义制度重构中，高等教育是以组成零件的角色而被深深的嵌入整个制度体系之中的。在新中国成立初的两年左右时间里，新中国的新民主主义政策更多地昭示着"民主、科学、大众"的高等教育政治诉求。随后，众所周知的国际政治大背景使"以俄为师"战略方针全面代替了"自力更生、稳步前进"的发展原则。作为社会重构主体的政府直接将高等教育的"使用要求"加以清晰表达并贯彻执行。"高度集中、结构严密"的高等教育权力要求直接落实为院系调整政策指导下的"专业技术人才"质量诉求。尽管该质量诉求显性且功利，但是它毕竟契合了当时国家的整体政治经济利益。而此时高等院校的自我质量诉求几无表达的可能。随着院系调整工作的全面推进，逐渐建立起来的苏联模式体现出对基层民众接受高等教育的拒斥。"转眼之间，不再是条条道路通往高等院校了。"① 作为社会主义当家人的基层工农群众，不满于院系调整对其高等教育权利的限制，以"教育与生产劳动相结合"的"普及性"使用要求最终换来了政府"两条腿走路"的高等教育制度建构。

由于在高等教育质量观念上的单向度思维，1950 年代后期，代表"普及"一维的非正规高等教育制度压倒了代表"提高"一维的正规高等教育制度，高等教育以规模的扩大和高等教育机构的"亲民"来试图满足日益高涨的工农大众的教育需求，1958 年高等教育"大跃进"昭示着"普及的"、"大众的"高等教育质量观占据了上风。如果从"使用要求"和"满足程度"来看，对于工农大众高等教育的最大限度地满足直接造成了 20世纪 50 年代后期我国高等教育的"使用要求"严重下滑，高等教育质量被稀释。

随着经济"大跃进"所带来的严重困难，以及对过度"普及"走向的警觉和对"提高"的渴望，中国重新采纳了务实派的政见，并在教育中恢复了中央集权式的教育发展体制。以《高校六十条》为标志的"调整、巩固、充实、提高"政策导向取代了《关于教育工作的指示》所构想的"两条腿走路"路线，中央政府在一次又一次的政策选择中表现出的"钟摆式"的思维逻辑，使得高等教育制度建构很难实现政治社会化和经济现代化目标的和谐统一。直至 1966 年"文化大革命"的爆发，"钟摆式"思维走向极端，非正规的教育轨道替代了正规的教育轨道，精英教育被彻底废除，广大工农阶级子女通向高等学校的大门被完全打开，大学的基本价值观被完全抛弃，高等教育的质量无从谈起。

---

① ［美］J.R. 麦克法夸尔、费正清：《剑桥中华人民共和国中国史（1949—1965）》，谢亮生等译，中国社会科学出版社 1990 年版，第 214 页。

总体来看，新中国成立后的前 28 年，我国高等教育的质量观是以政府的政策建构来加以体现的。理解这一情景并不困难，特殊的政治经济结构变迁中，高等教育政策只是一个更大政治情景（图像）的缩影而已，它深深根植于社会系统之中，并与其它共存的制度性安排相互交织纠葛[①]。正因如此，就培养人才的规格来说，总体上集中于对"红"与"专"两个维度不同程度的强调，社会主义的建设者和接班人是高等教育质量的总体规定性。当然，高等教育的相关利益主体对"产品质量"并非完全无所作为，入学需求的表达不仅给政府带来压力，也客观上深刻地影响了政府的高等教育质量诉求。

1977 年的那个冬天，几乎被完全摧毁的高等教育制度终于迎来了重生的机会。在这之后的七八年时间里，高等教育中"两条腿走路"的思维在应对当时人才匮乏和高等教育资源紧张的特殊情况下被暂时保留[②]，这也客观上使高等教育的整体面貌呈现出一定的多样化色彩。但是社会安定、经济压力、制度掣肘等多种因素使得 1988 年的全国高等教育工作会议上明确了"控制高等教育的发展规模，从注重规模扩张转向质量的提高"的战略转向。可以说，从 1983 年的正规、非正规高等教育系统齐头并进，到 80 年代后期以提高为主，兼顾普及的战略转向是高等教育质量观在国家政策层面上的总体体现[③]。

从 20 世纪 80 年代末到 1999 年之前，这种"严格控制"的内涵式发展思路未曾有大的改动。尽管"严格控制"的政策话语后来被换成"适

---

① Cheng, K. M : "Markets in a Socialist System: Reform of Higher Education in China" in Educational Dilemmas: Debate and Diversity,eds. K. Watson, S. Modgil and C. Modgil（London: Cassell press,Vol.2，1997），pp.238—249.

② 从政策层面来看，1983 年国务院批转的《教育部、国家计委关于加速发展高等教育的报告》对于专科层次和短线专业的强调和支持，1986 年全国成人高等教育工作会议及次年颁布的《关于改革和发展成人教育的决定》、《普通高等学校函授教育暂行工作条例》对非正规高等教育系统建设政策上的支持和鼓励都是"两条腿走路"思维的延续。

③ 也许从实质性转向来说，时间可能更早。《关于恢复和办好全国重点高等学校的报告》在刚刚恢复高考的 1978 年就得到国务院的同意并批转各省、市、自治区实行。全国 22% 的重点高校占据了本来就十分有限的高等教育经费，精英教育倾向就已在高等教育制度中有了体现。

度发展"，但是高等教育质量政策取向并没有发生实质性变化。1993 年的《中国教育改革与发展纲要》中清晰地表达为"要坚持走内涵发展为主的道路，努力提高办学效益。"1996 年颁布的《全国教育事业"九五"计划和 2010 年发展规划》中明确提出"要把提高教育质量和办学效益摆在突出位置，促进教育发展方式从重视规模效益向着力提高质量效益转变"。在这两份重要政策文本中"内涵发展"的高等教育质量观被不断强化。

可以说，在这之前的高等教育质量观是一种典型的合规格性单向度质量观，其特点主要体现在三个方面：第一，"质量"往往与"规模"成为相对概念出现在政策文本之中。此政策前设为：质量只能在适度的规模中才能得到保证，规模一大，质量就难以保证。第二，质量的规格主要体现在国家的教育目标上，是标准与统一的。总体上来说，体现"红"、"专"统一取向的社会主义建设者和接班人是这一质量要求的直接体现。第三，对质量的信赖更多地体现在本科以上层次的正规教育当中，重视质量其实就是要加强正规教育系统中本科以上层次的教育。关于这一点，在接下来的 1999 年大扩招中体现得尤为突出。

1999 年之后大约四五年为中国高等教育规模的大扩张期，"凡符合国家有关法律法规的办学形式，均可大胆试验"体现出松绑式的扩招政策取向。然而，在增量组织的生成路径、功能定位和变革方式的生成及扶持推广中，高等教育质量只有在正规的高等院校才有可能保证，即使不能如此，也要想办法将全日制普通高校的师资、声誉迁移到新的外延性物理空间中进行传统教育质量的再生产（比如独立学院）等扩招思维依旧是单向度质量观的最直接体现。

然而，高等教育系统特征的剧烈变化还是向这种单向度质量观发出了前所未有的挑战。在后扩招时期，作为顾客的家庭抑或是持有"劣币驱逐优币"担忧的精英主义质量诉求者，抑或是多少有些"文凭 = 质量"心态的机会主义者，抑或其他。多种需求主体在公共话语平台上集中甚至肆意的言说除了直接对政府长期秉承的高等教育质量观说"不"外，由此而产生的连锁效应是，盲目文凭导向的家长们开始密切关注用人市场的"晴雨表"，众多家庭的教育选择和人才市场的需求以一种不容置疑的巨大力量推进着高等教育质量观念的重新表述。大手笔的"质量工程"① 可以看作是政府对高等教育整体质量的自我救赎，而长期以来质量观"缺位"的高等学校也开始主体质量观的全面表达。可以说，在后扩招时代，多元质量观的集中表述使得中国高等院校不得不面临布鲁贝克所言的"高等教育政治论和认识论"哲学观的现实冲突。

可以这样概括，在过去的很长一段时间政府主导下的合规定性质量观凸显，且具有典型的"单向度特征"。这种称为"政府主导下的合规定性单向度质量观"对高等教育质量的关注主要集中在政策文件或评估指标等"质量的原有规定性"上，追求制定出统一的质量标准或指标体系。这是一种以政府政策加以确定，或者由权威评估机构加以强化的政府质量观。在 21 世纪高等教育大规模扩招之后的"后扩招期"，我国高等教育质量观进一步体现为多主体介入表达的合需要性复合质量观。这种质量观的基本背景是过剩经济和买方市场的形成。"让用户满意"往往成为产品转化为商品的前提。合需要性质量观从客体性教育质量阶段迈向了满足社会不同主体需要的质量阶段。

2. 质量观演进的制度基础分析

政府主导下具有单向度特征的合规定性质量观与我国整体社会的精英主义制度化有密切关联。有学者认为，虽然精英主义存在于所有等级社会中，并不是中国的特色。但是能够将精英主义制度化，并使之成为一种正式制度却是中国的特色。精英主义的制度化和单向度的质量观有密切关联。② 接下来，我们可以从我国高等教育质量控制的基础政策、目标政策以及保证政策来仔细分析它所搭建的制度框架到底预设并诱使怎样的高等教育质量目标？

基础政策。各种相关的高等教育法律、条例对于高等教育基本教育活动

---

① 2007 年 1 月 25 日，我国开始实施"高等学校本科教学质量与教学改革工程"（简称"质量工程"），投资 25 亿元，这是新中国成立以来中央财政用于我国高等教育教学质量和人才培养方面最大的一笔专项投入。该质量工程包括大学生创新实验计划，设立"教学名师奖"，遴选建设"国家级教学团队"以及启动全国高等学校教学质量评估制度等。

② 赵炬明:《精英主义和单位制度》,《北京大学教育评论》2006 年第 1 期, 第 175 页。

的保证。如《教育法》、《中华人民共和国高等教育法》、《普通高等学校设置暂行条例》等重要法律是确保合格质量的法律基础和依据。

目标政策。直接保证高等教育质量的政策法规。《中华人民共和国学位条例》是直接保证高等学校教育质量的根本法规。在此基础上，国家通过高校教学评估方面的政策，如《关于进一步做好普通高等学校本科教学工作评价的若干意见》、《普通高等学校教育评估暂行规定》、《普通高等学校本科教学工作水平评估方案》等保证《学位条例》基本教学质量的"合格达标"。同时，教育部印发的《关于加强高等学校本科教学工作提高教学质量的若干意见》、《教学成果奖励条例》则是从常规"促进"的角度来保证教育质量的"提高"。另外还有一类是通过"工程""项目"方式促进质量提高的政策，最具有代表意义的是"211工程"、"985工程"。

保障政策。主要包括，保障教学活动双方基本准入资格的政策法规，如保障教师的《中华人民共和国教师法》、《教师资格条例》；保障教育活动基本单位——高等学校办学自主权的政策法规，如《中华人民共和国高等教育法》第四章"高等学校的组织和活动"中规定，"高等学校自批准设立之日起取得法人资格""高等学校在民事活动中依法享有民事权利，承担民事责任"，"高等学校依法自主设置和调整学科专业"等；保证高等学校教育教学活动正常运行予以保障的投入政策规定，如《中华人民共和国高等教育法》第六十条明确规定："国家建立以财政拨款为主、其他多种渠道筹措高等教育经费为辅的体制"，"国家鼓励企业事业组织、社会团体及其他社会组织和个人向高等教育投入"。①

从理论上看，上述三类政策基本上涵盖了高等教育质量的大部分内容，如果能够按照政策法规要求认真执行，基本上可以保证高等教育的质量。

但问题在于，在这样一个政策系统所勾画的制度框架中，到底预设的是怎样的质量目标？形成了什么样的制度环境？政策是否能够保障这种质量观的实现？如果不能，实际又引导着什么样的质量观？

---

① 《中华人民共和国高等教育法》［DB/OL］：http://www.moe.edu.cn/publicfiles/business/htmlfiles/moe/moe_619/200407/1311.html。

从目标政策来看，1980年全国人大常委会通过并颁布的《中华人民共和国学位条例》是国家保证高等教育质量的根本准则。由于我国高等学校没有学校学位制度，只有国家学位制度。所以，"是国家而不是学校要对所授予学位的质量负责。依据这个原则，中央政府就获得了控制和管理一切与学位有关事项的权力。"① 所以，从质量保障的政策法规系统来看，在高等学校按照条理设置正常运行开始，中央政府就能够合法地为各类高校制定工作规范与标准，制定统一专业目录和专业基本要求，组织编写统编教材，组织对学校与教学的评估。这就意味着，在我国高等学校质量保障的基本政策法规系统中，《中华人民共和国学位条例》具有核心标准意义。同时，学位条例的国家准则也意味着国家统一管理高等学校教育质量具有合法性。还需说明的是，虽然在2004年8月28日第十次全国人民代表大会常务委员会第十一次会议对于《条例》第9条第二款做出修改，将各高校学位评定委员会组成人员名单决定权下放给学位授予单位，但是，在若干重要的决定权上，数十年没有丝毫改变。

所以，在政策法规所勾画的质量框架中，法定"国家统一质量标准"几乎决定着各类学校能够有资格授予学位的层级、学科。而这些资格是能够给学校带来市场资源和高等教育结构中更优位阶的，对学校来说关系重大的生命线。具体掌握这些质量控制权力的行政单位是国务院学位委员会。各类学校在《中华人民共和国学位条例》规定的框架内进行教育教学活动。从这个角度来看，高等教育质量的目标政策《中华人民共和国学位条例》与保障政策如《中华人民共和国高等教育法》中对于高等学校办学自主权的规定之间是存在冲突的。也许这正是各类高等学校质量单一化的根源所在。

除了办学自主权这一基本的"保障政策"受到目标政策的制约以外，其余保障政策是否能够保障这种质量观的实现？"国家财政拨款为主，其他多种渠道筹措高等教育经费为辅的体制"是《高等教育法》规定的高等学校基本经费来源构成模式。但是长期以来，我国高等教育投入严重不足，众多高等学校为了能够保证正常运行所需基本经费，只能努力向国家制定的基本质

---

① 赵炬明:《精英主义和单位制度》,《北京大学教育评论》2006年第1期，第176页。

量标准看齐，从而力争获得能够给学校带来市场资源和高等教育结构中更优位阶的更多学科、更高层级的学位授予权。从这个角度来看，争取经费投入恰恰成为目标，而执行统一的教育标准反而成为手段。从另外一个角度来看，以市场为导向的组织变革思维，更倾向于利用市场青睐的知识换取金钱，高校经营活动中文化教育机制力量式微。可以说，"保障政策不能得以保障"是目前我国高等教育质量保障的重要症结所在。综合两个分析角度，我们更容易看到的现象是，以争夺更高位阶的申报（学位点、211、985）、迎评（迎接本科教学评估）活动成为众多高等学校应对计划与市场双重挑战的最佳策略手段。这种对制度空间的理解和把握，以及实际应对变化的能力只会不断强化国家制定的质量标准，而多样化的质量观不具备基本的制度环境。因此，整个公立高等教育系统呈现出单一标准的质量观。

这种具有单一标准的质量观，同时体现出精英主义的特点。从制定质量标准或者质量评估的具体机构来看，一般是由政府和学者联盟的方式组建的。这类机构一般为官方性质或者有官方背景的各类专门学术委员会或专家库。最为典型的为国务院学位委员会。从组成成员的来源来看，通常以重点大学的资深学者为主体，兼由官方领导挂名领导。这种组合方式，既体现出政府对精英群体的认同，同时又具有明显的示范作用。"作为官方与半官方组织，这些委员会一般会自觉支持政府意志，同时有意无意地宣传精英高校的理想。"[①]因此，在中国高等教育体系中，控制质量标准的组织具有精英主义的价值导向。虽然这类中间组织，能够为合并、重组而规模变大的院校提供维持组织稳定的"纵向策略"[②]保障，但是，组织本身所倡导的价值导向，

---

① 赵炬明：《精英主义和单位制度》，《北京大学教育评论》2006年第1期，第176页。

② "纵向策略"是钱德勒在总结企业发展历程时提出的一个重要观点。他认为，"横向一体化并不是一种在生意上常见的可行的长期策略"，经由这种合并而变大的企业之所以能维持，是因为它们在合并后又采取了纵向的策略。在企业中，这个策略就是企业集团的中间组织，在高等教育系统中就是各种学会。伯顿·R. 克拉克对于这种类似的"纵向策略"进行了论述，"横向的整合难于实现……但是纵向的整合自然地沿着许多专业的部门发展，从顶部一直延伸到地上，这种现象这样普遍，我们可以把它叫做政府中新的一般代表形式。"参见[美]伯顿·R. 克拉克：《高等教育系统——学术组织的跨国研究》，王承绪等译，杭州大学出版社1994年版，第131页。

无疑会阻碍或制约传统高校组织向大众教育机构转向，这无疑会限制中国大众型高等学校的孕育和发展。

综上，在相当长一段时间中，精英主义的制度化是中国高等教育的基本制度背景。在此背景下衍生的政府质量目标保障体系（政策法规）及实际运行机制不仅是单一标准的、精英主义的，而且这种标准和市场结合产生的实践机制是诱导趋同，强化单一性的。

正是这种合规格性单向度质量观念的存在，我们看到，在1999年之前的很长一段时间，重视质量的政策导向不仅有意无意地控制着高等教育规模的发展，而且还伴随着国家对于本专科比例的严格掌控。定位于本科教育的独立学院以及将民办高校主体控制在专科层次的做法也大都摆脱不了这种思维的影响。这犹如弗兰斯·F.范富格特的警示回响在耳际："如果基于种种原因，处于系统顶端的精英院校成为其他所有高等院校模仿的对象，如果一个国家的高等教育体制趋向于汇集精英的传统与价值观，如果所有的高等学校在办学过程中都以'学术性'追求作为主导原则，那么不仅社会对高等教育的一些正当期望将化为泡影，而且一些高校将成为更多的'精英'复制的柔弱翻版。"①

这种状况并没有一尘不变。进入后扩招时代的中国高等教育在质量观念的表达及机制形成方面已经呈现出一些新的变化。我们知道，单一主体的推进极有可能带来单向度的质量观及单一的质量标准。而在后扩招时期，作为顾客的家庭抑或是持有"劣币驱逐优币"担忧的精英主义质量诉求者，抑或是多少有些"文凭＝质量"心态的机会主义者，在公共话语平台上集中甚至肆意的言说除了直接对政府长期秉承的高等教育质量观说"不"外，众多家庭的教育选择和人才市场的需求以一种不容置疑的巨大力量推进着高等教育质量观念的重新表述。甚至，长期以来质量观"缺位"的高等学校也开始进行主体质量观的全面表达。可以说，公共话语空间的形成使得多主体的质量诉求表达以一种强大的舆论力量将高等教育的质量问题置于公众视野，政府

---

① ［荷兰］弗兰斯·F.范富格特：《国际高等教育政策比较研究》，王承绪等译，浙江教育出版社2002年版，第62页。

将不得不以更加密集的质量政策来化解高等教育学院的合法性危机，实现自我救赎。这对于促进高等教育质量公平的实现提供了重要的推动力量。可以说，合需要性复合质量观的表达及其机制的渐进生成是当前我国高等教育发展进程中的重要特征。

二、高等教育制度变迁中的高校组织生成及变革反思

马克思在《雾月十八日》中有过一个著名评论：各种组织可以创造它们自己的历史，但是它们不可以仅仅按照它们自己满意的方式来创造历史。中国高等教育的制度变迁过程中高等学校组织的变革、生成就具有这种典型的变革逻辑。在此，我们可以结合之前各章的详细论述对不同阶段的高校组织的生成及变革进行总体的梳理。总结的思路从三个维度概要展开，即组织生成及变革所受到的权力结构与制约、机会场域以及组织的优点。之所以从上述三个维度进行分析，总体是基于历史制度主义分析的基本思路。对于制度分析而言，一个关键的任务就在于确定和描述组织发生的场域，并揭示它们如何影响和制约运行于其中的组织的形成模式。首先，组织形式是历史地形成的，是在一个更大的权力和社会结构场域中发生的。其次，对于组织的生成及变革而言，不仅要对制约其活动的权力结构进行分析，而且还要对仍然是开放的，可以进入的机会场域进行分析，比如，机会空间中组织间的竞争状态，对于组织发展的有利因素及环境。最后，我们对于制度变迁中组织生成及变革的分析还要停留在组织自身的因素，特别是组织自身的竞争优势等因素上。上述三个方面的分析思路其实在前文各章中已有呈现，在此主要是以概要的三维分析框架历史地总结这些在中国高等教育制度变迁中有重要影响的组织及其生成变革样态。所涉及的高校组织主要包括：1952 年院系调整中生成的单科（专门）院校、1958 年高等教育"大跃进"中生成的"半工半农大学、业余红专大学"与省属大学；过渡时期生成的地市级大学，改革开放至今不断发展变革的地方大学，以及大扩招时期获得大发展的独立学院。至于教育部重点大学的组织发展总体上是作为制度背景进行分析的。

（一）院系调整中的单科（专门）院校

权力结构及制约。在单科（专门）院校的生成及变革中，权力结构及制约主要体现为新中国成立初期三种高等学校组织所代表的三类文化传统的冲突。延安边区教育与生产劳动相结合的灵活的非正规教育模式；受现代西方启发的学说嫁接在古代儒学基础上表现为以倡导通才教育为目标的正规大学教育模式；强调专业化培养取向的、具有严密结构体系的苏联高等教育模式。这三种高等教育模式代表着不同的权力中心。具体来说，代表工农大众利益的非正规大学教育模式，代表资产阶级基本诉求的正规大学教育模式以及代表当政者利益的苏联高等教育模式。由于资产阶级在建国后的境遇，所以这一方权力中心总体式微。权力的冲突主要体现在工农群众对于大众取向教育机构的偏好以及当政者对于苏联高等教育模式的推崇。就权力结构特征而言，单科（专门）院校在当时刚刚建国后民主、科学、大众的教育宗旨下是不应该被推崇的，甚至，在广大人民群众对于接受高等教育的强烈诉求面前，这种强调快速生产专门技术人才的新型学校组织不可能允许无门槛的录取和进入，所以，这种组织本身的人才培养规格与新中国成立初期的制度环境及教育宗旨其实是有冲突的。另外，除了这种整体性的权力结构制约外，既存的高等院校领导者对此存在不小的抵触，甚至反抗情绪。这是一种不能被忽视的制约力量。

机会场域。就组织生成的机会场域来看，单科（专门）院校的生成面临着一种总体并不十分有利的组织生态环境。道理很简单，既存的高等学校组织与其存在着本质上的对抗。换句话说，单科（专门）院校的存在是建立在综合性高等院校拆解的基础上的。但这种拆解本身有可能存在着一个对部分（当时发展并不十分有利）学校有利的机会（比如之前有所述及的复旦大学、中国人民大学等）。所以，这种对抗及反对并不是所有院校的态度。这是机会场域中微观表现之一。另外，单科（专门）院校生成前的知识分子的集体"思想洗澡"，政策执行中的突破口的选择，政策执行的制度基础搭建都存在着推动单科（专门）院校生成的机会之源。对此前文亦有详述。总之，一个上下贯通、责权明确、分工协作、层级分明的院系调整组织架构，从制度上为单科（专门）院校的生成提供了坚实的保障。1952 年 11 月高等教育部的成立，进一步强化了这种制度架构在后续院系调整工作的作用。如果说，上述表现是推动单科（专门）院校组织生成中的具体机会之源的话，那么总体性的机会场域则体现为当政者对于苏联全面性模仿甚至复制的大的政治环境。换句话说单科（专门）院校组织基因契合了新中国成立初期中国的政治经济总体诉求，这也就是我们理解单科（专门）院校生成的第三个方面：组织优点。

组织优点。单科（专门）院校的组织优点，当然是技术性人才的快速生产优势。如果考虑对高等院校的文化重塑及管理来说，这种彻底切断资产阶级文化源头的高等教育文化清理诉求及小规模院校易于听命、服从的管理因素考虑就使得这种学校的生成具有其显著的组织优点。综上，新中国成立初期院系调整政策塑造出来的单科（专门）院校是在较为复杂的权力结构与制约、机会场域以及自身组织的优点综合作用的基础上生成的，并且重构了一个以此为"细胞"的全新的高等教育体系。

（二）1958 年"大跃进"中的半工半读大学、业余红专大学及省属大学

权力结构及制约。在半工半读大学、业余红专大学及省属大学的生成及变革中，其权力结构及制约主要体现为 1952 年院系调整所塑造的高等教育制度框架。这种制度框架蕴涵的基本特征是我们理解该权力结构及其制约的基础。我们可以达成共识的是，院系调整政策所推动的，总体上是一种典型的强制性制度变迁。它形塑了基于过细的专业分类和严整的课堂结构而建构的教育组织形态。由于"这种模式不同于英国教育体系过细的专业分类和松散的课堂结构，更不同于美国教育体系的粗略的专业分类和松散的课堂结构"，所以，在院系调整之后中国高等教育系统中的基本大学组织呈现出以专业，而非学院或系为中心的结构特点①。这种组织设置特点不仅易于及时适应经济建设的需要，而且对于约束教职员工和学生的生活建立了一种非常

---

① 这种特点具体体现在国家每年都按计划以各个专业为基本单位分配一定名额的招生计划。学生的整个课程计划完全是在某个专业的主持下执行的。

有效的渗透渠道。显而易见，以专业为中心的基本管理单位，完全置于科层机制的控制之下，其课程知识也明显体现出工具理性特点。而作为大学本身最为重要的文化机制却置于行政科层机制的强压之中，大学组织体现出单一的行政科层特点和工具特性。整体性制度环境和组织的同构型在高等教育中体现十分明显。这种制度性环境所营造出来的结构特征毫无疑问是与半工半读大学、业余红专大学及省属大学的组织性质存在巨大冲突的。或者说既存的制度环境总体上是制约此类组织生成的。

机会场域。尽管总体性的制度环境对于新组织的产生不利，但是，在当时的制度环境中还是存在着机会场域。概要来说，主要体现为：当政者对于当时教育中存在着的教育工作忽视中国共产党的领导，教育与生产劳动脱节的严重问题的不满，继而产生了扭转"为了教育而教育"、"劳心与劳力分离"以及"教育只能由专家领导"的资产阶级思想，并对未来教育发展的方向给予明确的表达的教育改革诉求。概言之，其改革策略总体体现为建构"两种制度体系"的调和共生思维。从更深层的文化生态来说，当时具有严格等级制和专制制度倾向的高等教育制度权力控制，导致了"这一体制离中国文化传统的这一极越来越远，并进而激起了另一极的强烈反对。"① 从中微观层面来说，地方省级政府部门以及更为基层的工农大众对于新型组织生成的推动都是机会场域的具体体现。

组织优点。在"大跃进"中成长起来的两类教育组织，具有与"苏式单科性"教育组织完全不同的组织设计理念并负载着不同的组织功能。"半工半农大学"与"业余红专大学"非私人办学，同属多种形式的群众办学，主要经费由农业社、厂矿、机关、群众团体、街道等单位筹资，不由国家教育经费开支，不由各级教育行政部门主办。该组织典型特点是走形式自由的"群众路线"，而拒绝正规化的"专家路线"，与中国传统的非正规高等教育的许多方面非常吻合。而省属大学则代表着正规教育系统内对于苏式专科型教育机构的反抗。从专业设置来看，省属大学具有专业范围广泛、综合性程

① ［加］许美德:《中国大学：1895—1995 一个文化冲突的世纪》，许洁英译，教育科学出版社 2000 年版，第 126 页。

度较高的特点。从这类教育组织负载的社会意义来说，它代表着地方逐步摆脱中央专门院校的控制，建立受地方领导的教育中心的开始。从师资构成来看，满怀热情、毕业于全国各名牌大学的学生成为学校新的，重要的组成部分。尽管这两类大学组织形态有所不同，但是，从学校组织过程中理论与实践的紧密结合、课程的地方特色，以及学生对于教学过程和课程改革的积极参与等，都与代表中国传统的高等教育的许多方面相吻合。从总体上看，大致可以归属于同一类型。在这种教育组织中，科层机制被部分拒斥在外，而最朴素的教育与生产劳动相结合的文化传统成为这类组织的主宰。尽管，在这类组织大肆扩张的后期，文化传统已经变异为一种群众运动式的教育革命活动，冲击着专业型高等院校的组织发展思维。但是，在高等教育"大跃进"初期，这两种组织的生成以其当时凸显出来的组织优点而被推崇。总之，对于新中国成立初期 28 年中承担了增量任务的"业余红专大学"、"半工半读大学"和"省属大学"来说，尽管它们并不能完全归属同一个范畴，但是，这两类组织中包含着的对苏式专科院校的抵制和反抗，对综合知识的实践努力，当然还有蕴涵在教育组织背后的政治意义和社会意义，乃是它们获得发展的共同原因。并且，因组织本身所蕴涵的民众基础和延安大学传统而注定在组织生成及变革的过程中带有强烈的"改革主义"色彩。

（三）过渡时期的市级大学

权力结构及制约。1977 年之后的高等教育变革模式，基本上是以"金字塔"制度环境中"两类四级"高校组织的成长和变革为基础展开的。最初的高等教育系统因人才培养能力及经费保障匮乏而面临系统的合法性危机。计划体制下的高等教育制度在 1985 年的那份著名的《决定》中已经被作为改革的对象，而实质性的变革主要从 1990 年代初期开始。邓小平同志的南巡讲话彻底开启了整体性的制度变革，教育方面的实质性变革紧随其后。概括来说，走市场化道路是系统及内部各种高校组织摆脱财政困境，解决生存和发展问题的基本途径。可以说，在 1991 年之后，除了科层机制及文化机制以外，一种曾经远离教育系统的市场化机制逐步成为一种重要的力量开始影响着高等教育系统内的各种学校组织的运行方式。高等学校组织就是在三种机制的共同作用力下开始组织的变革和发展之路的。市级大学的创生及变革就发生在这样一个大的权力结构体系之中。对于市级大学而言，由于其属新生事物，所以，对其生成变革具有重要影响的地市级师范院校也需略作概括。

市级大学大多是依靠或者依托地市级师范院校基础上创生的。在"金字塔"的制度环境中，位于最下层的地市级师范院校，属高等教育系统机构中本身就存在的最基层的组织。由于其缺乏吸引力的组织功能定位，省级财政供给不足，自身适应能力有限等多种原因，组织生存受困，面临合法性危机。受制于既存权力结构、地位卑微、发展前景堪忧是该组织生存基本状态。

机会场域。市级大学创生的机会场域主要由以下几个背景共同构成：第一，20世纪80年代初期东部中心城市经济的快速发展客观上带来了对服务于地方人才的迫切需求。同时，也为催生新生高等学校机构提供了重要的物质保障。在这里，市级政府实际是推动其创生的主要力量。第二，地市级师专院校的组织生存困境，特别是地市师专院校迫于生源和经费的压力开办的非师范专业创收道路（绝大部分是短期行为）以及走向综合化高等学校的转型之路在一定程度上恰恰成为市级大学创生的机遇。第三，在计划体制走向市场体制的转型期，制度空间的模糊性带来了大量策略空间生成的可能。具体来说，由于市级大学组织天然的合法性缺失，所以，依附既有体制内组织，以一种"省市共建"的模糊性策略赢得暂时的组织合法性就成为众多市属大学组织发展过程中的"共识性"选择。而市属院校最有可能建立合作关系的当然就是地市级师专学校。因此，我们看到，市级大学的组织发展往往有两种走向。一种依托原有的师范专科学校创办或与师专等其他省属院校合作办学，这种情况在广东省非常普遍，它代表着一种教育适应经济发展并与经济紧密结合的高等教育组织模式，具有典型的大众教育属性。另外一种主要在中、东部地区，独立发展，最后或者升格走向普通高等学校发展道路，或者继续坚持职业性组织发展目标，在1990年代后期转型为高等职业院校。从上述两种以满足基层民众教育需求和基层经济发展需求为组织设计目标的教育组织变革道路来看，走向综合化和升格发展自然成为其在生存场域中获得发展的机会之源。尽管，这种出于市场机制牵引的组织发展道路，已经逐渐偏离了原初的组织功能定位——适应基层民众需求和地方社会发展需求，但是，在历史制度主义者看来，这乃是其获得组织生存及发展的实践智慧。前文对于若干种地方大学及师专院校组织转型的策略分析，乃是其获得机会场域的重要体现。

组织优点。从根本上说，不管是 1980 年代市级大学的组织生成之路，抑或是地市师专的组织转型之路其实都在朝着一个具有竞争优势（最起码不是劣势）的典型组织方向靠近。这种典型组织的优点被称作"一体化"优势。其具体表现为"稳定专业与非稳定专业"，"全日制教育与非全日制教育"，"师范专业与非师范专业"，"长线专业与短线专业"并举、寻求"跨界"发展的组织变革思维。这种组织之所以能够在制度体系的末端（或称底层）获得生存的空间，主要因其组织本身"一体化"特征迎合了社会大众受教育的需求以及地方经济对人才的渴望。专业培养规格清晰、职业选择明确、培养人才较易融入当地经济与社会生活（认同感和归属感方面）的"永久牌"人才大本营乃充分反映了在既存体制中生发出来的"社区大学"特性。

总的来说，处于既存高等教育体制末端的市级大学以及地区师专院校，几乎从来就不可能以拥有高度资本优势或者文凭优势而立足。但是，在改革开放、经济开始走向快速发展的大环境下，这类院校具有的上述组织优势，使其能够在区域经济总体发展的进程中灵活地寻求市场中适合于它们的生存机遇。

（四）改革开放以来的省属大学①

权力结构及制约。改革开放以来，省属大学的组织变革总体上受制于金字塔形的结构体系。位于金字塔上端的部委所属院校，占据着整体性的资源优势。这部分学校准确来说，应该区分为教育部所属院校和其他部委所属院

---

① 尽管地市级师专院校也属于省级政府管辖，但是，由于其所处地理位置与位于省会的大多数省属大学、特别是综合大学与省属重点大学具有完全不同的生存境遇，所以，尽管所属主体相同，但差异巨大。故而，本部分主要讨论的是作为综合院校及重点大学存在的省属院校。

校。如果细分，在这两类高校中，还可做出重点院校与一般院校的区分。由于其功能定位和在金字塔中的位阶，部委重点院校主要是为国家培养精英阶层做准备的教育机构。而部委一般院校也因具有较好的资源获取通道，而依旧显露出"高人一等"的心理优势。在改革开放初期十多年时间里，这种位阶优势表现无疑。可以说，这样的权力结构体系无疑对于省属大学的生存与发展形成巨大的压力和制约。

随着改革向纵深发展，特别是1990年代中后期整体性的高等教育结构的重组、资源的整合、归属的重新确定、中央、省级政府两级管理、以省级政府为主的管理体制基本形成，整体性的制度背景在多方参与下发生着对省属大学较为有利的方向发展。但是这并没有从根本上改变省属大学赖以生存与发展的制度空间。因为，尽管1990年代的中国高等教育系统内高校的行政科层机制有所改变，但是文化教育机制和市场机制迥然各异，错综复杂的力量依然强化着有可能走向松动的行政科层机制。其次，放权背景下的地方政府介入力度增强，尽管逐步影响并改变着过去以部委为组织归属的管理格局，但是"高校地方化"并不一定意味着所有的制度改革利益都会流向过去被忽略甚至被冷落忽视的省属大学。我们看到，新的制度建构和政策引导下的资源配置仍然倾向于对知识和位阶优势的倚赖，并在市场机制的支配性地位下体现出资源获取份额的组织类别差异。这些都作为大的权力结构潜在而深刻地影响着省属大学的发展。

机会场域。尽管高等教育系统的总体性资源紧缺使得系统内部的资源争夺越发激烈。尽管在"被迫卷入"的高等教育市场化进程中，高等学校中依然存在知识优势和位阶差异，继而成为一种可以和市场机制相互作用的资本，并带来了组织发展的资源和经费分配不公，但是，我们必须承认的是，在这种高等教育组织变革场域中，给予省属大学可能的机会空间明显增多了。姑且不提地方政府在高校地方化的进程中鼎立支持部分学校挤进"211工程"序列，就连普通的省属大学也会在快速变迁的区域高等教育制度环境中寻求到促进其组织发展的重要机会。在第六章重点分析的西部某高校改革与发展进程中的策略空间就详尽地说明了这一点。其中构成策略空间的基本要素，如结构规则的模糊性和可变通性、资源的可交换性、利益的部分一致性以及地方高校行动者与地方政府等多行动主体的互动协商，使得省属大学在学校规模、空间布局、内部组织机构、组织功能定位、培养规格等方面发生了全方位的变革。但是，必须说明的是，作为高等教育系统中数量最大的省属大学，在中央政府以"重点支持"的经费拨付方式引导高等教育管理体制改革逐步地方化的过程中，出现了因地域和层级差异而迥然各异的组织发展境遇。而值得特别关注的地方政府——这一过去主要以隐性变革者身份起作用的行动者，逐步在1990年代成为直接的政策行动者甚至决策者，并以利益主体、行为主体以及决策主体多重身份参与高等教育的地方化改革，并以产业发展的新思维将高等教育整合进地方社会经济发展的总体性规划之中。这毫无疑问带给亲疏有别的省属大学不同的发展机会。

组织优点。省属大学绝大部分建立于1958年高等教育"大跃进"时期，其建立初期即体现地方政府的高等教育意志——为本省培养经济建设所需人才以及中小学所需师资队伍。因此，正如前文所述，省属大学的主体一般包括一所综合大学，一所省属师范大学。首先，这类高校为了服务地方经济和师资培养任务，在课程设置上往往比国家直属大学更加广泛一些，而且在课程内容方面的设置也比较实用和面向本地的实际。当然，在典型计划时代，这种组织特点因地方政府参与高等教育的热情被抑制而完全没有转化为组织优势。直到市场力量全面进入、地方政府办教育的主观能动性被完全激活，省属大学的这种组织优势才得以凸显。省属大学在省内的特殊地位以及服务地方的课程、学科定位自然受到省级教育行政部门及其政府财政的大力支持。其次，该组织还有一个值得注意的竞争优势：由于主要为本省输送人才，所以往往是它们而不是其他更好的部委大学能够在省一级行政官僚机构中拥有更为完备的校友关系资本，这对于省属大学进一步争取资源寻求更大发展无疑是大有裨益的。其间互动中进一步生成的稳固关系资本对于地方高等教育格局的固化以及非正式规则的顺畅运行都会起到非常大的作用。最后，省属大学的组织优点还在于其相对较弱的文化机制。按理说，作为文化教育机构，较弱文化机制是一个组织处于较低位阶的根源，但是从另一方面来说，相对较弱的文化机制恰恰促使市场机制在高校组织中大行其道。这不仅使得市场机制在省属大学内部更加彻底，而且也带来了省属大学人才引进力度及学科发展思路的市场化走向。这对于计划时代几乎完全无人才竞争优势的省属大学来说，无疑增加了其持续发展的可能。当然，对于这类教育组织发展的隐忧在此先不作评价。

总而言之，自1958年"大跃进"时期省属大学应运而生到过渡时期省属大学由籍籍无名慢慢转变为运筹经营再到大扩招时期的风生水起，在省属大学的组织变革过程中不仅带来了自身组织的巨大变革，客观上促进了区域高等教育的大繁荣，而且还成为其他组织生成及变革的重要载体及依附主体。接下来要谈到的独立学院即是一典型例子。

(五) 扩招中的独立学院

权力结构及制约。独立学院在1990年代的制度空隙中其实已经有所萌芽。只不过，在当时的制度结构中，这种空隙几乎还不太可能让这棵有些异质的组织嫩芽苗壮成长。我们一直在不断勾画这一不断变化的制度背景。在1999年扩招之前，这些已经或正在经历变革的组织，迫切需要以规模的扩大，学费的积累来维系新组织的稳定和巩固，就成为当时整个高等教育体系中的一个主要特征。也正因如此，以这类教育组织为主要增量机构既是当时高等教育结构体系内组织力量格局的客观现实所决定，同时，也是政府利用新资源（扩招指标）巩固整体结构的必然选择。因此，在1990年代末期进行的高校扩招进程中，公立高等教育系统内诸学校，之所以首先充当增量机构，完全是体制内路径依赖的结果。

但问题是，受制于科层力量和市场力量深刻影响下的增量发展的公立高等学校，是否能分化出具有大众型特征的高等教育机构呢？依据我们对中国精英化的高等教育制度体系的强大制度惯性的理解来看，情形并不乐观。单一的质量观顽固地制约着各类公立高等教育组织脱离形式上的"精英"培养模式，不可能转向培养应用性人才的职业教育方向。对于位处金字塔顶端的研究型大学来说，不会有这种转向。塑造精英品格乃是它们当然的选择。位于中间层次、数量不少的省属大学，也很难放弃可能走向更高位阶的"诱惑"，与地方政府结成更广泛的联盟，从而获得更多的组织发展机会，似乎也是大多省属院校的应然选择。

　　而位处低层的中心城市职业大学，前文已有论述，在强大的精英化的制度框架中，这种组织形态逐步蜕去了异质组织的典型特征，纳入与地市师专整合，走向地市普通综合大学或者普通高专的发展道路①。对于这类低层的普通高等教育机构，以及逐步走向衰落的中等专业学校，国家也在 1999 年扩招时，为其开辟了发展空间。但是，从目前情况来看，尽管在学校数量和整体规模方面，都有大的发展，可来自组织本身的内在质性变革，却并不明显。

　　总体上来说，公立高等教育系统所建构的制度框架，是不利于多样化组织生成的。在扩招刺激下的各类公立高等教育机构的招生热情，本质上是摆脱办学经费危机以及利用放大了的制度空间，竞争更上位的组织位阶的必然反应。因而，数量的增长与高等学校同质化倾向并存就成为整个公立高等教育系统的总体特征。这似乎预示着在作为最主要增量机构的公立高等学校中，不太可能萌生出大众型高等教育组织。

　　机会场域。公立高等教育系统内的资源获取份额的组织类别性差异以及背后强大的制度性因素，对于公立高等教育体系之外的办学形式除了带来结构性制约以外，还会不会带来组织发展的机会呢？从当时的情况来看，最起码有以下几个重要的机会之源带来了公立系统之外组织的发展。第一，为了完成扩招任务，中央政府在不同的文件及场合都表达了"只要有利于扩大招生，什么样的方式都可以尝试。"这为各地方和各类高等学校创造新的变通方式提供了依据。这种允许"先行先试"的宏观政策环境营造了非常重要的机会场域。第二，巨大的受教育需求在体制内高校中难以消化，这在客观上带给体制外高教机构挤进高等教育系统以潜在的机会。第三，公立高校剩余的师资力量、闲置的校舍以及民间日益增长的受教育成本分担能力都为更多的市场化力量介入办教育提供了新思路。最后，其实还有一个传统的力量。新中国成立初期，抛弃传统另起炉灶开办高等教育机构在历史中一直被证明是有问题的，而走一种"依附"发展之路似乎是一种

---

　　①　尽管在 20 世纪 80 年代到 90 年代后期，一直有关于职业大学的办学情况统计，但是这种教育组织其实早已蜕去了原本组织的特质，已经不可能成长为具有强盛组织生命力的大众型教育组织。

虽渐进但稳妥的发展之路，在过渡时期中心城市办大学以及与地区师专院校的依附发展已有不错的表现。这些历史变革中的组织发展"种子"其实早已深深埋在我国高等教育发展的土壤之中。总之，至少有上述四个方面的推动力量共同营造了这样一个独立学院创生及发展的机会场域。机会之源自然会刺激组织在功能组建及利益获取中的结构整合与优化，组织不断对环境中自由及开放性空间的搜寻和利用过程与机会场域本身形成一个相互生成及相互型构的状态。

组织优点。为什么是独立学院而不是纯粹的民办高校在扩招中被大多数省域高等教育系统所选择？这里可能主要就是基于独立学院的组织竞争优势。如果我们以公立高等教育优质资源的外延式扩张为观察视角的话，独立学院就是一种典型的公立高等教育系统的"强附属"组织扩张模式。而普通民办高校就是一种非典型的公立高等教育系统的"弱关联"组织生成模式。这种"强附属"和"弱关联"的程度差异，也就自然昭示着两类组织的发展走势和可能境遇（即独立学院总体上会有较民办普通高校光明的前景）。但是，依靠总体性制度环境对组织生成和发展的推论，自然也只能基于整体性特征去把握。所以，我们所说的独立学院组织的竞争优势也仅仅是它在总体性制度环境中的表现。如果我们以"分化了的制度环境"（即区域内制度环境）——区域高等教育发展场域来关注独立学院和民办学校两类组织的发展境遇的话，民办高校在部分省份（比如，陕西省）也可以获得其组织的充分发展，而独立学院也一样有可能在既存制度环境中被抑制。所以，独立学院能被选择成为区域内的增量机构并获得较大发展，其根本原因主要是基于自身的组织特性与区域内制度环境的契合程度。有关这种组织境遇的区域发展考查，第七章已做了非常详尽的描述及分析。

那是否独立学院的发展就完全受制于区域制度环境的制约呢？当然不是，区域制度环境只能决定一类组织生存与发展的小生境①。总体性的制度

---

① 在史蒂文·布林特、杰罗姆·卡拉贝尔分析美国社区学院的组织成功案例中，他们使用了这样一个概念。

环境对于组织的全局性发展命运具有重要的影响。前文一直在谈及的"强依附性"显然是这类组织最大的组织特点，也是其组织竞争优势。但是，随着总体性的制度环境不再那么强烈需要这类组织来承载某种功能，或者说，推动组织快速发展的总体性制度环境已然发生变化之后，这类组织会有怎样的变革与发展之路呢？由于上文所观察的时间大致为独立学院的稳定扩展期（2006 年前后），接下来，我想借助这个问题结合当前实际再多说几句。

众所周知的教育部 8 号文件及 23 号文件对于独立学院的规范发展之路具有十分重要的影响。它总体性地勾画了独立学院未来的发展前景。我们可以有一个基本判断，独立学院在今后的组织发展中想一直走强依附发展的道路显然已经不再具备基础性的制度环境。① 那么，这类在扩招阶段风光无限的组织未来应该依靠怎样的组织优势获得进一步的发展呢？在我看来，重点可能在于独立学院组织功能的真正转变，即承载大众接受高等教育的需求，对于组织发展进行有别于普通本科院校的"大众型""技术型"组织功能定位。后扩招时代的中国高等教育已经带来了人们接受高等教育观念的改变，这与社会经济发展及家庭经济状况具有十分密切的关系。即使在 2006 年访谈的部分独立学院学生当中，普遍存在着将接受大学教育视为一个应该经历的阶段的心态。有同学认为，"现在年龄还小，不读书干什么？""别人都在读，我怎么能不读？"这种将接受大学教育视为人生的一个必经阶段的观念，在这群学生中有普遍的反映。当然，这与他们的家庭背景往往有直接的关联。在走访的不少学生中，家庭条件较为优越，且大多为独生子女，这些"类"特征进一步表现为这些学生家长对于子女接受（独立学院）大学教育一般并没有抱有很高的期望，"满足孩子上大学的希望"，"代替家长'看管住'子女"是很多家庭的基本愿望。至于大学毕业能否找到合适的工作，已经转变为次要目的。在这种观念指导下，许多学生对于"大学"常常抱着

---

① 《人民日报》2011 年 7 月一篇标题为《改革期限逼近，300 余所独立学院选择不"变身"》的报道，总体上揭示了目前独立学院面临三种"出路"（继续作为独立学院存在、转民办高校、撤销或合并）的选择立场。多数独立学院在总体性的制度压力下仍选择"静观其变"，值得深思。

"经历"并"生活"的目的。希望能度过"有意思"的大学生活的有之；希望顺便学习一点有用技能，毕业后即使找不到工作回家"给家里帮忙（做生意）"的有之；纯粹来经历，感受大学，毕业后"老爸"想办法的亦有之；好好学习，踏实奋斗，通过自己的大学学习，寻找发展机遇的也有之。总得来说，由于特殊的家庭背景，父母影响以及学生成绩的客观水平，对上大学抱有"经历"并"生活"心态的学生不在少数。

另外，在笔者这两年在四川农村的一些深入调查来看，高等教育的扩招以及就业难等问题并没有太多影响家庭选择接受高等教育的热情，很多家庭对孩子读书，特别是读大学抱有很高的期望。这种期望主要表现为"必须读"，而"读什么"往往是第二位的。在问及"是否愿意读三本"时，大多家庭表示"愿意接受"。尽管他们也大多知道这类学校"考分低，收费高"。很多村民对于能够让孩子读上这类"三本"大学表示出很大的信心。

所以，对于独立学院这类高校来说，组织定位中的"大众性"应该是根本。实际上，这类高校学生群体的大学教育观念也直接影响着组织教育教学和管理定位。在"对学生实现基本的纪律约束的基础上，保障教学、育人工作的顺利开展"，成为许多独立学院进行教育教学工作的两个层次。而通过后勤"舒适（甚至贵族）化"保证"看管"工作的顺利进行，继而增加学生的满意度成为许多学校针对学生"类"特征而实施的基本教育管理策略。在此基础上，立足于应用性本科人才培养成为众多独立学院的基本努力方向。受此影响，在各类独立学院中体现出的模块化课程设置，注重技能学习的培养思路，旨在增加学生选择机会和流动可能的"高教立交桥"思维，定单式教育带来的教学和实训相结合的学习方式的转变以及不少学校开始推行的学分制，都使处于组织转型中的独立学院具有了与传统的教学性本科院校不太相同的新特点。

我们可以看到一幅多种类型高校组织共生、共存并相互竞争、谋求发展的图景。特点各异的区域高等教育发展模式已经彰显出放权背景下地方办教育的潜在力量和高等教育发展的勃勃生机。在这一过程中，独立学院的异军突起，以及民办高等学校的地域性境遇，都为原本单一的体制内变革增添了组织发展的新元素。目前业已呈现的多组织共生的高等教育发展格局，应该是一种"复合效应"① 的具体体现。

综上，我们梳理了自新中国成立以后在不同时期具有重要影响的高等教育组织，主要包括从院系调整催生的单科（专门）院校，"大跃进"时期的"半工半读大学"、"业余红专学校"以及省属大学，到过渡时期的中心城市大学、地市级师专院校及省属大学、再到扩招时期的地方大学、独立学院等。对这些组织生成及变革的关注及分析，其实是在关注"选择"问题。即在高等教育制度变迁的过程中为什么是"此"组织而非"彼"组织得到发展？上述的探讨都是以一种实然的笔调在描述和分析业已存在的客观现实。我们在实然的制度选择和组织变革的基础上，对于其与应然的价值选择的关联思考还不够。这将在后文中做进一步的分析和阐述。总之，一个综合性的制度变迁模型，必须既要考虑组织对利益的追求，又要考虑群体组织竞争对组织结构和政策的影响。上述分析总体上反映了这一点。

三、从组织变革方式到高等教育大众化的发展模式

伯顿·克拉克借助高等教育组织内利益集团的相互作用来解释组织的变革，他认为，利益集团的相互作用好比跷跷板，支持改革和反对改革的各种团体按照不同的位置分坐平衡中心的两头。跷跷板的方向取决于各种利益集团对自身利益的固守程度以及改革的支持者与反对者的力量对比②。由于改革中利益集团的作用，改革的结果是不确定的，充满着多种可能性。利益集团理论进而认为，由于保守派利益集团的阻挠，在原有机构内进行的改革将会是阻力重重。因此，建立一个新机构的革新比在现有机构内的革新更容易

---

① 吉登斯认为，一系列行为都是有意而为，但是，最终的后果并不符合哪一个人（组织）的意图或欲求。即"人人为之，可又无人为之。"参见安东尼·吉登斯:《社会的构成》，李康等译，生活·读书·新知三联书店 1998 年版，第 263 页。

② ［美］伯顿·克拉克:《高等教育系统——学术组织的跨国研究》，王承绪等译，杭州大学出版社 1994 年版。

实现。

当然，笔者并不同意在我国高等教育变革中存在着利益集团，但是，不同类型的变革力量相互作用从而推动组织的变革和高等教育的演进却是笔者一直坚持的基本观点。因此，笔者接受这种理论的一些基本思想。比如，美国高等教育大众化正是通过承认新机构（如两年制的社区学院）的合法地位才实现的。也正是因为社区学院分流了一大批需求高等教育但是又达不到大学录取标准的学生，才保证了大学和研究生院层次的教育质量。这种思维在1960年加利福尼亚高等教育总体规划中已经得到十分清楚地体现①。可以说，在美国高等教育大众化进程中，精英化的高等教育系统正是通过承认大众化高等教育组织的合法性才得以巩固的。

同样，以保守著称的英国，其高等教育大众化进程也是在保护传统精英型大学的同时，不断承认能分流大众教育新机构的合法性而逐渐推进的。从早期试图通过在牛津、剑桥与伦敦大学等传统教育系统内部发展出非正规大众教育形式的大学推广运动（the university extension movement）②，到颁布《罗宾斯报告》承认多科技术学院等新学校的合法性，最后又通过《高等教育：一个新的框架》、《1992年继续与高等教育法》进一步将多科技术学院升格为大学，撤销全国学位授予委员会，改革大学拨款制度。我们可以看

---

① 1960年加利福尼亚高等教育总体规划，毫无疑问是一个非常漂亮的区域高等教育规划。但是，这次"规划"其实真切地反映了在当区域高等教育系统面临学生入学浪潮，州立法机关试图接管高等教育决策权等多方压力下，各种类型高等学校组织在相互博弈中形成的一个妥协方案。其中，尤其值得注意的是，在这一过程中，精英教育组织机构（加利福尼亚大学）对于大众型教育机构（州立学院、社会学院以及私立学院）合法性地位的进一步承认以及让渡更大的发展空间，从而在纳入第三方达成谈判的力量制衡是1960年加利福尼亚高等教育总体规划取得成功的关键。参见［美］克拉克·克尔：《高等教育不能回避历史——21世纪的问题》，王承绪等译，浙江教育出版社2002年版，第130—153页。

② 大学推广运动是由面向上层阶级子弟的牛津、剑桥与伦敦大学在1873年正式发起和推动的。上述学校通过大力发展非正规高等教育形式，开设广泛的选修课程，采取面授和自学相结合的方式来满足大众对于平等教育的需求。这一运动在不损害大学高水平学术质量的同时，也使老大学走出了一条为现代工商业社会服务的新路。充分体现了折中调和的变革思想。是大学精英教育传统与大众型高等教育妥协的产物，大大拓展了受教育的范围。它是第二次世界大战之前英国政府发展大众高等教育的一支重要力量。

出，保守的英国在推动高等教育大众化的进程中，也同样体现出承认大众型教育组织的合法性——分流——巩固精英型机构这样的基本变革思维。

那么，沿用这种思维来看待我国高等教育的大众化路径，我们是否也如美、英等国一样，是通过承认一定的大众教育机构的合法性地位，从而在大众教育和精英教育之间做相对的区分并获得共同的发展呢？我的观点是，我们似乎进行过相似的努力，但是目前呈现的发展模式与此并不一致。

为了准确地说明这一问题，我们需要通过增量组织的变革方式以及它所（设想的与实际的）负载的组织功能，并结合经过改造的马丁·特罗关于高等教育大众化的发展模式图（见表 20）来进行分析。

首先我们需要说明的是，在中国高等教育发展进程中，具有典型意义的高等教育大众化努力到底有几次？要回答这个问题，首先需要澄清高等教育大众化努力的含义。按照马丁·特罗的划分，高等教育毛入学率 15% 是区分大众教育与精英教育的重要指标。这似乎也是国际社会公认的标准。我也总体认同这一划分。从这个意义上来说，1999 年开始的高等教育扩招是一次具有典型意义的高等教育大众化努力，并且 2002 年我国高等教育毛入学率达到 15% 也标志着我们高等教育迈进了大众教育的门槛。那么，我们是否就认为在我国高等教育的发展历程中，仅仅只有这一次高等教育大众化努力吗？从推动目标以及改革诉求来说，1958 年的高等教育"大跃进"其实也可以算一次"非典型意义的高等教育大众教育努力"。我们可以对其做具有"大众化努力"语境下的解释。原因一，从新中国成立初期的若干政策文件来看，大众教育确实被屡次提及[①]。尽管，我们不能否认这些政策文本出台的政治大背景，但是，对于民众受教育机会，特别是接受高等教育机会

---

① 1949 年《中国人民政治协商会议共同纲领》关于文化教育政策规定："中华人民共和国的文化教育为新民主主义的、民族的、科学的、大众的文化教育。人民政府的文化教育工作，应以提高人民的文化水平，培养国家建设人才，肃清封建的、买办的、法西斯主义的思想、发展为人民服务的思想为主要任务。"这是新中国首次提出发展大众教育的政策。时任教育部部长的钱俊瑞在《当前教育建设的方针》中提出："大学之门，必须为广大工农青年和工农干部敞开。"1950 年颁布的《高等学校暂行规程》更是国家大众教育政策在高等教育法规中的具体化（前文已有论述）。1958 年的《关于教育工作的指示》更是明确提出"以十五年左右的时间来普及高等教育"。

的重视和倡导，的确是能从政策文本读出来的。这其实就符合笔者所理解的大众化进程的本质意义。从这层意义上来说，新中国成立初期，特别是1958年的高等教育"大跃进"，应该作为一次有政府意愿推动，有民众广泛参与，有数量急剧扩张，有增量组织呈现的大众化"努力"。原因二，1958年高等教育"大跃进"提供了一个强制性制度变迁背景下政府处理高等教育精英教育和大众教育关系的"范本"。在1958年《关于教育工作的指示》中，这种关系是用"普及"和"提高"以及建立"两种制度"等话语来表述的。我们固然需要关注当时整体性政治环境对于（高等）教育制度的强力形塑，但是，正如前文分析的那样，作为高等教育本身，在这种被形塑中的反应，也是非常值得深思的。因为，高等教育大众化本身本来就不是一个仅仅局限于教育本身的话题。政治因素在这次变革中的参与和渗透，正如，经济因素在世纪之交大扩招中的影响一样，是不容忽视，并可以加以对比和反思的。原因三，高等教育发展路径本身就应该具有一种历史感，所以即便是历史中留下的浅浅的"大众化教育努力"脚印，也不应忽视，更何况新中国成立初期的这次具有明显大众化意蕴的变革带给后来高等教育制度变迁的影响十分深远。所以，正视这次变革努力，并揭示其失败原因，对于世纪之交的那次典型的大众化努力同样具有重要的借鉴意义。

基于上述原因，我们可以这样来描述新中国成立初期1958年萌动的大众高等教育尝试：这次规模扩张是建立在改造过去单一的精英主义教育制度架构，着力发展"半工半读学校"和"业余红专学校"新型组织而展开的。也就是说，在这次扩张过程中，在"对待高等教育特有形式和功能"方面具有"改革主义"特征，从"对待高等教育增长的态度"来看，明确的数量发展目标、时间达成目标使其具有典型的"扩张主义"特征。同时，从实际扩招过程来看，除了上述两种代表基层大众需求的机构大量产生并承担实际增量任务以外，1958年前后，各省新建的"省属大学"也是这次扩招中不应被忽视的一类新生组织。正如前文我们已经仔细分析的那样，尽管就组织形式以及发动主体来说，都有一定的差异，但是，它与"半工半读大学"以及"业余红专大学"一样都负载着与传统苏式专科教育组织完全不同的组织内核。因此，如果从政府价值选择层面，以及实际生成的增量组织视角来看，

"改革主义质量观——扩张主义规模观指导下的异质组织扩张模式"是1958
年高等教育扩张的基本模式。也就是说，这次大众化努力试图通过首先承认
大众教育机构的合法性地位，在正规教育系统之外建立大众教育系统，从而
实现"高等教育的普及"。但是，这次努力失败的原因也正是在于在承认了
大众教育机构合法性的同时，对于精英教育机构的合理内核进行了彻底的改
造，从而使两种力量对比失去了平衡，系统的稳定性缺失。

表20　高等教育大众化的发展模式

对高等教育特有的形式和功能的态度	对高等教育增长的态度		
	精英主义	调和主义*	扩张主义
传统主义	I	II	III
改革主义	IV	V	VI

注：此表根据马丁·特罗《从精英向大众高等教育转变中的问题》一文（载《外国高等教育资料》
　　1999，（1））中的表格变化而来。

* 我认为对于高等教育增长的态度，除了特罗划分的两类以外，还存在调和主义这一类型，故在表
　中加入。由此，构成了高等教育大众化的六种发展模式。

　　而世纪之交大众化进程中的增量组织，其变革的方式和目标具有一定的
区别。就正规公立高等教育系统内的各类教育组织来说，其变革的目标总体
上是以规模换经费，以规模争位阶。位阶层次不同的高等教育组织依据其依
附资源多寡的程度，采取相应的变革手段，化解组织生存危机，实现组织整
体实力的提升。总体上来说，这都是在既存的制度体系制约下"制度性同
形"的必然结果[1]。深刻受制于制度体系影响的组织变革过程，注定负载着
太多经济追求，这势必导致系统内高校在迎合"大众需求"以及满足"组织
自身需求"的时候，发生着组织外在形态的趋同性转型。从规模扩张时期的
高校组织内部变革方向来看，既存制度框架中行政科层机制和市场机制逐渐
以一种"体制性的市场化"作用方式，形成合力，共同诱使各类高校"攀
高"、"趋同"。而在这一过程中的文化教育机制往往因学校位阶的高下而体

_____

　　[1]　尽管新制度主义论者将制度性同形主要看作组织因合法性机制作用而导致的组织趋
同现象。但是，在我看来，这种制度性同形也并不完全基于合法性危机，也可能因为制度环
境对组织发展的资源诱导而带来的组织内在机制的趋同。

现为"被行政科层机制削弱"或者"被市场机制增强"的类别特征。因此，在这种组织变革方式下，逐步增"大"的各类组织，与大众型教育机构的关联和意义可能更多地体现在教育机会的增加上。而以整合低层次专科类学校为目的的政策产物"新型高等职业技术院校"，虽然在"大力发展"的政策感召和经费支持下，出现了类似"211工程"的示范校建设，但是，这一定位为"大众型"的教育机构能否真正承载国家大众教育的使命，可能不仅需要发展出成熟的应用性人才培养模式，建设良好的双师型教师队伍，而且还需期待劳动力就业市场的逐步成熟，以及劳动者工会组织的发展壮大。

而作为世纪之交大扩招中另一类重要增量机构的独立学院，体制外新生组织的基本特征导致合法性成为组织发展的首要问题。因此，对于独立学院来说，几乎所有的组织变革基本上都是围绕着获得组织合法性，巩固组织合法性而进行的。从前文专章分析的区域独立学院的组织发展问题及其比较，我们可以看出，这类组织虽然因地域制度环境的差异，而呈现不同的组织发展特色，在运用市场机制以及培育组织的文化教育性方面会有所不同。但是从根本上来讲，这种差异都是在识读区域性制度环境的基础上，独立学院为获得组织的合法性，而与分化了的制度环境相互形塑的产物。并且，在争取、获得组织合法性的过程当中，独立学院群体的组织定位正经历着由"传统培养模式的原样复制"经"模糊性培养模式"走向"应用型本科人才培养模式"的演变。尽管从现实的考察中，我们发现部分区域内独立学院组织形态客观上呈现出一定的"大众型"教育组织特征，但仍需警惕独立学院组织固有的市场化特质对其的损害。

所以，如果我们同样通过增量组织的变革方式以及它所负载的组织功能，来看待世纪之交我国高等教育大众化努力的基本扩展模式的话，在"对待高等教育特有的形式和功能的态度"上，尽管在扩招初期即体现出对于具有大众教育特质的新高等职业技术学院组织的政策规范和推动，但是在实际的扩大招生中，依赖公立高等教育系统内的优质资源（特别是本科及以上层次）"集体增量"乃是其基本思路。真正的"异质组织"建构目标其实并不明显。"对待高等教育特有的形式和功能的态度"具有明显的"传统主义"特征。从"对待高等教育增长的态度"来看，政府不断变更的增长目标以及不断在提前实现的高等教育规模和毛入学率，都在表明，"扩张主义"是这次高等教育增长的基本特征。所以，从政府价值选择层面来看，"传统主义质量观——扩张主义规模观指导下的同质组织内聚式扩张"应该是这次扩招的预想模式。但是，从实际扩张进程中承担增量的组织来看，不仅出现了政策实际支持的公立高等教育系统的各类高校，特别是放权背景下的地方政府所属高校实际承担增量任务的增加，而且，在扩招中创生的新型组织独立学院，甚至普通民办高校实际上也都承担着部分区域重要甚至主要的高等教育增量任务。而这些组织的生成与变革，却是扩招之初政府政策设计"意料之外"和"情理之中"的产物。因此，纵观世纪之交的高等教育大众化进程，实际上体现出传统主义质量观——扩张主义规模观指导下的同质组织内聚式增长和体制外组织强依附发展兼具的扩展模式。

总而言之，从最初政策设计来看，世纪之交的高等教育大众化并没有塑造另一轨道大众教育制度的意图与打算，而是试图通过体制内高校的集体增量来实现高等教育的规模扩张。在中国高等教育大众化进程中，是否能出现真正意义上的大众型教育组织，也只有寄希望于体制内外组织的竞争、淘汰、转型。始于系统内扩张的中国高等教育大众化道路，注定是需要经历同质性规模扩张之后的组织变革才有可能走向实质性的大众化道路的。目前来看，基于《2010—2020中国教育改革与发展规划纲要》整体性框架，高等教育系统中的各级各类高校组织正经历着大浪淘沙、优化重构等深度变革。其中不乏欣喜。但是，从目前高等教育系统中各种增量组织的生存形态以及变革方式来看，游走于"大众"与"精英"之间，欲走还留的变革思维依然存在。概言之，目前后大众化阶段整体性的高等教育发展思路，在高等教育的形式和功能上较为坚决的体现出"改革主义"特征，在对待高等教育增长的态度方面，稳定发展、分类发展的"调和主义"发展思维彰显。但是在这种"改革主义质量观——调和主义规模观"观念指导下，到底是继续呈现体制外组织强依附发展思维，或者重回体制内组织的重点发展思维，抑或规范体制外高校脱离依附，自主健康成长，最终形成体制内外共同发展的发展格局？这些都有待进一步观察，目前来看，强依附的发展思路几乎不太可能，协调发展似乎也还有很长的路要走。

综上，本章通过制度变迁及组织变革的因素分析、组织生成及变革的三维分析以及组织变革与高等教育大众化发展模式的关联分析，总体上呈现了一个较为清晰的中国高等教育演进路径。

在制度变迁及组织变革的因素分析方面，我们通过经费来源的分析，比较直观地呈现了我国高等教育系统的发展困境，以及身处其中的各类高等学校面临经济困境使用"合理"方式应对合法性危机、寻求组织生存和发展的变革行为。进而对于"像市场中的其他组织一样大量运用市场机制"的中国高等学校变革事实予以客观的分析和辨识性地理解。我们看到，经费来源模式深刻影响着各类高等教育组织的生存状态和变革方式，它对组织的影响，其实与影响组织变革的一个重要维度——市场机制基本对应；对于推动力量的分析，秉承多元化变革力量共同作用的分析理路，对于高等教育大众化进程中，决策主体、利益主体和行为主体之间的关系模式以及政府策动、多行动主体驱动的实践形态予以呈现。我们看到，推动力量其实代表着各类行动者对于组织功能定位的认可度以及组织变革所施加的影响力，它对组织的影响，其实从一个侧面反映着组织所受到的行政科层力量的程度，与影响组织变革的另外一个维度——行政科层机制（合法性）有密切关系。至于对我国高等教育质量观演进的基本轨迹、质量调控总体政策系统的制度基础分析，目的在于说明精英主义的制度惯性虽然从规模的含义上[1]于1999年扩招之后已逐步消退，但是，引导趋同的制度框架在资源争夺激烈的市场化时代，仍然会成为高等教育走向多样化质量观的主要障碍之一。合规格性单向度质量观依然影响深刻，而合需求性复合质量观的制度基础虽依稀可见雏形，但整体不容乐观。这种分析思路其实与影响组织变革的第三个重要维度——文化教育机制基本对应。总之，通过对于影响我国高等教育制度变迁与组织变革的相关因素的整体梳理和比较分析，为我们接下来分析典型组织的变革方式和高等教育大众化发展模式的深刻关联提供了前提性与基础性知识。

基于上述准备的各类高等学校组织分析，对于理解我国高等教育不同发

---

①　从规模意义上强调的精英，其实就是指数量上的少数。它不同于质量上的精英，它代表着一种培养规格。我们在扩招的背景下谈论的"精英主义"，主要指的是培养规格。准确来说，是"形式上"的精英主义。

展时期高校组织的"被选择"以及组织变革与制度变迁的相互形塑关系意义重大。"被选择"本身就意味着"承担"。组织如何被选择？因何被选择？选择后承担什么？能否承担？等问题的分析主要通过权力结构及制约、机会场域以及组织优点三维分析框架来予以集中呈现，在此基础上折射中国高等教育组织变革中的制度变迁路径。

　　总之，本章以高等教育经费来源构成为分析背景，以组织机构为分析主体，向外扩展到变革推动力量之间关系的认知，进而考察制度变迁的路径和质量的制度保障及现实，并且最终统合于大众化发展模式的综合概述。通过分析，我们看到，中国高等教育的变革路径曲折回环，渐进发展，颇为不易。在这一过程中，尽管来自大众教育的推动力量一直存在，可试图保持精英教育品性的力量也同样强大。甚至，对于教育变革主要推动力量的政府，也往往处在"欲走还留"的两难摇摆之中。于是，这种外显为规模扩张的推进模式，往往与实际的大众教育方向存在着不小的距离。也许，这正是高等教育变革的"常态"。也正是从这种意义上来说，高等教育的发展路径，几乎一直呈现着外显于控制或扩张规模的矛盾，而内隐于"大众"与"精英"冲突的变革形态。

第九章 制度伦理视野下的中国高等教育发展路径审思

作为制度变革基本行动者的组织，在接受制度形塑的同时，也在影响，甚至改变着制度变迁的路向。从这种相互形塑的作用模式去理解我国高等教育制度变迁的发展路径，才能够回归"真实"与"丰满"。第八章有关制度变迁力量、变迁方式、变迁方向以及变革困境的梳理总体来讲都更倾向于一种实然的解读和自下而上的思维路径。但是，如果我们的理解仅仅到此，似乎还缺乏对于制度变革主要推动力之一的政府行为及其价值选择的考量。因为，组织的变革和发展固然是推动制度变迁的基本行动力，但是，如果我们忽略了制度的设计者和主要决策者——政府的行为，这种分析将是不全面的，甚至是有缺憾的。因此，在下文中主要引入"制度伦理"这一概念，并由此阐发开去，以一种价值涉入的立场去考量我国高等教育的发展路径，并对其反思。

一、制度伦理视角

（一）制度伦理

制度伦理，开始属于伦理学研究的范围。但随着研究的深入，它突破了伦理学研究的范围，进入了制度学者研究的视野。关于制度伦理的基本内涵，主要有两个方面：（1）对制度的道德评价与约束，即关于任何一个制度本身是否合乎公正、正义的伦理原则问题；（2）关于道德规范本身的制度化建设问题，也就是如何将抽象的、神圣和不确定的道德情感、理想和现存的各种具体制度相结合，使其"物化"成为普遍的、强制的约束人们行为的现实制度力量。① 从制度伦理的内涵，我们可以清楚地看出，制度伦理研究的不是新问题，而是长时间以来被我们忽略的一些重要的、根本性的问题。

对于制度伦理的重视其实就是对制度本真含义理解的必然产物。它内含着一种研究的走向。即从"制度中的伦理"，——主要关涉道德规范本身的制度化建设，转向"制度本身的伦理"，即如何建立一个合乎公正、正义的制度，对制度以道德的约束。这种研究路径的转向其实蕴涵着一种价值关照：在社会发展、制度变迁的历史长河中，制度变革的主要推动力本身是否具有公平、正义的价值选择，寓于某种理念中的制度建构是否符合正义伦理的基本义理，这些都是目前我们强调的制度伦理的主要内容。

（二）教育政策分析的制度伦理视角

我们谈论制度伦理，必要关涉教育政策，因为，作为制度变革的直接推动力，教育政策与制度变迁存在着密切的关联。而教育政策的价值指向直接影响着制度变迁的方向及可能效度。具体来说，教育政策的价值具有不同的向度。价值选择、合法性和有效性是描述教育政策价值特征的三个向度。② 教育政策的价值选择是政策制定者在自身价值判断基础上所做出的一种集体选择或政府选择。它体现了一种价值追求和偏好。教育政策的价值选择既包括观念中的选择，又包含实践活动中的选择。具体体现为教育政策价值目标的确定和政策过程中的创价活动。即教育政策问题的认定、政策目标的确立、政策方案和手段的选定、政策评价标准的确立，等等。从教育政策价值体系来看，价值的选择是核心与根本，合法性是前提，有效性是关键。教育政策价值诉求首先指向价值的选择，即教育政策价值观。而合法性和有效性则是随后加以考虑的，但同时又是密不可分的。我们在判断一项教育政策的价值时，首先考察的是这项政策解决什么样的问题，为什么是此问题而

---

① 方军：《制度伦理与制度创新》，《中国社会科学》1997 年第 3 期。

② 刘复兴：《教育政策的价值分析》，教育科学出版社 2002 年版，第 45 页。

非彼问题？为什么是这种安排而非其他？这里就贯穿着价值观的判断。同时我们还须思考，怎么样才会使这个问题得到大众的认可和支持（合法性问题），只有在这两个向度具有契合度时，有效性才有可能达成，教育政策的价值才能实现。所以，教育政策的价值体系不是简单的政策价值选择的问题，而且还是价值如何体现的问题，以及体现出的价值会不会得到大众接受和认可的问题。也就是说，政策问题的选择不是凭空的，它必须依赖或者受制约于已有教育制度的基础之上，即已有制度环境会制约教育政策的价值选择，已有制度框架会约束或促进教育政策价值的实现。正因为如此，教育政策的价值体系的实现最终必然体现在教育制度上，或者是附着在现有教育制度基础上的制度复制，或者是对现有教育制度的局部改进，或者是在新价值诉求的指导下对整个教育制度做彻底的颠覆。不管一项教育政策最终会指向以上三种情况的哪一种，有一点是肯定的，即它所具体化的制度必然是经得起制度伦理的考量的，必须是正义的。只有这样，这项教育政策才会具有合法性和有效性（当然，在强权体制下的政策有效性和合法性不是我们在此所讨论的内容）。所以，教育政策必然关联着教育制度伦理。

二、中国高等教育发展进程中的教育政策和制度建构

（一）权利公平的制度建构

在新中国成立前 28 年中，政府对于高等教育的制度建构其实蕴涵着一种"艰难的选择"：如何既能够扩大劳动人民受教育权利，迅速普及教育，又能够通过正规化，制度化建设为实现工业化和国防建设培养专门人才？这一双重使命中包含的如何既保持大众教育的公平价值和革命精神，又为实现工业化迅速培养大量专家的基本理念，对于新中国高等教育而言无疑是一种艰难的选择和严峻的考验。

从实际制度建构来看，这一时期国家政策的价值选择是趋向于阶级内权利平等为基础的。从新中国成立初期所倡导的"凡年满十七岁、身体健康、在高级中学或同等学校毕业或有同等学力，经考试及格者，不分性别、民

族、宗教信仰，均得入学"。特别是"大学及专门学院对于具有相当于高中毕业程度的下列学生：（一）具有相当工作历史的革命干部；（二）工农青年；（三）少数民族学生；（四）华侨学生；应予以入学及学习的特别照顾。"①，我们可以很明显地看出，以阶级内权利的平等为政策价值选择的基础，很清晰地体现在高等教育入学机会的分配上。但是由于阶级内身份平等而带来的巨大就学需求与当时国家实际的经济基础以及高等学校纳容能力的严重矛盾，所以，最初这种观念上的价值选择，在实践中却体现为通过正规化、制度化建设为实现工业化和国防建设培养专门人才这一维度上，这种试图体现权利平等观念的政策价值选择因实践中的选择偏离，而直接带来院校调整政策建构的制度框架遭受合法性危机。1958年的高等教育制度重建是对于新中国成立初期"权利平等"在实践层面的一次尝试，这次政策实践活动，虽然在价值选择和合法性上达到了较高的契合，但是，朴素的阶级内权利平等意识最终以群众运动的方式推进开来，这种带有浪漫主义色彩的制度建构终因有悖于经济发展的根本国家利益而宣告失败，政策的有效性丧失。20世纪60年代以后的数次反复基本上都是在这种阶层内权利诉求基础上对于教育制度的改造。

我们可以这样来看，新中国成立后最初28年的制度设计，是以"普及"和"提高"的话语表现形式体现在各类重要的教育政策文献中的，是在普及型的大众教育和培养专家精英教育两种思想不断冲突中反复摇摆的。这是关于"公平"和"效率"之间矛盾的直接体现。虽然，我们从若干政策文本中可以看出制度设计者对于朴素的阶级内权利平等的热爱和不懈努力，但是，由于在实践选择层面缺乏对教育制度特殊性的充分考虑，以一种线形的思维方式理解公平。从而导致在一段时间内过分理想地追求在政治框架内的整体完整和彻底综合，将"大学制度"的基本价值观完全抛弃，教育制度系统完全溶于大社会中。所以，这种试图体现阶级内权利平等的制度建构努力最终是不成功的。

---

① 《高等学校暂行规程》，《中华人民共和国重要教育文献1949—1975》，海南出版社1998年版，第45页。

总之，在当时整体性的政治经济结构中，高等教育政策只是一个更大图像的缩影（a microcosm of the larger scene）而已。在这图像之中，全国每一个机关组织皆处于相似的情境之中，高等教育政策也深植于社会系统中，并与其他共存的制度性安排相互交织纠葛。因此，我们可以将那时的高等教育政策理解为范围更广、层次更高的整体政经结构中的一部分，亦即整体政治结构及其变迁抉择与决定了高等教育政策的规划方向（即定向，locus）与执行内涵（即定位，focus）①。这种基于阶级内权利平等价值选择而进行的制度建构，其实是整体性政治经济制度变迁的一个"零件"而已。我们即使可以认可，新中国成立后最初 28 年的制度设计和高等教育政策的规划方向是试图体现制度公正原则的，但是这种从本质上来说以阶级斗争理论为出发点，主张工农子女享有受教育的优先权，实行对"非劳动人民"子女具有歧视性的"阶级内平等"的制度设计基本理念，在现在看来，是侵犯了作为公民的平等受教育权利的。所以，即便不去考虑这种制度理念的实践层面，我们也可以说，这是一种寓于整体性政治结构中的狭隘的制度公正观，真正的制度公正理念并没有建立起来。

（二）机会均等的制度建构

尽管在 1977 年底，以考试制度为核心，以学习能力为标准的公平竞争的高考制度得以重建，并迅速消除了建立在血统、家庭出身上的教育歧视显形制度形态，教育公平的基本理念在新的制度体系中初步彰显，但是，"在新的发展境遇中，对教育公平的关注马上就被发展科学技术，实行赶超型战略，实现现代化的国家目标所压倒。"②集中原本就薄弱的经费举办重点高校，教育重新建立起以高等教育和科学技术教育为重，培养尖子的价值观，蹈入精英主义的发展路线。

由于整体性制度环境的精英主义化是这一时期的主要特点，所以，嵌入

①　Cheng, K. M："Markets in a Socialist System: Reform of Higher Education in China," in K. Watson, S. Modgil and C. Modgil（eds.）Educational Dilemmas: Debate and Diversity, Vol.2: Higher Education. London, Cassell.1997, pp.238—249.

②　杨东平：《从权利平等到机会均等》，《北京大学教育评论》2006 年第 2 期，第 5—6 页。

其中的高等教育制度的精英主义路线并没有成为 1980 年代的突出问题，尽管在当时形式平等的制度架构下面，阶层差距已经开始出现。但是表现突出的却是教育经费严重不足，脑体倒挂，教师待遇低下，片面追求升学率等显形体制问题。

而进入 1990 年代，依然严格控制的高等教育规模已经抵挡不住来自地方政府以及民众的强烈需求。自 1985 年开始逐渐培育起来的部分成本分担式办学形式（自费、委培、定向等）为具有一定经济负担能力的民众提供了另一条通向高等教育的渠道。并且，因招生数量的增多逐渐显现"两轨制"特点。显然，这是源自经费短缺的高等教育改革在应对合法性危机，走向市场化道路的过程中，秉承"效率优先，兼顾公平"发展理念对高等教育制度变革产生的直接后果。在这种背景下，政府实施了一系列政策措施，在大力推进高等教育变革和发展的同时，致力于教育公平制度的建构。下面我将针对几项重要政策及后果，展开详细分析，继而揭示这些政策努力对于中国高等教育机会均等制度建构的实际影响。

1. 并轨招生政策对教育公平的影响

世界高等教育扩展政策的成功实施，也使各国政府逐渐认识到世界上没有一个政府的财政预算能够完全满足其公民对高等教育的需求。所以，调动私人资源支持高等教育发展的成本分担政策，就逐渐成为国际高等教育财政的一个重要趋势。中国自 20 世纪 70 年代末期到 1997 年之间，经过将近 20 年的努力，也成功建立了对几乎所有大学生实行收费的并轨招生政策。

很多学者从经验层面评论这项政策，一般都会得出采用并轨招生政策是教育公平的一个体现。很明显，这一结论是相对于并轨招生之前的双轨制招生而言的。钟宇平等学者曾经针对我国成本回收政策（即成本分担政策）做了一项大规模调查，该研究选取北京、南京和西安三地 13 所高校 13511 名大学生的调查资料，分析了招生并轨和学生缴费上学改革前后学生的诸多变化，来分析中国实施的这项重大政策的公平效度。这一研究在实证基础上非常深入的分析了我国高等教育实行成本回收政策对于教育机会均等的影响，对于高等教育公共资源分配公平的影响，以及对于教育系统中公共资源配置结构公平的影响。

　　一般来说，供给不足会加剧接受高等教育机会的不均等程度，增加供给可能有助于改善这种状况。所以，扩大高等教育的规模往往是国家和社会内在的需求。但如果高等教育供给的增加是通过成本回收来实现的，则可能会出现"按住葫芦浮起瓢"现象的发生。因为成本回收对家庭收入水平或付费能力不同的学生所产生的边际影响可能是有差异的。实行成本回收可能不会影响整体的入学水平甚至还可能使之得到进一步扩展，但在实行成本回收后，一些付费能力低，而学术能力高的学生却可能因此丧失接受高等教育的机会。他们将被能够而且愿意支付更高学费水平的人所替代，这将导致学生群体的社会经济地位发生结构性变化，从而对接受高等教育的机会均等产生负面影响。从钟宇平教授的这项研究来看，结论也大致相同。这项研究告诉我们，实行成本回收的教育政策确实使社会经济地位较低的学生获得了更为公平的受教育机会。具体来说，在实行并轨招生后，学生之间的成绩差异缩小了，原来通过市场调节方式录取学生中有一部分被成绩更高的，社会经济地位低的学生替代了。这是一种有利于公平的政策后果。北京大学丁小浩教授使用国家统计局城调队 1991 年和 2000 年城镇居民人户调查数据，对 23 岁以下具有大专及以上文化程度（包括接受过或者正在接受高等教育）的高校生的社会经济背景和父母或者监护人的文化程度构成进行了分析，认为"较低社会经济文化背景的家庭在高等教育的参与状况方面有了明显的改善。与 1991 年相比，2000 年高等教育机会均等状况有了显著的提升。"[1] 这一结论基本与钟宇平的研究吻合。

　　同时两个研究都注意到中国高等教育的成本回收在一定程度上抵消了招生并轨带来的公平效应[2]。研究认为，由于成本回收的额度（学费）不同，家庭收入不同的学生的教育需求反应也是不一样的。对于低收入或者中等收入家庭学生而言，面对不同涨幅的学费，他们继续上学的可能性都有显著下降。但是对于高收入家庭的学生来说，情况并非如此，只有当学费上涨一倍

---

　　① 丁小浩：《规模扩大与高等教育机会均等化》，《北京大学教育评论》2006 年第 2 期，第 27 页。

　　② 钟宇平、陆根书：《高等教育成本回收对公平的影响》，《北京大学教育评论》2003 年第 2 期，第 54—56 页。

或以上时，他们继续上学的可能性才会有显著下降。在学费上涨某一相同幅度时，就总的趋势而言，高收入家庭学生的学费弹性最小。1998 年我国高校平均学费为 3613 元，平均住宿费约为 935 元（含民办高校），学费加住宿费约占北京市人均 GDP 的 24.6%，约占全国人均 GDP 的 72.1%。而在美国，高校学杂费加食宿费 1996/1997 学年和 1997/1998 学年分别为 9206 美元和 9536 美元，而美国人均 GDP 1996 年为 28020 美元，1997 年为 29080 美元，在这两年内，学杂费加食宿费占人均 GDP 的比例都在 33% 左右。[①]当然，我们还可以列举诸多数据[②]加以佐证，并轨招生之后逐年上涨的成本回收额度对于中低收入家庭的学生是不利的，这种情况在一定程度上确实抵消了招生并轨带来的公平效应。我们还可以通过研究学生在选择高校或专业时越来越受到家庭支付能力的制约来进一步理解这种被抵消的公平效应。"中国大学生调查"认为，在影响学生选择高校的 5 个主要因素[③]中，与学费和学生资助有关的学生财政因素已经成为最重要的一个影响因素。

所以，通过上述分析，我们可以得出一个基本结论，我国并轨招生政策确实使社会经济地位较低的学生获得了更为公平的受教育机会。但是，成本回收政策（分担政策）的过高额度对于中低收入家庭学生选择接受高等教育的意愿以及选择接受高校和专业的类型已经造成实质性的影响，已经确实在抵消并轨政策带来的公平效应。

---

① 李文利、闵维方：《高校在校生私人教育支出及付费意愿研究》，《高等教育研究》2002 年第 7 期，第 42—46 页。

② 有资料显示，我国高校的学费仍然呈现增长趋势。据测算，每生每年学费和其他各种费用合计大致在 10000 员左右，一名大学生完成四年本科的教育需花费 40000 元左右（李冰、陈上仁：《我国弱势群体分担高等教育成本的能力及对策》，《江苏高教》2002 年第 2 期，第 26 页）。1999 年我国城镇居民人均储蓄不足 1200 元的占了大多数，以平均每户 3.2 人计算，城镇居民可用于储蓄的金额为 3963.20 元。而农民年纯收入在 100—800 元的占 7.22%，在 800—1200 元的占 12.81%，在 1200—2000 元的占 31.08%，在 2000—3000 元的占 25.51%，在 3000—4000 元的占 11.72%，在 4000 元以上的占 11.84%。（数据来源国家统计局：《中国统计年鉴》（2000 年），中国统计出版社 2000 年版，第 9 页）从以上数据可知，我国高等教育成本回收的额度过高，大批收入水平不高的民众不具备接受高等教育的家庭经济条件。

③ 五个主要因素为学生财政，高校学术地位与设施，获得信息的策略，专业及前景以及家庭和同学的压力。

2. 扩招政策实施后的教育机会均等

这一结论在 1999 年高等学校大扩招之后，是否能够得到印证？丁小浩的研究给出了自己的结论：从数量层面来看，随着高等教育规模的扩大，用数量指标反映的高等教育机会均等化的程度有了明显提高。当考虑到质量因素后，高等教育机会的分布并没有呈现出更大均等化的势头；相反，优质高等教育呈现出更加倾向于优势社会阶层的势头，而非精英型高等院校在扩大社会弱势群体的高等教育机会方面发挥了重要作用。杨东平教授的研究结论也大致反映了"在我国高等教育入学机会扩大中的阶层差距"。杨东平认为，在 1999 年高校扩招以来，新增的农村学生主要分布在非重点的地方普通院校。比如，河北科技大学的新生中农村学生的比例，从 1998 年的 54.7% 增加到 2001 年的 60.8%，增加了 6 个百分点。2003 年对唐山学院、华北煤炭医学院、河北理工学院三所位于唐山的高校在校生调查，在校生中农村学生比例达 59.5%，2003 级学生的这一比例则达到 63.6%，有 29% 的农村学生来自国家级和省级贫困县。相反，近年来，清华大学、北京大学的新生中农村学生的比例比 1998 年低 3 个百分点左右，北京师范大学则下降了 8 个百分点。①

除了公立高等教育系统内部出现上述阶层差距的状况外，在普通民办高等教育中，学生来源地也具有明显的阶层特征。据 2003 年刘干对江苏 6 所民办高校学生的调查显示，学生的家庭所在地，大城市占 13.9%，中等城市占 30.9%，小城市（一指县区）占 24.3%，小城镇占 20.3%，农村仅占 9.2%。另外，学生家长的职业，工人占 24.0%，公务员 22.4%，个体工商户占 21.1%，企事业干部占 17.0%，农民占 6.9%，教师占 5.1%，医生占 2.2%，其他 1.9%。也就是说来自中小城市和城镇，家庭背景既非部、专业技术人员等高阶层，也非农民等低阶层，而是工人、公务员、个体工商户等中低阶层占据普通民办高校生源的主体。

在所调查的三省独立学院的生源地特征来看，也同样存在明显的优势经济阶层特点。

关于教育机会均等化的程度能否通过教育规模的扩大得到改善？从我

---

① 杨东平：《高等教育入学机会扩大中的阶层差距》，《清华大学教育研究》2006 年第 1 期。

国众多学者目前研究所得出的结论来看，大体可以通过两个结论来表达，第一，中国在 1990 年代高等教育机会的改善对于提高整个社会民众的公平性程度具有非常积极的意义。第二，但是在规模扩大的同时，基本上体现了西方学界卢卡斯（Lucas）的"有效地维持不平等（Effectively Maintained Inequality，EMI）假设"，即，社会经济处于优势的成员无论在何时都会确保他们自身和子女教育机会的优势。如果教育机会在数量上的差异是明显的，那么，优势阶层将获取数量上的优势；如果教育机会在质量上的差异是明显的，那么，优势阶层将获得质量上的优势。[①] 总之，从我国目前高等教育发展的现状来看，处于社会经济状况优势的阶层正在利用各种资源来确保获得该程度的教育。并且，他们还将确保数量类似但是质量更好的教育。

对于我国高等教育大众化过程中出现的上述两个基本特征，特别是第二个结论所反映出来的问题，其实深刻地揭示了，在高等教育规模扩大的同时影响机会均等的根本因素在于机制。中国高等教育系统内部具有精英主义资源配置特点的制度架构还在潜在而深刻地影响着高校之间在享受资源和声誉方面的分化，系统内部的巨大差异客观存在。

3. 高等教育的公共资助政策对于资源分配机制公平的影响

我们从教育机会均等的角度去理解成本回收政策，仅仅是一个维度。我们还必须考察成本回收政策对于高等教育公共资源分配公平的影响。简单来说，考察公共资源分配机制其实就是去分析在高等教育的公共资助运行机制，到底是把穷人的收入再分配给了富人，还是把富人的收入再分配给了穷人。也就是说，实行成本回收是使公共资源的分配变得更公平还是更不公平。

从成本回收理论来看，在我国目前的收费政策下，一个大学生获得的公共资助数量包含以下几个方面。学生接受高等教育的生均公共成本；学生获得的学费资助数量；学生获得的高等教育公共资助总量；"大学生情况调查组"根据对所调查的 13 所学校的三个方面的资助模式（不同层次、不同类型的学校，即根据学校的综合实力获取资助的比例）、资助额度进行统计分

---

① S.R. Lucas : Effectively Maintained Inequality: education transitions, Track Mobility, and social Background Effects..American Journal of Sociology,2001,106（6），pp.1642—1690.

析，得出的结论如下：在不同特征高校中家庭收入水平不同的学生组所获得的公共资助数量及其分配状况差异显著。收入水平低的家庭学生获得的助学金要高于收入水平中等的家庭和高的家庭的学生。然而，所获得的学费资助和奖学金要低于收入水平中等的家庭和高的家庭学生。但是由于各类学校比较重视"奖优"而不太重视"扶贫"，所以，总的趋势是学生获得的公共资助随着家庭的收入水平的提高而增加①。这种高等教育公共资助的分配模式及结果并不公平。

由于这项研究是在 2004 年新的国家助学贷款政策颁布之前②完成的，上述结论能代表目前这项经过改革以后的政策模式及效果吗？这可能还需要比较大型的实证分析对上述研究结论进行修正。但是，我们依然可以看出，根据新的助学贷款政策所搭建的公共资助体系③仍然反映出一些自身难以克服的问题。我们知道，作为一项辅助性政策安排。这项政策能否成为新的、有效的制度安排，关键在于是否能在既有的制度架构，比如商业银行的股份制，中央、地方财政的分税制，公立高校的教育行政领导制，以及个人信用制度（的缺失）之间建立沟通和协调的桥梁。事实证明，旧的助学贷款政策体系由于缺乏对既存制度环境的深刻理解而最终使助学贷款政策被制度的内在自闭系统所排斥。政策失效成为事实。新政策的实施，虽然解决了一些制度性矛盾，但是，政府的强推动力只是将部分的改革成本转移到政府的行政权限范围之内，或者说政府过分透支了对高校的教育行政管束，并没有从根本上消除制度障碍，弥和制度缺陷。比如，对于高校在整个改革中成本的分摊，以及在处理不同隶属关系学校的贫困生时，

① 钟宇平、陆根书：《高等教育成本回收对公平的影响》，《北京大学教育评论》2003年第 2 期，第 58 页。

② 2004 年 6 月教育部、财政部、人民银行、银监会发布了《关于进一步完善国家助学贷款工作的若干意见》，以这份文件为标志，新的国家助学贷款政策在贴息办法，还贷年限，操作机制，经办银行，银行风险，组织建设等多个方面进行了全面的改革，搭建了新的国家助学贷款制度平台。

③ 目前我国在高等教育阶段实施的学生资助政策主要包括：国家奖学金、助学金、助学贷款、学费补偿贷款代偿、困难补助、绿色通道等。这些学生资助政策总体上构成了一个较为完整的资助体系。但其中问题依旧存在。

采取各级政府各自分担有关助学贷款来源和风险的方法。这势必会复制既存的高校层级，和各隶属关系学校学生的不同政策待遇，使本来以公平为目标的社会资源再分配所产生的实际效益受到制约。这些都易于造成各利益相关主体潜在的动力衰减。

4. 教育系统内部的整体走向对公共资源配置结构公平的影响

仅仅考察高等教育系统内部不同社会经济地位学生所分享的公共资源是否公平还是不够的，因为，高等教育系统内部公平的实现有可能是以损害初中等教育为代价的，所以，如何从整个教育系统的角度去理解教育再分配政策的结构公平，是理解教育制度伦理公正的另外一个重要维度。

对于这一问题，我们可以这样理解。原本由国家支付的高等教育成本中的一部分，现在通过成本回收的方式节省下来，对于这部分资源该投向教育系统中的哪一部分？从西方众多学者研究的结果表明，"如果这部分资源用于资助仍然由支付它们的人才能获益的项目，则成本回收将不可能对教育系统中公共资源配置的结构公平产生任何积极的影响。即使把这部分收入用于发展初中等教育，如果它们是被用于支持富裕而且已经获得了较多公共资源支持的城市初中教育，则高等教育成本回收对教育系统中公共资源配置结构公平改善的积极意义也会有所削弱。"①

对此，我们以 1995 年、2004 年和 2007 年三个时间段的若干数据及整体的政策走势来比较和分析这十几年时间中国教育系统中公共资源配置结构的状况。

从表 21 可以清晰地看到，从小学到大学四个层次的受教育机会（入学率）来看，都得到了不同程度的提高，我国整体受教育面取得了很大的进步。从公共教育资源配置结构的特征来看，1995 年中国教育系统中公共资源配置存在着严重的结构不公平现象，这种不公平主要表现在初中及以下教育程度所分享的公共教育资源份额很低，而高中以上教育程度尤其是高等教育程度者分享的公共教育资源份额明显偏高。而 2004 年及 2007 年的生均财

---

① 钟宇平、陆根书：《西方学者论高等教育成本回收对公平的影响》，《西安交通大学学报（社会科学版）》2001 年第 1 期，第 91 页。

政预算内的教育经费支出数值则勾勒出了一个逐步趋于优化的公共教育财政配置结构。

表 21　我国 1995 年、2004 年、2007 年不同教育层次的入学率及生均财政预算内教育经费支出一览表

教育层次	入学率（%）			生均财政预算内教育经费支出（元）		
	1995 年	2004 年	2007 年	1995 年	2004	2007 年
小学	98.5	98.95	99.94	271.47	1129.11	2207.04
初中	78.4	94.1	98.0	507.95	1246.07	2679.42
高中	33.6	48.1	66.0	1057.03	1758.63	2648.54
大学	6.5	19.0	23.0	6912.05	5552.50	6546.04

注：图中数据均来自 1995 年、2004 年、2007 年《全国教育事业发展统计公报》及《全国教育经费情况执行情况统计公报》。

这种变化主要来自国家政策的整体性调整。从 2004 年开始在义务教育阶段逐步实行的"两免一补"到 2006 年《中华人民共和国义务教育法（修订草案）》明确规定的"实施义务教育，不收学费、杂费。""国家建立义务教育经费保障机制，保证义务教育制度实施"[1] 等政策的全面实施，国家教育投资政策的结构性转向已经逐渐清晰。如果从改进公共教育资源配置结构公平的角度来看，它是逐步契合从投放到小学教育→投放到小学和初中教育→投放到高中教育→用于扩展高等教育的发展轨迹的。

但是如果这种教育投资的结构性转向，是以带给高等教育内部资源配置不均为前提的话，那么，中央政府对整个教育系统的经费保障不足就有可能是影响教育制度伦理公正的重要因素之一。从社会各界谈论很多的财政性教育经费占 GDP 的比重长期徘徊在 3% 上下[2] 的客观事实，也正是对这一问题

[1]　全国人大教科文卫委员会教育室编《中华人民共和国义务教育法》学习与宣传读本。北京师范大学出版社第 18、21 页。

[2]　尽管 2012 年财政性教育经费终于达到 GDP 的 4%，但 21 世纪初徘徊不前，甚至有所回落的比例确实让人们对国家对教育的重视程度颇有微词。特别是 2005 年经济普查使 GDP 存量多出 2.3 万亿元，因此财政性教育经费占 GDP 比例 2004 年下降为 2.79%，处于低收入国家水平，远低于世界 4.4% 的平均水平。参见张力：《中国教育存在的问题及发展与改革的政策取向》，《中国经济时报》2006 年 3 月 17 日第 1 版。

的真实反映。

综上所述，上文从成本回收思维指导下的并轨招生政策、扩招政策、国家助学贷款政策以及教育系统内投资政策的整体走势分析，大体上揭示了我国促进教育公平政策模式的基本变革路向和实际结果。虽然，就结果来说，上文援引的若干研究并不一定能够从整体上完全客观地反映中国教育公平的现实。但是，几个基本结论还是得到证实，并具有一定代表性的。

第一，我国并轨招生政策确实使社会经济地位较低的学生获得了更为公平的受教育机会。扩招政策的大力推行对于提高整个社会民众接受高等教育机会的公平性程度具有非常积极的意义。

第二，但是，成本回收（分担）政策中家庭成本分担过高对于中低收入家庭学生选择接受高等教育的意愿以及选择接受高校和专业的类型已经造成实质性的影响，并且确实在抵消并轨政策和扩招政策带来的公平效应。

第三，在目前高等教育提供的高等教育入学数量机会均等的同时，质量差异的重要性程度已经开始取代数量差异的重要性程度。也就是说，在我国数量状况的高等教育整体的参与率不均减弱时，质量的不均等程度正在持续，甚至增加。

（三）走向质量公平的政策努力

规模扩大带来的质量问题已经是一个不争的事实。对于后扩招时代的中国高等教育来说，质量问题主要体现在以下三个方面：学生质量、科研质量以及服务质量。就学生质量而言，"钱学森之问"[①] 应该是钱老对中国（高等）教育系统培养质量的忧心忡忡的诘问。而 11 位教授联名给教育部部长袁贵仁及全国教育界发出的一封公开信，直面"钱学森之问"，可以说是将中国高等教育的学生质量及培养能力羸弱的现实进一步投向了公众

---

① "为什么我们的学校总是培养不出杰出人才？"这就是著名的"钱学森之问"。"钱学森之问"是关于中国教育事业发展的一道艰深命题，需要整个教育界乃至社会各界共同破解。

的视野。而牛津大学校长安德鲁·汉密尔顿在第四届中外大学校长论坛上含蓄地指出，中国学生变成了被动的接受者和倾听者，缺乏自主与创造性思维，缺乏挑战学术权威的勇气。无疑是西方大学管理者对于中国高等教育质量的中肯评价，可谓一语中的，直指中国高等教育质量问题的核心。中国学者抱怨的"中国的大学'不仅没有实行美式的通才模式，也丧失了苏式专才模式的优点'尽管有些言辞过激，但个中道理值得玩味。在科研质量方面，中国大学科研中学术权力服膺于行政权力，高校衙门化的现实也成为人们诟病中国高校科研能力的最主要问题。在服务质量方面，教授们的学问很多不是用来发展社会，而是用来评等、升级，和社会脱离了关系。而另外一些学问则被纳入社会、经济的系统中去，只为某一利益团体服务，以致"我吃谁的面包，我就哼谁的曲调"。①

　　基于上述日益凸显的质量问题，在国家主导价值取向方面以及总体性政策方面，质量公平成为当前乃至今后最为重要的政策诉求。胡锦涛总书记在清华大学100年校庆时对于高等教育质量进行了十分深刻的论述：讲话指出，全面提高高等教育质量，必须大力提升人才培养水平。全面提高高等教育质量，必须大力增强科学研究能力。全面提高高等教育质量，必须大力服务经济社会发展。全面提高高等教育质量，必须大力推进文化传承创新②。讲话不仅对于高等教育质量的重要性进行了强调，而且对于如何提高质量的途径与思路进行了高瞻远瞩的论述。其实，在此之前，关于我国高等教育的质量问题，国家及教育行政主管部门已经出台了一系列旨在提升高等教育质量的政策。比如，2007年1月25日开始实施的"高等学校本科教学质量与教学改革工程"，简称"质量工程"③；实施大学生创新型实验计划，批准120所高校立项实施16340个项目；设立"教学名师奖"，

---

　　①　郝志军:《把脉沉疴，重塑大学——大学的功能及其问题》，《南方周末》2011年3月3日《大参考》。

　　②　胡锦涛:《在庆祝清华大学建校100周年大会上的讲话》，人民出版社2011年4月24日。

　　③　该质量提升计划投资25亿元，是新中国成立以来中央财政用于我国高等教育教学质量和人才培养方面最大的一笔专项投入。

评选表彰 500 名国家级教学名师；遴选建设 1013 个国家级教学团队。作为"质量工程"的重要组成部分，教育部还正式启动了全国高等学校教学质量评估制度，包括北京大学、清华大学等国家重点建设的大学以及新建高校在内的 589 所本科高校，近千万名师生员工积极参与了"以评促建"工作。另外，推行高等教育提升工程，众多国内一流高校纷纷实施基础学科和应用学科拔尖学生培养试验计划①。特别需要指出的是，2010 年颁布的《国家中长期教育改革和发展规划纲要（2010—2020）》旗帜鲜明地提出通过"优化结构"来促进高等教育公平，并将"中西部高等教育振兴计划"作为高等教育质量提升工程的首要举措。可以说，从国家政策层面来看，高等教育质量已经成为当前高等教育政策系统的核心政策议题。试图通过政策的调整来缩小规模扩大了的高等教育质量差距，体现高等教育制度建构的质量公平目标正在成为一个关系高等教育系统长远健康发展，以及社会和谐安康的重大政策议题。

三、我国促进教育公平的政策模式：制度伦理视角的反思

（一）促进教育公平的政策模式

对于上述旨在促进教育公平的政策及效果的分析来看，我国高等教育乃至整体教育系统中的教育公平状况，其实并不乐观，甚至可以说比较严峻。特别是体现在质量差异方面的公平问题，尤其值得深思。

导致上述状况的原因，可能首先要归结于我国促进教育公平的政策模式。综观世界各国实现教育公平的政策模式来看，一般有两种：一种是以美国为代表的补偿性政策推进教育公平模式。这种模式建立在"科尔曼报告"

---

① 清华大学、北京大学等十多所大学的数、理、化、计算机、生五个学科率先进行试点。各大高校的拔尖学院一时间在各大高校纷纷成立，比如：北京大学的元培学院；清华大学的清华学堂；中山大学的博雅学院；南京大学的匡亚明学院；四川大学的吴玉章学院等。而应用学科培养少而精的拔尖创新人才，启动未来卓越工程师、卓越医师、卓越教师的培养计划，目前也正在实施。

基础上，通过不同人种的合校运动、校车运动，规定高校招收少数民族学生的比例和制定相应的优惠政策等来达成整个社会教育的公平。这种补偿性政策的指向是美国多元文化、种族、宗教背景下的弱势群体，以实现所有的受教育者进入教育系统的均等、参与教育的机会均等、试图达到教育结果均等，以及教育对生活前景机会的影响四个维度为政策设计目标。这种教育公平的政策模式，其实与罗尔斯所倡导的制度伦理价值三原则（平等自由原则、机会公正平等原则以及差别原则）基本吻合。虽然这种公平观念，具有很大的理想成分，但是，以这种补偿性教育政策试图建构的制度框架，是体现出制度伦理公正意蕴的。

而我国目前实行的扩大高等教育总体规模，增加每一个人的人均受教育机会，其实与日本一样，属于促进教育公平的另外一种模式——发展性教育政策模式。这种教育政策模式是以一种效率论为先导的，是一种通过总量扩大，提高整体教育的普及程度等方式来改善每一个个体受教育者的入学机会为目的的教育政策模式。对于日本这样一个单一民族、文化的国家来说，可能具有一定的适切性，但是在我国这样一个不同地域资源、环境、历史、文化差异显著的"异质性"国家，实施不加区分的"总量—人均"的机会均等，基本上属于一种促进教育公平的消极模式。因为，在我国差异性极大的现实中，仅靠同等对待的平均推进策略，企图通过社会发展自然缩小和弥补差距的设想是不现实的，从我国的经验和现实中其实已经得到了证实。作为一个国家的公共政策设计目标，弱化或者减小教育公平差异是终极目标。只有建立在机会均等基础上，依靠政府对弱势地区、弱势人群的倾斜性、补偿政策，即兼顾使用"发展性"和"补偿性"两种政策模式才有可能增进教育公平，推动教育平等。

（二）制度伦理反思

从应然的立场来看，我们可以去建构一种"发展性"和"补偿性"兼具的政策模式，但是，历史制度主义的经验又提醒我们，应然的策略建构和实然的行动实施往往存在差距，甚至不可逾越的鸿沟。从我们所选择的发展性教育政策模式来看，它其实就是我国高等教育制度、教育制度乃至整个政治经济制度深刻制约的结果。或者说是计划经济时代形成的精英主义制度架构的"惯性"使然。如果根据前面我们建构的教育政策和制度的关系模式来稍加概述的话，具体体现在两个方面，一方面是制度架构本身就制约着促进教育公平政策的产生；另一方面是由于既存制度框架的路径依赖作用影响了旨在促使公平的政策效果。前者如成本回收额度的设定，高等教育扩招方式的形成、行政审批政策的广泛实施、重点大学政策的强力推行、独立学院政策的"自然生成"，等等。后者如国家资助政策、并轨招生政策、扩招政策等的政策执行效力问题。

那么，我国1990年代以来，在高等教育领域内到底是一种什么样的制度体系在潜在制约着诸多教育政策的产生及实施呢？这些同样处于变迁之中的制度结构，是否本身就存在着伦理公正的问题？是否就需要接受制度伦理的考量呢？

近20年的高等教育制度变革，在原来高度集权化框架中带来的最大的一个变化是，中国的高等学校正逐步成为依法自主办学的主体。并且，地方政府也因分权的总体性走势而与高等学校一起，与中央政府构成了博弈的关系。但是，这种博弈关系呈现在制度框架里，具有以下两个主要特点。第一，博弈主体的非对等性，即中央政府和高校、地方政府之间是主与从、一与多的博弈关系。第二，政府和高校、地方政府之间的博弈是"非零和"博弈。[①] 我们知道，在制度的建构中，资源、权利是重要元素。就我国高等教育制度体系来说，政府是资源的主要供应者和教育事业的管理者，手中握有各种调控手段。而高校则是在政府提供的资源环境下受调控管理的办学者。这是一种具有典型"管制"特征的制度模式。这是迄今没有发生根本改变的前提性制度环境。因此，在这种基础性背景下，政府和高校之间的博弈关系就注定是主导与从属的关系。这种主从博弈的基本规则是"上有政策，下有对策"。[②] 从主导者关注的目标和利益来看，是要形成一个合理的高等教育结构，以实现教育对社会和经济发展的最大贡献，实现教育投资的最大效

[①]　冯向东:《高等教育结构：博弈中的建构》,《高等教育研究》2005年第5期，第2页。
[②]　冯向东:《高等教育结构：博弈中的建构》,《高等教育研究》2005年第5期，第2页。

益。而从从属者的目标指向来看，把握好自己在整个高等教育系统中所处的位置，赢得最有利的发展空间，以实现办学效益的最大化。因此，在主从博弈的制度框架下，从属方肯定是以政府的政策框架为基准做出有利于自己的行为选择。另外，这种制度框架的非对等性，还指中央政府与高校以及地方政府之间是一与多的博弈关系。即一个总体目标制定者，众多具体目标执行者；一个稀缺资源供给者，众多稀缺资源需求者。当政府为了更好、有效地实现政策目标时，最好的办法就是将政策目标与稀缺资源捆绑在一起，而众多目标执行者，则在有限的稀缺资源的争夺中选择自己的行动方式。

这是我国高等教育制度体系的最基本特征，它蕴涵着一种诱导趋同、攀高和导致无序的制度运行机理。因稀缺资源获取标准的同一性，所以，关乎资源配置的政策指向哪里，众多高校就会蜂拥向哪里。比如，国家提出要推进"211"、"985"工程，众多高校就纷纷希望挤进这一代表国家最高水平大学的行列，于是乎，建设世界知名高水平大学就成为众多高校的办学定位。政府试图改变"单一学科设置院校的模式，加强学科的综合性"，于是，办综合性大学就成为顺应改革潮流的流行举措。并且也确实"并"出了不少综合性高校。这种趋同现象比比皆是。同时，由于政策的价值指向是以既存制度框架中对精英主义和效率观念的隐性宣扬为基准的，所以，"攀高"也就成为与"趋同"相伴的现象。至于"无序"，是必然的。因为当政府要求各个高校根据自身条件自觉定位而不要一哄而起时，无异于让各个高校安于现状。这是任何一个高校，特别是位居下层的高校所不可能接受的。

伯顿·R. 克拉克曾经对体系和制度"惯性"的自我强化机制有过这样的描述：一个体系一旦形成，它就为自身的延续和变化提供了源泉。它变得越来越庞大、复杂，并且形成了自己的工作模式、信念模式和权力模式。集权型结构具有持续集权化的倾向，而分权型结构则有持续分权化的倾向。①正如克拉克教授所描述的那样，我国高等教育在扩招前的制度模式具有持续集权化的倾向。尽管分权已经作为一种实实在在的现实存在于国家的改革诉

---

① 伯顿·R. 克拉克：《高等教育系统——学术政治的跨国研究》，王承绪等译，杭州大学出版社 1994 年版。

求和具体的法规政策之中，但是，这种自我强化的"惯性"却深刻地影响着和制约着政策的效果和作用。

就既存制度基础对质量的影响来说，英国著名的高等教育研究专家巴奈特（Ronald Barnett）教授认为，中国的高等教育质量之所以这样，"是因为中国现阶段高等教育既处在数量的扩张又处在质量的提升这样一个特殊的阶段。"①这一特殊的制度背景对于高等教育质量的保障来说，是一种"欲走还留"的两难状态。巴奈特教授对于英国高等教育质量状况的表述进一步说明了高等教育的发展水平本身对于质量保障的影响。"在英国，高等教育的发展相对稳定，在一定的时期，社会、家长、学生以及政府对学校质量提出一定要求，学校主要的目的就是达到这一质量要求，这个过程就是质量保证。如果没有什么特殊的原因，外界不能经常对学校的质量提出不同的标准，标准应该是相对稳定的。"②这种被称作相对比较稳定的高等教育发展水平，其实可以理解为一种相对比较制度化的基础环境，高等教育质量保证和提升在充分考虑了高等教育人才培养的质的规定性和个人及社会需求的基础上达致一种相对稳定的质量标准体系。而这种保证高等教育质量的相对稳定的制度框架在我们国家，似乎还没有形成。

张曙光教授曾言，"我国目前的制度条件与发达国家不同。他们有一个市场经济比较完善的制度，在执行政策和分析时可以假定制度条件不变。而我国处于市场化进程中，双轨制使得体制往往与政策连动。"③张曙光教授揭示的制度和政策的关系，对于我们深刻理解我国高等教育发展中的质量问题很有裨益。在近些年中国的高等教育改革与发展中，政府对于高等教育的质量改进意愿不可谓不强，但是，由于相对稳定的、保证合需求性制度基础的缺失，一系列质量政策在与既存制度的连动中产生了体制和市场的扭结、变形，前文提及的体制性的市场化表现即是明证。所以，我们尽管认为我国高

---

① 王嘉毅：《高等教育的质量保证与质量提高》，《高等教育研究》2008 年第 12 期，第 24 页。

② 王嘉毅：《高等教育的质量保证与质量提高》，《高等教育研究》2008 年第 12 期，第 24 页。

③ 转引自康宁：《论教育决策和制度创新》，《高等教育研究》2000 年第 2 期，第 36 页。

等教育质量观的演进已经逐渐从政府主导下的单向度合规定性质量观阶段逐渐走向多主体参与表达的合需求性复合质量观阶段，但是，高等教育质量观在客观上的阶段性变化并不代表着高等教育质量的实际提升。

当然，质量观的演进路向也并非对高等教育质量的提升没有任何影响。有学者这样陈述市场与 21 世纪高等教育的关系，"21 世纪，原有的各种技术指标仅能作为合格与不合格的判别依据，过剩经济和买方市场的出现，使很多合格产品不能成为商品，只能成为无人问津的'合格的废品'和'滞销品'，只有让用户满意的产品才能变成商品，才能创造价值。这时，高等教育质量就是高等教育满足'消费者'需要的程度。"[①]事实上，大众化时代高等教育市场供求关系的深刻变化的确使得高等学校在人才培养的规格和类型方面表现出更多的市场决定倾向性。从典型的"客体性"合规定性单向度质量观走向"客体—主体性"合需求性复合质量观本身就表明多主体参与表达的强大力量。中国高等教育呈现出来的政府政策思维和各类高校的组织变革思维之间的"非同向性"，制度演进的"去强制性"、"逐渐增多的诱致性特征"业已共同促成了具有"复合效应"的制度变迁发展路径，而这种高等教育变革态势也许正影响着高等教育质量的深刻变化。

可以这样认为，这是一个具有精英主义制度惯性深刻影响下的制度，是一个以机会和资源的不平等配置为基础的制度。高度集中统一的管理体制并没有从根本上改变尽管有所改变。政府在教育资源的分配上基本上还是处于垄断地位，"使得政府一方'主导'的权重过大而高校一方'从属'的色彩太浓。"[②]有的学者将这种制度模式称为"宏观垄断，微观搞活"[③]，确有一定道理。尽管这种制度结构中的博弈关系固然有趋向攀高、趋同甚至无序的后果，但是，这种"一呼百应"、"全国一盘棋"的集体主义观念却是国家努力维持的，并且也是有利于国家进行全国调控，走赶超道路的必备制度运行基础。这是一种资源配置不公平的制度结构。正是由于这种不公平的制度结

---

①　马万民:《试论高等教育质量观的演进与建构》,《高等工程教育研究》2007 年第 4 期,第 52 页。

②　冯向东:《高等教育结构:博弈中的建构》,《高等教育研究》2005 年第 5 期,第 4 页。

③　杨东平:《从权利平等到机会均等》,《北京大学教育评论》2006 年第 2 期,第 8 页。

构的存在，所以，目的在于消除不公平双轨制的并轨招生政策，实际上却为众多高校带来了大量收取学费的直接刺激，为政府转移财政责任找到了合法化的渠道。目的在于以弱势补偿和保护扩招政策顺利实施的国家资助政策，却因依附于具有等级特性的高校资源配置制度基础上，减弱甚至削减了原本以公平为目标的社会资源再分配所产生的实际效益。目的在于扩大更多民众接受高等教育机会的扩招政策①，却因整个高等教育系统的整体性贫困，而演变成为众多高校"以学生换规模，以学生换经费"的资源争夺活动。并且，基于资源配置本身就缺乏公平性的制度结构，这种数量的整体性扩大，又带来了业已被证明的，质量上的差异和不同阶层受教育机会的新的不公平。从这种意义上来说，独立学院的合法化和在一些区域的蓬勃发展，实际也逃脱不了既存制度结构的影响以及来自制度伦理的质疑。具有精英主义特性的制度结构，由于本身所具有的市场渴求，而形成市场机制强化下的以"宏观效率"为主要取向的高等教育制度建构模式，它不仅深刻地影响着资源配置的运行机制和方向，而且不可避免地造成了对高等教育公平、正义、质量、规模等若干问题的潜在而深刻地影响。

总体上呈现"效率优先"特征的高等教育变革模式，是需要从既存制度基础的伦理视角进行考量的，而这种考量的核心就在于制度本身的正义和公正。教育制度应该体现一种什么样的伦理观呢？"公正"②的伦理原则应该被视为教育制度设置、架构或做出调整时的价值诉求。教育制度伦理的正义和公正是一种被视为可以获得广泛可接受性的教育基本伦理秩序与规范系统的基石。

在西方的政治理论和伦理研究中，"正义"是在讨论伦理问题时使用的一个核心词汇，在亚里士多德那里，它主要用于人的行为，在近代西方思想家那里，正义的概念越来越多的被专门用于评价社会政治制度的一种道德标准，被看作是社会制度的首要价值。罗尔斯对于这种转变做出了重要贡献。

---

① 起码是其中一个重要目的。

② 在本文中仅仅将"公正"理解为社会正义在教育制度中的体现，故对"正义"、"公正"、"公平"内涵不做严格区分。至于"公平"、"平等"内涵的界定，是一个有难度且复杂的问题，本文限于主题以及篇幅无法详及。

在他的《正义论》中，明确地指出，正义是社会主要制度的价值体系。"正义是社会的首要价值，正像真理是思想体系的首要价值一样。一种理论，无论它多么精致和简洁，只要它不真实，就必须加以拒绝或修正；同样，某些法律和制度，不管它们如何有效率和有条理，只要它们不正义，就必须加以改造或废除。"[①] 他关于正义的阐发引起了西方社会伦理学的转向，把人们的目光引向了对制度的伦理基础、制度本身所追求的价值等伦理问题的研究上来。罗尔斯明确地将社会制度的正义安排放在高于个人美德公正的优先位置，西方伦理价值取向由此而发生转变。社会制度伦理从此逐渐凸显为当代西方伦理学的中心主题。他认为制度伦理就是研究社会的基本结构即社会的主要制度，在基本的权利、义务和社会合理的利益分配方面的正义问题。在此基础上，罗尔斯提出了关于制度伦理价值二原则。第一个原则是平等自由原则。主要用于调节公民的政治权利问题。第二个原则是机会公正平等原则和差别原则的结合，主要调节社会和经济利益的不平等问题。根据他规定的"词典式序列"（lexical order）[②] 第一个原则优先于第二个原则，而第二个原则中的机会公正平等原则又优先于差别原则。他认为只有在这两条原则的指导下对现代社会结构、制度进行选择、设计，社会才使正义的。

罗尔斯的思想具有理想的性质，但是他所倡导的伦理正义原则对后人有很大的启发。在教育制度的架构、设计和调整中，教育制度能否体现正义性同样应该成为衡量教育公正的首要标准。罗尔斯的第一正义原则，体现在教育制度中就是所有的人都有权利平等的接受国家提供的教育。这一原则反映的思想在世界各国颁布的《义务教育法》中都有所体现。但是，正如前文我们提醒的那样，新中国成立初期在权利平等基础上推行的教育公平行动，由于是以"狭隘"的阶级内部平等为目标取向的，所以，它并不符合罗尔斯的第一公正原则。罗尔斯的第二正义原则相对比较复杂。他不仅关注在形式上的平等，而且试图通过他的正义原则实现一种事实上的平等。他认为，这些差别人们不仅不能加以选择，而且还对人一生产生深刻的影响。针对人的社

---

① 罗尔斯：《正义论》，中国社会科学出版社 1998 年版，第 3 页。

② "词典式序列"即一种编辑词典时的次序安排：比如，只有列举完所有需要列举的以 A 为字母的单词十，才能考虑以 B 为首字母的单词。

会出身和自然天赋等起点的不平等，社会制度应该始终从最少受惠者的立场来考虑问题，采取补偿原则来加以矫正。这种观点对于中国教育具有十分重要的意义。前文分析到的中国 90 年代以后的发展性教育政策模式面临的诸多公平困境，其实可以以罗尔斯的第二条公正原则加以调整。所幸的是，我国目前在整个教育中提出的"缩小教育差距"的政策导向正昭示着这种转变。

尽管罗尔斯的正义论受到哈佛同事罗伯特·诺齐克"自由至上主义"、普林斯顿大学迈克尔·沃尔泽的"复合公正"观点，以及阿拉斯戴尔·麦金太尔、桑德尔、克莱默等学者的正义观点的挑战。甚至罗尔斯本人也在 1992 出版的《政治自由主义》中也承认了自己以前正义论中的一些不足，并进行了修正，提出了"交叉共识"的新理论。但是不管怎样，没有人会否认罗尔斯正义论带给人们对于理想正义的向往，没有人否认正义在社会制度体系的核心价值，尽管关于正义的多元化理解已经占据了主流话语地位。

对于我国高等教育发展来说，教育公平的实现不仅需要在整个社会发展的宏观规划中依据同质平等原则加以通盘考虑，而且，在具体推行时，又要求依据异质平等的原则，设计多样化的区域实施方略，以符合当时当地的经济发展与教育实际。这种基于"异质性"需要进行的补偿政策设计，直接的挑战在于需要面临因财力、物力不足而产生的公平和效率、质量之间的矛盾。而潜在和深层的制约在于当教育政策需要作出价值选择时，既存的制度架构所体现出来的资源配制机制和潜在的价值宣称会影响甚至决定政策的产出和实施。在特定时期的政策如何体现出公正，可能不仅仅是一个政策价值选择的问题，而且还是一个价值选择是否能够得到制度支持从而实现的问题。库姆斯（1985）所言，"改进教育质量的目的并不一定与增进教育机会平等的目标相矛盾，但有时会产生明显的对抗。当这种情况发生时，必须考虑替代的方法和权衡利弊，目的不在于实现理想，而在于达到一种合理和现实的折中和平衡。"① 这里所谓的折中和权衡，其实就是基于制度特征而作出的介于理想和现实之间的调和。因此，如何在深刻理解既存制度特点的基础

---

① 转引自中国教育发展研究中心：《2002 年中国教育绿皮书》，教育科学出版社 2002 年版，第 77 页。

上，通过政策调整教育制度中存在的诸多形式或者实质的不公平，从而使教育制度回复成为蕴涵教育公益，彰显教育公平，复归教育本性的正义制度，使制度伦理公正重新回复教育制度本身，对于目前我国高等教育政策来说是一个重大的历史命题。

总之，由于教育在整个社会中的基础性和特殊性，教育不仅体现着社会公正，而且具有调整社会公正的作用，所以强调教育制度伦理公正在当代教育领域具有特别重要的意义。教育制度不应成为复制社会不公平的工具，而应该担负起缩小社会差距、矫正社会不公的积极手段。在这种教育制度里，每一个人都有接受教育的权利，都能获得适合于他（她）发展的机会。在任何一个起点，每一个人都能有一条或多条通道，通过自身的努力而实现自己的最大限度地发展。对于那些先天具有不利处境的最少受惠者，教育应该能给予他们最大的矫正或补偿。我们在考虑教育公正问题时，着眼点必然会落在教育制度是否体现着教育公正上。而我们在进行教育制度伦理分析时，教育公正作为一种基本价值诉求必将处于核心地位。对于我国高等教育的变革以及目前正在进行的大众化，我们需要从制度伦理的视角去对其提出新的，也是最基本的要求。

结　束　语

从本质上讲，高等教育的变革过程本身就是逐步走向教育民主化的过程。而高等教育的"大众化"努力及推进过程其实就是这一教育民主化进程的直接体现。通过本书的细致分析，我们看到，自新中国成立以来我国高等教育的发展道路其实并不平坦。在这一变革过程中，大众教育和精英教育观念始终存在，并一直存在矛盾冲突。这种矛盾和冲突不仅体现在政府的改革价值观和政策选择中，而且，还深刻地受制于制度环境的改变以及多种变革力量的影响。从新中国成立以来若隐若现的大众教育诉求到世纪之交典型的大众化努力中，我们都可以看到这些因素组合而成的不同作用模式。

由此，在回顾我国高等教育发展路径的基础上，结合当前高等教育实际，以"高等教育大众化的中国道路"作为统整再说几句，其实蕴涵着对于指导我国高等教育变革价值观的整体反思，蕴涵着对于当今中国高等教育大众化实践的现实关照，蕴涵着对于理想的价值选择和实践的改革路径之间张力的进一步思索。

自新中国成立以来的中国高等教育发展道路始终是与高校组织的变革相伴随的。即使是在精英主义很是强大的制度架构中大众教育诉求也都有不同程度地体现。概要来说，它经历了从 20 世纪 50 年代主要依靠非正规教育系统的新增组织推行的外延式扩张，到世纪之交主要借助于正规高等教育系统内各级组织的内聚式扩张，以及依托计划与市场嫁接的新型增量组织走中间扩展道路的态势。从第一次直接通过质的变化带动量的扩张，到第二次借助于量的扩展催生质的变化，在不断尝试和艰难平衡中前进似乎是中国高等教育大众化发展路径的总体印象。

　　如果说 20 世纪 50 年代的第一次大众化努力，最终因政治办学大环境的影响，而以一种群众运动的组织变革方式发生了歪曲并最终导致失败的话，那么世纪之交的典型大众化努力则基本上是以作用于基层教育组织上的"体制性的市场化逻辑"展开。在这种逻辑主导下的中国高等教育大众化进程，使中国形成了能够根据社会需要而不断调整自我行为的高等教育基层组织。"中国的高等院校应该是人类历史上从未有过的最像企业的大学"似乎可以看作对这种组织的一个毫不夸张的评价。如果从行政科层机制和市场机制的结合程度来看，中国高等学校具有毫无疑问的"同质性"特点。只不过，相对基层的高校由于本来就微弱的文化机制，本身并不具备有效抵制市场力量渗透的能力，而导致缺乏文化机制影响的教育组织直接面对市场的刺激，教学服务的市场化成为这类组织的基本特点；而位阶靠上的高校在经历了最初的教学服务的市场化以后，逐步找寻到文化机制的市场化途径，体现为将文化机制和市场力量进行充分结合的研究市场化上。中国高校的市场化路径，尽管方式有所不同，但是，使各类教育组织直接被强物质激励的竞争体制所包围，高等学校的利益主体与市场的竞争压力产生直接关联，而缺乏如一些国家的福利政策影响下的市场压力隔绝带①。这是导致中国高等教育在伴随着数量急剧扩大的同时，其市场化也走在这个时代潮流最前端的根本原因之一。

　　所以，尽管这两次规模扩张变革实践中一直都蕴涵着教育民主化的变革力量，也不同程度地体现出推动中国高等教育走向大众化的变革努力，但是，变革进程并非一帆风顺。我们看到，尽管来自大众教育的推动力量一直存在，可试图保持精英教育品性的力量也同样强大。如何在这两种力量之间做出较好地平衡，并推动大众教育和精英教育的和谐发展，这对于教育变革

---

　　①　在日本包括国立大学在内的国家设施性大学中，社会对大学的控制通过以下过程进行：首先，选举产生议会，其次，议会指定法规和组织官僚行政组织，然后由法规和行政监督来控制国立高等院校。由于控制必须通过明文化的规则和具有明确目的的预算来进行，所以，来自社会和政府的控制就对大学的自主性形成了强烈的限制，要改变这种机制，首先需要在制度上作很大变革。日本国立大学的法人化就是明显的例证。

主要推动者的政府来说，也实非易事。"欲走还留"的两难摇摆，似乎可以看作是政府在很长一段时间的写照。于是，这种外显为发展性教育政策推动下的规模扩张模式，其形成的事实却与真正的大众教育方向存在着不小的"距离"。从前文对两次高等教育扩张过程的历史还原及其原因分析，我们可以十分真切地体会到这一点。也许，这正是高等教育变革的"常态"。也正是从这种意义上来说，中国高等教育的发展路径，几乎可以看作是一种外显于"控制"与"扩张"规模的矛盾，而内隐于"大众"与"精英"组织冲突的变革形态。

基于此，我们在本论文行将结束时，有必要以概要的语言加以总结回答。

中国高等教育的发展进程，并非出自大众教育力量的单方推动，也不仅仅体现在政府的改革价值观和政策选择中。总体来讲，背负着太多的经济、政治诉求以及既存制度结构潜在而强大的规模渴求，呈现出由强制性制度变迁向典型诱致性制度变迁逐步转移的谱系，并逐渐体现出复合推动的基本特征。其中，源于高等教育系统的整体性贫困，并由此引发的各种高等教育组织"以规模换经费，以规模争位阶"为目的的资源争夺活动，在实现着摆脱组织生存危机、寻求组织位阶提升、获取组织合法性等组织变革目标的同时，客观上也在不断推动着高等教育系统规模的扩张。基于这种逻辑展开的组织变革，带来的结果往往是系统规模不可抑制增长与组织变革的同质化倾向。

在我国高等教育的发展进程中，地方政府的政策再生产和教育组织本身的变革力量，对于国家高等教育发展路径具有深刻的影响。在高等教育发展的不同阶段，基于变革力量强弱对比所形成的变革方式，客观上呈现为高等教育发展的阶段性特征，并最终形成了高等教育的总体性演进路径。

21 世纪以来，我国高等教育的发展体现为系统规模扩张基础上的大众化走向。在这一进程中，变革的力量所生成的具体教育组织形态隐约显现着路径倚赖的制度变迁特征，并体现出"传统主义质量观——扩张主义规模观指导下的体制外组织强依附发展模式"。概言之，呈现出由单纯依靠普通公立高校的"内聚式增长"逐步走向引进市场机制做大做强公办高等教育，以及通过公办高校资源的隐性外延式扩张培育新型教育组织的"中间道路"发展趋势。

中国高等教育的发展路径，是既存制度结构和我国长期秉承的发展性教育政策连动的结果，尽管现今的补偿性政策思维在高等教育发展中有所体现，但发展性政策的惯性依旧强大。在此基础上所展现出的"意料之外"而又"情理之中"的中国高等教育发展路径，固然需要我们在解释性思维下予以理解，但是，在整体性制度环境逐步彰显出和谐、公平的氛围中，"体制性的市场化逻辑"思维值得思考。

如果将这种变革思维放入20世纪80年代以来西方大部分发达国家的政府再造运动的视野中进行分析的话，我们会发现，我国自90年代以来的高等教育变革之路，具有与上述国家部分相似的一面。比如，服务及顾客导向的强化；公共行政体系内的市场机制及竞争功能的引入。但是中国的高等教育变革思维，总体上来说，是深受"体制性的市场化逻辑"影响的。这种变革思维与流行于西方的新自由主义变革思维具有本质的区别。在新自由主义的观念里，政府和市场是划分开来的。将政府可做可不做的事情交由市场，而政府只负责关乎共同利益而市场又不能很好实现的事情。但是，在我们国家的变革思维中，政府和市场是纠缠和难以分开的，用政府行政的方式去做市场，使行政机制与市场机制产生隐性或显性的嫁接，乃是我国在高等教育变革过程中反映出来的惯常行为方式。这种方式有可能契合了管理主义对于"效率"的追求，但是对于新公共管理中关于公平和正义的关注，却在这种模式的变革思维中受到了一定程度的削弱。

当然，我们也必须看到，在和谐、公正逐步成为整个社会的主旋律时，以发展性教育政策模式为主导的变革方式目前正在发生着一些值得期待的变化，补偿性教育政策模式已现端倪。比如，从2004年开始在义务教育阶段逐步实行"两免一补"到2006年9月1日正式实施的《中华人民共和国义务教育法（修订草案）》，真正"免费"的义务教育已经得到法律所构建的新机制的切实保障；比如，在2006年11月7日全国职业教育工作会议上，温家宝总理的"大力发展中国特色的职业教育，加快培养高技能人才和高素质劳动者"的重要讲话；再比如，以提高研究生教育水平为目的的"国家建设高水平大学公派研究生项目"在 2007 年的全面启动。更值得关注的是，2010 年在全国各方力量共同参与、见证下的《2010—2020 中国教育改革与发展规划纲要》颁布实施。总之，这些凸显"普及、发展、提高"[①] 政策意图的具体措施，已在昭示着中国政府对于教育变革的态度和决心，但是，我们也必须清醒地认识到，这些具有良好意愿的政策措施能否真正实现既定政策目标，继而推动整个教育制度的健康发展，可能也是需要继续加以观察的。

行文至此，正文其实已经结束了。但是正如姑娘即将出嫁，做父母的总会围着女儿左看看，右瞧瞧，或是帮着女儿拽拽衣角，或者摸摸早已打理整洁的发髻。留恋之情自是一方面，恐怕衣着容貌哪有不周，失了礼数，招惹笑话，则更是常人心态。所以，笔者也忍不住想再多说几句，为即将完稿的论文做点说明和补充。当然，实际意义可能不大，重申一下写作立场，倒也未尝不是一个办法。

首先，重申一下对于独立学院的态度。本书并非是为独立学院在中国的发展摇旗呐喊，也并不认为独立学院的发展道路就是中国高等教育大众化未来应该呈现的方向。因为，将这种组织形式放置在公平以及合法性维度进行考量的话，它对于优质教育机会的隐性占有，对于弱势受教育群体的潜在排斥，以新富人群为主要受众，用加大了的成本回收额度来滋养母体高校注定是与大众化教育所强调的对弱势受教育人群的纳容有抵触的。这的确是不争的事实。但是，我们首先应有的态度，应该是去正视它，正视它的实际影响，正视独立学院为什么会在中国被政府承认，为什么会在一些区域获得蓬勃发展？只有这样，我们才能进一步分析这种"困境中的选择"所能折射出的变革思维以及对我国高等教育整体走向的深刻影响。正是出于这种考虑，在本书的写作中，独立学院似乎被放大了。但是，需要强调的是，这种被放大的应该是独立学院背后的高等教育变革思维，而绝非这种组织本身的实际增量意义。

---

① 　所谓"巩固、发展、提高"是指普及和巩固义务教育，大力发展职业教育，提高高等教育质量。这是"十一五"规划纲要对教育事业发展提出的三项主要任务。

其次，对于地方大学策略空间的看法。在本书的写作中，一个重要的特点是更加关注中微观层面教育行动者在高等教育发展进程中的力量及其表现形式。这种思维不仅表现在前文对西部地方大学典型个案的详细分析中，而且还体现在独立学院组织变革生态以及中心城市办大学、地区师专院校转型之路上，甚至连新中国成立初期的院校调整和1958年高等教育"大跃进"中，我也贯彻了对于多行动者策略行为及作用方式的考察。在我看来，高等教育制度变迁之路绝不能简而化之为"强制性制度变迁"或者"诱致性制度变迁"这样的概括，高等教育制度变迁之路应该是历史的、复杂的、多变的、充满场域感的，是既在"情理之中"又在"意料之外"的。仅仅停留在宏大叙事上的分析极有可能将变革实践的中微观作用力量忽略或者抹杀，使得变革之路的呈现变得过于"理性"、"自然"和"意料之中"。当然，在这种分析思维中，由于策略空间本身的"微妙"及"缄默知识"特性，经由书面语言及文字加工过的"策略空间"及"策略行为"是否还原汁原味？这就需要读者批判、指正！另外，就制度变迁路径中的"策略空间"及"策略行为"的影响，如何从制度伦理的角度进行考量，这在文章中并没有着墨太多，甚至有些不足。这种"明知故犯"的处理方式本身就反映出作者一些同样"不可言传"的态度。愿读者自去揣摩。

最后，对于本书中"高等教育发展路径"与"大众化发展路径"关系的一点说明。本书是对我国高等教育发展路径的整体梳理和呈现，其中对于高等教育"大众化"努力及典型大众化进程的分析是整篇文章的重要隐线。所以，在本书的总结分析部分，有时将高等教育发展路径与大众化进程并未做区分。这种处理除了考虑到当前我国高等教育正处于大众化发展阶段之外，还在于，"大众教育"与"精英教育"两种观念的潜在冲突始终伴随着高等教育的整个发展历程。甚至可以说，高等教育的发展路径在一定程度上就是逐渐走向大众教育的历程，是高等教育民主化的过程。另外，由于本书整体上具有历史制度主义的基本特征，它更加强调对制度创生、变革与发展的追根溯源，所以，在对高等教育大众化进程的分析时，并没有仅仅局限于世纪之交那次典型的变革活动，而是将眼光放在了之前长长的历史进程中，去找寻我国高等教育"大众教育"力量及呈现形式的蛛丝马迹，去挖掘"大众教育"与"精英教育"的瓜葛纠缠、冲突调和。总之，本书所秉承的历史制度主义分析思路意在呈现出更加真实、更加丰富的中国高等教育现代化、民主化进程，呈现出诸多观念冲突，若干种价值艰难选择，诸多变革力量杂揉互动、共同生成的动态的中国高等教育发展路径。

参 考 文 献

一、中文著作类

1. 陈庆云:《公共政策分析》,中国经济出版社 1996 年版。

2. 陈振明:《政策科学》,中国人民大学出版社 1998 年版。

3. 陈学飞:《美国、德国、法国、日本当代高等教育思想研究》,上海教育出版社 1998 年版。

4. 陈向明:《质的研究方法与社会科学研究》,教育科学出版社 2000 年版。

5. 成有信:《教育政治学》,江苏教育出版社 1993 年版。

6. 丁煌:《政策执行阻滞机制及其防治对策》,人民出版社 2002 年版。

7. 戴晓霞:《高等教育市场化》,北京大学出版社 2004 年版。

8. 费孝通:《费孝通学术文化随笔》,中国青年出版社 1996 年版。

9. 范文曜、马陆亭:《高等教育的体制创新——独立学院发展综合分析报告》,西北大学出版 2005 年版。

10. 方福前:《公共选择理论:政治的经济学》,中国人民大学出版社 2000 年版。

11. 郝瑜:《高等教育大众化——陕西省的经验、问题与前景》,高等教育出版社 2004 年版。

12. 何东昌:《中华人民共和国重要教育文献（1949—1975）》,海南出版社 1998 年版。

13. 顾明远:《民族文化传统与教育现代化》,北京师范大学出版社 1998 年版。

14. 国家高级教育行政学院:《中国高等教育体制改革世纪报告》,人民教育出版社 2001 年版。

15. 教育部发展规划司:《加快高等教育管理体制改革的步伐》,南京大学出版社 1998 年版。

16. 康宁:《中国经济转型中高等教育资源配置的制度创新》,教育科学出版社 2005 年版。

17. 康宁:《中国高等教育资源配置转型程度指标体系研究》,教育科学出版社 2011 年版。

18. 康永久:《教育制度的生成与变革》,教育科学出版社 2003 年版。

19. 劳凯声:《变革社会中的教育权与受教育权:教育法学基本问题研究》,教育科学出版社 2003 年版。

20. 劳凯声:《中国教育法制评论（第 1—5 辑)》,教育科学出版社 2002、2003、2004、2005、2006 年版。

21. 劳凯声、郑新蓉:《规矩与方圆——教育管理与法律》,中国铁道出版社 1997 年版。

22. 刘复兴:《教育政策价值分析》,教育科学出版社 2003 年版。

23. 李岚清:《李岚清教育访谈录》,人民教育出版社 2003 年版。

24. 林德金:《政治研究方法论》,延边大学出版社 1989 年版。

25. 马凤岐:《教育政治学》,人民教育出版社 2002 年版。

26. 刘军宁:《市场社会与公共秩序》,生活·读书·新知三联书店 1996 年版。

27. 潘懋元:《潘懋元高等教育》,新华教育出版社 1991 年版。

28. 潘懋元:《中国高等教育大众化理论与政策》,福建教育出版社 2003 年版。

29. 裴娣娜:《教育研究方法导论》,安徽教育出版社 1994 年版。

30. 钱乘旦:《在传统与变革之间——英国文化模式溯源》,浙江人民出版社 1991 年版。

31. 祁型雨:《超越利益之争——教育政策的价值研究》,高等教育出版社 2003 年版。

32. 秦国柱:《中国新大学运动》,福建教育出版社 1996 年版。

33. 孙绵涛:《教育政策论》,华中师范大学出版社 2002 年版。

34. 施惠玲:《制度伦理研究论纲》,北京师范大学出版社 2003 年版。

35. 王英杰:《美国高等教育的发展与改革》,人民教育出版社 1993 年版。

36. 石中英:《知识转型与教育改革》,教育科学出版社 2001 年版。

37. 石中英:《教育学的文化性格》,山西教育出版社 2003 年版。

38. 谈松华:《中国教育现代化的区域发展》,广东教育出版社 2003 年版。

39. 邬大光:《中国高等教育大众化问题研究》,高等教育出版社 2004 年版。

40. 谢作栩:《中国高等教育大众化发展道路的研究》,福建教育出版社 2001 年版。

41. 薛晓源、陈家刚:《全球化与新制度主义》,社会科学文献出版社 2004 年版。

42. 俞可平:《权利政治与公益政治——当代西方政治哲学评析》,社会科学文献出版社 2003 年版。

43. 袁振国:《教育政策学》,江苏教育出版社 2001 年版。

44. 袁振国:《论中国教育政策的转变——对我国重点中学平等与效益的个案分析》,广东教育出版社 1999 年版。

45. 袁振国:《中国教育政策评论（2000—2006）》,教育科学出版社 2000—2006 年版。

46. 杨东平:《艰难的日出——中国现代教育的 20 世纪》,文汇出版社 2003 年版。

47. 张金马:《政策科学导论》,中国人民大学出版社 1992 年版。

48. 张国庆:《现代公共政策导论》,北京大学出版社 1997 年版。

49. 张曙光:《制度·主体·行为——传统社会主义经济学反思》,中国财政经济出版社 1999 年版。

50. 张力:《教育政策的信息基础》，高等教育出版社 2004 年版。

51. 张新平:《教育行政组织的发展与创新》，南京师范大学出版社 2003 年版。

52. 张敦福:《区域发展模式的社会学分析》，天津人民出版社 2002 年版。

53. 张金泰:《英国的高等教育:历史·现状》，上海外语教育出版社 1995 年版。

54. 张应强:《文化视野中的高等教育》，南京师范大学出版社 1999 年版。

55. 中共中央文献研究室:《三中全会以来的重大决策》，中央文献出版社 1994 年版。

56. 中央教育科学研究所教育战略规划与政策研究室:《中国区域教育发展研究报告》，广西师范大学出版社 2003 年版。

57. 转型期中国重大教育政策案例研究课题组:《缩小差距——中国教育政策的重大命题》，人民教育出版社 2005 年版。

58. 周雪光:《组织社会学十讲》，社会科学文献出版社 2003 年版。

59. 朱谦之:《文化哲学》，商务印书馆 1990 年版。

60. 郑新蓉:《现代教育改革理性批判》，人民教育出版社 2003 年版。

61. 郑也夫:《代价论——一个社会学的新视角》，生活·读书·新知三联书店 1995 年版。

62. 朱国云:《公共组织理论》，南京大学出版社 2003 年版。

63. 邹吉忠:《自由与秩序——制度价值研究》，北京师范大学 2003 年版。

二、中文译著类

64. ［英］阿什比:《科技发达时代的大学教育》，藤大春，藤大生译，人民教育出版社 1983 年版。

65. ［法］爱弥尔·涂尔干:《教育思想的演进》，李康译，上海人民出版社 2003 年版。

66. ［法］爱弥尔·涂尔干:《社会学方法的规则》，胡伟译，华夏出版社

1999 年版。

67.［英］埃德蒙·金:《别国的学校和我们的学校——今日比较教育》，王承绪等译，人民教育出版社 2001 年版。

68.［英］安东尼·吉登斯:《社会的构成——结构化理论大纲》，李康等译，生活·读书·新知三联书店 1998 年版。

69.［英］安东尼·德·雅赛:《重申自由主义》，陈茅等译，中国社会科学出版社 1997 年版。

70.［美］埃莉诺·奥斯特罗姆:《公共事物的治理之道》，余逊达、陈旭东译，上海三联书店 2000 年版。

71.［美］埃莉诺·奥斯特罗姆等:《制度激励与可持续发展:基础设施政策透视》，陈幽泓等译，上海三联书店 2000 年版。

72.［西班牙］奥尔特加·加塞特:《大学的使命》，王承绪等译，浙江教育出版社 2002 年版。

73.［美］B.盖伊·彼特斯:《政府未来的治理模式》，吴爱明译，中国人民大学出版社 2001 年版。

74.［美］丹尼尔·布尔斯廷:《美国人·开拓历程》，赵一凡译，生活·读书·新知三联书店 1994 年版。

75.［美］德里克·博克:《走出象牙塔——现代大学的社会责任》，王承绪等译，浙江教育出版社 2002 年版。

76.［美］保罗·A.萨巴蒂尔:《政策过程理论》，彭宗超译，生活·读书·新知三联书店 2004 年版。

77.［美］伯顿·克拉克:《高等教育新论——多学科的研究》，王承绪等译，浙江教育出版社 2002 年版。

78.［美］伯顿·克拉克:《高等教育系统——学术组织的跨国研究》，王承绪等译，杭州大学出版社 1994 年版。

79.［美］查尔斯·E.林德布洛姆:《政策制定过程》，朱国斌译，华夏出版社 1988 年版。

80.［美］戴维·奥斯本彼德、普拉斯特立克:《摒弃官僚制:政府再造的五项战略》，谭功荣、刘霞译，中国人民大学出版社 2002 年版。

81.［英］哈耶克:《自由秩序原理（上、下)》，邓正来译，生活·读书·新知三联书店 1997 年版。

82.［美］赫伯特·A. 西蒙:《管理行为——管理组织决策过程的研究》，杨砾等译，北京经济学院出版社 1991 年版。

83.［荷兰］弗兰斯·F. 范富格特:《国际高等教育政策比较研究》，王承绪等译，浙江教育出版社 2001 年版。

84.［美］弗里曼等:《中国乡村，社会主义国家》，陶鹤山译，社会科学文献出版社 2002 年版。

85.［美］菲利·G. 阿特巴赫:《比较高等教育:知识、大学与发展》，人民教育出版社 2001 年版。

86.［美］J.C. 亚历山大:《新功能主义及其后》，彭牧译，南京译林出版社 2003 年版。

87.［美］克拉克·克尔:《高等教育不能回避历史——21 世纪的问题》，王承绪等译，浙江教育出版社 2002 年版。

88.［美］克拉克·克尔:《大学的功用》，陈学飞等译，江西教育出版社 1993 年版。

89.［美］卡尔帕顿、大卫·沙维奇:《公共政策分析和规划的初步方法》，孙兰芝、胡启生译，华夏出版社 2002 年版。

90.［德］柯武刚、史漫飞:《制度经济学:社会秩序与公共政策》，韩朝华译，商务印书馆 2003 年版。

91.［法］让·雅克·卢梭:《社会契约论》，何兆武译，商务印书馆 1980 年版。

92.［美］罗伯·M. 赫钦斯:《美国高等教育》，王承绪等译，浙江教育出版社 2002 年版。

93.［加］迈克·富兰:《变革的力量——透视教育改革》，富兰、中央教科所译，教育科学出版社 2000 年版。

94.［法］米歇尔·福柯:《规训与惩罚》，刘北成、杨远缨译，生活·读书·新知三联书店 2003 年版。

95.［法］米歇尔·福柯:《知识考古学》，谢强、马月译，生活·读书·新知三联书店 1999 年版。

96.[德]马克斯·韦伯:《新教伦理与资本主义精神》,于晓等译,三联书店 1987 年版。

97.[德]马克斯·韦伯:《学术与政治》,冯克利译,外文出版社 1998年版。

98.[德]格尔哈德·帕普克编:《知识、自由与秩序——哈耶克思想论集》,黄冰源等译,中国社会科学出版社 2001 年版。

99.[加]露丝·海荷主编:《东西方大学与文化》,赵曙明译,湖北教育出版社,OISE 出版社 1996 年版。

100.[美]列维·斯特劳斯:《霍布斯的政治哲学》,申丹译,译林出版社 2001 年版。

101.[美]J.R.麦克法夸尔、费正清编:《剑桥中华人民共和国中国史(1949—1965)》(第 14 卷),谢亮生等译,中国社会科学出版社 1990 年版。

102.[美]诺斯:《经济史中的结构与变迁》,陈郁、罗华平译,上海三联书店 1994 年版。

103.[美]诺斯:《制度、制度变迁和经济绩效》,杭行译,上海三联书店 1994 年版。

104.[法]P.布尔迪厄、J-C.帕斯隆:《再生产——一种教育系统理论的要点》,邢克超译,商务印书馆 2002 年版。

105.[日]青木昌彦:《比较制度分析》,周黎安译,上海远东出版社2001 年版。

106.[美]乔纳森·特纳:《社会学理论的结构(上、下)》,邱泽奇等译,华夏出版社 2001 年版。

107.[美]R.M.克朗:《系统分析与政策科学》,商务印书馆 1986 年版。

108.[美]杰克·普拉诺:《政治学分析辞典》,胡杰译,中国社会科学出版社 1986 年版。

109.[美]托马斯·R.戴伊:《自上而下的政策制定》,鞠方安、吴忧译,中国人民大学出版社 2002 年版。

110.[日]藤田英典:《走出教育改革的误区》,张琼华、许敏译,人民教育出版社 2001 年版。

111.［美］斯金纳·B.F：《科学与人类行为》，华夏出版社 1989 年版。

112.［美］司徒亚特·S. 那格尔编著：《政策研究百科全书》，林明等译，科学技术文献出版社 1990 年版。

113.［英］斯蒂芬·鲍尔：《政治与教育政策制定——政治社会学探索》，王玉秋、孙益译，华东师范大学出版社 2003 年版。

114.［瑞典］汤姆·R.伯恩斯等：《结构主义的视野：经济和社会的变迁》，周长城等译，社会科学文献出版社 2004 年版。

115.［美］塞谬尔·P.亨廷顿：《变革社会中政治秩序》，王冠华、刘为译，生活·读书·新知三联书店 1989 年版。

116.［美］威廉·N.邓恩：《公共政策分析导论》，中国人民大学出版社 2002 年版。

117.［美］文森特·奥斯特罗姆：《复合共和制的政治理论》。毛寿龙译，上海三联书店 1999 年版。

118.［加］许美德：《中国大学：1895—1995 一个文化冲突的世纪》，许洁英译，教育科学出版社 2000 年版。

119.［美］约翰·罗尔斯：《正义论》，何怀宏等译，中国社会科学出版社 1998 年版。

120.［美］约翰·罗尔斯：《政治自由主义》，万俊人译，译林出版社 2000 年版。

121.［美］约翰·S.布鲁贝克：《高等教育哲学》，王承绪等译，浙江教育出版社 2002 年版。

122.［美］叶海卡·德罗尔：《逆境中的政策制定》，王满船等译，远东出版社 1996 年版。

123.［美］亚伯拉罕·弗莱克斯纳：《现代大学论——美英德大学研究》，王承绪等译，浙江教育出版社 2002 年版。

124.［加］约翰·范德格拉夫：《学术权力——七国高等教育管理体制改革》，王承绪等译，浙江教育出版社 2002 年版。

125.［美］约翰·E.丘伯、泰力.M·默：《政治、市场与学校》，蒋衡译，教育科学出版社 2003 年版。

126. [美] 詹姆斯·E. 安德森:《公共决策》, 唐亮译, 华夏出版社 1990
年版。

三、中文文献·期刊论文

127. 别敦荣:《大众化与高等教育组织变革》,《清华大学教育研究》
2006 年第 1 期。

128. 北京大学高教所:《关于扩大高等教育规模对短期经济增长作用的
研究报告》: http://www.eol.cn/20030528/3085626.shtml。

129. 布鲁斯·约翰斯通:《高等教育财政与管理世界改革现状报告》,《高
等教育研究》1999 年第 6 期。

130. 丁小浩:《规模扩大与高等教育入学机会均等化》,《北京大学教育
评论》2006 年第 2 期。

131. 冯向东:《高等教育大众化的制度变迁与路径选择》,《高等教育研
究》2004 年第 3 期。

132. 冯向东:《高等教育结构: 博弈中的建构》,《高等教育研究》2005
年第 5 期。

133. 何祚庥:《高等教育适度发展还是大力发展?》,《教育发展研究》
1998 年第 7 期。

134. 郭海:《20 世纪 90 年代我国高等教育经费的来源构成变化》,《清
华大学教育研究》2004 年第 5 期。

135. 金子元久:《高等教育发展的中国模式: 来自日本的观察》, 徐国兴
译,《教育发展研究》2006 年第 5A 期。

136. 纪宝成:《关于"高等教育毛入学率"问题》,《中国教育报》1999
年 1 月 16 日第 8 版。

137. 纪宝成:《我国高等教育大众化进程中的挑战与对策》,《高等教育
研究》2006 年第 7 期。

138. 康宁:《论教育决策和制度创新——以 99 年扩招政策为案例的研究》,《高等教育研究》2000 年第 2 期。

139. 劳凯声:《公共教育体制改革中的伦理问题》,《教育研究》2005 年第 3 期。

140. 劳凯声:《教育体制改革中的高等学校法律地位变迁》,《北京师范大学学报（社会科学版）》2007 年第 2 期。

141. 刘复兴:《教育公平是构建和谐社会的基本要求》,《中国教育报》2006 年 12 月 9 日第 3 版。

142. 刘复兴:《公共教育权力的变迁与教育政策的有效性》,《教育研究》2003 年第 2 期。

143. 刘凤泰:《从专项检查看独立学院的生成和发展》,《中国高等教育》2005 年第 17 期。

144. 李若建:《社会流动模式的改变与大跃进》,《中山大学学报》2002 年第 5 期。

145. 刘干:《民办高校生源状况的调查与思考》,《民办教育参考》2004 年第 3 期。

146. 刘凤泰:《从专项检查看独立学院的生成与发展》,《中国高等教育》2005 年第 17 期。

147. 刘微:《怎样看待大众化的高等教育？——清华大学副校长、教育研究所谢维和教授访谈录》,《中国教育报》2007 年 1 月 2 日第 5 版。

148. 罗燕:《教育产业化的制度分析》,《教育与经济》2006 年第 1 期。

149. 马陆亭,范文曜:《发展独立学院的现实基础及政策探析》,《中国高等教育》2005 年第 8 期。

150. 马丁·特罗:《王香丽译. 从精英向大众高等教育转变中的问题》,《外国高等教育资料》1999 年第 1 期。

151. 马丁·特罗:《从大众高等教育到普及高等教育》,濮岚澜译,《北京大学教育评论》2003 年第 10 期。

152. 牟阳春:《独立学院——我国高等教育新一轮发展的历史性选择》,《教育发展研究》2004 年第 4 期。

153. 潘懋元，谢作栩:《试论从精英向大众高等教育转变中的"过渡阶段"》,《高等教育研究》2001 年第 2 期。

154. 潘懋元:《大众化阶段的精英教育》,《高等教育研究》2003 年第 6 期。

155. 孙朝:《大众化高等教育发展中的结构矛盾及其变革》,《北京大学教育评论》2005 年第 1 期。

156. 汤敏:《教育启动消费呼之欲出》,《经济学消息报》1999 年 2 月 1 日第 9 版。

157. 吴启迪:《以评估为契机力促独立学院提高办学质量》,《中国高等教育》2005 年第 17 期。

158. 王建华:《论争与反思——对我国高等教育"前大众化"阶段的思考》,《现代大学教育》2003 年第 1 期。

159. 王一兵:《走向四重过渡立交的中国高等教育》,《高等教育研究》2006 年第 11 期。

160. 邬大光:《高等教育发展和制度创新》,天则经济研究所和 21 世纪教育研究院举办"民办高等教育论坛"发言稿,2004 年 12 月 4 日。

161. 邬大光:《高等教育大众化的理论内涵和概念解析》,《教育研究》204 年第 9 期。

162. 邬大光:《高等教育大众化的内涵和价值——与马丁·特罗教授的对话》,《高等教育研究》2003 年第 6 期。

163. 阎凤桥等:《中国高等教育大众化过程与普通高等教育的系统变化分析》,《高等教育研究》2006 年第 8 期。

164. 邹晓平:《精英教育和大众教育:两个体系的解读》,《高等教育研究》2005 年第 5 期。

165. 叶澜:《当代中国教育变革的主体及其相互关系》,《教育研究》2006 年第 8 期。

166. 杨东平:《高等教育入学机会:扩大之中的阶层差距》,《清华大学教育研究》2006 年第 1 期。

167. 周雪光:《关系产权——产权制度的一个社会学解释》,《社会学研究》2005 年第 2 期。

168. 张少雄:《西方大众高等教育的困境及中国的选择》,《高等教育研究》2006 年第 2 期。

169. 张力、刘亚荣:《我国高等教育进入大众化阶段后的系统特征分析》,《北京大学教育评论》2005 年第 4 期。

170. 张保庆:《统一思想提高认识注重质量严格管理,努力促进独立学院健康持续发展》,《中国高等教育》2005 年第 9 期。

171. 张兴:《国有民办二级学院的起源与类型》,《当代教育论坛》2003 年第 9 期。

172. 周济:《促进高校独立学院持续健康快速发展》,《中国高等教育》2003 年第 13—14 期。

173. 钟宇平、陆根书:《高等教育成本回收对公平的影响》,《北京大学教育评论》2003 年第 2 期。

174. 赵炬明:《精英主义和单位制度》,《北京大学教育评论》2006 年第 1 期。

四、博士论文类

175. 李刚:《话语文本与国家教育政策分析》,北京师范大学博士学位论文 2004 年。

176. 段治乾:《教育制度的伦理研究》,北京师范大学博士学位论文 2004 年。

177. 康永久:《知识输入还是制度重建——公共学校制度变革的中国道路》,华东师范大学博士后出站报告 2004 年。

178. 许杰:《政府分权与大学自主》,北京师范大学博士学位论文 2005 年。

189. 周彬:《教育政策基础的经济分析》,华东师范大学博士学位论文 2003 年。

180. 濮岚澜:《中国教育政策的议程设置过程研究》,北京大学博士学位论文 2003 年。

181. 祁型雨:《利益表达与整合——关于教育政策的决策模式研究》,华中师范大学博士学位论文 2003 年。

182. 魏姝:《美国高等教育政策的制度基础分析》,南京大学博士学位论文 2003 年。

183. 林小英:《民办高等教育变迁中的策略空间》,北京大学博士学位论文 2003 年。

184. 杨润勇:《教育政策行为研究——以县为例》,北京师范大学博士学位论文 2005 年。

185. 刘海波:《高等教育大众化与高等教育体制改革》,北京大学博士学位论文 2002 年。

186. 陈敏:《中国高等教育大众化进程研究》,华中科技大学博士学位论文 2000 年。

187. 王洪才:《高等教育大众化的文化—个性向度研究——大众高等教育制度的文化基础探索》,北京师范大学博士学位论文 2001 年。

188. 刘复兴:《走向新的范式:权力转移中的教育政策论纲》,北京师范大学博士后出站报告 2004 年。

五、英文论著类

189. B. Guy Peters:Institutional Theory In Political Science,London:Wellington House,1999.

190. Brian W. Hogwood, Lewis A. Gunn:Policy Analysis For the Real world, Oxford University,1984.

191. Michael Howlet, M. Ramesh:studing Public Policy: Policy Cycles and Policy Subsystems, Oxford University Press,1995.

192. Nagel, Stuart S:Public Policy in China, Westport Conn:Greenwood Press,1994.

193. Peter John：Analyzing Public Policy，London: Wellington House,1998.

194. Yin Qiping, Gordon White：" The Marketisation of Chinese Higher education:A Critical Assessment"，comparative Education,Vol30,No.3（1994），pp.217—237.

195. S.R. Lucas.："Effectively Maintained Inequality: education transitions, Track Mobility, and social Background Effects". American Journal of Sociology,2001,106（6）: pp.1642—1690.

196. Ruth Hayhoe："China' s universities since Tiananmen: A Critical Assessment"，The China Quarterly, No.134（Jun.1993），pp.291—309.

后　记

本书是我在博士论文《组织变革与中国高等教育大众化路径》的基础上修改完成的。断断续续六七年的时间，我将自己对于中国高等教育的思考呈现于此。有些感慨，也心存感激。我想，这既是给自己的一个交代，也算是对所有关心过我，助我成长的师长、亲人、朋友们的一份礼物。

1999年的初秋，我离开故乡来到了湖南师范大学，开始了我人生另外一个全新的阶段。不知是时间的巧合，还是命运的安排，当我作为那时还算"稀缺"的研究生新生站在操场上聆听张楚廷校长的谆谆教诲时，轰轰烈烈的高等教育大扩招也正是从那个时候开始了。此后十余年时间，辗转求学与生活，我有些跳跃且不平淡的经历似乎正暗合着中国高等教育时而磅礴、时而停顿、时而高亢、时而蜿蜒的发展进程。在这些年里，我较为完整地经历了几乎大多数类型的高等学校，这种真真切切的经历让我有机会感受不同类型高校的发展"样态"，当然这也深刻地影响着我的高等教育"见识"。也许正是这种生命轨迹，我的学术视野始终难以离开"中国高等教育变革发展"这一颇为宏大的命题。对博士论文选题、写作的坚持在很大程度上也是基于这样一份经历和体悟。所不同的是，这些还算丰富、真实、甚至深刻的体悟注定引导我将这一课题的研究视角下探到中微观层面。

我真的希望通过这本册子为大家呈现一个不同于"编年体式"或仅仅停留于宏大叙事的中国高等教育发展路径。我希望它应该是汇聚了真实，有些深刻的，甚至是能够呈现那种欲走还留、充满焦虑、体现冲突的路径描绘。

自2007年6月顺利通过博士论文答辩后，我的导师郑新蓉教授就鼓励我尽早将论文修改出版。但工作后的诸多必经之事使得出版事宜一推再推。在这期间，我国高等教育又发生了许多变化，我论文中的实证研究部分面临一个棘手的问题，是再做调研与时俱进，还是保持原貌，呈现"那时"的高等教育样态。对此我曾犹豫良久，这是其一。其二，我现在所处的西部高校环境，给了我更加丰富的感受，能否在我的研究中补充个案学校的实证研究，实现更加丰满的高等教育路径表述，这乃是我迟迟没有出版的第二个原因。如今，这些取舍添补都已经呈现于这本册子中，能否达到预期不得而知，但尽力去做，已无愧于心。

这本书能够出版，首先要感谢我敬爱的博士导师——郑新蓉教授。能与郑老师结缘，是我人生中最大的幸事。感谢郑老师在我读博士期间所给予我的充分理解、信任、支持和鼓励。更要感谢在工作之后，郑老师温暖绵长的关切与慰籍。正是这份浓浓的师生情谊，让我有力量继续坚持我的学术，过好我的生活。感谢郑老师在论文的构思、写作和修改中的鼓励甚至"放纵"。感谢郑老师开放的教导方式，严谨的治学态度，敏锐的批判思维，包容的学术胸怀，它使我能够在相对宽松的环境中自由前行而又能时刻自省。在此，我要对敬爱的郑老师表达我最真诚的感谢！

感谢我的硕士导师胡淑珍教授，回想当年如慈母般的关心与提携，心中一直感念、不曾忘怀。愿这本书能带去我对老师的祝福与问候。

非常感谢在我论文开题、答辩以及论文评审中给予我指导和帮助的的各位老师们。他们是尊敬的劳凯声教授、石中英教授、刘复兴教授、贺晓星教授、康永久教授、刘精明教授、杨东平教授、周作宇教授。众多师长及时的点拨、深刻的洞见、中肯的指导、敏锐的批判，不仅拓展了我的研究思路，而且也是论文框架的完善和写作顺利进行的坚实基础。

非常感谢尊敬的张楚廷先生、胡瑞文先生、谢安邦先生。他们对晚辈的厚爱和提携，是激励我前进的持续动力。同时还要感谢尊敬的张力先生，随心所欲的求教以及有问必答的指点，不仅让学生在面对许多迷茫时能够认清方向，而且也使我增添了对学术的勇气和前行的信心。

感谢在北京师范大学读博期间同甘共苦，共同进步的郭睿、余清臣、容中逵舍友，感谢三年学习和生活中给予我帮助和支持的师兄弟、师姐妹们。

有缘相聚且相互砥砺，乃是人生中最重要的收获。另外，在北师大相识的诸多学友也在论文的写作中给予我诸多鼓励与帮助。在求学的道路上，能和这些怀揣理想、勇于创新、真诚善良的同学们共同走过，实在是一件幸事。在此，一并表示感谢！

本书得以出版还要感谢四川师范大学教育科学学院的吴定初教授、巴登尼玛教授、范春林教授、李江源教授、庾光荣教授的关心、支持。工作上的照顾自不待言，精神上的鼓励将心存感激。

我还要感谢"四处师范大学学术著作出版基金"、"教育部人文社科研究基金"、"顾明远教育发展研究基金"对本研究的资助。回想 2006 年春夏之际奔走于几个不同省份实地调研区域高等教育的甜酸苦辣，2010—2011 年深入样本高校查阅档案文献的点点滴滴，虽有艰辛，但所见所闻积累下来的宝贵资料也为论文的写作奠定了坚实的基础。感谢所有接受我访谈，提供我资料的认识以及不认识的朋友们。如果没有他（她）们的帮助和支持，论文的写作将是不可能完成的。

当然，本书的出版一定离不开人民出版社总编室主任陈鹏鸣先生的鼎力支持，对于陈主任所付出的巨大心血，在此谨致谢忱！同时对帮助我联系出版的沈有禄教授表示特别感谢！

最后，我要深深地感谢我的家人。每每想起辛苦年迈的父母亲对儿子的包容与理解，岳父母对我的支持与帮助，想起妻子一直以来的鼓励和默默付出，感动与歉疚之情无以言表。衷心地谢谢并祝福他（她）们！

对了，姗姗来迟的，我最最心爱的小和和，我又怎么能不谢谢你带给我的喜悦与感动！

谨以此书献给他们。

张　烨

2012 年秋于梅林